Studiendirektor
Dr. jur. Hans-Egon Vogt

RECHTSLEHRE FÜR RENO-KLASSEN

Der Zivilprozess

einschließlich Mahnverfahren, Kostenfestsetzung, Prozesskostenhilfe, Rechtsmittel, Urkunden- und Wechselprozess, Verfahren in Familiensachen, Kosten- und Vergütungsrecht, EU-Recht und mit elektronischem Rechtsverkehr

bearbeitet von
Oberstudienrat
Dr. jur. Uwe Dettmer
Oberstudienrat
Dr. jur. Herwig Kageler

17. Auflage

Bestellnummer 04301

Bildungsverlag EINS
a Wolters Kluwer business

www.bildungsverlag1.de

Bildungsverlag EINS
Sieglarer Straße 2, 53842 Troisdorf

ISBN 978-3-441-**04301**-0

© Copyright 2007: Bildungsverlag EINS GmbH, Troisdorf
Das Werk und seine Teile sind urheberrechtlich geschützt. Jede Nutzung in anderen als den gesetzlich zugelassenen Fällen bedarf der vorherigen schriftlichen Einwilligung des Verlages.
Hinweis zu § 52a UrhG: Weder das Werk noch seine Teile dürfen ohne eine solche Einwilligung eingescannt und in ein Netzwerk eingestellt werden. Dies gilt auch für Intranets von Schulen und sonstigen Bildungseinrichtungen.

Vorwort zur 17., überarbeiteten Auflage

Das Berufsbild des/der **Rechtsanwaltsfachangestellten** wird geprägt durch die Notwendigkeit *besonderer Kenntnisse* und Fertigkeiten gerade auf dem Gebiet des **Verfahrensrechts** für die Anwaltspraxis und des Kostenrechts. Dort liegt der Schwerpunkt ihrer Tätigkeit und dort liegt deshalb auch der von der Sache her gebotene *Kern ihrer spezifischen Ausbildung*.

Dieser Tatsache trägt das vorliegende Buch weiterhin Rechnung. Der Lehrstoff ist **praxisnah** gestaltet und durch *zahlreiche Beispiele* erläutert. Die jedem Abschnitt angegliederte *Aufgabensammlung* gibt dem Leser und Schüler die Möglichkeit, das Erlernte am praktischen Fall zu wiederholen, zu festigen und noch vorhandene Lücken zu schließen.

Zu der bereits am 1. Januar 2002 vorgenommenen **Währungsumstellung** von der DM auf den Euro (EUR) sei noch einmal daran erinnert, dass hierbei gemäß EG-Recht für die Umrechnung von DM-Forderungen in Euro-Forderungen auch weiterhin ein unveränderlicher Kurs von 1 EUR = 1,95583 DM zugrundezulegen ist.

Auch die in der Vorauflage beispielhaft hervorgehobenen **neuen Verfahrensregelungen** bis 2002 erscheinen wegen ihrer Bedeutung hier zur Orientierung noch einmal im Überblick.

In erster Instanz:
1) *Die landesrechtlich mögliche Vorschaltung eines außergerichtlichen Güteverfahrens vor Klageeinreichung (s. S. 88 f., 90),*
2) *der von Amts wegen anzusetzende gerichtliche Gütetermin vor einem Verhandlungstermin (S. 92 f.),*
3) *das neue Rügeverfahren mit Abhilfeentscheidung in derselben Instanz bei unzulässiger Berufung (S. 119 f.),*
4) *der „originäre" und der „obligatorische Einzelrichter" beim Landgericht als der regelmäßig entscheidende Richter (S. 18).*

Bei den Rechtsmitteln und deren Instanzen:
1) *Die grundsätzliche Möglichkeit, einen beim Amtsgericht begonnenen Zivilprozess bis zum Bundesgerichtshof zu führen (S. 17, 207),*
2) *als neue Rechtsmittel die revisionsähnliche Rechtsbeschwerde (S. 204 f.) und die Nichtzulassungsbeschwerde zur Öffnung des Revisionsverfahrens (S. 197 f.),*
3) *die Beseitigung der einfachen (= unbefristeten) Beschwerde in der ZPO (S. 201).*

Völlig umgestaltet worden sind:
1) Das Zustellungsverfahren (S. 138 ff.),
2) das Rechtsmittelverfahren (S. 187 ff.),
3) die Verjährung (S. 177 ff.).

Die **Zivilprozessreformen** kommen nicht zur Ruhe. Änderungen und auch Nachbesserungen dazu brachten zuletzt vor allem die in der 16. Auflage u.a. berücksichtigten Novellen (siehe unten). In Vorbereitung ist zz. ein Prozesskostenhilfebegrenzungsgesetz (Entwurf).

In der Diskussion ist eine „**Große Justizreform**". Diese soll über die bisherigen Verfahrensreformen hinaus auch gerichtsverfassungsrechtliche Änderungen vornehmen und die Gerichte möglichst auf den Kernbereich richterlicher Prozessentscheidungen beschränken. Gedacht wird konkret u. a. daran,

1. bei der *ordentlichen Gerichtsbarkeit* die erstinstanzlichen Zuständigkeiten des Amtsgerichts und des Landgerichts zusammenzuführen zu einem *einheitlichen Eingangsgericht*; damit würde auch hier die sonst (außer bei der Finanzgerichtsbarkeit) gegebene *Dreistufigkeit* erreicht werden.
2. die *Gerichtsbarkeiten zusammenzufassen*, nämlich die ordentliche und die Arbeitsgerichtsbarkeit zu einer einheitlichen *privatrechtlichen Gerichtsbarkeit*, die Verwaltungs-, Sozial- und Finanzgerichtsbarkeit zu einer einheitlichen *öffentlich-rechtlichen Gerichtsbarkeit*.
3. *Aufgaben* (außerhalb des Kernbereichs) der Justiz zu *verlagern*, so u.a. z.B. aus dem Bereich der *freiwilligen Gerichtsbarkeit* auf *Notare*; weitere Aufgabenübertragungen und Träger sind möglich. Ziel ist die Entlastung der Gerichte.

Neuerungen ergeben sich zunehmend auch aus der Einbindung Deutschlands in das **Europäische Gemeinschaftsrecht**.

Hier ergehen *deutsche Durchführungsgesetze* zu *EG-Verordnungen* und sorgen *deutsche Gesetze* vielfach für die *Umsetzung von EG-Richtlinien* in deutsches Recht. Erstmalig hat die EG-Rechtsetzung mittelbar massive Auswirkungen auch auf den Text der ZPO. Der deutsche Gesetzgeber hat die *ZPO* durch das Buch 11 „*Justizielle Zusammenarbeit in der Europäischen Union*" ergänzt, bisher mit den Abschnitten 1 (= Zustellung), 2 (= Beweisverfahren), 3 (= Prozesskostenhilfe), 4 (= Europäische Vollstreckungstitel) und das zugleich mit ausdrücklicher Bezugnahme auf die jeweils einschlägige Verordnung (EG) oder Richtlinie (EG); siehe §§ 1067–1086 ZPO. Wegen der merklich zunehmenden Bedeutung des Europäischen Gemeinschaftsrechts ist ein neues Kapitel 19 eingefügt worden. Hier wird zum nötigen Verstehen des zunächst etwas kompliziert erscheinenden, vom Gewohnten abweichenden Rechtes Grundsätzliches erklärt, und zwar sowohl zur EG und EU als auch zum Europäischen Gemeinschaftsrecht. Entsprechend hat das zu wesentlichen Ergänzungen geführt (vgl. S. 111 f., 150 f., 173 ff., 249 ff. und EG-/EU-Recht im Sachwortverzeichnis).

Das **Kostenrechtsmodernisierungsgesetz** (KostRMoG) vom 5. Mai 2004 brachte z.T. einschneidende Neuerungen. Als historisch einzustufen ist dabei die Aufhebung der Bundesgebührenordnung für Rechtsanwälte (BRAGO) vom 26. Juli 1957. Diese wurde durch das *Rechtsanwaltsvergütungsgesetz* (RVG) vom 5. Mai 2004 abgelöst, in Kraft getreten am 1. Juli 2004. Das *RVG* passte sich der Gesetzessystematik des Gerichtskostengesetzes (GKG) an. Umgestaltet wurde auch das GKG selbst. Ein neues *Justizvergütungs- und -entschädigungsgesetz* (JVEG) trat an die Stelle des bisherigen Gesetzes über die Entschädigung der ehrenamtlichen Richter (EhrRiEG) und des Gesetzes über die Entschädigung von Zeugen und Sachverständigen (ZSEG). Das JVEG regelt jetzt die Vergütung (statt Entschädigung) von Sachverständigen, Übersetzern und Dolmetschern sowie die Entschädigung von Zeugen und ehrenamtlichen Richtern.

Aufgrund des KostRMoG gilt jetzt ein *einheitlicher Beschwerdewert von über 200,00 EUR für die Anfechtung von Kostenentscheidungen* in den Kostengesetzen und in der ZPO.

Andere Neuerungen waren und sind zwangsläufig. Sie folgen aus den Fortschritten der modernen Kommunikationstechnik, wie z.b. Telefax, E-Mail, elektronischer Rechtsverkehr.[1] Hier schafft jetzt das *Justizkommunikationsgesetz* (JKomG) vom 22. März 2005 die gesetzlichen Voraussetzungen für einen erheblich ausgeweiteten **elektronischen Rechtsverkehr**, u.a. mit elektronischer Aktenführung bei Gericht. Es öffnet damit das Tor für einschneidende Änderungen bei den Verfahrensabläufen der Gerichte und bei der praktischen Arbeit der Rechtsanwälte. Wie schnell und wie weit die Auswirkungen des Gesetzes sein werden, bleibt abzuwarten. Auf die damit verbundenen rechtlichen Konsequenzen geht Kapitel 20 ein. Der Gesetzgeber verstärkt weiterhin die Entwicklung hin zum elektronischen Rechtsverkehr.[2]

Die sich ständig verändernden Lebensverhältnisse, die Praxis und vor allem die Gesetzgebung sorgen weiter für die immer wiederkehrende **Notwendigkeit der Anpassung** an den **neuesten Stand** der Entwicklung. Besondere Probleme der Kurzlebigkeit bereiten dabei die ständigen Gesetzesänderungen.

Die Bearbeiter begrüßen den Kontakt mit den Benutzern des Buches durch gelegentliche Schreiben an den Verlag. Sie sind jederzeit offen für Mitteilungen und Verbesserungsvorschläge, die sich bei der Arbeit mit dem Buch ergeben. Daraus können, zum Vorteil aller, dann u.a. auch nützliche Anregungen für eine Neuauflage werden.

Die **16. Auflage** berücksichtigte bereits die folgenden **Gesetzes-**(Verordnungs- und Richtlinien-)**novellen**:

1. *Gesetz zur Reform der Juristenausbildung vom 11. Juli 2002,*
2. *Richtlinie 2003/8/EG des Rates vom 27. Januar 2003 zur Verbesserung des Zugangs zum Recht bei Streitsachen mit grenzüberschreitendem Bezug durch Festlegung gemeinsamer Mindestvorschriften in derartigen Streitsachen (EG-Prozesskostenhilferichtlinie),*
3. *EG-Beweisaufnahmedurchführungsgesetz vom 4. November 2003,*
4. *Verordnung (EG) Nr. 2201/2003 des Rates über die Zuständigkeit und die Anerkennung und Vollsteckung von Entscheidungen in Ehesachen und in Verfahren betreffend die elterliche Verantwortung vom 27. November 2003 (EuEheVO),*
5. *Kostenrechtsmodernisierungsgesetz (KostRMoG) vom 5. Mai 2004,*
6. *Erstes Justizmodernisierungsgesetz vom 24. August 2004,*

---

[1] Siehe S. 254 ff. und das Sachwortverzeichnis unter Elektronisch-, dort u.a. Daten, Dokument, EDV, E-Mail, Internet, Online, Signatur, Videotermin.
[2] Vgl. dazu unten S. 255, Fußnote 1

Vorwort zur 17., überarbeiteten Auflage

7. *Gesetz zur Anpassung von Verjährungsvorschriften an das Gesetz zur Modernisierung des Schuldrechts vom 9. Dezember 2004,*
8. *Anhörungsrügengesetz vom 9. Dezember 2004,*
9. *EG-Prozesskostenhilfegesetz vom 15. Dezember 2004,*
10. *Gesetz zur Überarbeitung des Lebenspartnerschaftsrechts vom 15. Dezember 2004,*
11. *EG-Prozesskostenhilfevordruckverordnung (EG-PKHVV) vom 21. Dezember 2004,*
12. *Internationales Familienrechtsverfahrensgesetz (IntFamRVG) vom 26. Januar 2005,*
13. *Justizkommunikationsgesetz (JKomG) vom 22. März 2005,*
14. *EG-Vollstreckungstitel-Durchführungsgesetz vom 18. August 2005.*

Die **17. Auflage** berücksichtigt

1. in erster Linie die **Erhöhung** der **Mehrwertsteuer** von 16% auf **19%** zum 01.01.2007 und sodann u.a.
2. den Beginn des elektronischen Rechtsverkehrs beim Bundesarbeitsgericht zum 01.04.2006 (S. 255),
3. das Erste Gesetz über die Bereinigung von Bundesrecht im Zuständigkeitsbereich des Bundesministeriums der Justiz vom 19.04.2006,
4. die Aufhebung des Bayerischen Obersten Landesgerichts bis zum 01.07.2006 (S. 16)
5. die Übernahme des maschinellen Mahnverfahrens in Brandenburg zum 01.07.2006 und schon vorher in Mecklenburg (S. 51).

Im **Anhang** erscheinen

1. eine kurze Übersicht zum **Kosten-** und **Vergütungsrecht**,
2. eine Übersicht über **Registerzeichen** der Zivilgerichtsbarkeit,
3. ein **Abkürzungsverzeichnis**,
4. ein **Sachwortverzeichnis**.

Kosten- und vergütungsrechtliche Überlegungen werden *schon im laufenden Text* aus Gründen praktischer Notwendigkeit an einschlägigen Stellen immer wieder angesprochen. Die darüber hinausgehende Zusammenfassung im Anhang dürfte für den interessiert Lernenden und für den eine schnelle Orientierung suchenden Leser eine zusätzliche Hilfe sein.

Das *Sachwortverzeichnis* gibt nicht nur differenzierte Hinweise. Es zeigt auch Zusammenhänge und ermöglicht so das Auffinden ergänzender Ausführungen an anderer Stelle. Seine Benutzung ist dringend anzuraten.

Zum Schluss noch ein Lesehinweis: Bei den in diesem Buch zitierten **Paragraphen ohne Gesetzeshinweis** handelt es sich um solche der **Zivilprozessordnung** (= ZPO).

Die Verfasser[1]

---

[1] Soweit **Vordrucke** verwendet werden, geschieht das mit Zustimmung der Dreske und Krüger GmbH in Hannover, der Hans Soldan GmbH Dienste für Anwälte in Essen und der Koordinierungsstelle für das automatisierte Mahnverfahren beim Justizministerium Baden-Württemberg in Stuttgart. Hinweise erfolgen oder sind erkennbar an der jeweils einschlägigen Stelle.

Inhaltsverzeichnis

Vorwort		3
1	**Die Gerichtsbarkeit**	13
1.1	Grundsätzliches	13
1.2	Die Rechtswege	13
1.2.1	Allgemeines	13
1.2.2	Zuständigkeiten	14
1.2.3	Gerichte	16
1.3	Die Zivilgerichte	17
Aufgaben		19
2	**Personen der Gerichtsbarkeit**	20
2.1	Der Richter	20
2.2	Der Rechtspfleger	21
2.3	Der Rechtsanwalt	22
2.4	Der Notar	24
2.5	Der Staatsanwalt	25
2.6	Der Urkundsbeamte	25
2.7	Der Gerichtsvollzieher	25
Aufgaben		26
3	**Die Parteien**	27
3.1	Allgemeines	27
3.2	Parteien im Prozess	27
3.2.1	Parteifähigkeit	27
3.2.2	Rechtsfähigkeit	27
3.3	Handlungsfähigkeit im Prozess	29
3.3.1	Geschäftsfähigkeit	30
3.3.2	Prozessfähigkeit	32
3.4	Die Prozessvollmacht	32
Aufgaben		33
4	**Außergerichtliche Mahnung und gerichtliches Mahnverfahren**	35
4.1	Außergerichtliche Mahnung	35
4.1.1	Schuldnerverzug	36
4.1.2	Verzugsschaden	36
4.2	Gerichtliches Mahnverfahren	39
4.2.1	Allgemeines	39
4.2.2	Voraussetzungen des Mahnverfahrens	39

4.3	Das nichtmaschinelle Mahnverfahren	41
4.3.1	Der Antrag	41
4.3.2	Der Mahnbescheid	44
4.3.3	Der Widerspruch	46
4.3.4	Der Vollstreckungsbescheid	47
4.3.5	Der Einspruch	49
4.4	Die maschinelle Bearbeitung des Mahnverfahrens	50
4.4.1	Grundsätzliches	50
4.4.2	Der Mahnbescheid	52
4.4.3	Der Vollstreckungsbescheid	54
4.4.4	Zustellungsprobleme	54
4.4.5	Widerspruch und Einspruch	55
4.5	Übersicht über das Mahnverfahren	62
Aufgaben		63
5	**Die Zuständigkeit**	**65**
5.1	Allgemeines	65
5.2	Die sachliche Zuständigkeit	66
5.2.1	Allgemeines	66
5.2.2	Zuständigkeit des Amtsgerichts	66
5.2.3	Zuständigkeit des Landgerichts	68
5.2.4	Berechnung des Streitwertes	69
5.3	Die örtliche Zuständigkeit	72
5.3.1	Allgemeines	72
5.3.2	Allgemeiner Gerichtsstand	72
5.3.3	Besondere Gerichtsstände	73
5.4	Zuständigkeitsvereinbarung (Prorogation)	76
Aufgaben		77
6	**Das Klageverfahren**	**80**
6.1	Die Klage	80
6.1.1	Allgemeines	80
6.1.2	Die Klagearten	80
6.1.3	Die Klageschrift	83
6.1.3.1	Inhalt der Klageschrift	83
6.1.3.2	Der Schriftsatz	84
6.1.4	Klagenhäufung	85
6.1.5	Einleitung des Klageverfahrens	86
6.1.6	Die Rechtshängigkeit und ihre Wirkungen	89
6.1.7	Die Prozessvoraussetzungen	90
6.2	Die mündliche Verhandlung	91
6.2.1	Terminsort und -zeit	91

6.2.2	Gütetermin und Verhandlungstermin	92
6.2.2.1	Der Gütetermin	92
6.2.2.2	Die Vorbereitung des Haupttermins	94
6.2.2.3	Der Haupttermin	94
6.2.3	Abweichende Terminsabläufe	95
6.2.4	Terminsänderung	95
6.2.5	Grundsätze der mündlichen Verhandlung	97
6.3	Das Beweisverfahren	98
6.3.1	Grundsätzliches zum Verfahren	98
6.3.1.1	Allgemeine Begriffe	98
6.3.1.2	Beweisverfahrensverlauf	99
6.3.2	Die einzelnen Beweismittel	101
6.3.3	Selbständiges Beweisverfahren	109
6.3.4	Beweisaufnahme im Ausland	110
6.3.4.1	Beweisaufnahme außerhalb der Europäischen Union	110
6.3.4.2	Beweisaufnahme innerhalb der Europäischen Union	111
6.4	Die Beendigung der Instanz	113
6.4.1	Das Urteil	113
6.4.2	Der Prozessvergleich	122
6.4.3	Die Klagerücknahme	122
6.4.4	Die Erledigung des Rechtsstreits in der Hauptsache	124
Aufgaben		125
7	**Das Versäumnisverfahren**	**131**
7.1	Das Versäumnisurteil	131
7.2	Der Einspruch	134
Aufgaben		136
8	**Zustellungen**	**138**
8.1	Allgemeines	138
8.2	Zustellungen von Amts wegen	141
8.2.1	Ausführung durch die Geschäftsstelle	141
8.2.2	Zustellung im Auftrag der Geschäftsstelle	142
8.2.2.1	An den Zustellungsadressaten	142
8.2.2.2	Ersatzzustellung	142
8.2.3	Öffentliche Zustellung	144
8.3	Zustellungen auf Betreiben der Parteien	146
8.3.1	Zustellung durch den Gerichtsvollzieher	146
8.3.2	Zustellung von Anwalt zu Anwalt	149
8.4	Zustellung im Ausland	149
8.4.1	Auslandszustellung außerhalb der Europäischen Union	149
8.4.2	Auslandszustellung innerhalb der Europäischen Union	150
Aufgaben		152

9	**Prozesskosten – Kostenfestsetzungsverfahren.**	154
9.1	Allgemeines	154
9.2	Die Kostentragungspflicht	154
9.3	Kostenfestsetzung gegen den unterlegenen Gegner	156
9.3.1	Die normale Kostenfestsetzung	156
9.3.1.1	Antrag	157
9.3.1.2	Kostenfestsetzungsbeschluss	158
9.3.2	Die vereinfachte Kostenfestsetzung	159
9.3.3	Verquotung	160
9.3.4	Streitwertänderung	160
9.3.5	Festsetzung der Vollstreckungskosten	161
9.4	Vergütungsfestsetzung gegen den eigenen Mandanten	161
Aufgaben		162
10	**Die Prozesskostenhilfe**	164
10.1	Allgemeines	164
10.2	Voraussetzungen	165
10.3	Das Bewilligungsverfahren	166
10.3.1	Antrag	166
10.3.2	Bewilligung	166
10.4	Wirkungen der Prozesskostenhilfe	168
10.5	Ende der Prozesskostenhilfe	169
10.6	Festsetzung der Vergütung des Rechtsanwalts	170
10.7	Grenzüberschreitende Prozesskostenhilfe innerhalb der Europäischen Union	173
10.7.1	Ausgehende Ersuchen	173
10.7.2	Eingehende Ersuchen	174
Aufgaben		175
11	**Die Verjährung**	177
11.1	Allgemeines	177
11.2	Wirkung der Verjährung	178
11.3	Länge und Beginn der Verjährungsfrist	178
11.3.1	Die Regelverjährungsfrist	178
11.3.2	Besondere Verjährungsfristen	180
11.4	Ablaufhindernisse bei der Verjährung	181
11.4.1	Hemmung der Verjährung	182
11.4.2	Neubeginn der Verjährung	184
11.5	Wechsel in der Person	184
Aufgaben		185

12	**Rechtsmittel**	187
12.1	Allgemeines	187
12.2	Die Berufung	187
12.2.1	Voraussetzungen	187
12.2.2	Einlegung und Begründung	189
12.2.3	Berufungsverfahren	192
12.2.4	Anschlussberufung	194
12.2.5	Die Entscheidung in der Berufungsinstanz	195
12.3	Die Revision	197
12.3.1	Voraussetzungen	197
12.3.2	Die Nichtzulassungsbeschwerde	197
12.3.3	Einlegung und Begründung der Revision	198
12.3.4	Revisionsverfahren	200
12.3.5	Die Sprungrevision	200
12.3.6	Die Entscheidung in der Revisionsinstanz	200
12.4	Die Beschwerde	201
12.4.1	Allgemeines	201
12.4.2	Die sofortige Beschwerde	201
12.4.2.1	Voraussetzungen	201
12.4.2.2	Einlegung und Begründung	202
12.4.2.3	Entscheidungen im Beschwerdeverfahren	203
12.4.3	Die Rechtsbeschwerde	204
12.4.3.1	Voraussetzungen	204
12.4.3.2	Einlegung und Begründung	205
12.4.3.3	Entscheidungen in der Rechtsbeschwerdeinstanz	205
12.4.4	Anfechtung nichtrichterlicher Entscheidungen	206
12.5	Rechtsmittel in Zivilsachen (Übersicht)	207
Aufgaben		208
13	**Wiederaufnahme des Verfahrens**	212
Aufgaben		213
14	**Fristen und Fristberechnung**	214
14.1	Die Arten der Frist	214
14.1.1	Allgemeines	214
14.1.2	Notfristen	215
14.1.3	Fristbeginn	216
14.2	Fristberechnung	217
Aufgaben		218
15	**Wiedereinsetzung in den vorigen Stand**	221
Aufgaben		223

16	**Der Urkunden- und Wechselprozess**	225
16.1	Allgemeines	225
16.2	Urkundenprozess	225
16.2.1	Voraussetzungen	225
16.2.2	Entscheidungen im Urkundenprozess	227
16.2.3	Nachverfahren	228
16.3	Wechsel- und Scheckprozess	229
16.4	Urkunden-, Wechsel- und Scheckmahnverfahren	230
Aufgaben		232
17	**Verfahren in Familiensachen**	234
17.1	Allgemeines	234
17.2	Ehesachen	235
17.3	Scheidungs- und Folgesachen	237
17.4	Einstweilige Anordnungen	239
17.5	Lebenspartnerschaftssachen	241
Aufgaben		242
18	**Übersicht: Kosten und Vergütung**	244
18.1	Rechtsgrundlagen	244
18.2	Rechtsanwaltsvergütung	244
18.3	Gerichtskosten	248
19	**Übersicht: Europäisches Gemeinschaftsrecht, Ausland**	249
19.1	Internationales Recht außerhalb der Europäischen Gemeinschaft	249
19.2	Europäisches Gemeinschaftsrecht	249
19.2.1	Europäische Gemeinschaft und Europäische Union	250
19.2.2	Verordnungen (EG) und Richtlinien (EG)	251
19.2.3	EG-Rechtsangleichung im Zivilprozessrecht und Privatrecht	252
19.3	Europäischer Gerichtshof	253
20	**Übersicht: Elektronischer Rechtsverkehr**	254
20.1	Allgemeines	254
20.2	E-Prozessrecht	254
20.3	Fachausdrücke	258
Registerzeichen der Zivilgerichtsbarkeit		260
Abkürzungsverzeichnis		261
Sachwortverzeichnis		264

1 Gerichtsbarkeit

1.1 Grundsätzliches

Die *rechtsprechende Gewalt* ist eine Säule des **Rechtsstaates**[1], zu dem sich unsere Verfassung für die Bundesrepublik Deutschland und die Bundesländer bekennt (Art. 20, 28 GG). Sie ist die *dritte* und zugleich *unabhängige Gewalt* im Rahmen des Gewaltenteilungsprinzips (Art. 20 II 2 GG). Ihr sind außer den typischen *Prozesssachen* vom Gesetz zum Teil auch verwaltungsnahe Sachen zugewiesen worden, so die der freiwilligen Gerichtsbarkeit.

Nach unserer Verfassungsordnung wird die rechtsprechende Gewalt durch *Bundesgerichte* und überwiegend durch *die Gerichte der Länder* ausgeübt (Art. 92 GG). Eine weitere Differenzierung erfolgt nach Rechtswegen, was zu einer Vielfalt von Gerichten führt.

1.2 Die Rechtswege

1.2.1 Allgemeines

Als Ergebnis einer geschichtlichen Entwicklung unterscheiden wir heute folgende Rechtswege:
- die ordentliche Gerichtsbarkeit
- die Arbeitsgerichtsbarkeit
- die Verwaltungsgerichtsbarkeit
- die Sozialgerichtsbarkeit
- die Finanzgerichtsbarkeit.

Vor jeder Klage ist der Rechtsweg festzustellen, um eine Klageabweisung wegen Unzuständigkeit (= Unzulässigkeit) zu vermeiden. Allerdings ist noch im Prozess eine Verweisung möglich (§ 17 a II GVG).

Die ordentliche ist die ursprüngliche Gerichtsbarkeit; sie wurde früher als die Justiz verstanden. Die anderen Gerichtsbarkeiten haben sich erst später entwickelt.

Alle genannten Gerichtsbarkeiten haben eigene Verfahrensgesetze. Allerdings gibt es unter ihnen Übereinstimmungen. So nimmt das ArbGG (der Arbeitsgerichtsbarkeit) weitgehend Bezug auf die ZPO (der ordentlichen Gerichtsbarkeit). Der allgemeinen Verwaltungsgerichtsbarkeit stehen die Sozial- und die Finanzgerichtsbarkeit als besondere Verwaltungsrechtswege nahe.

---

[1] Der Begriff des **Rechtsstaates** ist wesentlich weiter. Zu Einzelheiten siehe insbesondere Lehrbücher zum öffentlichen Recht (Verfassungs- und Verwaltungsrecht).
Rechtsstaatliche Regelungen im Zivilprozess sind hier u.a. der grundgesetzliche Schutz des rechtlichen Gehörs (Art. 103 I GG, § 321 a ZPO; vgl. S. 97), die Unabhängigkeit des Richters (Art. 97 I GG; vgl. S. 20), die Prozesskostenhilfe, zugleich als Auswirkung des Sozialstaates (vgl. S. 164 ff.).

Außerhalb der oben genannten Rechtswege und der Instanzenzüge stehen das **Bundesverfassungsgericht** *(BVerfG) mit Sitz in Karlsruhe und die Verfassungsgerichte der Länder. Sie sind zur Entscheidung in* Verfassungsstreitigkeiten *(des Bundes oder der Länder) zuständig. (Für den Bund vgl. Art. 93 GG und das Bundesverfassungsgerichtsgesetz (BVerfGG).) Nur ausnahmsweise kann sich eine Privatperson (jedermann = eine natürliche oder juristische Person; vgl. S. 27 f.) mit einer Verfassungsbeschwerde an das BVerfG wenden. (Zu den Voraussetzungen siehe § 90 BVerfGG; vgl. auch unten S. 98).*

Außerhalb der innerstaatlichen deutschen Gerichtsverfassung ist heute u.a. der **Europäische Gerichtshof** *(EuGH) in Luxemburg von Bedeutung. Seine Zuständigkeit betrifft die Entscheidung und Auslegung in Sachen des europäischen Gemeinschaftsrechts (EU, EG); vgl. dazu unten S. 249 ff.*

1.2.2 Zuständigkeiten

1. Bei den **ordentlichen Gerichten** unterscheidet man
   a) die *Zivilgerichtsbarkeit* und bei dieser wiederum
      – die *streitige* Gerichtsbarkeit;[1] diese ist grundsätzlich für sog. bürgerliche Rechtsstreitigkeiten[2] zuständig; bei dieser werden *Prozesse* geführt (Parteien Kläger und Beklagter);
      – die *freiwillige* Gerichtsbarkeit, deren wichtigste Gebiete Nachlasssachen, Vormundschafts- und Betreuungssachen, Personenstandssachen, Handelsregister- und Grundbuchsachen sind; ihre Verfahren sind *keine Prozesse* (betroffene Personen = Beteiligte genannt);
   b) die *Strafgerichtsbarkeit* (Verfahrensbeteiligte = Beschuldigter oder Angeklagter und Staatsanwalt).
2. Die **Gerichte für Arbeitssachen** sind insbesondere zuständig für bürgerliche Rechtsstreitigkeiten
   a) zwischen Tarifvertragsparteien, d.h. Arbeitgeber- und Arbeitnehmerverbänden (= Gewerkschaften),
   b) zwischen Arbeitgebern und Arbeitnehmern aus dem Arbeitsverhältnis.

> *Beispiel:*
> *Der Dreher Köster klagt gegen seinen Arbeitgeber die Metall-GmbH auf Zahlung von Urlaubsgeld i.H.v. 750,00 EUR.*

---

[1] Diese Gerichtsbarkeit ist im Wesentlichen Gegenstand des Lehrbuches.
[2] Die *Abgrenzung,* insbesondere zu den Streitigkeiten öffentlichen Rechts, ist *problematisch.* Als Faustregel gilt: bei **bürgerlichen Rechtsstreitigkeiten** stehen sich die **Parteien** auf der Ebene der **Gleichordnung** gegenüber, bei öffentlich-rechtlichen Streitigkeiten dagegen im Verhältnis der Über- und Unterordnung (= öffentliche Gewalt dem Einzelnen übergeordnet). Doch kommen im Einzelfall weitere Unterscheidungskriterien hinzu. Vgl. dazu u.a. Kommentare zu § 13 GVG.
Zweckmäßig ist es, zuerst einen möglichen Sonderrechtsweg zu prüfen und auszuschließen.

3. Die **Gerichte der Verwaltungsgerichtsbarkeit** sind zuständig für Rechtsstreitigkeiten, die sich insbesondere für den Bürger im Verhältnis zur hoheitlichen Gewalt aus der Tätigkeit des Staates oder der Körperschaften öffentlichen Rechts ergeben.[1]

Beispiel:
a) Der Kaufmann Lenz beantragt bei der Baugenehmigungsbehörde die Genehmigung zur Anbringung einer Reklame-Leuchtschrift an seinem Geschäft. Die Genehmigung wird versagt. Lenz erhebt vergeblich Widerspruch bei der Behörde. Danach kann er Klage auf Erteilung der Genehmigung beim Verwaltungsgericht einreichen.

b) Die Handwerkskammer, bei der Tischlermeister Holz Mitglied ist (= Zwangsmitgliedschaft), erhöht den Mitgliedsbeitrag. Holz widerspricht vergeblich. Danach kann er beim Verwaltungsgericht klagen.

4. Die **Gerichte der Sozialgerichtsbarkeit** sind zuständig für öffentlich-rechtliche Streitigkeiten in Angelegenheiten u.a. der Sozialversicherung, der Arbeitslosenversicherung, der Kriegsopferversorgung, des Kassenarztrechts usw.

Beispiel:
Der Maurer Lohmann ist erwerbsunfähig. Er beantragt bei der Landesversicherungsanstalt eine Rente. Sein Antrag und sein anschließender Widerspruch werden zurückgewiesen. Lohmann kann seinen Anspruch jetzt beim Sozialgericht mit einer Klage geltend machen.

5. Die **Finanzgerichte** sind zuständig für Klagen gegen Finanzbehörden in öffentlich-rechtlichen Streitigkeiten über Abgabenangelegenheiten, so gegen Steuerbescheide und andere Entscheidungen der Finanzämter, durch die der Steuerpflichtige beschwert wird.

Beispiel:
Kaufmann Winter ist mit seinem Einkommensteuer-Bescheid nicht einverstanden. Er legt vergeblich Einspruch beim Finanzamt ein. Danach kann er beim Finanzgericht Klage einreichen.

---

[1] Zum Verwaltungsrechtsweg § 40 VwGO. Zur Abgrenzungsproblematik vgl. Fußnote 2 auf S. 14.

1.2.3 Gerichte

Die folgende Zusammenstellung gibt einen Überblick über das Gerichtssystem in seiner Gliederung nach Rechtswegen sowie nach Länder- und Bundesgerichten.

1. **Ordentliche Gerichtsbarkeit:**
   - Amtsgerichte
   - Landgerichte.
   - Oberlandesgerichte. (Es gibt 24 Oberlandesgerichte mit dem Sitz in Bamberg, Berlin, Brandenburg, Braunschweig, Bremen, Celle, Dresden, Düsseldorf, Frankfurt (Main), Hamburg, Hamm, Jena, Karlsruhe, Koblenz, Köln, München, Naumburg, Nürnberg, Oldenburg, Rostock, Saarbrücken, Schleswig, Stuttgart, Zweibrücken). Einige Oberlandesgerichte führen einen besonderen Namen, so als Kammergericht (Berlin), Brandenburgisches OLG (Brandenburg), Hanseatisches OLG (Hamburg), Thüringer OLG (Jena).[1]
   - Bundesgerichtshof (Sitz: Karlsruhe)

2. **Arbeitsgerichtsbarkeit:**
   - Arbeitsgerichte
   - Landesarbeitsgerichte
   - Bundesarbeitsgericht (Sitz: Erfurt)[2]

3. **Verwaltungsgerichtsbarkeit:**
   - Verwaltungsgerichte
   - Oberverwaltungsgerichte
   - Bundesverwaltungsgericht (Sitz: Leipzig)[3]

4. **Sozialgerichtsbarkeit:**
   - Sozialgerichte
   - Landessozialgerichte
   - Bundessozialgericht (Sitz: Kassel)

5. **Finanzgerichtsbarkeit:**
   - Finanzgerichte
   - Bundesfinanzhof (Sitz: München).

---

[1] Bayern hatte als einziges Bundesland ein Oberstes Landesgericht (§§ 8 f. EG GVG) eingerichtet, nämlich als „Bayerisches Oberstes Landesgericht" mit Sitz in München. Dieses Gericht trat für das Bundesland Bayern an die Stelle des Bundesgerichtshofes – mit Ausnahme der Rechtsstreitigkeiten, in denen für die Entscheidung Bundesrecht in Betracht kam. Das bayerische Gerichtsauflösungsgesetz vom 25.10.2004 sieht die Auflösung dieses Gerichtes bis zum 01.07.2006 vor.

[2] Bis zum 11. März 1996 war Kassel Sitz des Bundesarbeitsgerichtes. Für eine Übergangszeit fanden jedoch im Interesse der Funktionsfähigkeit auch danach außer in Erfurt weiterhin Sitzungen in Kassel statt. Als Zeitpunkt der Sitzverlegung nach Erfurt wurde durch Verordnung der 22. November 1999 bestimmt.

[3] Sitz war bis zum 21. November 1997 Berlin. Als Zeitpunkt der tatsächlichen Sitzverlegung nach Leipzig wurde durch Rechtsverordnung jedoch erst der 26. August 2002 bestimmt.

1.3 Die Zivilgerichte

Abweichend von den anderen oben genannten Rechtswegen kennen die Zivilgerichte[1] der ordentlichen Gerichtsbarkeit *zwei Instanzenzüge,* wobei das Landgericht in erster oder in zweiter Instanz zuständig sein kann.

Regelzuständigkeit[2]

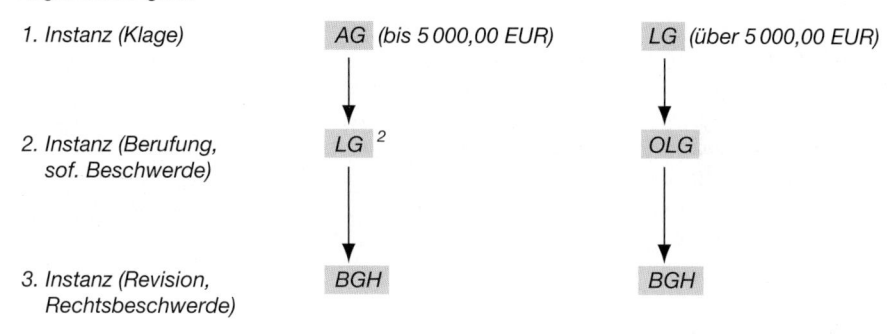

1. Instanz (Klage)	AG (bis 5 000,00 EUR)	LG (über 5 000,00 EUR)
2. Instanz (Berufung, sof. Beschwerde)	LG [2]	OLG
3. Instanz (Revision, Rechtsbeschwerde)	BGH	BGH

Das erkennende Zivilgericht kann *Ein-Mann-Gericht* oder *Kollegialgericht* sein. Alleinrichter wirken beim Amtsgericht (= Ein-Mann-Gericht). Kollegialgerichte sind dagegen das Landgericht, das Oberlandesgericht und der Bundesgerichtshof.

Das erkennende Zivilgericht kann *Einzelrichter* oder *Kollegialgericht* sein. Alleinrichter wirken beim Amtsgericht. Kollegialgerichte sind dagegen das Landgericht, das Oberlandesgericht, der Bundesgerichtshof.

Die Gerichte sind in **Spruchkörper**[4] gegliedert, die als *das Prozessgericht* tätig werden. Diese heißen beim
1. **Amtsgericht Abteilungen.** Jede Abteilung ist mit *einem Richter* besetzt.
2. **Landgericht Kammern** (= Zivilkammern und Kammer für Handelssachen). Die *Zivilkammern* sind mit *drei Berufsrichtern* besetzt, nämlich dem Vorsitzenden und zwei Beisitzern, die Kammer für Handelssachen mit einem Berufsrichter als Vorsitzendem und zwei ehrenamtlichen Richtern, d.h. Laienrichtern, in der Regel Kaufleuten.
3. **Oberlandesgericht Senate.** Jeder Senat ist mit *drei Berufsrichtern* besetzt, nämlich dem Vorsitzenden und zwei Beisitzern.

---

[1] Hiervon weichen die Strafgerichte ab.
[2] Ob die genannten Rechtsmittel im Einzelfall zulässig sind, ergibt sich aus dem Verfahrensrecht. Vgl. dazu 12, S. 187 ff.
[3] Abweichend führt u.a. in Familiensachen die Berufung usw. zum Oberlandesgericht (OLG).
[4] In **Strafsachen** gibt es abweichende Besetzungen; vgl. zum Schöffengericht beim Amtsgericht § 29 GVG, zur Strafkammer beim Landgericht § 76 GVG, zum Strafsenat beim Oberlandesgericht § 122 II GVG und beim Bundesgerichtshof § 139 II GVG.

4. **Bundesgerichtshof (BGH) Senate.** Beim BGH als dem obersten deutschen Gericht der ordentlichen Gerichtsbarkeit sind die Senate mit *fünf Berufsrichtern* besetzt, nämlich dem Vorsitzenden und vier Beisitzern.
Bei bestimmten Sachen (z.b. Abweichung von der Entscheidung eines anderen Senates) entscheidet der **Große Senat** für Zivilsachen (oder entsprechend der für Strafsachen). Beide zusammen bilden den **Vereinigten Großen Senat**. (Für Einzelheiten lies § 132 GVG.)

Eine Besonderheit ist die Einrichtung des **Einzelrichters** *beim Kollegialgericht*.[1] Es gab ihn seit langem zur Entlastung der Zivilkammer. Neu ist die Ausweitung seit dem 1. Januar 2002. Danach kennt das Gesetz (§§ 348, 348 a) beim *Landgericht in erster Instanz* jetzt den sog. „originären Einzelrichter" (= mit Entscheidungsbefugnis kraft Gesetzes) und den sog. „obligatorischen Einzelrichter" (= mit Entscheidungsbefugnis kraft Übertragung durch die Kammer). Den „originären Einzelrichter" gibt es auch im Beschwerdeverfahren (§ 568). Das *Berufungsverfahren* kennt abweichend den „entscheidenden" und den „vorbereitenden" Einzelrichter kraft Übertragung oder Zuweisung durch das Kollegium (§§ 526 f.). Für das Revisionsverfahren scheidet der Einzelrichter aus (§ 555 II).

Die **Amtsbezeichnung der Richter** lautet entsprechend dem jeweiligen Gericht Richter am ...gericht, Vorsitzender Richter am ...gericht, Präsident des ...gerichts (§ 19 a DRiG).

Beispiel:
So hat das Landgericht einen „Präsidenten des Landgerichts". Eine Zivil- (oder Straf-) kammer des Landgerichts ist besetzt mit dem „Vorsitzenden Richter am Landgericht" und mit weiteren zwei „Richtern am Landgericht".
Entsprechendes gilt für die anderen Gerichte (vgl. oben deren Besetzung).

Zentrale Gerichte; die Länder können einem Gericht *für die Bezirke mehrerer Gerichte* Sachen ganz oder teilweise zuweisen (vgl. dazu S. 51). Sie können auch **Spruchkörper** (vgl. S. 17) **außerhalb** des Gerichtssitzes einrichten. (Genauer in §§ 13a, 93 I, 116 II GVG.)

Ein **Geschäftsverteilungsplan** wird jährlich (in „Selbstverwaltung" der Gerichte) aufgestellt. Er regelt die Verteilung der Streitsachen auf die einzelnen Abteilungen, Kammern bzw. Senate und außerdem deren Besetzung mit den einzelnen Richtern.

Die **Justizverwaltung** untersteht den Präsidenten der genannten Gerichte. Sie ist keine Rechtspflege, sondern betrifft u.a. das Personalwesen, die Ausbildung, die Dienstaufsicht, z.B. auch über die Gerichtsvollzieher.

---

[1] Das ZPO-RG vom 27. Juli 2001 hat vor allem aus Gründen der Kostenersparnis für die Justiz den Grundsatz der Einzelrichterentscheidung beim Kollegialgericht betont. Es bleibt aber eine Entscheidung des jeweiligen Prozessgerichts, nur in geringerer Besetzung. Bei der Zivilkammer des Landgerichts ist die Einzelrichterentscheidung nach neuem Recht in erster Instanz praktisch zur Regelentscheidung geworden, wenn auch Ausnahmen zu beachten sind. Zu Einzelheiten der komplizierten und verwirrenden Regelungen siehe §§ 348, 348 a, 526, 527.

Aufgaben

1 Welche Gebiete der Zivilgerichtsbarkeit bezeichnet man als „freiwillige Gerichtsbarkeit"?

2 Der Arbeiter Krause beabsichtigt, seinen Arbeitgeber zu verklagen. Er ist der Auffassung, dass die ihm gegenüber ausgesprochene Kündigung des Arbeitsverhältnisses unwirksam sei.
Welches Gericht ist zuständig?

3 Nennen Sie mindestens sechs Oberlandesgerichte der Bundesrepublik!

4 In welchen Städten haben der Bundesgerichtshof, das Bundesarbeits- und das Bundesverwaltungsgericht ihren Sitz?

5 Wie sind

a) die Abteilungen der Amtsgerichte,

b) die Zivilkammern der Landgerichte,

c) die Senate der Oberlandesgerichte besetzt,

und welchen Titel führen

d) der jeweilige Gerichtsvorsitzende,

e) der Vorsitzende eines Spruchkörpers,

f) die übrigen Richter?

2 Personen der Gerichtsbarkeit

2.1 Der Richter

1. Die Rechtsprechung der Gerichte wird durch Berufsrichter und durch ehrenamtliche Richter ausgeübt.

   Die Befähigung zum Amt des Berufsrichters erwirbt nur, wer zwei juristische Prüfungen bestanden hat. Die erste steht am Ende eines Universitätsstudiums; sie besteht aus einer Universitäts- und einer staatlichen Prüfung.[1] Eine zweite Staatsprüfung beendet einen sich daran anschließenden praktischen Vorbereitungsdienst (als Referendar) bei Gerichten, Staatsanwaltschaft, Rechtsanwalt und Verwaltungsbehörde, u.U. auch bei einer weiteren Wahlstation wie u.a. z.b. bei Wirtschaftsunternehmen, öffentlich-rechtlichen Körperschaften. Die Befähigung zum Richteramt hat auch jeder ordentliche Professor der Rechte an einer deutschen Universität.

   Die Rechtsstellung des Richters ist im Grundgesetz (Art. 97, 98 GG), in den Länderverfassungen und insbesondere im Deutschen Richtergesetz (DRiG) geregelt.

   Die Richter stehen entweder im Dienst der Bundesrepublik oder eines Landes. Sie sind *unabhängig und nur dem Gesetz* (Art. 97 I GG, § 25 DRiG) unterworfen. Einer Dienstaufsicht durch Vorgesetzte unterstehen die Richter nur, soweit damit ihre Unabhängigkeit nicht beeinträchtigt wird. Richter dürfen also in ihrer Rechtsprechungstätigkeit keine Anweisungen Vorgesetzter entgegennehmen; Richtlinie ihrer Tätigkeit ist einzig und allein das Gesetz und ihr Gewissen.

   Richter sind ferner grundsätzlich *unabsetzbar und unversetzbar,* damit sie völlig unbeeinflusst ihr Amt ausüben können, ohne Gefahr zu laufen, ihrer Tätigkeit wegen des Amtes enthoben oder versetzt zu werden.

   Die Richter haben folgenden Eid zu leisten:

   „Ich schwöre, das Richteramt getreu dem Grundgesetz für die Bundesrepublik Deutschland und getreu dem Gesetz auszuüben, nach bestem Wissen und Gewissen ohne Ansehen der Person zu urteilen und nur der Wahrheit und Gerechtigkeit zu dienen, so wahr mir Gott helfe."

   Die Richter müssen über den Hergang bei der Beratung und Abstimmung über eine Sache schweigen (Beratungsgeheimnis).

2. Neben den Berufsrichtern sind bei vielen Gerichten ehrenamtliche Laienrichter tätig, so z.B. als ehrenamtliche Richter in den Kammern für Handelssachen und in der Arbeitsge-

---

[1] genauer in §§ 5 I, 5 d DRiG.

richtsbarkeit sowie als Schöffen bei den Strafgerichten. Die ehrenamtlichen Richter sind in gleichem Maße unabhängig wie die Berufsrichter. Sie müssen ebenfalls das Beratungsgeheimnis wahren.

3. Ein Richter ist in bestimmten Fällen kraft Gesetzes *von der Ausübung seines Richteramtes ausgeschlossen* (§ 41), z.B.

a) in Sachen, in denen er selbst Partei ist;

b) in Sachen seines Ehegatten, seines Lebenspartners oder einer Partei, mit der er verwandt oder verschwägert ist;

c) in Sachen, in denen er als Prozessbevollmächtigter bestellt oder in denen er als Zeuge oder Sachverständiger vernommen ist.

Liegt ein Grund vor, der geeignet ist, Misstrauen gegen die Unparteilichkeit eines Richters zu rechtfertigen, kann der Richter *wegen Besorgnis der Befangenheit abgelehnt* werden. Ein derartiger Grund liegt z.B. vor, wenn der Richter mit einer Partei verlobt, befreundet oder verfeindet ist.

Das Ablehnungsgesuch ist bei dem Gericht, dem der Richter angehört, einzureichen. Der Ablehnungsgrund muss glaubhaft gemacht werden.

Der Beschluss, durch den das Gesuch für begründet erklärt wird, ist unanfechtbar. Gegen den Beschluss, durch den das Gesuch für unbegründet erklärt wird, ist die *sofortige Beschwerde* gegeben (§ 46 II).

2.2 Der Rechtspfleger

Eine dem Richter ähnliche Stellung hat der Rechtspfleger, dem nach dem Rechtspflegergesetz vom 5. November 1969 eine Vielzahl richterlicher Geschäfte übertragen ist, in denen er selbstständig entscheidet. In Zivilsachen sind dem Rechtspfleger nach §§ 20, 21 RPflG u.a. folgende Geschäfte übertragen:

1. das Mahnverfahren;[1]

2. in den meisten Fällen die Entscheidungen und Anordnungen im Zwangsvollstreckungsverfahren;

3. die Kostenfestsetzung gem. §§ 103 ff. ZPO und § 19 BRAGO.

Mit den Geschäften eines Rechtspflegers kann nur ein Justizbeamter mit der Prüfung für den gehobenen Justizdienst betraut werden.

Für die Ausschließung und Ablehnung des Rechtspflegers gelten dieselben Vorschriften wie für den Richter.

---

[1] Das Mahnverfahren kann durch Rechtsverordnung einer Landesregierung ganz oder teilweise auf den Urkundsbeamten übertragen werden (vgl. unten 2.6, S. 25).

2.3 Der Rechtsanwalt

Rechtliche Grundlage für die den Rechtsanwalt betreffenden Fragen ist die *Bundesrechtsanwaltsordnung* vom 1. August 1959 (BRAO) mit zahlreichen zwischenzeitlichen Änderungen. Hinzukommen die Berufsordnung für Rechtsanwälte (BORA) und die Fachanwaltsordnung (FAO), die beide als Satzung der Bundesrechtsanwaltskammer beschlossen wurden und die seit dem 1. März 1997 in Kraft sind, beide wiederum mit zwischenzeitlichen Änderungen. *Aufgrund* von Richtlinien *der Europäischen Gemeinschaft* beginnt eine **Europäisierung** auch des Anwaltsrechts. Dazu trifft zur Zeit das „Gesetz über die Tätigkeit europäischer Rechtsanwälte in Deutschland" (EuRAG) vom 9. März 2000 die notwendigen Regelungen. Bei grenzüberschreitender Tätigkeit sind u.a. auch die Berufsregeln der Rechtsanwälte der Europäischen Gemeinschaft (bzw. Union) in der Fassung vom 28. November 1998 zu beachten (vgl. § 29 BORA; Nr. 1.4., 1.5. der CCBE-Berufsregeln).[1]

Der Rechtsanwalt übt einen *freien Beruf* aus. Er ist nach § 3 BRAO der berufene unabhängige **Berater** und **Vertreter** in allen Rechtsangelegenheiten. Jedermann hat das Recht, sich in Rechtsangelegenheiten aller Art durch einen Rechtsanwalt seiner Wahl beraten und vor Gericht oder Behörden vertreten zu lassen.

Eine **Vertretung** durch einen **Rechtsanwalt** ist **erforderlich**:[2]
1. In der Zivilgerichtsbarkeit:
   vor dem *Amtsgericht* als *Familiengericht* für Ehegatten in Ehe- und Folgesachen, für Lebenspartner in Lebenspartnerschaftssachen (nach § 661 I Nr. 1 bis 3), vor dem *Landgericht, Oberlandesgericht* und *Bundesgerichtshof* (§ 78 I, II).
2. In der Arbeitsgerichtsbarkeit: vor dem *Landesarbeitsgericht* und dem *Bundesarbeitsgericht*. Vor dem Landesarbeitsgericht können an Stelle des Rechtsanwaltes Vertreter von Gewerkschaften oder Arbeitgebervereinigungen auftreten, wenn sie kraft Satzung oder Vollmacht zur Vertretung befugt sind.
3. In der Sozialgerichtsbarkeit: vor dem *Bundessozialgericht*.
4. In der Verwaltungsgerichtsbarkeit: vor dem *Bundesverwaltungsgericht*.
5. In der Finanzgerichtsbarkeit: vor dem *Bundesfinanzhof* (hier allerdings Rechtsanwalt oder Steuerberater oder Wirtschaftsprüfer).
6. In der Strafgerichtsbarkeit ist nach § 140 StPO die „notwendige Verteidigung" für bestimmte Strafsachen vorgeschrieben.

Als Rechtsanwalt kann **zugelassen** werden, wer
– die Befähigung zum Richteramt nach dem Deutschen Richtergesetz[3] erlangt hat oder
– die Eingliederungsvoraussetzungen nach dem Gesetz über die Tätigkeit europäischer Rechtsanwälte in Deutschland (EuRAG) erfüllt.

---

[1] CCBE = Conseil des Barreaux De La Communauté Européenne (französisch) = Rat der Anwaltschaften der Europäischen Gemeinschaft.
[2] Ein **Rechtsdienstleistungsgesetz** (RDG) soll umfassend die Befugnis zur Erbringung *außergerichtlicher Rechtsdienstleistungen* (= Rechtsberatung und Rechtsbesorgung) regeln. Das betrifft *Personen, die nicht als Rechtsanwalt zugelassen* sind, aber auch Berufs- und Interessenvereinigungen sowie öffentliche und öffentlich anerkannte Stellen. Dieses RDG wird das bisherige einschlägige Rechtsberatungsgesetz (RBerG) ablösen.
[3] Die nach dem Rechtsanwaltsgesetz (= RAG der früheren DDR) vom 13.09.1990 zugelassenen Anwälte sind davon befreit (§ 214 BRAO).

Über den Antrag entscheidet die Landesjustizverwaltung.

Ein Rechtsanwalt *muss bei einem bestimmten Gericht der ordentlichen Gerichtsbarkeit* zugelassen sein; man nennt dies das Prinzip der **Lokalisierung** oder Lokalisation (§ 18 BRAO). Er kann seine Zulassung bei einem *Amtsgericht* und *zugleich* bei dem *Landgericht* beantragen, in dessen Bezirk das Amtsgericht seinen Sitz hat (§ 23 BRAO). Die bei den Landgerichten zugelassenen Rechtsanwälte können auf Antrag *zugleich* bei dem übergeordneten *Oberlandesgericht* zugelassen werden (= *Simultanzulassung;* § 226 II BRAO),[1] wenn sie fünf Jahre lang bei einem Gericht des ersten Rechtszuges zugelassen waren.

Zum *Bundesgerichtshof* gibt es nur die *Singularzulassung,* d.h. ein beim Bundesgerichtshof zugelassener Rechtsanwalt kann nicht gleichzeitig bei einem anderen Gericht zugelassen sein (§ 171 BRAO).

Ein Rechtsanwalt, der die Zulassung zu einem Amtsgericht und einem Landgericht hat, *kann* bei allen Amtsgerichten und Landgerichten *auftreten.* Die Zulassung zu einem Oberlandesgericht berechtigt zur Vertretung vor allen Oberlandesgerichten. Vor dem Bundesgerichtshof können die Parteien dagegen nur von Rechtsanwälten mit Zulassung zum Bundesgerichtshof vertreten werden. Im Übrigen kann der Rechtsanwalt bei allen Gerichten der Arbeits-, Sozial-, Finanz- und Verwaltungsgerichtsbarkeit tätig werden. Man spricht hier von der **Postulationsfähigkeit,** d.h. der Fähigkeit vor einem bestimmten Gericht auftreten und wirksam Prozesshandlungen vornehmen zu können.[2]

Einem Rechtsanwalt kann eine *Fachanwaltsbezeichnung* für das Verwaltungsrecht, das Steuerrecht, das Arbeitsrecht, das Sozialrecht, das Familienrecht, das Strafrecht, das Insolvenzrecht und das Versicherungsrecht verliehen werden (§§ 43 c BRAO, 1 FAO), jedoch höchstens für zwei Rechtsgebiete.

Unabhängig von der verliehenen Fachanwaltsbezeichnung dürfen bis zu fünf *Interessen-* und/oder *Tätigkeitsschwerpunkte* benannt werden, davon bis zu drei Tätigkeitsschwerpunkte (§ 7 BORA).

Ein **ausländischer Anwalt** kann zwar unter bestimmten Voraussetzungen als *„niedergelassener europäischer Rechtsanwalt"* mit der Berufsbezeichnung seines Herkunftslandes (z.B. Avocat = Frankreich, Avvocato = Italien usw.) zugelassen werden. Er darf jedoch nicht vor dem Bundesgerichtshof und in bestimmten Fällen nicht vor dem Oberlandesgericht auftreten. (Für weitere Einzelheiten siehe das EuRAG.)

Bei jedem Gericht der ordentlichen Gerichtsbarkeit wird eine Liste der dort zugelassenen Rechtsanwälte geführt (§ 31 BRAO). Mit der Eintragung in diese Liste beginnt die Befugnis, die Anwaltstätigkeit auszuüben (§ 32 BRAO).

Der Rechtsanwalt ist *nicht* **verpflichtet***, die Vertretung* einer Partei *zu übernehmen*, wohl aber zur unverzüglichen Erklärung, dass er die Vertretung ablehnt. Ausnahmen bestehen gemäß § 48 BRAO u.a.:

---

[1] Die in § 226 II BRAO enthaltene Beschränkung auf neun Bundesländer ist aufgrund der Entscheidung des Bundesverfassungsgerichts vom 13. Dezember 2000 (BGBl. 2001 I S. 891) seit dem 1. Juli 2002 entfallen.

[2] Die ursprüngliche Verknüpfung des **Lokalisationsprinzips** mit der Beschränkung der **Postulationsfähigkeit** auf ein bestimmtes Gericht ist heute im Grunde entfallen, ausgenommen beim BGH.

1. wenn der Rechtsanwalt einer armen Partei beigeordnet wird (§§ 121 ZPO, 11 a ArGG);
2. wenn der Rechtsanwalt einer Partei nach § 78 b und § 78 c beigeordnet wird, die als Partei eines Anwaltsprozesses keinen zur Vertretung bereiten Rechtsanwalt gefunden hat;
3. wenn der Rechtsanwalt dem Antragsgegner in einer Scheidungssache beigeordnet ist (§ 625).

In Strafsachen muss der Rechtsanwalt eine Verteidigung übernehmen, wenn er zum Verteidiger bestellt ist (§ 49 BRAO).

Ferner ist der Rechtsanwalt grundsätzlich verpflichtet, die Beratungshilfe nach dem Beratungshilfegesetz vom 18. Juni 1980 zu übernehmen[1] (§ 49 a BRAO).

Der Rechtsanwalt kann seinem Auftraggeber die *Herausgabe der Handakten* verweigern, bis dieser ihm seine Gebühren und Auslagen bezahlt hat (§ 50 BRAO).

Ist der Rechtsanwalt länger als eine Woche daran gehindert, seinen Beruf auszuüben, muss er für seine Vertretung sorgen. Gleiches gilt, wenn sich der Rechtsanwalt länger als eine Woche von seiner Kanzlei entfernen will (§ 53 BRAO).

Mehrere Rechtsanwälte können sich zur Ausübung ihres Berufes zu einer **Gesellschaft** zusammentun. Das kann eine *Sozietät* (§ 59 a BRAO) als *Gesellschaft bürgerlichen Rechts* (GbR) sein. Diese Form wird von einem großen Teil der deutschen Rechtsanwälte gewählt. Möglich ist aber auch eine *Partnerschaftsgesellschaft,* die im Partnerschaftsregister beim Amtsgericht einzutragen ist. Diese Partnerschaft muss in ihrem Namen den Namen mindestens eines Rechtsanwalts enthalten mit dem Zusatz „und Partner"[2] oder „Partnerschaft" (vgl. S. 28). Darüber hinaus kann eine *GmbH* für die Beratung und Vertretung in Rechtsangelegenheiten als *Rechtsanwaltsgesellschaft* zugelassen werden (§§ 59 c ff. BRAO). Grundsätzlich zulässig ist auch eine *Rechtsanwalts-AG* (= Aktiengesellschaft).[3]

Alle Rechtsanwälte, die in dem Bezirk eines Oberlandesgerichts zugelassen sind, bilden eine **Rechtsanwaltskammer.** Die Rechtsanwaltskammern sind zu einer Bundesrechtsanwaltskammer zusammengeschlossen (§§ 60 ff. BRAO).

Für den Bezirk einer Rechtsanwaltskammer ist ein *Anwaltsgericht* gebildet, das für Verfahren gegen Rechtsanwälte zuständig ist, die ihre Pflichten verletzt haben. Die weiteren Instanzen sind der *Anwaltsgerichtshof* beim Oberlandesgericht und der *Senat für Anwaltssachen* beim Bundesgerichtshof (§§ 92 ff. BRAO).

2.4 Der Notar

Der Notar ist nach § 1 der Bundesnotarordnung vom 24. Februar 1961 der unabhängige Träger eines öffentlichen Amtes auf dem Gebiet der vorsorgenden Rechtspflege. Zum Notar darf

---

[1] In Bremen und Hamburg tritt jedoch die öffentliche Rechtsberatung an die Stelle der Beratungshilfe, in Berlin hat der Rechtsuchende die Wahl (§ 14 BerHG). Zur Beratungshilfe vgl. im Übrigen S. 164 f.
[2] Der früher verbreitete Zusatz „und Partner" in der Kanzleibezeichnung ist seit dem 1. Juli 1997 grundsätzlich nur noch Partnerschaftsgesellschaften (nach dem Partnerschaftsgesellschaftsgesetz = PartGG) vorbehalten. Bei Weiterführung eines solchen Zusatzes im Übrigen muss ein Hinweis auf die abweichende Rechtsform erfolgen, wie z.B. „Gesellschaft bürgerlichen Rechts" (GbR).
[3] So die herrschende Meinung und der BGH. Nur Einzelfragen sind umstritten. Eine gesetzliche Regelung steht noch aus.

nur bestellt werden, wer die Befähigung zum Richteramt besitzt.[1] Zum *hauptberuflichen Notar* kann bestellt werden, wer einen dreijährigen Anwärterdienst als Notarassessor geleistet hat. Zum *Anwaltsnotar* kann bestellt werden, wer mindestens fünf Jahre als Rechtsanwalt zugelassen ist und seit mindestens drei Jahren ohne Unterbrechung an seinem künftigen Amtssitz hauptberuflich als Rechtsanwalt tätig gewesen ist.

Anders als beim Rechtsanwalt dürfen nur so viele Notare bestellt werden, wie den Erfordernissen einer geordneten Rechtspflege entspricht.

Der Notar ist insbesondere zuständig:
1. für Beurkundungen jeder Art, z.B. von Grundstückskaufverträgen, Testamenten;
2. zur Beglaubigung von Unterschriften und Abschriften;
3. zur Aufnahme von Vermögensverzeichnissen;
4. zur Aufnahme von Wechselprotesten;
5. zur Verwahrung von Geld, Wertpapieren und Kostbarkeiten.

2.5 Der Staatsanwalt

Zum Staatsanwalt kann nur ernannt werden, wer die Befähigung zum Richteramt besitzt.

Der Staatsanwalt tritt im Strafprozess als Vertreter der Strafverfolgungsbehörde auf.

2.6 Der Urkundsbeamte

Nach § 153 GVG wird bei jedem Gericht eine Geschäftsstelle eingerichtet, die mit der erforderlichen Anzahl von Urkundsbeamten besetzt ist. Urkundsbeamte sind regelmäßig Beamte des mittleren Justizdienstes (Justizassistenten und -sekretäre). Häufig werden aber auch Rechtspfleger als Urkundsbeamte tätig. Aufgabe der Urkundsbeamten ist es insbesondere:
1. Zustellungen und Ladungen zu bewirken bzw. zu vermitteln (§§ 168, 176, 192 III);
2. die Urteilsausfertigung zu unterschreiben und mit dem Gerichtssiegel zu versehen (§ 317 IV), siehe auch unten S. 118;
3. die vollstreckbare Ausfertigung (mit Vollstreckungsklausel), insbesondere nach § 724 II zu erteilen;
4. das Mahnverfahren durchzuführen, wenn und soweit es ihm anstelle des Rechtspflegers übertragen worden ist (vgl. S. 21, 206 und RPflG § 36 b I 1 Nr. 2, III);
5. die Führung des Sitzungsprotokolls, wenn erforderlich (§ 159 I 2).

2.7 Der Gerichtsvollzieher

Der Gerichtsvollzieher ist ein Vollzugsbeamter, dem insbesondere bestimmte Zwangsvollstreckungsmaßnahmen, das eidesstattliche Offenbarungsverfahren, Vorführungen und Verhaftungen, aber auch die Zustellungen auf Betreiben der Parteien obliegen. Seine Rechtsstellung und das von ihm einzuhaltende Verfahren sind in der Gerichtsvollzieherordnung (GVO) und in der Geschäftsanweisung für Gerichtsvollzieher (GVGA) geregelt.

---

[1] Unter bestimmten Voraussetzungen gilt eine abweichende Regelung zugunsten eines deutschen Staatsangehörigen aus der ehemaligen DDR (genauer in § 117 b BNotO).

Jeder Gerichtsvollzieher hat regelmäßig einen bestimmten Bezirk, für den er zuständig ist. Seine Aufträge erhält er entweder unmittelbar vom Auftraggeber (einschließlich durch Vermittlung der Geschäftsstelle) oder über die *Verteilungsstelle für Gerichtsvollzieheraufträge beim Amtsgericht.*

Als Beamter erhält der Gerichtsvollzieher ein festes Gehalt, außerdem einen prozentualen Anteil an den vereinnahmten Gebühren sowie den Ersatz seiner Auslagen. Gebühren und Auslagen erhält der Gerichtsvollzieher nach dem „Gesetz über Kosten der Gerichtsvollzieher" vom 19. April 2001 (GvKostG).

Der Gerichtsvollzieher ist grundsätzlich in denselben Fällen kraft Gesetzes von der Ausübung seines Amtes ausgeschlossen wie ein Richter (§ 155 GVG).

Aufgaben

1 In dem Rechtsstreit Müller gegen Wendland vor dem Amtsgericht Duisburg lehnt der Beklagte den Richter wegen Besorgnis der Befangenheit ab. Er begründet seinen Ablehnungsantrag damit, dass der Richter mit dem Kläger befreundet ist.
   a) Wo ist der Ablehnungsantrag einzureichen?
   b) Was kann der Beklagte gegen den Beschluss unternehmen, durch den das Ablehnungsgesuch für unbegründet erklärt wird?

2 Nennen Sie unter Zuhilfenahme der maßgebenden Rechtsvorschrift mindestens acht richterliche Geschäfte in Zivilsachen, die vom Rechtspfleger wahrgenommen werden!

3 Die Bundesrechtsanwaltsordnung bestimmt, dass als Rechtsanwalt nur zugelassen werden darf, wer die Fähigkeit zum Richteramt besitzt.
   a) Welche Prüfungen muss er also bestanden haben?
   b) Wer entscheidet über die Zulassung?

4 Dietrich beabsichtigt, Preuss beim Landgericht Augsburg zu verklagen.
   a) Muss sich Dietrich durch einen Rechtsanwalt vertreten lassen?
   b) Dietrich ist mit Rechtsanwalt Dr. Knauer befreundet, der beim Landgericht München zugelassen ist. Kann Dietrich den Rechtsanwalt Dr. Knauer zu seinem Prozessbevollmächtigten bestellen?

5 Rechtsanwalt Waldner ist beim Landgericht und Oberlandesgericht Köln zugelassen. Stellen Sie fest, ob er als Prozessbevollmächtigter auch beim Bundesgerichtshof für seine Mandanten auftreten kann! (Bitte begründen!)

6 Rechtsanwalt Kroll wird am 10. Mai in die beim Oberlandesgericht geführte Liste der zugelassenen Rechtsanwälte eingetragen.
   Welche Wirkung hat diese Eintragung für Knoll?

7 Die Ehefrau Schubert bittet Rechtsanwalt Adam, sie in einem Ehescheidungsprozess zu vertreten.
   Stellen Sie fest, ob Rechtsanwalt Adam das Mandat annehmen muss!

8 Wieland beauftragt den Gerichtsvollzieher Troll, bei dem Schuldner Schnell die Zwangsvollstreckung durchzuführen. Schnell lehnt den Gerichtsvollzieher wegen Besorgnis der Befangenheit ab, weil er mit Troll vor einem Jahr einen Mietprozess geführt hat und seit dieser Zeit mit ihm verfeindet ist.
   Stellen Sie fest, ob sich Schuldner Schnell auf einen gesetzlichen Ausschließungsgrund berufen kann!

3 Die Parteien

3.1 Allgemeines

Parteien sind die Personen, welche sich in einem Rechtsstreit gegenüberstehen. Das können sie in der ersten Instanz als „**Kläger**" und „**Beklagter**" und in den Rechtsmittelinstanzen z.b. als „Berufungskläger" und „Berufungsbeklagter" bzw. als „Revisionskläger" und „Revisionsbeklagter" usw.

Von den Parteien sind zu unterscheiden:
1. der „**gesetzliche Vertreter**", der eine prozessunfähige Partei in einem Prozess vertreten muss (u.U. wiederum vertreten durch einen Rechtsanwalt);
2. der „**Prozessbevollmächtigte**", der eine Partei, auch wenn sie prozessfähig ist, vertreten kann oder in einem Anwaltsprozess vertreten muss. (Zur Prozessvollmacht ausführlich S. 32 f.)

3.2 Parteien im Prozess

3.2.1 Parteifähigkeit

Partei *in einem gerichtlichen Verfahren* kann nur sein, wer *parteifähig* ist. Das bezieht sich nicht nur auf den Prozess, sondern gilt auch für *alle* anderen *Verfahrensarten* der ZPO. Das bedeutet, wer nicht parteifähig ist, kann nicht Kläger oder Beklagter, Antragsteller oder -gegner, Gläubiger oder Schuldner oder sonst nicht Partei in einem Verfahren bei Gericht sein.

Parteifähig aber ist, wer rechtsfähig ist (§ 50 I). Besonderheiten gelten bei Personengesellschaften und beim nicht rechtsfähigen Verein. (Dazu mehr unter 3.2.2, S. 28 f.)

3.2.2 Rechtsfähigkeit

Sie ist die Grundlage der Parteifähigkeit. Rechtsfähig ist, wer Träger von Rechten und Pflichten sein kann. Rechtsfähig (und damit parteifähig) sind:
1. Alle „**natürlichen Personen**", d.h. alle Menschen.
   Die Rechtsfähigkeit beginnt mit Vollendung der Geburt (§ 1 BGB) und endet mit dem Tod.

> *Beispiel:*
> *Der zweijährige Hans erbt ein Grundstück, Hans ist rechtsfähig, wird also Eigentümer des Grundstücks. Wird dem Hans das Grundstück entzogen, kann er auf Herausgabe klagen, selbstverständlich vertreten durch seinen gesetzlichen Vertreter.*

2. Alle **„juristischen Personen"**. Juristische Personen sind insbesondere Personenvereinigungen, denen die Rechtsordnung die Rechtsfähigkeit zuerkannt hat (s. auch S. 32). Es gibt
   a) *juristische Personen des öffentlichen Rechts*, z.B. der Staat, die Gemeinden und Gemeindeverbände, Religionsgesellschaften, Universitäten, Bundesbank;
   b) *juristische Personen des Privatrechts*, z.B. die Aktiengesellschaft, Gesellschaft mit beschränkter Haftung, Genossenschaft, der eingetragene Verein.

> *Beispiel:*
> *a) Die „Hoch- und Tiefbau AG" kauft ein Grundstück. Als Eigentümer des Grundstücks werden nicht die Aktionäre, sondern die Aktiengesellschaft eingetragen; denn sie hat als juristische Person kraft ihrer Rechtsfähigkeit die Fähigkeit, Träger eines Rechts, des Eigentums, zu sein.*
> *b) Der Schrebergartenverein „Immergrün" e.V. beabsichtigt, Krause zur Zahlung von 2 000,00 EUR zu verklagen. Als Kläger treten nicht die Vereinsmitglieder auf, sondern der eingetragene Verein, denn er ist als juristische Person parteifähig.*

3. Problematisch sind die **Personengesellschaften** und der **nichtrechtsfähige Verein**, die nicht zu den *juristischen Personen* zählen.
   a) So sind parteifähig[1] kraft besonderer gesetzlicher Vorschrift: die *offene Handelsgesellschaft* (OHG) und die *Kommanditgesellschaft* (KG), beides Gesellschaftsformen des Handelsrechts als Personengesellschaften (vgl. S. 32).
   Der OHG stark angenähert ist die *Partnerschaftsgesellschaft* (PartG), die nur von natürlichen Personen als Angehörigen Freier Berufe zur Ausübung ihrer Berufe gebildet werden kann, die kein Handelsgewerbe betreiben (vgl. dazu S. 24).

> *Beispiel:*
> *So können sich mehrere Rechtsanwälte oder Notare, Steuerberater und Wirtschaftsprüfer, aber auch Ärzte, Zahnärzte usw. zu einer Partnerschaftsgesellschaft zusammenschließen.*

---

[1] Bei der OHG, KG, PartG, GbR wird nach allgemeiner Meinung sog. **„Teilrechtsfähigkeit"** angenommen. Das ist jedoch umstritten. Im Gesetz vgl. hierzu § 14 II BGB und § 11 II Nr. 1 InsO. Unstreitig aber gehören sie nicht zu den juristischen Personen.

Die *Gesellschaft bürgerlichen Rechts* (GbR) soll als Außengesellschaft (= in den Beziehungen zu Dritten) nach neuerer BGH-Rechtsprechung ebenfalls aktiv und passiv parteifähig sein.[1]

b) Der *nichtrechtsfähige Verein* ist kraft Gesetzes nur als Beklagter, nicht dagegen als Kläger parteifähig (§ 50 II).[2]

Beispiel:
Der nichtrechtsfähige Verein „Wanderlust" will Brummer zur Zahlung von 2 500,00 EUR verklagen. Da der Verein als Kläger nicht parteifähig ist, müssen z.B. alle Mitglieder in der Klage aufgeführt werden.

4. **Verbraucher** und **Unternehmer**.

In Gesetzen tauchen neuerdings und zunehmend der Verbraucher und der Unternehmer auf, die beiden zentralen Begriffe des Verbraucherrechts (= *Verbraucherschutz*).[3]

a) **Verbraucher** kann nur eine *natürliche Person* (= ein Mensch) sein, die ein *Rechtsgeschäft* zu einem *privaten Zweck* abschließt. Es darf sich dabei weder um eine gewerbliche noch um eine selbstständige freiberufliche Tätigkeit handeln (§ 13 BGB).

Hinweis:
Für den Verbraucher gibt es in diversen Gesetzen Schutzbestimmungen, so hier z.B. das zugunsten des Verbrauchers unzulässige Mahnverfahren gem. § 688 II Nr. 1 (vgl. 4.2.2, S. 40), der niedrigere Verzugszinssatz (vgl. 4.1.2, S. 37), die vorgeschriebene Folgenbelehrung bei Rechnungszugang (vgl. 4.1.1, S. 36).

b) **Unternehmer** kann eine *natürliche und* eine *juristische Person* oder eine neuerdings sog. rechtsfähige Personengesellschaft (vgl. oben Nr. 3, S. 28 mit Fußnote 1) sein. Hier muss es sich um Rechtsgeschäfte in Ausübung ihrer gewerblichen oder selbstständigen beruflichen Tätigkeit handeln (§ 14 BGB). Dazu gehören neben kaufmännischen Unternehmern auch Handwerker, Landwirte, Freiberufler (wie z.B. Rechtsanwälte, Notare, Ärzte) usw. Die Abgrenzung kann im Einzelfall schwierig sein. Für sie gelten die o.g. Schutzbestimmungen (= für den Verbraucher) selbstverständlich nicht.

3.3 Handlungsfähigkeit im Prozess

Von der Parteifähigkeit ist die **Prozessfähigkeit** zu unterscheiden, sie ist die *Fähigkeit, im Prozess als Partei selbst zu handeln,* d.h. wirksame Prozesshandlungen vorzunehmen. Nach

---

[1] Jedenfalls, soweit ihre Teilrechtsfähigkeit angenommen wird. Nicht unumstritten.
[2] Auf ihn sind die Vorschriften über die GbR anwendbar (§ 54, 1 BGB). In der Praxis wird er z.T. wie der eingetragene Verein (= e.V.) behandelt. Aktive Parteifähigkeit wird z.T. sogar bejaht, ist aber umstritten.
[3] Aufgrund EG-Recht durch Gesetz vom 27. Juni 2000 mit den §§ 13, 14 in das BGB eingefügt, und zwar in das schon angesprochene Personenrecht. (Zum *Europäischen Gemeinschaftsrecht* siehe unten Seite 249 ff.)

§ 52 ist eine Partei prozessfähig, soweit sie sich durch Verträge verpflichten kann, d.h. soweit sie geschäftsfähig ist (= BGB).

3.3.1 Geschäftsfähigkeit

Die Geschäftsfähigkeit als die Fähigkeit, Rechtsgeschäfte wirksam vorzunehmen, ist auf natürliche Personen (= Menschen) beschränkt. Dabei werden drei Stufen unterschieden:
1. **Geschäftsunfähig** sind gem. § 104 BGB:
   a) Kinder bis zum vollendeten 7. Lebensjahr,
   b) Geisteskranke.
   Jede Willenserklärung geschäftsunfähiger Personen ist *nichtig*. Für den Geschäftsunfähigen muss deshalb der gesetzliche Vertreter handeln.
2. **Beschränkt geschäftsfähig** sind gem. §§ 2, 106 BGB Minderjährige vom vollendeten 7. bis vor Vollendung des 18. Lebensjahres.
   Beschränkt geschäftsfähige Personen können Rechtsgeschäfte grundsätzlich *nur mit Zustimmung des gesetzlichen Vertreters* abschließen. Liegt die Zustimmung bei Abschluss des Rechtsgeschäftes vor, ist das Rechtsgeschäft wirksam.[1]

> *Beispiel:*
> *Der 17-jährige Hansen einigt sich mit dem Fahrradhändler Felgenträger über den Erwerb eines Sportfahrrades zum Preise von 700,00 EUR. Seine Eltern stimmen zu. Der Kaufvertrag ist wirksam.*

Fehlt die Zustimmung bei Abschluss des Rechtsgeschäftes, ist das Rechtsgeschäft schwebend unwirksam. Erteilt der gesetzliche Vertreter nach Abschluss des Rechtsgeschäftes seine Zustimmung, ist das Geschäft von Anfang an wirksam. Wird die Zustimmung verweigert, ist das Geschäft von Anfang an unwirksam.

> *Beispiel:*
> *Der 17-jährige Koller einigt sich ohne Wissen seiner Eltern mit dem Händler Glotz über den Erwerb eines Fernsehgerätes zum Preise von 400,00 EUR.*
> *Der Kaufvertrag ist vorerst schwebend unwirksam. Stimmen die Eltern dem Vertrag zu, ist dieser von Anfang an wirksam.*

Die Zustimmung des gesetzlichen Vertreters kann auch stillschweigend erteilt werden.
   a) Überlässt der gesetzliche Vertreter dem beschränkt Geschäftsfähigen ein Taschengeld, liegt darin grundsätzlich die Zustimmung zu allen vernünftigen Rechtsgeschäf-

---

[1] Seit dem 1. Januar 1999 kennt § 1629 a BGB eine Haftungsbeschränkung aus solchen Rechtsgeschäften Minderjähriger. Zu beachten ist dabei für die Vollstreckung aber die Regelung der §§ 786, 780 I ZPO.

ten. Diese werden aber in der Regel erst dann wirksam, wenn der beschränkt Geschäftsfähige *mit dem Taschengeld gezahlt* hat (§ 110 BGB). Als Taschengeld ist dabei u.a. auch die vom Ausbilder gezahlte Vergütung zu werten, soweit sie dem Minderjährigen vom gesetzlichen Vertreter belassen wird.

Beispiel:
Die 16-jährige Gudrun sucht sich im Musikaliengeschäft Lärm eine CD aus und zahlt dafür den darauf vermerkten Kaufpreis mit ihrem Taschengeld. Der Kaufvertrag ist wirksam.

b) Ermächtigt der gesetzliche Vertreter (gem. § 113 BGB) den Minderjährigen (= beschränkt Geschäftsfähigen), einen Arbeitsvertrag zu schließen, so ist der Minderjährige in der Regel für alle Rechtsgeschäfte voll geschäftsfähig, die das Arbeitsverhältnis betreffen. (Darüber hinaus aber bleibt es bei der beschränkten Geschäftsfähigkeit!)

Beispiel:
Der 17-jährige Anton ist mit Zustimmung seiner Eltern ein Arbeitsverhältnis als Schlosser eingegangen.
Anton kann das Arbeitsverhältnis ohne Zustimmung seiner Eltern kündigen (= da insoweit geschäftsfähig) oder seinen Arbeitgeber auf Zahlung seines Lohnes verklagen (= da insoweit prozessfähig).

Ohne Zustimmung ihrer gesetzlichen Vertreter können beschränkt Geschäftsfähige nur solche Rechtsgeschäfte abschließen, die ihnen lediglich einen rechtlichen Vorteil bringen (§ 107 BGB).

Beispiel:
Der 12-jährige Kurt nimmt ein Buch als Geschenk an.
Das Rechtsgeschäft (= Schenkungsvertrag und Übereignung) ist mit der Annahme des Buches wirksam. Kurt wird Eigentümer des Buches, ohne dafür zahlen zu müssen (= nur rechtlicher Vorteil).

3. **Voll geschäftsfähig** sind alle Personen ab Vollendung des 18. Lebensjahres[1] (§ 2 BGB).

---

[1] Mit Vollendung des 18. Lebensjahres (Aufzählung nur beispielhaft)
    a) kann die Ehe eingegangen werden. Auf Antrag kann das Vormundschaftsgericht die Eheschließung auch einem Minderjährigen genehmigen, der das 16. Lebensjahr vollendet hat. Voraussetzung: der künftige Ehegatte ist volljährig;
    b) erwirbt der Deutsche das aktive und passive Wahlrecht;
    c) endet der Jugendschutz und der Jugendarbeitsschutz;
    d) beginnt die Wehrpflicht.

3.3.2 Prozessfähigkeit

Während die Geschäftsfähigkeit (= BGB) Abstufungen kennt, gibt es *nur* eine *volle Prozessfähigkeit* (= ZPO). Prozessfähig sind *nur voll geschäftsfähige Personen* (= Menschen). Lediglich beschränkt Geschäftsfähige sind somit grundsätzlich prozessunfähig.

Für eine *prozessunfähige Partei* muss der gesetzliche Vertreter den Prozess führen. Wer gesetzlicher Vertreter ist, richtet sich nach den Vorschriften des bürgerlichen Rechts. Danach sind gesetzliche Vertreter

- beim Minderjährigen: die Eltern[1] oder der Vormund,
- beim Volljährigen: der Betreuer[2].

Juristische Personen handeln durch Organe, die wie ein gesetzlicher Vertreter nach außen gerichtliche und außergerichtliche Vertretungsbefugnis haben, so

- Aktiengesellschaften, Genossenschaften und eingetragene Vereine durch den Vorstand,
- Gesellschaften mit beschränkter Haftung durch den Geschäftsführer.

Personengesellschaften werden vergleichbar durch persönlich haftende Gesellschafter vertreten, nämlich

- die offene Handelsgesellschaft,
- die Kommanditgesellschaft und
- die Kommanditgesellschaft auf Aktien.

3.4 Die Prozessvollmacht

Bei Anwaltszwang müssen sich die Parteien durch einen Rechtsanwalt vertreten lassen. Als Prozessbevollmächtigter benötigt dieser eine Vollmacht seines Mandanten. Eine Vollmacht ist auch dann notwendig, wenn für einen Prozess kein Anwaltszwang besteht. Der Umfang der Prozessvollmacht ist für den *Anwaltsprozess* (= Anwaltszwang, § 78 I) als *Generalvollmacht* gesetzlich bestimmt (§ 81). Im *Parteiprozess* (= ohne Anwaltszwang, § 79) kann die Partei ihrem Rechtsanwalt *auch Vollmacht* für *einzelne Prozesshandlungen* erteilen (§ 83 II). Zum **gesetzlichen Umfang** der Generalvollmacht lies § 81 und das nachfolgend abgedruckte Formblatt.[3] Der gesetzlich bestimmte Umfang der Prozessvollmacht umfasst (ausgenommen die erstatteten Kosten) nicht die *Empfangnahme von Geld* und sonstigen Leistungen. Das bedarf einer *besonderen Ermächtigung*.

---

[1] Wenn ein Kind in einem Rechtsstreit durch das Jugendamt als Beistand vertreten wird, dann ist insoweit die Vertretung durch den sorgeberechtigten Elternteil ausgeschlossen (§ 53 a), so bei Feststellung der Vaterschaft oder bei der Geltendmachung von Unterhaltsansprüchen (§ 1712 BGB).
[2] Der Betreuer hat die Rechtsstellung eines gesetzlichen Vertreters (§ 1902 BGB).
[3] Wegen der Vollmacht in Ehesachen vgl. § 609 und S. 236.

Aufgaben 33

| | **Prozessvollmacht** | Zustellungen werden nur an den/die Bevollmächtigte(n) erbeten! |

wird hiermit in Sachen des Kaufmanns Uwe Rollin, Rosenallee 92, 20097 Hamburg
gegen den Rentner Paul Wenger, Waldweg 2, 22393 Hamburg
wegen Kaufpreisforderung

Prozessvollmacht für alle Verfahren in allen Instanzen erteilt.
Diese Vollmacht erstreckt sich insbesondere auf folgende Befugnisse:
1. Prozessführung (u. a. nach §§ 81 ff. ZPO).
2. Vertretung im privaten und gesetzlichen Schlichtungsverfahren.
3. Antragstellung in Scheidungs- und Scheidungsfolgesachen, Abschluss von Vereinbarungen über Scheidungsfolgen sowie Stellung von Anträgen auf Erteilung von Renten- und sonstigen Versorgungsauskünften.
4. Beilegung des Rechtsstreits durch Vergleich, sonstige Einigung, Verzicht oder Anerkenntnis.
5. Einlegung und Rücknahme von Rechtsmitteln sowie Verzicht auf solche.
6. Entgegennahme und Bewirken von Zustellungen und sonstigen Mitteilungen.
7. Alle Neben- und Folgeverfahren, z. B. Arrest und einstweilige Verfügung, Kostenfestsetzung, Zwangsvollstreckung einschließlich der aus ihr erwachsenden besonderen Verfahren, Insolvenz, Zwangsversteigerung, Zwangsverwaltung und Hinterlegung.
8. Empfangnahme der vom Gegner, von der Justizkasse oder anderen Stellen zu erstattenden Kosten und notwendigen Auslagen.
9. Übertragung der Vollmacht ganz oder teilweise auf andere.

Hamburg, den 4. Mai ...   *Uwe Rollin*
(Ort, Datum)   (Unterschrift)

Aufgaben

1 a) Von welchem Lebensalter ab ist der Mensch parteifähig?
b) Wer ist außer dem Menschen parteifähig?

2 Welche rechtliche Bedeutung hat die Vollendung des 18. Lebensjahres?

3 Die Firma „Waldemar König KG" beabsichtigt, den Kaufmann Lehmann zur Zahlung von 5 000,00 EUR zu verklagen.
a) Ist die Kommanditgesellschaft rechtsfähig?
b) Ist die Kommanditgesellschaft parteifähig?
c) Wer wird die Kommanditgesellschaft im Prozess vertreten?

4 In Ihrem Büro erscheint die 17-jährige Angestellte Schneider. Dieser ist vor 10 Tagen in einem Geschäft ein Fotoapparat zum Preise von 350,00 EUR übergeben worden, den sie aber noch nicht bezahlt hat. Sie ist von dem Apparat enttäuscht und will ihn jetzt zurückgeben. Schneider will den Rechtsanwalt fragen, ob der Geschäftsinhaber mit Aussicht auf Erfolg im Wege der Klage auf Zahlung des Kaufpreises gegen sie vorgehen kann. Wie beurteilen Sie die Rechtslage?

5 Onkel August schenkt seinem zehnjährigen Neffen Peter ein Fahrrad. Kann der Onkel das Fahrrad später mit der Begründung zurückverlangen, dass Peter nur beschränkt geschäftsfähig ist und daher die Schenkung unwirksam sei? (Bitte begründen!)

6 Der Gartenbauverein „Paradies" e.v. beabsichtigt, seinen Schuldner Vollmer beim Amtsgericht auf Zahlung von 1700,00 EUR zu verklagen.
 a) Ist der Verein parteifähig?
 b) Wer ist der gesetzliche Vertreter des Vereins?
 c) Muss sich der Verein durch einen Rechtsanwalt als Prozessbevollmächtigten vertreten lassen? (Bitte begründen!)

7 Erklären Sie
 a) die rechtliche Bedeutung der Parteifähigkeit,
 b) die rechtliche Bedeutung der Prozessfähigkeit,
 c) ob eine Person parteifähig aber nicht prozessfähig sein kann!

8 Die 17-jährige Friseurin Groß, die ihr jetziges Arbeitsverhältnis mit Zustimmung ihrer Eltern eingegangen ist, vertritt die Auffassung, dass sie unter Tarif entlohnt wird. Sie will deshalb ihren Arbeitgeber auf Zahlung des Tariflohnes verklagen.
 a) Welches Gericht ist zuständig?
 b) Ist Frau Groß prozessfähig? (Bitte begründen!)
 c) Muss sich Frau Groß durch einen Rechtsanwalt als Prozessbevollmächtigten vertreten lassen? (Bitte begründen!)

9 Hinrichs erteilt Rechtsanwalt Dr. Rauch die übliche Prozessvollmacht. Dr. Rauch reicht die Klage ein und schließt im Verlauf des Prozesses mit dem Beklagten einen Vergleich. Hinrichs erklärt, dass er seinem Prozessbevollmächtigten keinen Auftrag zum Abschluss eines Vergleiches erteilt habe und deswegen nicht an den Vergleich gebunden sei. Nehmen Sie Stellung dazu!

10 Warnecke erteilt Rechtsanwalt Lange Prozessvollmacht. Prüfen Sie, ob die Prozessvollmacht auch die Ermächtigung zur Entgegennahme einer vom Gegner angebotenen Teilzahlung einschließt!

4 Außergerichtliche Mahnung und gerichtliches Mahnverfahren

Wie die Parteien ihre rechtlichen Konflikte austragen oder beilegen, hängt weitgehend von der Art des Streitfalles und von den Parteien selbst, insbesondere aber vom Vorgehen des Gläubigers ab.

> **Beispiel:**
> Wohlers hat Neumann ein zinsloses Darlehen von 4 000,00 EUR gegeben, das vereinbarungsgemäß spätestens am 31. Dezember 2002 zurückgezahlt werden soll. Im Januar 2003 fordert Wohlers Neumann zweimal schriftlich auf, das Darlehen zurückzuzahlen. Neumann verweigert jede Zahlung mit der Behauptung, er habe das Geld bereits zurückgezahlt. (Fortsetzung auf S. 38 = Mahnung)

Gläubiger Wohlers muss sich entscheiden, wie er den Anspruch geltend machen will. An rechtlichen Möglichkeiten bieten sich an:
- ein *außergerichtliches Vorgehen* oder
- ein *gerichtliches Vorgehen*.

> **Hinweis:**
> Im letzten Falle hat der Gläubiger wiederum die Wahl zwischen dem Mahnverfahren (siehe 4.2, S. 39 ff.) und dem Klageverfahren (siehe Kapitel 6, S. 80 ff.).
> Bei der Art des Vorgehens sollten grundsätzlich Überlegungen zur Zweckmäßigkeit und zur Wirtschaftlichkeit (einschließlich Kosten) angestellt werden. Bei einer unnötigen Klage besteht z.B. die Gefahr der Kosten für den Gläubiger (vgl. § 93). Beim gerichtlichen Verfahren werden wir uns an dieser Stelle von vornherein auf das Mahnverfahren beschränken.
> Bei dem hier folgenden Vorgehen durch Mahnung oder durch gerichtliches Mahnverfahren (= Amtsgericht) darf der Gläubiger einen Rechtsanwalt einschalten, er muss es aber nicht.

4.1 Außergerichtliche Mahnung

Der Rechtsanwalt des Gläubigers (oder der Gläubiger persönlich) kann dem Schuldner das folgende **Mahnschreiben** (siehe S. 38) senden. Der weitere Verlauf der Angelegenheit hängt dann vom Verhalten des Schuldners ab.

Der Schuldner muss u.U. nicht nur die *Hauptforderung* (d.h. die im Beispiel genannte Darlehensforderung i.H. v. 4 000,00 EUR) begleichen. *Hinzukommen* kann die Verpflichtung zur Zahlung eines zusätzlichen *Verzugsschadensersatzes* wegen Pflichtverletzung durch Leistungsverzögerung (§ 280 I, II BGB), nämlich dann, wenn der Schuldner in Verzug geraten ist.

4.1.1 Schuldnerverzug

Die *Voraussetzungen* des dafür erforderlichen *Schuldnerverzuges*[1] (§§ 280 II, 286 BGB) sind:

a) die **Fälligkeit** des Anspruchs,[2]
b) als gesetzlicher Regelfall eine **Mahnung** an den Schuldner.

Hinweis:
*Eine **Mahnung** ist jedoch (gem. § 286 II BGB)* **entbehrlich**, *insbesondere bei*
– Ausbleiben der Leistung zum kalendermäßig vereinbarten Zeitpunkt (Nr. 1),
– Ausbleiben der Leistung während einer kalendermäßig berechenbaren Frist von einem bestimmten Ereignis an (Nr. 2),
– ernsthafter und endgültiger Leistungsverweigerung (Nr. 3).

Der *Mahnung* als Verzugsvoraussetzung stehen die *Zustellung* eines *Mahnbescheides* oder einer Klage (= Klagerhebung) an den Schuldner bzw. Beklagten *gleich* (§ 286 I 2 BGB).

c) Der Schuldner einer *Entgeltforderung* kann (unabhängig von einer Mahnung) auch *über* den **Zugang einer Rechnung** *in Verzug* kommen (§ 286 III BGB). Das ist dann *spätestens* der Fall, wenn er nicht *innerhalb von 30 Tagen* nach Fälligkeit und Zugang leistet. Er muss als Verbraucher (siehe dazu oben S. 29) jedoch auf diese Folgen besonders hingewiesen worden sein.

Der Schuldner kommt dann *nicht in Verzug, wenn* er die Leistungsverzögerung *nicht zu vertreten* hat (§ 286 IV BGB). Das müsste der Schuldner jedoch selbst zu seiner Entlastung dartun und beweisen.

4.1.2 Verzugsschaden

Der Schuldner ist verpflichtet, den durch den Verzug (= durch Pflichtverletzung aufgrund Leistungsverzögerung) entstandenen Schaden zu ersetzen (§ 280 I, II BGB).

a) Dazu gehört u.a. die *Vergütung* eines beauftragten *Rechtsanwaltes,* nämlich seine Gebühren und Auslagen nebst Mehrwertsteuer, wenn sie durch den Verzug verursacht worden sind[3].

---

[1] Hiervon zu unterscheiden ist der **Gläubigerverzug.** Dazu §§ 293, 301, 304 BGB.
[2] Die **Fälligkeit** eines Anspruchs bezeichnet den Zeitpunkt, von dem an der Gläubiger die geschuldete Leistung verlangen kann. Lies dazu § 271 BGB.
[3] Der Schuldner *muss* sich dann *schon im Verzug* befinden, *wenn* der *Rechtsanwalt beauftragt* wird. Löst erst das anwaltliche Mahnschreiben den Verzug aus, so sind die Vergütungsansprüche des Rechtsanwaltes schon vorher entstanden und können dann – streng genommen – nicht als Verzugsschaden zu Lasten des Schuldners angesetzt werden.

b) Außerdem schuldet er dem Gläubiger bei Geld- (= Zahlungs-)schulden *Verzugszinsen* (= gesetzlicher Mindestschaden)[1] auf die Hauptforderung (§ 288 I 1 BGB). Der **gesetzliche Verzugszinssatz**[2] beträgt für das Jahr in der Regel 5% *über dem jeweiligen Basiszinssatz.* Bei Rechtsgeschäften unter Unternehmern, d.h. ohne Beteiligung eines Verbrauchers (lies hierzu oben 3.2, S. 29), beträgt der gesetzliche Verzugszinssatz 8% über dem Basiszinssatz. Der Gläubiger darf auch höhere Zinsen fordern, wenn ein weiterer, d.h. ein höherer Schaden entstanden ist, so z.B. höhere Bankzinsen für eine durch Verzug verursachte Bankkreditaufnahme (§ 288 BGB).

Hinweis:
*Der **Basiszinssatz** ist am 1. Januar 1999 an die Stelle des Diskontsatzes getreten. Seine neueste Regelung seit dem 1. Januar 2002 findet sich im § 247 BGB.*
Er wird zum 1. Januar und zum 1 Juli eines jeden Jahres bestimmt und von der Bundesbank im Bundesanzeiger bekannt gemacht. Der Basiszinssatz veränderte sich zum 1. Juli 2006 auf 1,95%. Der gesetzliche Verzugszinssatz beträgt somit im Regelfall, nämlich bei Beteiligung eines Verbrauchers, vom 1. Juli bis zum 31. Dezember 2006 5% + 1,95% = 6,95%.
Der Basiszinssatz, der stets als jeweiliger zu verstehen ist, kann außer dem Bundesanzeiger u.a. auch der Homepage der Bundesbank, dem Internet, dem Wirtschaftsteil einer Tageszeitung entnommen oder bei einer Bank oder einer Sparkasse erfragt werden.

---

[1] Dieser *gesetzlich festgelegte Mindestschaden* ist aus Gründen der Vereinfachung unabhängig vom Nachweis der tatsächlichen Höhe und der Ursächlichkeit des Verzuges. Es kann vom Schuldner auch kein geringerer Schaden nachgewiesen werden. Ausnahmen: §§ 11 I VerbrKrG und 497 I 3 BGB.
[2] Der Verzugszinssatz beträgt bei einem *grundpfandrechtlich gesicherten Verbraucherdarlehensvertrag* nur *2,5%* über dem Basiszinssatz (§ 497 I 2 BGB).

Herrn Mannheim, den 5. Februar 2003
Walter Neumann
Hauptstr. 10
68259 Mannheim

Sehr geehrter Herr Neumann!

Herr Ernst Wohlers hat mich mit der Wahrnehmung seiner Interessen Ihnen gegenüber beauftragt.
Sie schulden meinem Mandaten aus einem am 10. Januar 2002 gewährten Darlehen 4 000,00 EUR, die vereinbarungsgemäß spätestens am 31. Dezember 2002 zurückgezahlt werden sollten.
Zwei Mahnschreiben meines Mandanten vom 8. und 22. Januar d. J. sind leider erfolglos geblieben. Ich fordere Sie deshalb auf, das Darlehen nebst 5% Verzugszinsen über dem Basiszinssatz seit dem 1. Januar 2003 unverzüglich zurückzuzahlen und setze Ihnen hierfür vorsorglich eine Frist bis zum 28. Februar d. J.
Da Sie sich im Verzug befinden, gehen meine unten berechneten Kosten ebenfalls zu Ihren Lasten.
Sollten die Beträge nicht bis zum 28. Februar d. J. bei mir eingehen, habe ich Auftrag, gerichtliche Schritte[1] gegen Sie einzuleiten.

Hochachtungsvoll

Rechtsanwalt

Vergütungsberechnung:[2]
Gegenstandswert: 4 000,00 EUR

0,8 Verfahrensgebühr	§§ 2, 13 RGV i.V.m. Nr. 3101 VV RVG[1]	196,00 EUR
Auslagenpauschale	Nr. 7002 VV RVG	20,00 EUR
19% Mehrwertsteuer[3]	Nr. 7008 VV RVG[4]	41,04 EUR
		257,04 EUR

---

[1] Wenn der *Rechtsanwalt*, anders als hier, noch *keinen Klageauftrag* erhalten hat, kann er nur ankündigen, seinem Mandanten eine Klage zu empfehlen. In diesem Falle würde er abweichend eine Geschäftsgebühr nach Nr. 2300 VV RVG verdienen und die Vergütungsberechnung müsste entsprechend angepasst werden (vgl. unten S. 246).
[2] Siehe auch die Kosten- und Vergütungshinweise auf S. 244 ff.
[3] Die Mehrwertsteuer (von bisher 16%) seit 01.01.2007 auf 19% erhöht.
[4] Der Rechtsanwalt hat gemäß Nr. 7008 VV RVG Anspruch auf Ersatz der auf seine Vergütung (= Gebühren und Auslagen) entfallenden **Mehrwertsteuer** (= MWSt.). Er kann diese auf den Mandanten abwälzen, der sie seinerseits vom Gegner als Verzugsschaden wieder hereinholt. Der Mandant kann die MWSt. jedoch dann nicht vom Gegner erstattet verlangen, wenn er selbst als umsatzsteuerpflichtiger Gewerbetreibender gegenüber dem Finanzamt zum Vorsteuerabzug berechtigt ist. (Vgl. S. 43, Fußnote 2.)

> **Beispiel (= Fortsetzung zum Beispiel S. 35 und zur Mahnung oben S. 38):**
> Danach ist der Schuldner Neumann hier in Verzug geraten.
> Der Anspruch ist seit dem 31. Dezember 2002 fällig.
> Im Regelfall kommt der Schuldner zwar erst dann in Verzug, wenn er danach eine Mahnung seines Gläubigers erhält (§ 286 I 1 BGB).
> In unserem Falle trat der Verzug jedoch bereits von Gesetzes wegen (sozusagen „automatisch") ohne Mahnung ein, weil die Leistung vereinbarungsgemäß nach dem Kalender bestimmt war, nämlich für den 31. Dezember 2002 (= spätestens bis 24:00 Uhr), der Schuldner aber nicht zu diesem Zeitpunkt gezahlt hat (§ 286 II Nr. 1 BGB).
> Überdies würde hier auch die endgültige Leistungsverweigerung Neumanns den Schuldnerverzug auslösen (§ 286 II Nr. 3 BGB).
> Im Regelfall ist, und so auch hier, von einem Verschulden oder Vertretenmüssen der Nichtleistung durch den Schuldner auszugehen (§ 286 IV BGB). Gegenteiliges wurde nicht vorgetragen.

4.2 Gerichtliches Mahnverfahren

4.2.1 Allgemeines

Zahlt der Schuldner auch nach Erhalt eines Mahnschreibens nicht, so muss notgedrungen die Hilfe eines Gerichtes in Anspruch genommen werden. Dem Gläubiger stehen hierfür, wie erwähnt, zwei Möglichkeiten zur Verfügung:
- das *Mahnverfahren,*
- das *Klageverfahren.*

Welchen der beiden Wege der Gläubiger jetzt vorziehen sollte, das hängt vor allem davon ab, mit welcher Reaktion des Schuldners zu rechnen ist.

- *Nimmt der Gläubiger an, dass* der Schuldner *Widerspruch* erheben wird, so *empfiehlt sich* sofort *das Klageverfahren,* weil es dann ersichtlich sowieso unvermeidbar ist.
- Meint der Gläubiger dagegen, dass der Schuldner es zu *keinem streitigen Verfahren* kommen lassen werde, so ist das *Mahnverfahren zu empfehlen.* Es gibt dem Gläubiger die Möglichkeit, *einfacher, schneller und billiger* zu einem *Vollstreckungstitel* zu kommen, nämlich ohne den Verfahrens-, Zeit- und Kostenaufwand des Klageverfahrens.

4.2.2 Voraussetzungen des Mahnverfahrens

Das Mahnverfahren ist **nur zulässig** (§ 688 I) wegen eines fälligen Anspruches, der die Zahlung einer bestimmten Geldsumme in *Euro*[1] zum Gegenstand hat.

---

[1] In den Fällen, in denen gem. §§ 688 III ZPO, 1, 32 I AVAG die Zustellung eines deutschen Mahnbescheides im Ausland zulässig ist, kann der Mahnbescheid auch einen **Zahlungsanspruch in** beliebiger **ausländischer Währung** zum Gegenstand haben. (Vgl. dazu auch S. 40)

Das Mahnverfahren ist dagegen **nicht zulässig** (§ 688 II),

1. wenn die Geltendmachung des Anspruches von einer noch *nicht erbrachten Gegenleistung* abhängig ist:

   Beispiel:
   Holm hat dem Kroll eine Waschmaschine verkauft, aber noch nicht geliefert. Für die Geltendmachung der Kaufpreisforderung ist das Mahnverfahren noch unzulässig;

2. wenn die Zustellung des Mahnbescheides durch *öffentliche Bekanntmachung* erfolgen müsste.

   Beispiel:
   Dies ist erforderlich, wenn der Aufenthalt des Schuldners unbekannt ist (vgl. S. 144 f.);

3. wenn die Zustellung des Mahnbescheides *im Ausland* erfolgen müsste.

   Hinweis:
   Dieser Grundsatz wird seit Jahren zunehmend durchbrochen. § 688 III ZPO lässt das Mahnverfahren auch bei Auslandszustellung des Mahnbescheides im Rahmen des Anerkennungs- und Vollstreckungsausführungsgesetzes (AVAG) vom 19. Februar 2001 zu. Nach § 32 I 1 AVAG findet das Mahnverfahren auch dann statt, wenn die Zustellung des Mahnbescheides in einem anderen Vertrags- oder Mitgliedstaat erfolgen müsste. Zum Anwendungsbereich des AVAG siehe dort § 1 mit den auszuführenden zwischenstaatlichen Verträgen und den durchzuführenden Verordnungen der Europäischen Gemeinschaften.
   Es besteht die Tendenz zur Erweiterung des Kreises beteiligter Staaten. Die Entscheidung über die Zulässigkeit des Mahnverfahrens kann deshalb nur nach Überprüfung des jeweils neuesten Standes erfolgen.

4. bei *Zahlungsansprüchen* eines *Unternehmers gegen* einen *Verbraucher*[1] aus Verbraucherdarlehensvertrag oder aus Teilzahlungsgeschäft (§§ 491 bis 504 BGB), *wenn der* (nach den §§ 492, 502 BGB anzugebende) effektive oder anfängliche effektive *Jahreszinssatz den* bei Vertragsschluss geltenden *Basiszinssatz*[2] um *mehr als 12% übersteigt.*[3]

---

[1] Zum Verbraucher und Unternehmer lies oben 3.2, S. 29.
[2] Zum Basiszinssatz lies oben 4.1.2, S. 37.
[3] Hier soll einer Durchsetzung von Ansprüchen aus möglicherweise sittenwidrigen und deshalb nichtigen Kreditverträgen im Mahnverfahren vorgebeugt werden.

> **Beispiel:**
> Wenn eine Bank (= Unternehmer, § 14 BGB) von einem „Privatkunden" (= Verbraucher, § 13 BGB) aus einem Darlehensvertrag für nichtgewerbliche Zwecke Zinsen fordert, so können diese nur dann im Mahnverfahren geltend gemacht werden, wenn sie 13,95% nicht übersteigen, d.h. den Basiszinssatz von 1,95% (vom 1. Juli bis 31. Dezember 2006) +12%.
> Anderenfalls müsste die Bank klagen.

Soweit das Mahnverfahren (in den Fällen der Nr. 1–4) unzulässig ist, müsste im Klageverfahren vorgegangen werden.

4.3 Das nichtmaschinelle Mahnverfahren[1]

4.3.1 Der Antrag

Sachlich **zuständig** für das Mahnverfahren ist *ausschließlich das Amtsgericht* (= unabhängig vom Streitwert).

Örtlich *ausschließlich* zuständig ist das Amtsgericht,

1. in dessen Bezirk der *Antragsteller* im Inland seinen *allgemeinen Gerichtsstand* (vgl. S. 72 f.) hat (§ 689 II 1).
2. Hat der *Antragsteller* im Inland keinen allgemeinen Gerichtsstand, so ist das Amtsgericht Schöneberg in Berlin ausschließlich zuständig (so § 689 II 2).[2]

> **Hinweis:**
> Aus dem Gesetz können sich im Einzelnen abweichende Regelungen ergeben.
> 1. Die dargelegte Zuständigkeitsregel des § 689 II 1, 2, die sich am allgemeinen Gerichtsstand des Antragstellers orientiert, setzt zugleich grundsätzlich voraus, dass der Antragsgegner einen Gerichtsstand im Inland hat. Hat der Antragsgegner im Inland keinen allgemeinen Gerichtsstand, *so gilt die Regelung des § 703 d (bitte lesen!).* Dann kann ein deutsches Amtsgericht zuständig sein, wenn entweder ein besonderer oder ein vereinbarter Gerichtsstand im Inland besteht. – Wegen der hier komplizierten Fragen zur internationalen Zuständigkeit *sollte eine solche Sache dem Anwalt vorgelegt werden.* –
> 2. Abweichend örtlich ausschließlich zuständig ist für Zahlungsansprüche nach dem Wohnungseigentumsgesetz *das Amtsgericht, in dessen Bezirk das Grundstück liegt* (§ 46 a I WEG).
> 3. Im arbeitsgerichtlichen Mahnverfahren ist das Arbeitsgericht *zuständig, bei dem die Klage eingereicht werden müsste* (§ 46 a II ArbGG).

---

[1] Hier als **nichtmaschinelles**. Zum automatisierten Mahnverfahren lies unten 4.4., S. 50 ff.
[2] Seit Jahren ist zwar das Amtsgericht Wedding zentrales Mahngericht in Berlin (Grundlage dafür § 689 III); die Einreichung des Antrages ist in den hier genannten Fällen aber auch beim Amtsgericht Schöneberg möglich; im Übrigen siehe unten S. 51.

Die Landesregierungen können kraft gesetzlicher Ermächtigung Mahnverfahren durch Rechtsverordnung *einem* Amtsgericht als *zentralem Mahngericht* (= für die Bezirke mehrerer Amtsgerichte)[1] *zuweisen* (§ 689 III). Das kann, muss sich aber nicht auf das maschinell bearbeitete Verfahren beschränken. (Siehe dazu unten 4.4, S. 51.)

Die Entscheidungen im Mahnverfahren trifft der **Rechtspfleger** (§ 20 Nr. 1 RPflG).

Hinweis:

Das Mahnverfahren kann jedoch durch Rechtsverordnung einer Landesregierung (oder kraft Delegation der Landesjustizverwaltung) ganz oder teilweise auf den Urkundsbeamten der Geschäftsstelle *übertragen werden (§ 36 b I Nr. 2 RPflG). Zu Verfahrensauswirkungen vgl. § 36 b II, III RPflG.*

Die **Benutzung der Formulare**[2] des *amtlichen Vordrucksatzes* ist sowohl für den Antrag auf Erlass des Mahnbescheides als auch des späteren Vollstreckungsbescheides *zwingend vorgeschrieben* (§ 703 c II).[3] Einzureichen sind die Blätter 1 bis 5 des vorgeschriebenen **Vordrucksatzes**.

Bei Mahnverfahren gegen *Gesamtschuldner* (z.B. gegen Eheleute oder gegen eine oHG und deren Gesellschafter) muss *gegen jeden* Antragsgegner ein gesonderter Vordrucksatz ausgefüllt werden, und es muss dies und deren Zahl im Mahnbescheidsvordruck (Nr. 4 und 14) kenntlich gemacht werden.

Bei Benutzung des Vordrucksatzes wird zunächst nur Blatt 1 (= grünes Formular) als Antragsformular für den Mahnbescheid ausgefüllt (= *Durchschlagverfahren* bis Blatt 5).

Der Antrag darf in einer nur maschinell lesbaren *Datenaufzeichnung* (= Datenträger) eingereicht oder in einer nur maschinell lesbaren Form über eine *Datenfernübertragungseinrichtung* (= EDV-Anlage) übermittelt werden (§ 690 III).

Der notwendige *Inhalt des Mahnbescheidsantrages* ergibt sich aus § 690 I. Für die folgenden **Ausfüllhinweise** werden ergänzend die Randnummern des Formulares ausgeworfen:

1. Die Bezeichnung des zuständigen *Mahngerichts* (Nr. 1).
2. Die Bezeichnung der *Parteien* nach Namen und Wohnung (bzw. Sitz) sowie ihrer gesetzlichen Vertreter und der Prozessbevollmächtigten. Bei nicht prozessfähigen Antragsgegnern, wie z.B. Minderjährigen, genügt die Angabe des gesetzlichen Vertreters (vgl. S. 30 f.). Es ist zweckmäßig, den Vornamen einer Partei voll auszuschreiben.

---

[1] Siehe dazu die Hinweise in der Fußnote zu § 689 III ZPO in der Gesetzessammlung Schönfelder.
[2] Während einer Übergangszeit vom 1. Januar 1999 bis zum 31. Dezember 2001 hatten die Verbraucher und die Unternehmer in ZPO- und in Arbeitsgerichtssachen die Wahlfreiheit zwischen EUR und DM. In dieser Zeit konnte der bisherige DM-Vordruck weiter benutzt werden oder stattdessen ein Euro-Vordruck. Seit dem *1. Januar 2002* ist *nur noch* der *Euro-Vordruck* zugelassen.
[3] Seit dem 24. Juni 1998 sind die rechtlichen Voraussetzungen dafür gegeben, um u.a. Rechtsanwälten die Möglichkeit zu eröffnen, unter Einhaltung bestimmter Voraussetzungen die Vordrucke unter Zuhilfenahme eines **Schreibprogramms** zu beschriften. Dabei muss die Übereinstimmung der Formularblätter in besonderer Weise gewährleistet werden. (Vgl. für Einzelheiten die Vordruck-Verordnung vom 19. Juni 1998 in BGBl. I S. 1364 f.)

Eine Firma (siehe S. 83) darf nur dann aufgeführt werden, wenn sie im Handelsregister eingetragen ist. Bei einem Einzelkaufmann sollte neben der Firma auch der Name des Inhabers angegeben werden (z.b. „Firma Teppichhaus Orient, Inhaber Georg Schneider"). Bei Personengesellschaften wie der oHG und der KG werden als Vertreter persönlich haftende Gesellschafter angegeben, unter der Anschrift der Gesellschaft (z.b. Ott & Co. KG, vertreten durch den persönlich haftenden Gesellschafter Fritz Ott). Dabei sollte nicht übersehen werden, dass auch gegen die haftenden Gesellschafter unter ihrer Privatanschrift persönlich vorgegangen werden kann.

Ist eine juristische Person Partei, muss auch das Vertretungsorgan angegeben werden, so bei der Aktiengesellschaft (AG), so bei der eingetragenen Genossenschaft (eG) und so bei dem eingetragenen Verein (e.V.) der Vorstand, so bei der Gesellschaft mit beschränkter Haftung (GmbH) der Geschäftsführer, in allen Fällen stets unter der Anschrift der Gesellschaft oder des Vereins (z.b. Maschinenbau AG, vertreten durch das Vorstandsmitglied Reinhold Meier). (Für alles Nr. 2, 3, 11 des Vordruckes.)

3. Die Bezeichnung des *Anspruchs* unter bestimmter Angabe der verlangten Leistung[1] (Nr. 5).

Zum Beispiel: Warenlieferung aufgrund Kaufvertrag gemäß Rechnung vom ...

Dann zunächst der Betrag der *Hauptforderung* (Nr. 6).

Dabei sind die *Nebenforderungen* gesondert und einzeln zu bezeichnen, so z.b.: Zinsen und Kosten (im rechten Feld neben Nr. 7).

Für die Praxis wichtig: Die bei Verzug *typischen* und *stets wiederkehrenden Kosten* für Post- und Telekommunikationsdienstleistungen, wie Porto, Telefon, Fax sowie Schreibauslagen für Mahnungen und Anschriftsauskünfte, brauchen nicht nach Einzelbeträgen aufgeschlüsselt zu werden; hier genügt der *Gesamtbetrag* (Nr. 7).

Die Mehrwertsteuer des Prozessbevollmächtigten (Nr. 8, 5) darf nur dann angesetzt werden, wenn zugleich angegeben werden kann, dass der Antragsteller nicht zum Vorsteuerabzug gegenüber dem Finanzamt berechtigt ist (Nr. 13 rechts).[2]

4. Die *Erklärung,* dass die Geltendmachung des Anspruchs nicht von einer Gegenleistung abhängig ist oder dass die Gegenleistung bereits erbracht ist (Nr. 9 rechts).

5. Die Bezeichnung des *Gerichts,* das für ein streitiges Verfahren sachlich und örtlich zuständig ist (Nr. 10).

Der den Antrag als Prozessbevollmächtigter stellende *Rechtsanwalt* hat seine ordnungsgemäße *Bevollmächtigung* lediglich zu *versichern* (Vordruck Nr. 13 links). Das gilt auch für den Antrag auf Erlass des Vollstreckungsbescheides sowie für den Widerspruch, den Einspruch und weitere Rechtsbehelfe (§ 703).

---

[1] Bei Zahlungsansprüchen von Unternehmern gegen Verbraucher aus Verbraucherdarlehensverträgen oder aus Teilzahlungsgeschäften (§§ 491 bis 504 BGB) auch die Angabe des Datums des Vertragsschlusses und des nach den §§ 492, 502 BGB anzugebenden effektiven oder anfänglichen effektiven Jahreszinses.

[2] Die Erstattungsfähigkeit der Mehrwertsteuer auf die Vergütung des Rechtsanwalts entfällt nämlich dann, wenn der Mandant als Gewerbetreibender gegenüber dem Finanzamt vorsteuerabzugsberechtigt ist (so der Bundesfinanzhof in seiner Entscheidung vom 6. März 1990). S. auch S. 38 Fußnote 4.

Der Antragsteller braucht seinem Antrag *keine Beweismittel* beizufügen, denn der Mahnbescheid wird auf die unbewiesenen Behauptungen des Antragstellers hin erlassen.

Der *Rechtspfleger* hat jedoch *zu prüfen*, ob
1. das Mahnverfahren *zulässig* ist,
2. das Gericht *zuständig ist*,
3. der Mahnbescheidsantrag den gem. § 690 *erforderlichen Inhalt* aufweist,
4. der Antrag in der vorgeschriebenen Form mit *amtlichem Vordruck* gestellt wurde.

Fehlt eine der genannten Voraussetzungen oder kann der Mahnbescheid auch nur wegen eines Teils des Anspruchs nicht erlassen werden, so wird der *Antrag* durch Beschluss *zurückgewiesen*. Der Antragsteller ist aber vorher zu hören (§ 691 I).

Wurde der Mahnbescheid mit *Vordruck* beantragt, so ist gegen den zurückweisenden Beschluss die **befristete Erinnerung** binnen 2 Wochen gemäß §§ 11 II 1 RPflG, 691 III 2 ZPO gegeben. Der Rechtspfleger kann abhelfen; anderenfalls entscheidet der Richter beim Amtsgericht endgültig.

Ist der Mahnbescheidsantrag in einer nur maschinell lesbaren Form übermittelt und mit der Begründung zurückgewiesen worden, dass diese Form dem Gericht für seine maschinelle Bearbeitung nicht geeignet erscheine, so kann diese Entscheidung gemäß §§ 11 I RPflG, 691 III 1 ZPO mit der **sofortigen Beschwerde** angefochten werden. Der Rechtspfleger muss abhelfen, wenn er die Beschwerde für begründet hält (§ 572 I); anderenfalls legt er sie unverzüglich dem Beschwerdegericht vor. (Vgl. dazu unten 12.4.2, S. 201 ff.)

4.3.2 Der Mahnbescheid

Liegen alle Voraussetzungen vor und hat der Antragsteller auch eine halbe (= 0,5) Gerichtsgebühr (KV Nr. 1100 zum GKG) gezahlt (§ 12 III 1 GKG), so erlässt der Rechtspfleger den beantragten Mahnbescheid. Dabei wird der Vordruck (= grünes Blatt 1) zum Original des Mahnbescheides, das in der Gerichtsakte verbleibt. In Arbeitsgerichtssachen allerdings entfällt der Gerichtskostenvorschuss (§ 11 GKG; vgl. auch §§ 6 IV, 9 GKG).

Der Mahnbescheid hat folgenden **Inhalt:**
1. die in § 690 I für den Mahnantrag als erforderlich genannten Angaben;
2. den Hinweis, dass das *Gericht nicht geprüft* hat, *ob der* geltend gemachte *Anspruch besteht;*
3. die Aufforderung, innerhalb von *zwei Wochen* seit der Zustellung des Mahnbescheides entweder die darin bezeichneten Beträge zu *zahlen oder* dem Gericht mitzuteilen, ob und in welchem Umfang dem geltend gemachten Anspruch *widersprochen* wird;

Das nichtmaschinelle Mahnverfahren

① Der Antrag wird gerichtet an das
Amtsgericht
Plz, Ort
29221 Celle

Geschäftsnummer des Gerichts
Bei Schreiben an das Gericht stets angeben

② Antragsgegner/ges. Vertreter

Angestellter
Sören Salzmann
Soltauer Straße 13
21335 Lüneburg

Raum für Kostenmarken/Freistempler (falls nicht ausreichend, unteres Viertel der Rückseite benutzen)

Plz   Ort

– Graue Felder bitte nicht beschriften! –

Mahnbescheid ← Datum des Mahnbescheids

③ Antragsteller, ges. Vertreter, Prozessbevollmächtigter; Bankverbindung
Kaufmann Walter Heitmann   X-Bank Celle BLZ 360 240 55
Lönsweg 12, 29225 Celle   Konto-Nr. 475 288
vertreten durch RA Dr. Franz Krull, Mühlenstraße 25, 29221 Celle

④ macht gegen Sie
☐ als Gesamtschuldner

⑤ folgenden Anspruch geltend (genaue Bezeichnung, insbes. mit Zeitangabe):   Geschäftszeichen des Antragstellers: .....
Zahlungsanspruch wegen Lieferung eines gekauften Wohnzimmerschrankes
gemäß Rechnung vom 20. Mai ...

⑥ Hauptforderung 4 000,00 EUR   Zinsen, Bezeichnung der Nebenforderung
– 5 % Zinsen über dem Basiszinssatz seit Zustellung des Mahnbescheides
⑦ Nebenforderung 4,80 EUR   – Auskunft beim Einwohnermeldeamt 1)

⑧ Kosten dieses Verfahrens 2) 317,50 EUR
  Gerichtskosten 52,50 EUR | Auslagen d. Antragst. – | Gebühr d. Prozessbev. 245,00 EUR | Auslagen d. Prozessbev. 20,00 EUR | MwSt. d. Prozessbev. – EUR

⑨ Gesamtbetrag 4 322,30 EUR
zuzüglich der laufenden Zinsen
☒ Der Antragsteller hat erklärt, dass der Anspruch von einer Gegenleistung nicht abhänge, diese aber erbracht sei.

Das Gericht hat nicht geprüft, ob dem Antragsteller der Anspruch zusteht.
Es fordert Sie hiermit auf, innerhalb von **zwei Wochen** seit der Zustellung dieses Bescheids entweder die vorstehend bezeichneten Beträge, soweit Sie den geltend gemachten Anspruch als begründet ansehen, zu begleichen oder dem Gericht auf dem beigefügten Vordruck mitzuteilen, ob und in welchem Umfang Sie dem Anspruch widersprechen.
Wenn Sie die geforderten Beträge nicht begleichen und wenn Sie auch nicht Widerspruch erheben, kann der Antragsteller nach Ablauf der Frist einen **Vollstreckungsbescheid** erwirken und aus diesem die Zwangsvollstreckung betreiben.
Der Antragsteller hat angegeben, ein streitiges Verfahren sei durchzuführen vor dem
⑩ **Amtsgericht Lüneburg**

An dieses Gericht, dem eine Prüfung seiner Zuständigkeit vorbehalten bleibt, wird die Sache im Falle Ihres Widerspruchs abgegeben.

Rechtspfleger

⑪ Anschrift des Antragstellers/Vertreters/Prozessbevollmächtigten
Antrag
Eingangsstempel des Gerichts

Ort, Datum
Celle, 15. August ...

Rechtsanwalt
Dr. Franz Krull
Mühlenstraße 25
29221 Celle

Ich beantrage, aufgrund der vorstehenden Angaben einen Mahnbescheid zu erlassen.
⑫ ☒ Im Falle des Widerspruchs beantrage ich Durchführung des streitigen Verfahrens.
⑬ ☒ Ordnungsgemäß Bevollmächtigter versichere ich. ☐ Antragsteller ist nicht zum Vorsteuerabzug berechtigt.
⑭ Hier die Zahl der ausgefüllten Vordrucke angeben, falls sich der Antrag gegen mehrere Antragsgegner richtet.

Plz   Ort

Dr. Krull
Unterschrift des Antragstellers/Vertreters/Prozessbevollmächtigten

Blatt 1: Antrag und Urschrift

---

1 Anfrage häufig; Betrag kann höher ausfallen.
2 Siehe auch die Übersicht: Kosten und Vergütung, S. 244 ff.

4. den Hinweis, dass der Antragsteller anderenfalls einen *Vollstreckungsbescheid* erwirken und aus diesem die Zwangsvollstreckung betreiben kann;
5. den Hinweis, dass der *Widerspruch* mit dem beigefügten Vordruck erhoben werden soll;
6. die Angabe des Gerichtes, an das die Sache im Falle des Widerspruchs abgegeben wird.

Der Mahnbescheid (weißer Vordruck Blatt 2) wird dem *Antragsgegner von Amts wegen zugestellt.* Der *Antragsteller* erhält von der Geschäftsstelle eine *Zustellungsnachricht* (= gelber Vordruck Blatt 3).

Der Antragsgegner muss sich also nach Zustellung des Mahnbescheides entscheiden, ob er zahlen oder Widerspruch erheben will. Entscheidet er sich für keine der beiden Möglichkeiten, so läuft er Gefahr, dass der Antragsteller nach Erlass eines Vollstreckungsbescheides gegen ihn die Zwangsvollstreckung betreibt.

4.3.3 Der Widerspruch

Wenn der Antragsgegner den Antragsteller durch Zahlung befriedigt, ist die Angelegenheit erledigt. Wenn er stattdessen jedoch Widerspruch erhebt, kann der Antragsteller seinen Anspruch nur noch im sich anschließenden streitigen Verfahren (= Klageverfahren) durchsetzen.

Die *Widerspruchsfrist* beträgt zwar *zwei Wochen* ab Zustellung des Mahnbescheides (§ 692 I Nr. 3). Das Gesetz gibt dem Antragsgegner tatsächlich aber *so lange Gelegenheit* zum Widerspruch, *bis der Vollstreckungsbescheid verfügt* ist (§ 694 I), also auch noch nach Fristablauf.

Bei zulässiger Auslandszustellung (vgl. oben S. 40) verlängert sich die Widerspruchsfrist auf einen Monat (§ 32 III AVAG). *In Arbeitsgerichtssachen* beträgt sie dagegen *nur eine Woche* (§ 46 a III ArbGG).

> *Beispiel:*
> *Tiedemann erhebt gegen einen ihm am 4. Mai zugestellten Mahnbescheid des Amtsgerichts am 22. Mai Widerspruch.*
> *Obwohl die Widerspruchsfrist bereits am 18. Mai, 24:00 Uhr, abgelaufen ist, hat Tiedemann rechtzeitig Widerspruch erhoben, wenn der Vollstreckungsbescheid am 22. Mai noch nicht erlassen war.*

Sollte der Vollstreckungsbescheid allerdings bei Eingang des Widerspruchs schon verfügt worden sein, dann würde dieser *verspätete Widerspruch* jetzt *als Einspruch* gegen den Vollstreckungsbescheid behandelt werden (§ 694 II 1; vgl. auch S. 49 f.).

Der Widerspruch muss bei dem Amtsgericht erhoben werden, das den Mahnbescheid erlassen hat. Eine Begründung ist nicht erforderlich.

Die Verwendung des *amtlichen Vordruckes* (= rosa Formular) für den Widerspruch ist *zweckmäßig*; dies ist aber (abweichend von § 703 c) zurzeit noch nicht zwingend vorgeschrieben. Deshalb *genügt ein schriftlicher* Widerspruch (§ 694 I).

Der Widerspruch kann sich gegen den gesamten Anspruch oder nur gegen einen Teil des Anspruchs richten. Ist der Widerspruch auf einen Teil beschränkt, kann wegen des restlichen Teils ein Vollstreckungsbescheid erwirkt werden.

Das Gericht gibt dem Antragsteller von dem rechtzeitig erhobenen Widerspruch Kenntnis (§ 695, 1). Diese Kenntnis ist für den Antragsteller wichtig, weil der Widerspruch das **weitere Verfahren** beeinflusst:

1. Ein *Vollstreckungsbescheid* darf *nicht mehr verfügt* werden.
2. Wenn eine Partei die Durchführung des streitigen Verfahrens beantragt hat (entweder gleich im Vordruck unter Nr. 12 oder zulässigerweise auch erst nach Widerspruch), so *gibt das Mahngericht* die Sache von Amts wegen *an das Streitgericht* ab, das im Mahnbescheid (Nr. 10) bereits für diesen Fall bezeichnet worden ist. Die Abgabe kann an ein anderes Gericht erfolgen, wenn beide Parteien dies übereinstimmend verlangen (§ 696 I).

Vorher aber muss der Antragsteller noch *weitere 2,5 Gerichtsgebühren* (für das Verfahren im Allgemeinen) gezahlt haben (§ 12 III 3 GKG).[1]

Die Abgabe wird den Parteien mitgeteilt. Sie ist unanfechtbar (§ 696 I).

Wird die Sache alsbald nach Widerspruch abgegeben, so gilt sie als mit der Zustellung des Mahnbescheides rechtshängig geworden (§ 696 III). Über die Wirkung der Rechtshängigkeit vgl. S. 89 f.

Die Geschäftsstelle des nunmehr zuständigen Streitgerichts muss dem *Antragsteller* unverzüglich aufgeben, seinen Anspruch *binnen zwei Wochen* in einer der Klageschrift entsprechenden Form zu *begründen* (§ 697 I).

Für das weitere Verfahren gelten die Vorschriften über das Klageverfahren, vgl. S. 80 ff.

4.3.4 Der Vollstreckungsbescheid

Der Antragsteller wird den Vollstreckungsbescheid dann beantragen, wenn der Antragsgegner *weder gezahlt noch Widerspruch* erhoben hat. Der **Antrag** darf erst nach Ablauf der Widerspruchsfrist gestellt werden. Nach Ablauf von sechs Monaten seit Zustellung wird der Mahnbescheid wirkungslos und ein Vollstreckungsbescheid darf nicht mehr erlassen werden (§ 701).

Für den Antrag muss der **Vordruck** (= gelbes Blatt 3) benutzt werden (§ 703 c II).[2] Inzwischen gezahlte Beträge sind abzuziehen (Vordruck 3, Nr. 4). Weitere Kostenbeträge werden eingetragen; sie sind auf Antrag ab Erlass des Vollstreckungsbescheides mit 5% über dem jeweiligen Basiszinssatz zu verzinsen (Vordruck 3, rechts nach der Summe zu Nr. 5).

Der **Vollstreckungsbescheid** wird vom Rechtspfleger erlassen. **Voraussetzung** dafür ist, dass

1. die *Widerspruchsfrist abgelaufen* ist,
2. der Antragsgegner *keinen Widerspruch* erhoben hat.

---

[1] Für das bevorstehende Klageverfahren beträgt der Gerichtskostenvorschuss 3 Gebühren (§ 12 I 1 GKG; KV Nr. 1210 zum GKG. Da für den Erlass des Mahnbescheides schon 0,5 Gebühren gezahlt worden sind (vgl. oben 4.3.2, S. 44), bleiben noch 2,5 Gebühren zu zahlen.
[2] Hier ist eine Orientierung anhand der Ausfüllhinweise auf der Rückseite des Vordruckes hilfreich.

Außergerichtliche Mahnung und gerichtliches Mahnverfahren

Amtsgericht
Plz, Ort
29221 Celle

Geschäftsnummer des Gerichts: 14 B 530/...
Bei Schreiben an das Gericht stets angeben

Antragsgegner/ges. Vertreter
Angestellter
Sören Salzmann
Soltauer Straße 13
21335 Lüneburg

Datum des Vollstreckungsbescheids

Zustellungsnachricht an den Antragsteller.
In Ihrer Mahnsache ist dem Antragsgegner der Mahnbescheid an dem aus dem folgenden Vordruckteil ersichtlichen Tag zugestellt worden.
Prüfen Sie, nachdem die mit dem darauffolgenden Tag beginnende Zwei-Wochen-Frist abgelaufen ist, ob der Antragsgegner die Schuld beglichen hat.
Sollte dies nicht der Fall sein und sollte auch nicht Widerspruch erhoben sein, können Sie den Erlass des Vollstreckungsbescheids beantragen.
Verwenden Sie dazu bitte nur diesen Vordruck und beachten Sie die Hinweise auf der Rückseite.
Die Geschäftsstelle des Amtsgerichts

Vollstreckungsbescheid zum Mahnbescheid vom 19.08.... zugestellt 23.08....

Antragsteller, ges. Vertreter, Prozessbevollmächtigter; Bankverbindung
Kaufmann Walter Heitmann   X- Bank Celle BLZ 360 240 55
Lönsweg 12, 29225 Celle   Konto-Nr. 475 288
vertreten durch RA Dr. Franz Krull, Mühlenstraße 25, 29221 Celle

macht gegen Sie   ☐ als Gesamtschuldner
folgenden Anspruch geltend: Geschäftszeichen des Antragstellers:
Zahlungsanspruch wegen Lieferung eines gekauften Wohnzimmerschrankes gemäß Rechnung vom 20. Mai ...

Hauptforderung EUR	4 000,00	Zinsen, Bezeichnung der Nebenforderung
Nebenforderung EUR	4,80	- 5 % Zinsen über dem Basiszinssatz seit Zustellung des Mahnbescheides - Auskunft beim Einwohnermeldeamt
Bisherige Kosten des Verfahrens EUR	317,50	Gerichtskosten 52,50 EUR	Auslagen d. Antragst. -	Gebühr d. Prozessbev. 245,00 EUR	Auslagen d. Prozessbev. 20,00 EUR	MwSt. d. Prozessbev. - EUR
Gesamtbetrag EUR	4 322,30	zuzüglich der laufenden Zinsen	Der Antragsteller hat erklärt, dass der Anspruch von einer Gegenleistung ☐ nicht abhänge, ☒ abhänge, diese aber erbracht sei.

Auf der Grundlage des Mahnbescheids ergeht Vollstreckungsbescheid
☒ wegen vorstehender Beträge   ☐ wegen ③
abzüglich gezahlter ④

Hinzu kommen folgende weitere Kostenbeträge ⑤
| Auslagen d. Antragst. | Gebühr d. Prozessbev. 122,50 EUR | Auslagen d. Prozessbev. - ¹⁾ | MwSt. d. Prozessbev. EUR | insgesamt (Summe von ① bis ②) 122,50 EUR | ☒ | Die Kosten des Verfahrens sind ab Erlass dieses Bescheids mit 5% über dem jeweiligen Basiszinssatz zu verzinsen. | Dieser Bescheid wurde dem Antragsgegner zugestellt am: |

Rechtspfleger
☐ Antragst. ☐ ges. Vertr. ☐ Prozessbev.
wurde VB-Ausf. erteilt am:

Rechtsanwalt
Dr. Franz Krull
Mühlenstraße 25
29221 Celle

Antrag ① Ort, Datum
Celle, 10. September ...
Eingangsstempel des Gerichts
Ich beantrage, aufgrund der vorstehenden Angaben einen Vollstreckungsbescheid zu erlassen.
Der Antragsgegner hat geleistet
⑥ ☒ keine Zahlungen. ☐ nur die oben angegebenen Zahlungen.
⑦ ☐ Die Zustellung dieses Bescheids soll vom Gericht veranlasst werden.
⑧ ☒ Ich beantrage, mir den Bescheid in Ausfertigung zur Zustellung im Parteibetrieb zu übergeben.

Dr. Krull
Unterschrift des Antragstellers/Vertreters/Prozessbevollmächtigten

Blatt 3: Zustellungsnachricht, Antrag und Urschrift

---

[1] Die Auslagenpauschale für den Rechtsanwalt in Höhe von 20% seiner Gebühren darf den Höchstbetrag von 20,00 EUR für den Mahnbescheid und (!) den Vollstreckungsbescheid zusammen nicht übersteigen (Nr. 7002 VV RVG). Hier beim Mahnbescheid schon ausgeschöpft. Siehe dazu auch die Übersicht: Kosten und Vergütung, S. 244 ff.

Weist der Rechtspfleger den Antrag auf Erlass des Vollstreckungsbescheides zurück, so steht dem Antragsteller dagegen die *sofortige Beschwerde* gem. §§ 11 I RPflG, 567 I Nr. 2 ZPO zu. Hält der Rechtspfleger die Beschwerde für begründet, muss er ihr abhelfen, d.h. den Vollstreckungsbescheid erlassen; anderenfalls hat er sie unverzüglich dem Beschwerdegericht vorzulegen (§ 572 I).

Der Vollstreckungsbescheid wird dem Antragsgegner *von Amts wegen oder im Parteibetrieb* zugestellt, je nachdem, was der Antragsteller (gemäß Vordruck 3, Nr. 7 = Amtsbetrieb oder Nr. 8 = Parteibetrieb) beantragt hat (vgl. auch die Ausfüllhilfe im Vordruck, Rückseite des gelben Blattes 3). Der Vordruck Blatt 4 ist der Vollstreckungstitel des Antragstellers, Blatt 5 dient der Zustellung an den Antragsgegner.

Der Vollstreckungsbescheid steht einem für vorläufig vollstreckbar erklärten *Versäumnisurteil* gleich (§ 700 I). Der Antragsteller kann deshalb aus dem Vollstreckungsbescheid die **Zwangsvollstreckung** in das Vermögen des Antragsgegners betreiben (§ 794 I Nr. 4).

4.3.5 Der Einspruch

Gegen den Vollstreckungsbescheid kann der Antragsgegner binnen einer **Notfrist** von *zwei Wochen* seit Zustellung Einspruch einlegen (§§ 700 I, 339 I). Ein Vordruck ist nicht vorgesehen.

Beim *Arbeitsgericht* beträgt die Einspruchsfrist nur *eine Woche* (§§ 59 ArbGG, 700 I ZPO).

> *Beispiel:*
> *Dem Groll ist am 4. Juni ein Vollstreckungsbescheid des Amtsgerichts zugestellt worden. Groll kann bis zum 18. Juni, 24:00 Uhr, Einspruch einlegen.*

Zuständig für den Einspruch ist das *Gericht,* das den *Vollstreckungsbescheid erlassen* hat. Die Einspruchsschrift muss angeben, gegen welchen Vollstreckungsbescheid sich der Einspruch richtet; außerdem muss sie die Erklärung enthalten, dass Einspruch eingelegt werde (§§ 700 I, 340 I, II). Eine Begründung ist nicht erforderlich (§ 700 III 3).

Der Einspruch bewirkt ebenso wie der Widerspruch den Übergang des Mahnverfahrens in das *streitige Verfahren.* Das Mahngericht gibt die Streitsache von Amts wegen an das Gericht ab, das im Mahnbescheid als das sachlich und örtlich zuständige *Streitgericht* bezeichnet worden ist. Hier entfallen abweichend vom Widerspruch jedoch der vorherige Antrag auf Durchführung des streitigen Verfahrens und der weitere Kostenvorschuss vor *Abgabe.* Im Übrigen gelten hier für das weitere Verfahren die Vorschriften über das Klagverfahren (vgl. S. 80 ff.).

Da der Vollstreckungsbescheid bereits vorläufig vollstreckbar ist, sollte der Antragsgegner mit dem Einspruch den Antrag auf *einstweilige Einstellung der Zwangsvollstreckung* verbinden (§§ 700 I, 338, 719 I), um eine noch während des Einspruchsverfahrens drohende Zwangsvollstreckung zu verhindern; hierüber wird vorweg durch Beschluss entschieden.

Ein nicht fristgerechter Einspruch wird durch Urteil als *unzulässig* verworfen.

Bei *zulässigem* Einspruch fordert das Streitgericht den Antragsteller und jetzigen Kläger wie nach dem Widerspruch zur Einreichung einer Anspruchsbegründung innerhalb von zwei Wochen auf. Falls das Gericht danach Termin bestimmt, kann es dort zu folgenden Entscheidungen durch *Urteil* kommen:

1. Der Vollstreckungsbescheid wird aufgehoben. Die Klage wird abgewiesen.
   = So, wenn der Einspruch begründet ist, z.b. weil der Einspruchsführer Zahlung beweisen kann.
2. Der Vollstreckungsbescheid wird bestätigt.
   = So, wenn der Einspruch unbegründet ist, z.b. weil der Einspruchsführer Zahlung nicht beweisen kann.

4.4 Die maschinelle Bearbeitung des Mahnverfahrens

Das Gesetz kennt **nur ein Mahnverfahren**. Dieses kann grundsätzlich in *nichtmaschineller Bearbeitung* (= die ursprüngliche Form) und/oder in maschineller Form durchgeführt werden. Inzwischen hat sich, wie vom Gesetzgeber angestrebt, überwiegend die *maschinelle Bearbeitung* durchgesetzt (vgl. dazu S. 51). Diese Verfahrensform hat sich auch früh dem elektronischen Rechtsverkehr geöffnet, z.T. bis zur Onlineabwicklung. (Siehe hierzu unten S. 254 ff.)

4.4.1 Grundsätzliches

Der Antragsteller hat grundsätzlich *keine Wahlmöglichkeit*. Soweit in den Bundesländern die maschinelle Bearbeitung inzwischen *eingeführt* worden ist (§ 703 c III) und damit verbunden auch die entsprechenden Vordrucke, *müssen* die Antragsteller *diese Vordrucke benutzen* (§ 703 c II).

Hinweis:
Für die Übergangszeit vom 1. Januar 1999 bis zum 31. Dezember 2001 waren für das **maschinelle Mahnverfahren** *neue* **Vordrucke** *eingeführt worden (= DM oder EUR). Diese wurden ab 1. Januar 2002 durch allein auf Euro lautende Vordrucke ersetzt, weil im Mahnverfahren seitdem nur noch Euro-Forderungen geltend gemacht werden können.*

Der **Vordrucksatz** *für die* **nichtmaschinelle Bearbeitung** *kann im Übrigen weiter benutzt wenden, wenn der Mahnbescheid einem Antragsgegner im Ausland zuzustellen ist oder in der Bundesrepublik einem Angehörigen der (NATO-)Stationierungsstreitkräfte; in diesen Fällen findet nämlich weiterhin keine maschinelle Bearbeitung statt. Es bleibt hier auch beim Gerichtskostenvorschuss nach § 12 III 1 GKG und die Sachen erhalten wie bisher das „B"-Registerzeichen.*[1]

---

[1] Für weitere Einzelheiten siehe die Informationsschrift der Koordinierungsstelle für das automatisierte Mahnverfahren beim Justizministerium Baden-Württemberg, Stuttgart 2006.

Zuständigkeit: Landesweit ist die automatisierte Bearbeitung mit **zentralen Mahngerichten** oder **Mahnabteilungen** beim Amtsgericht bisher[1] in Baden-Württemberg (= AG Stuttgart), Bayern (= AG Coburg), Berlin und Brandenburg (= AG Wedding, zentrales Mahngericht Berlin-Brandenburg)[2], Bremen (= AG Bremen), Hamburg und Mecklenburg-Vorpommern (= AG Hamburg, gemeinsames Mahngericht beider Bundesländer), Hessen (= AG Hünfeld), Niedersachsen (= AG Uelzen), Nordrhein-Westfalen (= AG Hagen für die OLG-Bezirke Hamm und Düsseldorf; AG Euskirchen für den OLG-Bezirk Köln), Rheinland-Pfalz und Saarland (= AG Mayen, gemeinsames Mahngericht beider Bundesländer), Sachsen-Anhalt (= AG Aschersleben, Dienstgebäude Staßfurt) eingeführt worden. Fristwahrend ist nur der fristgerechte Eingang bei diesen Gerichten.

Unter Beschränkung auf Datenträger[1] ist die maschinelle Bearbeitung darüber hinaus eingeführt worden in Schleswig-Holstein (= AG Schleswig).

1. **Verfahrenszweck** ist in erster Linie die **Beschleunigung**[3] des Mahnverfahrens, § 689 I 3 (= Sollerledigung spätestens am Tag nach Eingang). Dazu tragen folgende **Verfahrensbesonderheiten** bei:
   a) Ein grundsätzlich **aktenloses Verfahren:** Die schriftlichen Eingänge (= Vordrucke) sind nur Erfassungsbelege. Alle *Angaben* werden *elektronisch gespeichert.* Die Anträge werden *maschinell bearbeitet.*

   Alle gerichtlichen Schreiben sind maschinell abgefasst. Mahnakten mit Rechtspflegerbearbeitung entstehen nur ausnahmsweise dann, wenn sich eine Sache als für die automatisierte Bearbeitung ungeeignet erweist.

   b) **Beschleunigte Zahlungsvorgänge:** Den Gerichtskostenrechnungen liegen maschinell lesbare *vorbereitete Zahlungsvordrucke* bei;

   Gerichtskostenmarken und Gebührenstempler bleiben zulässig, bedeuten aber Verzögerungsgefahr.

   Bei einer Einziehungsermächtigung für die Gerichtskasse in Verbindung mit der Erteilung einer Kennziffer entfällt der Zahlungsvordruck; dann folgt eine Nachweisungsaufstellung nach Einzug.

   *Die **Kennziffer** ist eine siebenstellige Zahl zur Verschlüsselung der Bezeichnung und der Anschrift des Antragstellers bzw. des Prozessbevollmächtigten für Anträge an das Mahngericht. Sie wird auf formlosen Antrag beim Mahngericht erteilt. Die Kennziffer ist dann im Antragsvordruck auf Erlass des Mahnbescheides in Zeile 9 bzw. Zeile 47 einzutragen.*

   c) **Verwendung von Vordrucken:** Diese sind *teils durch Rechtsverordnung* (§ 703 c I, III) *eingeführt* worden, mit oder ohne Verwendungszwang (§ 703 c II), *teils* werden sie *von den Gerichten vorbereitet.*

---

[1] Zu den Gerichtsadressen und zur zugelassenen Einreichungsart siehe die Informationsschrift der Koordinationsstelle, S. 86, Stand 01.01.2006, hier jedoch noch ohne Brandenburg. Im Übrigen wie S. 50, Fußnote 1.
[2] Vgl. auch S. 41.
[3] Die Justiz erreicht zugleich Rationalisierungseffekte (= Personal- und sonstige Kostenersparnis).

Die Bewältigung des EDV-gesteuerten Massengeschäfts verlangt Formenstrenge. Deshalb führt die Nichtbenutzung der vorgeschriebenen Antragsvordrucke, aber auch die Verwendung von Kopien oder Telefax, zur Zurückweisung eines Antrages, §§ 691 I, 703 c II. (Vgl. aber § 691 I 2.)

2. Eine **zusätzliche Beschleunigung** und Vereinfachung ermöglichen *maschinell lesbare Anträge*.[1]

Diese sind möglich

*(1) auf **Datenträgern** (z.B. Magnetbänder, Bandkassetten, Disketten) im Datenträgeraustausch mit dem Gericht und*

*(2) noch gesteigert durch eine grundsätzlich zulässige **Datenfernübertragung** (vgl. § 690 III) von einer EDV-Anlage des Antragstellers über das Telefonnetz zu einer EDV-Anlage des Mahngerichts **(= datenträgerloser Antrag)**.*

Voraussetzungen sind insbesondere die vorhandenen technischen Gegebenheiten und eine Abstimmung mit dem jeweiligen Mahngericht (Rechenzentrum) sowie die Erteilung einer Kennziffer.

*Im maschinellen Mahnverfahren wird anstelle des „B"-Aktenzeichens eine aus elf Ziffern bestehende **Geschäftsnummer** vergeben. Die hier auf S. 59–61 wiedergegebene Geschäftsnummer 03-0310539-0-2 bedeutet:*

03	= die Jahresangabe,
0310539	= eine siebenstellige fortlaufende Nummer,
0	= zur Kennzeichnung des Antragsgegners, wenn nur einer vorhanden ist; bei mehreren erscheint hier stattdessen = 1 für den ersten, = 2 für den zweiten Antraggegner usw.,
2	= eine Prüfziffer, um Erfassungsfehler zu vermeiden.

Wesentliche Verfahrensabläufe werden im Folgenden in einer *kurzen Übersicht* als Orientierungshilfe skizziert. Geringfügige Verfahrensunterschiede zwischen den Bundesländern sind möglich.

4.4.2 Der Mahnbescheid

1. **Antragsvordruck**[2]
    a) Dieser ist vom Antragsteller selbst zu beschaffen, z.B. bei den Amtsgerichten. Es besteht *Verwendungszwang*.
    b) Auch *bei mehreren Antragsgegnern* ist *nur ein Vordruck* einzureichen (gesonderte Anträge gegen jeden erst ab Vollstreckungsbescheid).

---

[1] Eine Übersicht über die inzwischen vorhandenen Möglichkeiten der Antragstellung per Datenträger und/oder per Datenfernübertragung (DFÜ) gibt die Informationsschrift wie oben S. 51 Fußnote 1.
[2] Siehe S. 57 f.

c) **Kosten:**
   – Noch **kein Gerichtskostenvorschuss** (dieser erst für den Vollstreckungsbescheids-Antrag).
   – Die *Gerichtskosten* und die *Rechtsanwaltsvergütung* werden *von Amts wegen* vom Gericht maschinell *berechnet* und in den Mahnbescheid (später in den Vollstreckungsbescheid) aufgenommen.
   – *Einzutragen* sind *nur:*
      (1) Die Auslagen des Antragstellers für das Mahnverfahren. (Das gilt auch für die weiteren Auslagen bei Folgeanträgen wie den auf Erlass des Vollstreckungsbescheids und auf Neuzustellungen, siehe unten.)
      (2) Die von Nr. 7002 VV RVG evtl. abweichenden höheren Auslagen des Rechtsanwalts.
d) **Ausfüllhinweise:**
   – Diese sind im Vordruck und auf dem gesonderten **Hinweisblatt**[1] aufgeführt und müssen genau beachtet werden.
   – Wie bisher z.T. Textzeilen, z.T. Ankreuzen = weißer Pfeil;
   – neu sind dagegen z.t. Zahlen statt Text = schwarzer Pfeil, (bei anderen Vordrucken farbiger Pfeil); zum Mahnbescheid siehe u.a. den *Hauptforderungskatalog* im Hinweisblatt.
2. **Monierungsschreiben**
   a) Die *Angaben* im Mahnbescheidsantrag (und in den Folgeanträgen) werden mithilfe eines *EDV-Programms geprüft.*
   b) Ein **Monierungsschreiben** (= gerichtlicher Vordruck) des Mahngerichts *teilt* dem Antragsteller gegebenenfalls *Bedenken mit,* so z.B. zur Vollständigkeit, zur Zulässigkeit, zur Überschreitung von Grenzwerten bei Zinsen usw. (Monierungsschreiben sind auch beim Antrag auf Vollstreckungsbescheid möglich.)
   c) Ein vorbereiteter gerichtlicher Vordruck für die **Monierungsantwort** ist dann beigefügt.
   d) Eine Fortsetzung des Verfahrens erfolgt erst nach Erledigung. Wenn die *Beanstandung* (vgl. § 691 I 2) mit Fristsetzung *erfolglos* bleibt, kann der *Antrag* schließlich *zurückgewiesen* werden (§ 691 I 1).
3. **Erlass des Mahnbescheides**
   a) **Maschinelle Erstellung** der Ausfertigung mit gedrucktem Gerichtssiegel, ohne Unterschrift (§ 703 b I).
   b) Die **Zustellung** von Amts wegen wird sofort veranlasst. Der Antragsteller erhält
   c) eine **Gerichtskostenrechnung** (= 0,5 Gerichtsgebühr) mit vorbereitetem Zahlungsvordruck - oder Einzugsverfahren (vgl. oben S. 51),
   d) nach Zustellung eine **Zustellungsnachricht** (= amtlicher Vordruck) mit Daten
   e) und einen (oder mehrere) **Vollstreckungsbescheid-Antragsvordruck(e).**

---

[1] Siehe S. 56.

4.4.3 Der Vollstreckungsbescheid

1. **Antragsvordruck**[1]
   a) Es besteht *Verwendungszwang*.
   b) Die *Zusendung* erfolgte *durch das Gericht* zugleich mit der Zustellungsnachricht des Mahnbescheids (siehe oben). Diese enthält auch Ausfüllhinweise für den Vollstreckungsbescheids-Antrag.
   c) Das *Durchschriftexemplar* für den Antragsteller befindet sich auf der Rückseite der Zustellungsnachricht des Mahnbescheids.
   d) Bei *mehreren Antragsgegnern* sind erst jetzt entsprechend viele Antragsvordrucke zu benutzen.
   e) Bezüglich *Kosten und Vergütung* siehe die Ausführungen beim Mahnbescheid, S. 53.
2. **Erlass des Vollstreckungsbescheides**
   a) **Maschinelle Erstellung** der Ausfertigungen für den Antragsteller und für den Antragsgegner, mit gedrucktem Gerichtssiegel, ohne Unterschrift (§ 703 b I),
   b) aber erst **nach** Zahlung des **Gerichtskostenvorschusses** gemäß § 12 III 2 GKG, (angefordert bereits nach Erlass des Mahnbescheides, siehe oben);
   c) danach **Übersendungsschreiben** an den Antragsteller mit Angaben zum Vollstreckungsbescheid und mit Vollstreckungsbescheid-Ausfertigung(en), nämlich
   – beiden Exemplaren bei Parteizustellung,
   – nur einem Exemplar nach Amtszustellung mit Zustellungsvermerk (= der Titel).

4.4.4 Zustellungsprobleme

Ließen sich Mahnbescheid oder Vollstreckungsbescheid nicht zustellen (z.B. Empfänger unter angegebener Anschrift unbekannt), so erhält der Antragsteller eine

1. **Nichtzustellungsnachricht**
   Das ist ein Vordruck u.a. mit dem Datum des Zustellungsversuches und dem Grund der Nichtzustellung. Beachte: Beim Mahnbescheid stets Amtszustellung, beim Vollstreckungsbescheid fakultativ.
2. **Antrag auf Neuzustellung**[2]
   a) Dazu wurden dem Antragsteller ein oder mehrere vorbereitete *Vordrucke* mit der Nichtzustellungsnachricht übersandt, die zugleich Ausfüllhinweise enthält.
   b) Es besteht *Verwendungszwang*.
   c) Bei gleichzeitigem *Berichtigungsantrag* sollen Nachweise beigefügt werden.
   d) Bei *mehreren Antragsgegnern* sind entsprechend viele Neuzustellungsanträge erforderlich, beim Mahnbescheid und beim Vollsreckungsbescheid.
   e) Bezüglich evtl. *Kosten* (= Auslagen) siehe beim Mahnbescheid, S. 53.

---

[1] Siehe S. 60.
[2] Siehe S. 59.

4.4.5 Widerspruch und Einspruch

Hinweise auf zweckmäßiges Vorgehen kann der Antragsgegner dem Mahnbescheid einschließlich Rückseite sowie dem Widerspruchsvordruck (= Rückseite) entnehmen, beim Vollstreckungsbescheid dessen Rückseite.

1. **Widerspruch**
   a) **Amtlicher Vordruck**[1]
      – Er wurde dem Antragsgegner zugleich bei der Mahnbescheids-Zustellung übersandt.
      – Seine Verwendung ist ratsam, aber nicht zwingend vorgeschrieben. Die Schriftform genügt.
   b) **Widerspruchsnachricht**
      – Sie enthält außer Informationen die *Aufforderung* an den Antragsteller zur Zahlung eines **weiteren Gerichtskostenvorschusses** (= 2,5 Gebühren) vor Abgabe an das Streitgericht.
      – Dazu ist der beigefügte *Zahlungsvordruck* zu *benutzen*. Eine vorhandene Einziehungsermächtigung für die Gerichtskasse gilt hierfür nicht.
   c) **Abgabe**
      – *Erst nach Zahlung* des gesamten *Gerichtskostenvorschusses* (= 0,5 Gebühren nach dem Mahnbescheid und 2,5 Gebühren für das streitige Verfahren, vgl. § 12 III 3 GKG, KV Nr. 1210 GKG).
      – Danach *Abgabenachricht* an beide Parteien mit Informationen.
   d) **Aktenausdruck (§ 696 II)**
      – *Für das Prozessgericht:* Wiedergabe *aller elektronisch gespeicherten Daten* des aktenlosen Mahnverfahrens (vgl. dazu oben S. 51) mit der Beweiskraft öffentlicher Urkunden für alle darin aufgeführten Tatsachen. Zulässig ist aber auch die elektronische Übermittlung der Akten.
      – Er wird *zugleich mit der Abgabenachricht* erstellt.
2. **Einspruch**
   a) *Kein Vordruck;* die Schriftform ist ausreichend:
   b) *Abgabenachricht* an beide Parteien *und Aktenausdruck*.

---

[1] Siehe S. 61.

Hauptforderungs-Katalog [1]

(Die Hinweise in Klammern bitte unbedingt beachten.)

Bezeichnung	Katalog-Nr.	Bezeichnung	Katalog-Nr.
Anzeigen in Zeitungen u. a.	1	**R**echtsanwalts-/Rechtsbeistandshonorar	24
Ärztliche oder zahnärztliche Leistung	2	Reisevertrag *	75
		Rentenrückstände	25
Beiträge zur privaten Pflegeversicherung	95	Reparaturleistung	26
(Zuständigkeit des Sozialgerichts für das streitige Verfahren*)		Rückgriff aus Bürgschaft oder Garantie *	80
Bürgschaft	3	Rückgriff aus Versicherungsvertrag wegen Unfall/Vorfall	27
Darlehensrückzahlung	4	**S**chadenersatz aus -Vertrag	28
Dienstleistungsvertrag	5	(Die Vertragsart ist im Vordruck Zeile 35 zweite Hälfte einzutragen.)	
(Keine Ansprüche aus Arbeitsvertrag – Zuständigkeit des Arbeitsgerichts)		Schadenersatz aus Unfall/Vorfall	29
		Scheck/Wechsel	30
Frachtkosten	6	(Fügen Sie bitte keine Scheck-/Wechselabschrift bei.)	
		Scheck-/Wechselprovision (¹/₃ %)	31
Geschäftsbesorgung durch Selbständige	7	Scheck-/Wechselunkosten – Spesen/Protest –	32
(z. B. Rechtsanwälte, Steuerberater)		Schuldanerkenntnis	33
		Speditionskosten	34
Handwerkerleistung	8		
Hausgeld – siehe Wohngeld *		**T**elekommunikationsleistungen *	76
Heimunterbringung	9	Tierärztliche Leistung *	78
Hotelkosten	10	Tilgungs-/Zinsraten	35
(z. B. Übernachtung, Verzehr, Getränke)			
		Überziehung des Bankkontos	36
Kaufvertrag	11	(Konto-Nr. in Zeile 32 – 34 in der 3. Spalte angeben.)	
Kindertagesstättenbeitrag *	70	Ungerechtfertigte Bereicherung	37
(Zeitraum vom – bis angeben)		Unterhaltsrückstände	38
Kontokorrentabrechnung	12		
Krankenhauskosten – Pflege/Behandlung –	13	**V**ergleich, außergerichtlicher	39
Krankentransportkosten *	77	Vermittlungs-/Maklerprovision	40
		(nicht aus Ehemaklervertrag)	
Lagerkosten	14	Verpflegungskosten *	79
Leasing/Mietkauf	15	Versicherungsprämie/-beitrag	41
Lehrgangs-/Unterrichtskosten	16	(ohne Beiträge zur privaten Pflegeversicherung, vgl. Nr. 95)	
		Versorgungsleistung – Strom, Wasser, Gas, Wärme –	42
Miete für Geschäftsraum einschl. Nebenkosten	17	(Abn./Zähler-Nr. in Zeile 32 – 34 in der 3. Spalte eintragen.)	
Miete für Kraftfahrzeug	18		
Miete für Wohnraum einschl. Nebenkosten	19	**W**ahlleistungen bei stationärer Behandlung *	61
(PLZ und Ort der Wohnung sind im Vordruck Zeile 35 einzutragen. Wollen Sie die Nebenkosten getrennt geltend machen, siehe Katalog-Nr. 20.)		(Art der Wahll. in Zeile 32 – 34 in der 2. Spalte eintragen.)	
		Warenlieferung-en	43
		Wechsel – siehe Scheck	
Mietnebenkosten – auch Renovierungskosten –	20	Werkvertrag/Werklieferungsvertrag	44
(nur für Wohnraum*; falls keine Miete geltend gemacht wird, sind PLZ und Ort der Wohnung im Vordruck Zeile 35 einzutragen.)		Wohngeld/Hausgeld für Wohnungseigentümergemeinschaft	90
		(PLZ und Ort des Wohnungseigentums sind im Vordruck in Zeile 35 einzutragen.)	
Miete (sonstige)	21		
Mitgliedsbeitrag	22	**Z**eitungs-/Zeitschriftenbezug	45
		Zinsrückstände/Verzugszinsen	46
Pacht	23	(Gilt nur für Zinsen, bei denen die zugrundeliegende Forderung nicht gleichzeitig geltend gemacht wird.	
Pflegeversicherung – siehe Beiträge zur privaten Pflegevers. *		Zinsen in diesen Fällen nicht in Zeile 40 – 43 bezeichnen.)	

* Hinweis/Ergänzung der Koordinierungsstelle für das automat. Mahnverfahren   EHI1 /2 Fassung 1.1.02

---

[1] Auszug aus den amtlichen Ausfüllhinweisen zum Antrag auf Erlass eines Mahnbescheides.

Die maschinelle Bearbeitung des Mahnverfahrens 57

Antrag auf Erlass eines Mahnbescheids
– Nur für Gerichte, die die Mahnverfahren maschinell bearbeiten. –

Raum für Vermerke des Gerichts

Datum des Antrags: **15.08. ...**

Bitte beachten Sie die Ausfüllhinweise!

Antragsteller

Spalte 1 — 1 = Herr, 2 = Frau

Vorname: **Walter**
Nachname: **Lange**
Straße, Hausnummer – bitte kein Postfach! –: **Kruppstraße 7**
Postleitzahl: **40227** Ort: **Düsseldorf**

Spalte 2 — Weiterer Antragsteller

Bei mehreren Antragstellern: Es wird versichert, dass der in Spalte 1 Bezeichnete bevollmächtigt ist, die weiteren zu vertreten.

Spalte 3 — Nur Firma, juristische Person u. dgl. als Antragsteller
3 = nur Einzelfirma 4 = nur GmbH u. Co KG sonst Rechtsform:
Rechtsform, z. B. GmbH, AG, OHG, KG
Vollständige Bezeichnung
Fortsetzung von Zeile 9

Gesetzlicher Vertreter
Nr. der Spalte, in der der Vertretene bezeichnet ist
Stellung (z. B. Geschäftsführer, Vater, Mutter, Vormund)
Vor- und Nachname

Gesetzlicher Vertreter (auch weiterer)

Antragsgegner

Antragsgegner sind Gesamtschuldner

Spalte 1 — 1 = Herr, 2 = Frau
Vorname: **Konrad**
Nachname: **Schnelle**
Straße, Hausnummer – bitte kein Postfach! –: **Am Hinterdeich 10**
Postleitzahl: **21680** Ort: **Stade**

Spalte 2 — Weiterer Antragsgegner

Spalte 3 — Nur Firma, juristische Person u. dgl. als Antragsgegner
3 = nur Einzelfirma 4 = nur GmbH u. Co KG sonst Rechtsform:
Vollständige Bezeichnung
Fortsetzung von Zeile 24

Gesetzlicher Vertreter
Nr. der Spalte, in der der Vertretene bezeichnet ist
Stellung (z. B. Geschäftsführer, Vater, Mutter, Vormund)
Vor- und Nachname

Gesetzlicher Vertreter (auch weiterer)

Fassung 1.1.02

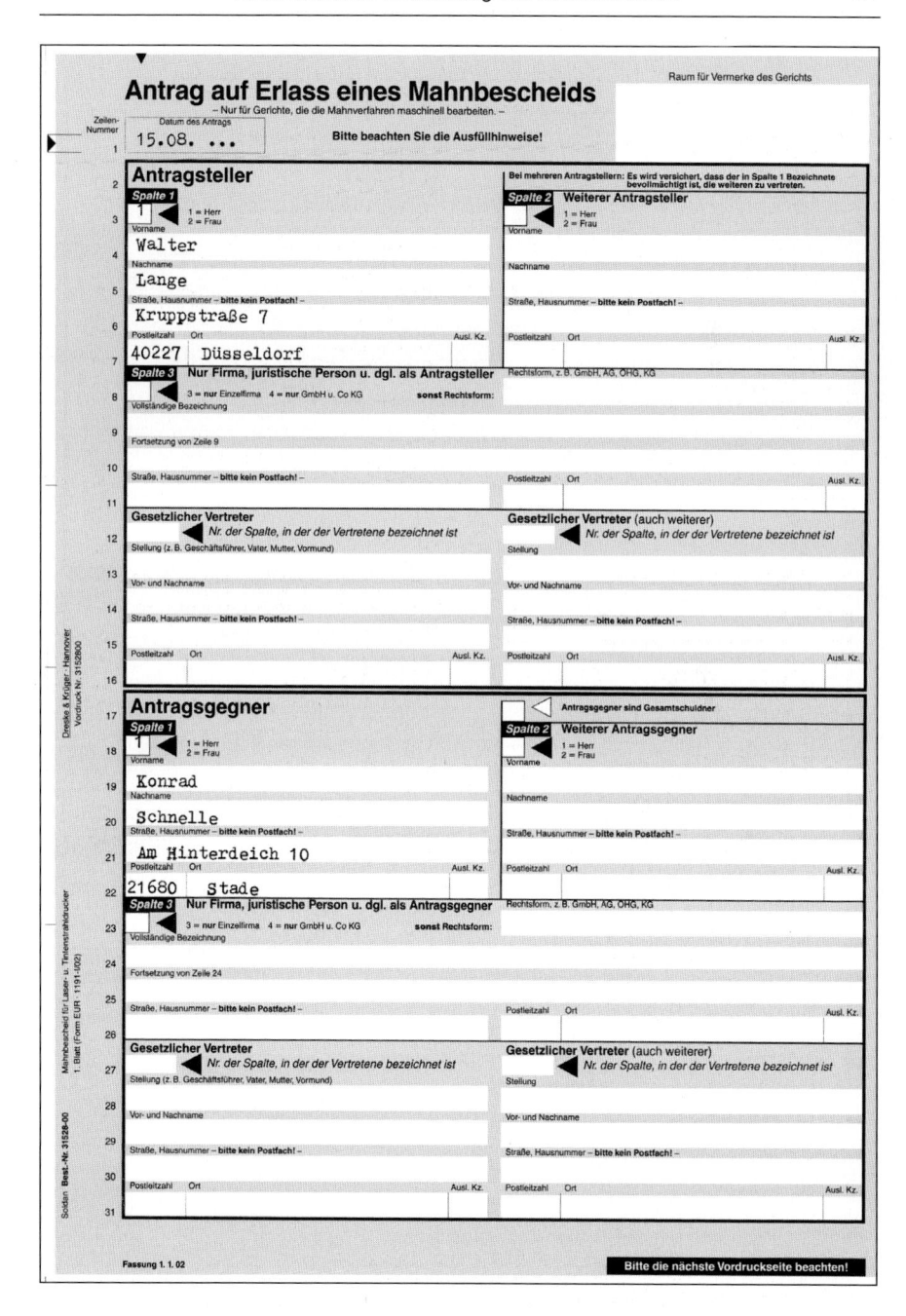

Bitte die nächste Vordruckseite beachten!

Bezeichnung des Anspruchs

I. Hauptforderung – siehe Katalog in den Hinweisen –

Zeilen-Nummer	Katalog-Nr.	Rechnung/Aufstellung/Vertrag oder ähnliche Bezeichnung	Nr. der Rechng./des Kontos u. dgl.	Datum bzw. Zeitraum vom	bis	Betrag EUR
32	43	Rechnung		20.05...		15 000,00
33						
34						

	Postleitzahl	Ort als Zusatz bei Katalog-Nr. 19, 20, 90	Ausl. Kz.	Vertragsart als Zusatz bei Katalog-Nr. 26	
35					-Vertrag

Sonstiger Anspruch – nur ausfüllen, wenn im Katalog nicht vorhanden — mit Vertrags-/Lieferdatum/Zeitraum von ... bis ...

Zeile	Fortsetzung von Zeile 36	vom	bis	Betrag EUR
36				
37				

Nur bei Abtretung oder Forderungsübergang: Früherer Gläubiger – Vor- und Nachname, Firma (Kurzbezeichnung)

Zeile		Datum	Postleitzahl	Ort	Ausl. Kz.
38					
39					

IIa. Laufende Zinsen

Zeilen-Nr. der Hauptforderung	Zinssatz %	oder % über Basiszinssatz	1 = jährl. 2 = mtl. 3 = tägl.	Betrag EUR nur angeben, wenn abweichend vom Hauptforderungsbetrag	Ab Zustellung des Mahnbescheids, wenn kein Datum angegeben, ab oder vom	bis
32	5		1	22.06. ..		

(Zeile 40, 41, 42)

IIb. Ausgerechnete Zinsen
Gemäß dem Antragsgegner mitgeteilter Berechnung für die Zeit

vom	bis	Betrag EUR

III. Auslagen des Antragstellers für dieses Verfahren

Vordruck/Porto Betrag EUR	Sonstige Auslagen Betrag EUR	Bezeichnung
1,80		

IV. Andere Nebenforderungen

Mahnkosten Betrag EUR	Auskünfte Betrag EUR	Bankrücklastkosten Betrag EUR	Inkassokosten Betrag EUR	Sonstige Nebenforderung Betrag EUR	Bezeichnung

Ein streitiges Verfahren wäre durchzuführen vor dem
1 = Amtsgericht
2 = Landgericht
3 = Landgericht – KfH
6 = Amtsgericht – Familiengericht
8 = Sozialgericht

	Postleitzahl	Ort		Im Falle eines Widerspruchs beantrage ich die Durchführung des streitigen Verfahrens.
2	21682	Stade	X	

Prozessbevollmächtigter des Antragstellers

	1 = Rechtsanwalt 2 = Rechtsanwälte 3 = Rechtsbeistand	4 = Herr, Frau 5 = Rechtsanwältin 6 = Rechtsanwältinnen	Betrag EUR	Ordnungsgemäße Bevollmächtigung versichere ich. Bei Rechtsanwalt oder Rechtsbeistand: Anstelle der Auslagenpauschale des § 26 BRAGO werden die nebenstehenden Auslagen verlangt, deren Richtigkeit versichert wird.		Der Antragsteller ist nicht zum Vorsteuerabzug berechtigt.
1						

Vor- und Nachname
Dr. Karl Haffner

Straße, Hausnummer – bitte kein Postfach! –
Rheinallee 20

Bankleitzahl	Konto-Nr.		Postleitzahl	Ort	Ausl. Kz.
48337720	1234567		40549	Düsseldorf	

bei der/dem
X-Bank Düsseldorf

Von Kreditgebern (auch Zessionar) zusätzlich zu machende Angaben bei Anspruch aus Vertrag, für das Verbraucherkreditgesetz oder die §§ 491 bis 504 BGB gelten:

Zeilen-Nr. der Hauptforderung	Vertragsdatum	Effektiver Jahreszins	Zeilen-Nr. der Hauptforderung	Vertragsdatum	Effektiver Jahreszins	Zeilen-Nr. der Hauptforderung	Vertragsdatum	Effektiver Jahreszins

Geschäftszeichen des Antragstellers/Prozessbevollmächtigten

An das Amtsgericht Hagen
– Mahnabteilung –
58081 Hagen

Ich beantrage, einen Mahnbescheid zu erlassen und in diesen die Kosten des Verfahrens aufzunehmen. Ich erkläre, dass der Anspruch von einer Gegenleistung

X	abhängt, diese aber bereits erbracht ist.		nicht abhängt.

Postleitzahl, Ort

Unterschrift des Antragstellers/Vertreters/Prozessbevollmächtigten

Dr. Haffner

Die maschinelle Bearbeitung des Mahnverfahrens

Mahnsache
Antragsteller: Vor- und Nachname/Firmenbezeichnung: **Walter Lange**
gegen
Antragsgegner: Vor- und Nachname/Firmenbezeichnung: **Konrad Schnelle**
wegen: **Warenlieferung 15 000,00**

Zeilen-Nummer 1
Datum des Antrags: **28.08. ..**
Geschäftsnummer des Amtsgerichts: **03-0310539-0-2**

Beleg wird maschinell gelesen.
Bitte nur mit Schreibmaschine ausfüllen.

An das
Amtsgericht **Hagen**
– Mahnabteilung –
58081 Hagen

Antrag auf Neuzustellung eines Mahnbescheids

Ich beantrage, den Mahnbescheid nunmehr unter Berücksichtigung folgender Angaben zuzustellen:

Der Antragsgegner hat jetzt folgende Anschrift:

2 — Straße, Hausnummer – bitte kein Postfach! –: **Fischbektal 7** | Postleitzahl: **21149** | Ort: **Hamburg** | Ausl. Kz.

Nur, falls die Bezeichnung des Antragsgegners (Namensangabe) einen Schreibfehler oder eine ähnliche offenbare Unrichtigkeit enthält:
Die Bezeichnung lautet richtig:

3 — Vorname/Vollständige Bezeichnung der Firma:

4 — Nachname/Fortsetzung der Bezeichnung der Firma: | Bei juristischer Person, OHG und KG Rechtsform wiederholen:

Infolge der Anschriftenänderung wäre ein streitiges Verfahren nunmehr durchzuführen vor

5 — dem **2** (1 = Amtsgericht, 2 = Landgericht, 3 = Landgericht-KfH, 6 = Amtsgericht-Familiengericht, 8 = Sozialgericht) in Postleitzahl: **20355** Ort: **Hamburg**

Weitere Auslagen des Antragstellers für dieses Verfahren, soweit bisher nicht angegeben:

6 — Betrag EUR: **0,55** Porto, Telefon | Betrag EUR: **2,50** Sonstige Kosten | Bezeichnung der Art: **Auskunft Einwohnermeldeamt**

Nur, soweit bisher nicht oder unrichtig angegeben:
Gesetzlicher Vertreter des Antraggegners | **Weiterer gesetzlicher Vertreter**

7 — Stellung (z. B. Geschäftsführer) | Stellung

8 — Vor- und Nachname | Vor- und Nachname

9 — Straße, Hausnummer – bitte kein Postfach! – | Straße, Hausnummer – bitte kein Postfach! –

10 — Postleitzahl | Ort | Ausl. Kz. | Postleitzahl | Ort | Ausl. Kz.

Bezeichnung des Absenders:
11 —
**Rechtsanwalt
Dr. Karl Haffner
Rheinallee 20
40549 Düsseldorf**

Unterschrift des Antragstellers/Vertreters/Prozessbevollmächtigten
Dr. Haffner

Fassung 1.1.02

Antrag auf Erlass eines Vollstreckungsbescheids

Mahnsache
Antragsteller: Walter Lange
gegen
Antragsgegner: Konrad Schnelle
wegen: Warenlieferung 15 000,00
Datum des Antrags: 18.09. ..
Geschäftsnummer des Amtsgerichts: 03-0310539-0-2

An das
Amtsgericht Hagen
– Mahnabteilung –
58081 Hagen

Ich beantrage, Vollstreckungsbescheid zu erlassen und in diesen die weiteren Kosten des Verfahrens aufzunehmen. Falls der Antragsgegner gegen einen Teil des Anspruchs Widerspruch erhoben hat, beantrage ich, Vollstreckungsbescheid zu erlassen, soweit dem Anspruch nicht widersprochen wurde.

Dieser Antrag darf nicht vor Ablauf von zwei Wochen nach dem (Zustellung des Mahnbescheids) gestellt werden.

Zahlungen des Antragsgegners auf den Mahnbescheid
1 = Der Antragsgegner hat keine Zahlungen geleistet.
2 = Der Antragsgegner hat nur die hier angegebenen Zahlungen geleistet.

[1]

1 = Die Zustellung des Vollstreckungsbescheids soll vom Gericht veranlasst werden.
2 = Ich möchte den Vollstreckungsbescheid selbst durch einen Gerichtsvollzieher zustellen lassen und beantrage, mir den Bescheid für diesen Zweck in Ausfertigung zu übergeben.

[2]

Weitere Auslagen des Antragstellers für dieses Verfahren, soweit bisher nicht angegeben:

[X] Ich beantrage auszusprechen, dass die Kosten des Verfahrens ab Erlass des Vollstreckungsbescheids mit 5% über dem jeweiligen Basiszinssatz zu verzinsen sind.

Bezeichnung des Absenders
Rechtsanwalt
Dr. Karl Haffner
Rheinallee 20
40549 Düsseldorf

Unterschrift des Antragstellers/Vertreters/Prozessbevollmächtigten
Dr. Haffner

Die maschinelle Bearbeitung des Mahnverfahrens

Mahnsache
Antragsteller: Vor- und Nachname/Firmenbezeichnung
Walter Lange
gegen
Antragsgegner: Vor- und Nachname/Firmenbezeichnung
Konrad Schnelle
wegen
Warenlieferung 15 000,00

Beleg wird maschinell gelesen.
Bitte deutlich schreiben.

Zeilen-Nummer | Datum des Widerspruchs | Geschäftsnummer des Amtsgerichts
▶ 1 | **19.09. . .** | **03-0310539-0-2**

An das
Amtsgericht **Hagen**
– Mahnabteilung –
58081 Hagen

Hinweis für den Antragsgegner
Bitte überlegen Sie sorgfältig, ob Sie im Recht sind, und beachten Sie die Hinweise des Gerichts zum Mahnbescheid.

Postleitzahl, Ort

Widerspruch

Gegen den im Mahnbescheid geltend gemachten Anspruch erhebe ich Widerspruch.

2 [X] ◁ Ich widerspreche dem Anspruch **insgesamt**.

3 [ ] ◁ Ich widerspreche nur einem **Teil** des Anspruchs, und zwar

der Hauptforderung wegen eines **Teilbetrages** von	den Zinsen	den laufenden Zinsen, soweit sie nachstehenden Zinssatz übersteigen	den Verfahrenskosten	den anderen Nebenforderungen wegen eines Betrages von
4 EUR	◁ insgesamt.	% jährlich	◁ insgesamt.	EUR

einschließlich der auf diesen Teil der Hauptforderung entfallenden Zinsen und Verfahrenskosten.

Nur bei Änderung der Anschrift des Antragsgegners: Die Anschrift lautet richtig bzw. jetzt
5 Straße, Hausnummer – bitte kein Postfach! – | Postleitzahl | Ort | Ausl. Kz.

Gesetzlicher Vertreter des Antragsgegners   Unterzeichnender erhebt den Widerspruch als gesetzlicher Vertreter des Antragsgegners.
6 Stellung (z. B. Geschäftsführer, Vater, Mutter, Vormund) | Straße, Hausnummer – bitte kein Postfach! –
7 Vor- und Nachname | Postleitzahl | Ort | Ausl. Kz.

Prozessbevollmächtigter des Antragsgegners   Unterzeichnender erhebt den Widerspruch als Prozessbevollmächtigter des Antragsgegners.
Ordnungsgemäße Bevollmächtigung wird versichert.
8 |1| ◁ 1 = Rechtsanwalt   4 = Herr, Frau
        2 = Rechtsanwälte 5 = Rechtsanwältin
        3 = Rechtsbeistand 6 = Rechtsanwältinnen
Vor- und Nachname
9 **Knut Jensen**
Straße, Hausnummer – bitte kein Postfach! – | Postleitzahl | Ort | Ausl. Kz.
10 **Sand 15** | **21073** | **Hamburg**

11 Geschäftszeichen des Antragsgegners / Prozessbevollmächtigten

Bezeichnung des Absenders
**Rechtsanwalt
Knut Jensen
Sand 15
21073 Hamburg**

Unterschrift des Antragsgegners bzw. seines ges. Vertreters oder Prozessbevollmächtigten

Knut Jensen

12

Fassung 1. 1. 02

Bitte Hinweise zu diesem Vordruck beachten!

4.5 Übersicht über das Mahnverfahren

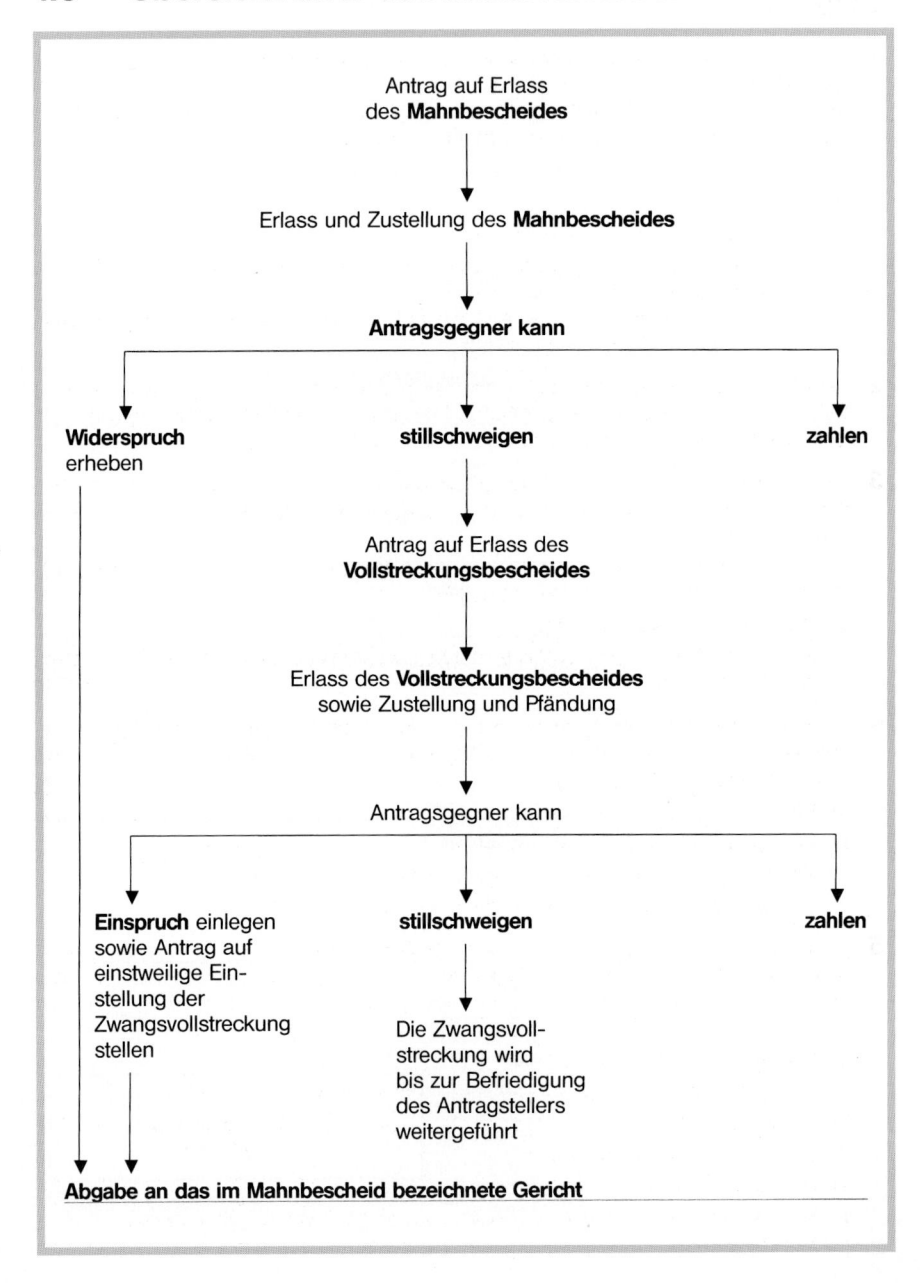

Antrag auf Erlass des **Mahnbescheides**

↓

Erlass und Zustellung des **Mahnbescheides**

↓

Antragsgegner kann

- **Widerspruch** erheben
- **stillschweigen**
- **zahlen**

Antrag auf Erlass des **Vollstreckungsbescheides**

↓

Erlass des **Vollstreckungsbescheides** sowie Zustellung und Pfändung

↓

Antragsgegner kann

- **Einspruch** einlegen sowie Antrag auf einstweilige Einstellung der Zwangsvollstreckung stellen
- **stillschweigen** — Die Zwangsvollstreckung wird bis zur Befriedigung des Antragstellers weitergeführt
- **zahlen**

Abgabe an das im Mahnbescheid bezeichnete Gericht

Aufgaben

1 In Ihrem Büro erscheint als Mandant der Autohändler Ahrens und trägt vor, sein Kunde, der Angestellte Pump, schulde ihm die Zahlung auf eine seit dem 1. März ... fällige Kaufpreisforderung i.H. v. 6 000,00 EUR für einen gebrauchten Pkw. Mahnungen seien Pump wahrscheinlich am 4. April ... und am 16. Mai ... zugegangen.
  a) Seit wann befindet sich Pump im Verzug? (Bitte begründen!)
  b) Wie hoch sind die Verzugszinsen?
  c) Was würde sich bei a) oder b) ändern,
    1) wenn Pump den Pkw als freiberuflicher Handelsvertreter für berufliche Zwecke erworben hätte? (Bitte begründen!)
    2) wenn Pump jeweils (statt einer Mahnung) eine Rechnung über Reparaturarbeiten erhalten hätte? (Bitte begründen!)

2 Der Mandant Schoof in Emden hat gegen den in Lima wohnhaften Schuldner Perez eine Schadensersatzforderung von 12 000,00 EUR, die er gerichtlich geltend machen will. Schlagen Sie das Mahn- oder das Klageverfahren vor? (Bitte begründen!)

3 Der Mandant Behrmann in Leipzig hat gegen den in Dresden wohnhaften Schuldner Habicht eine Forderung in Höhe von 30 000,00 EUR. Wir sollen im Mahnverfahren gegen ihn vorgehen.
  a) Kann die Forderung im Mahnverfahren mit oder ohne maschinelle Bearbeitung geltend gemacht werden? (Bitte begründen!)
  b) Welches Gericht ist zuständig?
  c) Zu welchem Verfahren entschließen Sie sich, wenn der Schuldner inzwischen Zahlung abgelehnt hat? (Bitte begründen!)

4 Der Mandant Abel in Lübeck hat eine Kaufpreisforderung in Höhe von 25 000,00 EUR gegen die Firma Egon Weidlich und Co. OHG in Wismar. Sie beantragen den Erlass eines Mahnbescheides.
  a) Welches Gericht ist zuständig?
  b) Wen geben Sie als Antragsgegner an?
  c) Wie hoch ist die Gerichtsgebühr, die Sie vorauszahlen müssen?
  d) Wer betreibt die Zustellung des Mahnbescheides?

5 In Ihrem Büro erscheint am Montag, dem 22. Oktober, der Mandant Funk, wohnhaft in Kiel, und teilt mit, dass ihm am Montag, dem 8. Oktober, ein Mahnbescheid des Amtsgerichts Hamburg zugestellt worden ist, in dem er aufgefordert wird, dem Kruse, wohnhaft in Hamburg, 8 000,00 EUR zu zahlen.
  a) Wie lang ist die Widerspruchsfrist?
  b) Kann Funk noch Widerspruch erheben?
  c) Wie würde es sich auswirken, wenn der Mandant erst am 25. Oktober erschienen wäre?
  d) Entwerfen Sie den Widerspruch!
  e) Welche Wirkung hat der Widerspruch?
  f) Wie wirkt es sich aus, wenn nur wegen 2 000,00 EUR widersprochen wird?

6 Gläubiger Grund in Bremen hat am 2. Februar beim Amtsgericht Bremen wegen einer Forderung von 6 000,00 EUR gegen den Schuldner Faul, wohnhaft in Hannover, den Erlass eines Mahnbescheides beantragt. Der Mahnbescheid ist am 6. Februar erlassen und dem Faul am 9. Februar zugestellt worden.

a) Wann kann Grund frühestens den Erlass eines Vollstreckungsbescheides beantragen?
b) Wann kann das Amtsgericht frühestens den Vollstreckungsbescheid erlassen?
c) Welche Aufgabe erfüllt der Vollstreckungsbescheid?
d) Wer bewirkt die Zustellung des Vollstreckungsbescheides?
e) Was kann Paul gegen den am 4. März erlassenen und ihm am 8. März zugestellten Vollstreckungsbescheid unternehmen und bis wann hat er Zeit dafür?

7 Der Mandant Tiemann hat seinem Schuldner Ehlers, wohnhaft in Ulm, eine Ladung Holz zum Preis von 10 000,00 EUR verkauft und geliefert. Rechtsanwalt Klausner beantragt am 20. April den Erlass eines Mahnbescheides. Der Mahnbescheid wird am 24. April erlassen und dem Ehlers am 27. April zugestellt.

Bis zu welchem Tag kann der Vollstreckungsbescheid beantragt werden, wenn Ehlers keinen Widerspruch erhebt?

8 Rechtsanwalt Rönner beantragt je einen Mahnbescheid

(1) im maschinellen Mahnverfahren beim Amtsgericht Mayen (Rheinland-Pfalz),
(2) im nichtmaschinellen Mahnverfahren beim Amtsgericht Erfurt.

Beantworten Sie die folgenden Fragen jeweils für beide Verfahren!

a) Wer berechnet die Gerichtskosten und die Anwaltsvergütung für den Mahnbescheid?
b) Wann sind die Gerichtskosten zu zahlen?

9 Gläubiger Schmitz aus Köln hat beim Amtsgericht Euskirchen zwei Mahnbescheide im automatisierten Mahnverfahren beantragt.

(1) Im ersten Fall kann der Mahnbescheid nicht erlassen werden, weil die Katalog-Nummer zur Bezeichnung der Hauptforderung fehlt.
(2) Im zweiten Fall wird der Mahnbescheid zwar erlassen, er kann aber nicht zugestellt werden, weil eine unzutreffende Adresse angegeben worden war.

Was wird das Mahngericht in den beiden Fällen jeweils übersenden?

10 Es sollen Zahlungsansprüche im Mahnverfahren geltend gemacht werden, und zwar von folgenden Antragstellern:

a) Ney aus Saarbrücken,
b) Appel aus Hamburg,
c) Demmin aus Rostock,
d) Lehmann aus Berlin,
e) Münzer aus Eisenach,
f) Sommer aus Brandenburg,
g) Riedle aus Stuttgart,
h) Fischer aus Hagen in Westfalen.

Geben Sie an, ob das Mahnverfahren jeweils in nicht maschineller oder in maschineller Bearbeitung durchgeführt wird.

5 Die Zuständigkeit[1]

5.1 Allgemeines

Will eine Partei einen Anspruch gerichtlich geltend machen, muss sie zuerst die Frage klären, welches Gericht hierfür zuständig ist. Die Partei muss dabei folgende Arten der Zuständigkeit beachten, die für jeden Prozess geprüft und festgestellt werden müssen:

- die **sachliche Zuständigkeit,**
- die **örtliche Zuständigkeit** (vgl. S. 72 ff.).[2]

> **Beispiel:**
> Der in Aachen wohnhafte Gläubiger Waldner beabsichtigt, seinen in Trier wohnhaften Schuldner Hecht auf Zahlung von 4 500,00 EUR zu verklagen.
> 1. Sachlich zuständig ist das Amtsgericht,
> 2. örtlich zuständig ist das Amtsgericht Trier.

Die **funktionelle Zuständigkeit** betrifft die Verteilung der Rechtspflegefunktionen oder -aufgaben innerhalb einer Gerichtsbarkeit.

Sie bezieht sich einmal auf die Zuständigkeiten der bis zu **drei Instanzen** in einem Rechtszug (z.B. für die Klage, die Berufung und die Revision mit den damit zusammenhängenden Aufgaben). Sie bedeutet u.a. aber auch die Zuweisung von Aufgaben an bestimmte **Gerichtspersonen** (z.B. an den Richter, den Rechtspfleger, den Urkundsbeamten, den Gerichtswachtmeister, den Gerichtsvollzieher).

Diese Regelungen sind immer ausschließlich.

---

[1] Vor den nachfolgenden Überlegungen muss bereits festgestellt worden sein, dass hier der **Zivilrechtsweg** der ordentlichen Gerichtsbarkeit gegeben ist (vgl. dazu oben 1.2.1, S. 13 f.).
Vorsorglich sei darauf hingewiesen, dass die entsprechenden Regelungen im **Strafprozess** vom Nachfolgenden erheblich abweichen.
[2] Ab Rechtshängigkeit einer Sache gilt der Grundsatz der **Fortdauer der** sachlichen und örtlichen **Zuständigkeit.** D.h. diese wird durch eine nachträgliche Veränderung der die Zuständigkeit des Prozessgerichts begründenden Umstände nicht berührt, § 261 III Nr. 2 (vgl. dazu S. 89).

5.2 Die sachliche Zuständigkeit

5.2.1 Allgemeines

Die sachliche Zuständigkeit ist nicht in der Zivilprozessordnung, sondern im **Gerichtsverfassungsgesetz** (GVG) geregelt (vgl. § 1 ZPO). Sie beantwortet allein die Frage, welches Gericht in erster Instanz zuständig ist, also z.b. wo die Klage eingereicht werden muss. **Sachlich zuständig** (= erste Instanz) sind allein das **Amtsgericht** und das **Landgericht**.

Dagegen sind als Rechtsmittelgerichte der zweiten Instanz, z.b. für die Berufung, das Landgericht (abhängig vom Streitwert) und das Oberlandesgericht zuständig; als Gericht der dritten Instanz, z.b. für die Revision, ist der Bundesgerichtshof zuständig (vgl. dazu S. 187 ff., 207).

5.2.2 Zuständigkeit des Amtsgerichts

Das Amtsgericht ist sachlich zuständig (§§ 23, 23 a, 23 b GVG)

1. für Streitigkeiten über Ansprüche mit einem **Streitwert bis 5 000,00 EUR einschließlich** (§ 23 Nr. 1 GVG).

    Streitwert oder Wert des Streitgegenstandes ist der Wert des Anspruchs, über den der Kläger eine gerichtliche Entscheidung wünscht. Das ist bei *vermögensrechtlichen Ansprüchen,* insbesondere bei Leistungsklagen (vgl. S. 80 f.), bei denen es um eine Leistung in Geld oder eines Gegenstandes mit wirtschaftlichem Wert geht, in der Regel unproblematisch.

    > *Beispiel:*
    > *Brecht verklagt Schünemann auf Zahlung von 8 000,00 EUR. Der Streitwert beträgt 8 000,00 EUR.*

    Bei *nichtvermögensrechtlichen* Angelegenheiten dagegen muss der Streitwert notfalls erst vom Gericht festgesetzt werden.

    > *Beispiel:*
    > *Fein klagt gegen Grob auf Unterlassung ehrverletzender Behauptungen. Hier ist ein immaterielles Rechtsgut verletzt. Den Streitwert muss das Gericht feststellen.*

    Für die Berechnung des Streitwertes sind grundsätzlich die §§ 3 ff. ZPO maßgebend (vgl. S. 69 ff.).

2. **Ohne Rücksicht auf die Höhe des Streitwerts** ist das Amtsgericht u.a. für folgende Angelegenheiten zuständig, und zwar auch dann, wenn der Streitwert 5 000,00 EUR übersteigt:

a) **Wohnungsmietstreitigkeiten.** Dabei geht es um Ansprüche aus einem Mietverhältnis über Wohnraum oder um den Bestand dieses Mietverhältnisses. Das Amtsgericht ist hier ausschließlich zuständig (§ 23 Nr. 2 a GVG).

> *Beispiel 1:*
> *Wohnungseigentümer Schöning klagt gegen seinen Mieter Mertens auf Räumung der Wohnung.*

> *Beispiel 2:*
> *Wohnungseigentümer Völz klagt gegen seinen Mieter Otto auf Zahlung von 12 rückständigen Monatsmieten von je 700,00 EUR = 8 400,00 EUR.*
> *Sachlich zuständig ist in beiden Fällen das Amtsgericht.*

Wird dagegen rückständige Miete für *gewerbliche Räume* eingeklagt oder wird Räumung beantragt, so ist hier bei einem Streitwert von mehr als 5 000,00 EUR weiterhin das Landgericht zuständig. Hier *bleibt* es bei der *Regelzuständigkeit.* (Vergleiche aber die abweichende Regelung bei der örtlichen Zuständigkeit gemäß § 29a I ZPO unten S. 75).

b) **Reisestreitigkeiten,** insbesondere zwischen Reisenden und Wirten (§ 23 Nr. 2 b GVG).

c) Streitigkeiten wegen **Wildschadens** (§ 23 Nr. 2 d GVG).

> *Beispiel:*
> *Der Landwirt Fromm verklagt den Jagdpächter Klein auf Zahlung von 9 000,00 EUR mit der Begründung, dass das Schwarzwild aus dem Jagdgebiet des Klein seine Kartoffelfelder verwüstet und ihm dadurch einen Schaden von 9 000,00 EUR verursacht habe. Sachlich zuständig ist das Amtsgericht.*

d) Streitigkeiten wegen **gesetzlicher Unterhaltsansprüche** (§ 23 a Nr. 2 GVG).

> *Beispiel:*
> *Der mittellose Römer klagt gegen seinen Vater auf Zahlung eines monatlichen Unterhaltes von 600,00 EUR.*
> *Der Streitwert beträgt gem. § 9 ZPO (vgl. dazu S. 71). 12 x 600,00 EUR = 7 200,00 EUR x 3 1/2 = 25 200,00 EUR.*
> *Dennoch ist hier das Amtsgericht zuständig.*

e) Streitigkeiten in **Kindschaftssachen, Ehesachen** und anderen **Familiensachen**[1] (§§ 640, 606 I 1 ZPO, 23 b I GVG).

---

[1] Die Familiensachen umfassen seit einiger Zeit auch Kindschafts- und gesetzliche Unterhaltssachen noch über die Ansprüche von Ehegatten und Kindern hinaus.

3. Außerdem ist das Amtsgericht u.a. zuständig:
   a) für das selbstständige Beweisverfahren (genauer § 486 III ZPO);
   b) für das **Mahnverfahren** (§ 689 ZPO);
   c) für bestimmte Klagen nach dem Wohnungseigentumsgesetz (§§ 51, 52 WEG).
4. Die ursprüngliche **sachliche Zuständigkeit** des Amtsgerichts **kann verloren gehen:**
   a) durch *Widerklagen* (§ 5, Halbsatz 2 ZPO).

> *Beispiel:*
> *Dorn klagt gegen Erichs auf Zahlung von 1 800,00 EUR; zuständig ist das Amtsgericht. Erichs erhebt Widerklage (vgl. S. 82) wegen 16 600,00 EUR; zuständig wird das Landgericht.*

b) Durch eine *Klageerweiterung* nach § 264 Nr. 2 ZPO.

> *Beispiel:*
> *Fuchs klagt gegen Kramer auf Zahlung von 3 000,00 EUR. Während des Prozesses erweitert Fuchs seinen Klageantrag um 2 600,00 EUR auf 5 600,00 EUR. Zuständig wird das Landgericht.*

c) Durch eine *Zwischenfeststellungsklage* nach § 256 II ZPO.

> *Beispiel:*
> *Der Miterbe Gerber klagt gegen den Testamentsvollstrecker auf Zahlung von 1 000,00 EUR. Während des Prozesses wird die Wirksamkeit des Testamentes bestritten. Gerber erhebt eine Zwischenfeststellungsklage mit dem Antrage, die Wirksamkeit des Testamentes festzustellen (Nachlasswert = 28 000,00 EUR). Durch die Feststellungsklage wird das Landgericht zuständig.*

In den genannten Fällen hat sich das Amtsgericht gemäß § 506 ZPO auf Antrag einer Partei *durch Beschluss für unzuständig zu erklären und den Rechtsstreit an das Landgericht zu verweisen.* Der Verweisungsbeschluss ist unanfechtbar und für das Landgericht bindend.[1] Bei Weiterverhandeln nach gerichtlicher Belehrung wird das Amtsgericht gemäß §§ 504, 39 ZPO jedoch durch rügelose Einlassung zuständig (vgl. S. 76).

5.2.3 Zuständigkeit des Landgerichts

Die **Zivilkammern** des Landgerichts sind sachlich zuständig für alle bürgerlichen Rechtsstreitigkeiten, die nicht den Amtsgerichten zugewiesen sind (§ 71 I GVG).

---

[1] Vgl. dazu die nicht bindenden Abgaben (§§ 696 V, 828 III ZPO).

Darunter fallen demnach grundsätzlich:
1. alle **Streitigkeiten** mit einem Streitwert von **mehr als 5 000,00 EUR** (§§ 71 I, 23 Nr. 1 GVG): bei nichtvermögensrechtlichen Angelegenheiten muss der Streitwert notfalls vom Gericht festgesetzt werden (§§ 3, 253 III ZPO).
2. Darüber hinaus ist das Landgericht, auch wenn der Streitwert 5 000,00 EUR nicht übersteigt, für Rechtsstreitigkeiten über Ansprüche gegen Richter und Beamte wegen Überschreitung ihrer amtlichen Befugnisse oder wegen pflichtwidriger Unterlassung von Amtshandlungen ausschließlich zuständig (§ 71 II Nr. 2 GVG).
3. Das Landgericht kann außerdem nach *anderen Gesetzen* ausschließlich zuständig sein.

Bei größeren Landgerichten können eine oder mehrere **Kammern für Handelssachen** gebildet werden (§ 93 GVG). Diese Kammern treten für Handelssachen an die Stelle der Zivilkammern, wenn dies der Kläger in der Klageschrift beantragt. **Handelssachen** sind nach § 95 I Ziff. 1 GVG insbesondere *Rechtsstreitigkeiten gegen einen Kaufmann aus Rechtsgeschäften, die für beide Teile Handelsgeschäfte sind.*

> *Beispiel:*
> *Kaufmann Wohlers klagt gegen Kaufmann Endres auf Zahlung von 30 000,00 EUR, die ihm der Beklagte aus einem zwischen beiden Teilen geschlossenen Kaufvertrag schuldet.*

Eine Vielzahl weiterer Handelssachen finden sich in § 95 I Ziff. 2–6 GVG.

Reicht der Kläger in einer Handelssache die Klage bei der Zivilkammer ein, bleibt die Sache dort, es sei denn, dass der Beklagte Verweisung an die Kammer für Handelssachen beantragt (§ 98 GVG). Dem Antrag muss die Zivilkammer durch Beschluss, der unanfechtbar ist, stattgeben. Eine Verweisung von Amts wegen ist unzulässig.

5.2.4 Berechnung des Streitwertes

In vielen Fällen, z.B. bei Zahlungsklagen, ist der Streitwert leicht zu ermitteln. Er ergibt sich aus dem Klageantrag. Häufig treten aber bei der Ermittlung des Wertes Fragen auf, die in den §§ 3–9 ZPO geregelt sind.
1. Entscheidend für die Wertberechnung ist nach § 4 I der **Zeitpunkt der Klageeinreichung** bzw. der Rechtsmitteleinlegung.

> *Beispiel:*
> *Neumann klagt auf Herausgabe von 10 Aktien. Beim Klageauftrag hatten die Aktien einen Kurswert von 900,00 EUR, bei Klageeinreichung von 950,00 EUR, bei Klagezustellung von 1 000,00 EUR, bei Urteilsverkündung von 750,00 EUR.*
> *Der Streitwert beträgt 950,00 EUR.*

2. **Nebenforderungen,** insbesondere Zinsen und Kosten, bleiben unberücksichtigt (§ 4 I).

Beispiel:
Saalmann klagt gegen Plaut auf Zahlung von 5 000,00 EUR nebst 5% Zinsen über dem Basiszinssatz seit dem 1. Januar 2002.
Der Streitwert beträgt 5 000,00 EUR. Sachlich zuständig ist das Amtsgericht.

Werden Zinsen oder Kosten *als Hauptforderung geltend gemacht,* müssen sie bei der Wertberechnung berücksichtigt werden (vgl. Beispiel zu 3).

Bei Ansprüchen aus Wechseln gelten Zinsen, Kosten und Provisionen, wenn sie außer der Wechselsumme gefordert werden, ebenfalls als Nebenforderung (§ 4 II).

3. Werden in einer Klage **mehrere Ansprüche** geltend gemacht, müssen sie zusammengerechnet werden (§ 5).

Beispiel:
Mahl klagt gegen Steinberg auf Zahlung von
4 900,00 EUR Schadensersatz
3 600,00 EUR Kaufpreisforderung
1 700,00 EUR Zinsen eines bereits zurückgezahlten Darlehens.
10 200,00 EUR beträgt der Streitwert. Zuständig ist das Landgericht.

Die Ansprüche von *Klage und Widerklage* werden dagegen *nicht* zusammengerechnet.[1]

Beispiel:
Braumann klagt gegen Ahlers auf Zahlung von 1 200,00 EUR.
Ahlers erhebt Widerklage in Höhe von 4 900,00 EUR.
Der Streitwert beträgt 4 900,00 EUR. Zuständig bleibt das Amtsgericht.

4. Bei **Klagen auf Herausgabe** einer Sache ist der Wert der Sache maßgebend (§ 6). Entscheidend ist der Wert, den die Sache im allgemeinen Rechtsverkehr hat, z.B. beim Verkauf der *sog. Verkehrswert.* Ein Liebhaberwert ist dagegen bedeutungslos.

Beispiel:
Labes klagt gegen Wendland auf Herausgabe einer goldenen Uhr. Das Gericht setzt den Wert auf 800,00 EUR fest.
Sachlich zuständig für die Herausgabeklage ist das Amtsgericht.
Wenn die Uhr für Labes einen höheren Wert hat, weil sie ein Erbstück seines Vaters ist, bleibt es dennoch bei dem genannten Wert.

---

[1] Abweichend hiervon erfolgt die Berechnung im Kostenrecht (§ 45 I 1 GKG) und bei der Rechtsmittelbeschwer.

Die sachliche Zuständigkeit 71

5. Ist das Bestehen oder die Dauer eines **Pacht- oder Mietverhältnisses** streitig, muss der auf die gesamte streitige Zeit fallende Mietzins, höchstens jedoch der 25fache Jahresmietzins, errechnet werden (§ 8). Das gilt auch für Pachtverhältnisse und die Miete von beweglichen Sachen. Die Vorschrift des § 8 greift nur ein, soweit nicht § 23 GVG eine Sonderregelung trifft. (Vgl. die Wohnungsmietsachen, oben S. 67.)

> *Beispiel:*
> *Dollmann hat von Prell einen Garten mit einem vierteljährlichen Pachtzins von 300,00 EUR für die Zeit von zwölf Jahren gepachtet. Nach zwei Jahren bestreitet Prell das Bestehen des Pachtvertrages. Dollmann klagt auf Feststellung des Bestehens des Pachtvertrages. Der Streitwert beträgt 10 x 1 200,00 EUR = 12 000,00 EUR. Zuständig ist das Landgericht.*

6. Werden **wiederkehrende Nutzungen oder Leistungen** geltend gemacht, kommt § 9 zur Anwendung. Rechte dieser Art sind insbesondere vertragliche Unterhaltsansprüche, Renten, Reallasten, Überbaurenten.
   a) Der Streitwert richtet sich nach dem *dreieinhalbfachen Wert des einjährigen Bezuges*. Hierbei ist es grundsätzlich einerlei, ob das Bezugsrecht von beschränkter oder unbeschränkter Dauer ist.

> *Beispiel:*
> *Vollmer verpflichtet sich, der Witwe seines verstorbenen Freundes auf Lebenszeit einen monatlichen Unterhalt von 400,00 EUR zu zahlen.*
> *Für eine Klage der Witwe beträgt der Streitwert 12 x 400,00 EUR = 4 800,00 EUR x 3 1/2 = 16 800,00 EUR. Zuständig ist das Landgericht.*

   b) Wenn jedoch *bei bestimmter Dauer* des Bezugsrechtes der Gesamtbetrag der künftigen Bezüge geringer ist als der im obigen Beispiel (zu a) nach dem dreieinhalbfachen Jahresbezug errechnete Streitwert, dann ist der *geringere Gesamtbetrag* maßgebend.

> *Beispiel:*
> *Vollmer hat sich verpflichtet, der Witwe seines Freundes einen Unterhalt von monatlich 400,00 EUR für die bestimmte Dauer von einem Jahr zu zahlen, um ihr eine Starthilfe beim Wiedereinstieg in das Berufsleben zu gewähren.*
> *Der Gesamtbetrag der künftigen Bezüge beläuft sich auf 12 x 400,00 EUR = 4 800,00 EUR. Da der Gesamtbetrag geringer ist als der oben (zu a) errechnete Wert von 16 800,00 EUR, ist hier von einem Streitwert i.H. v. 4 800,00 EUR auszugehen.*
> *Zuständig ist das Amtsgericht.*

7. Besteht der Streitgegenstand nicht aus einer bestimmten Geldsumme und sind in einem Rechtsstreit auch nicht die Vorschriften der §§ 4–9 anwendbar, so *setzt das Gericht den*

Streitwert nach freiem Ermessen fest (§ 3). Das Gericht kann zu diesem Zweck eine von einer Partei beantragte Beweisaufnahme sowie von Amts wegen die Einnahme des Augenscheins und die Begutachtung durch Sachverständige anordnen. § 3 findet namentlich Anwendung bei Klagen auf Vornahme einer Handlung (z.b. auf Auskunftserteilung, Zeugniserteilung, Rechnungslegung, Vorlegung eines Nachlassverzeichnisses), aber auch bei Unterlassungsklagen (z.b. Unterlassung unlauteren Wettbewerbs).

5.3 Die örtliche Zuständigkeit

5.3.1 Allgemeines

Hat die Partei festgestellt, ob das Amtsgericht oder das Landgericht sachlich zuständig ist, muss als Nächstes die örtliche Zuständigkeit geprüft werden. Denn mit der Feststellung, dass z.B. das Landgericht sachlich zuständig ist, steht noch nicht fest, welches der zahlreichen in der Bundesrepublik Deutschland bestehenden Landgerichte zuständig ist.

Das Gesetz bezeichnet die örtliche Zuständigkeit als **„Gerichtsstand"**; die gesetzliche Regelung hierfür findet sich in den §§ 12 ff. ZPO.

5.3.2 Allgemeiner Gerichtsstand

Grundsätzlich ist für eine Klage der allgemeine Gerichtsstand maßgebend, der sich nach folgender Reihenfolge bestimmt:

1. Nach dem **inländischen Wohnsitz des Beklagten** (§ 13). Welcher Ort als Wohnsitz anzusehen ist, regelt sich nach den §§ 7–11 BGB. Danach ist Wohnsitz grundsätzlich der Ort, an dem sich die Person ständig niederlässt, um ihn zum Mittelpunkt ihrer Lebensverhältnisse zu machen. Ein wenn auch längerer vorübergehender Aufenthalt an einem Ort begründet also keinen Wohnsitz.

> **Beispiel:**
> *Der in Bremen wohnhafte Stender beabsichtigt, den in Osnabrück wohnhaften Gienapp auf Zahlung von 2 500,00 EUR zu verklagen.*
> *Örtlich zuständig ist das Amtsgericht Osnabrück.*

Eheliche Kinder teilen den Wohnsitz der Eltern, ein nichteheliches Kind den der Mutter. Ein Soldat hat seinen Wohnsitz am Standort.

2. Wenn der Beklagte keinen Wohnsitz im Inland hat, nach seinem **Aufenthaltsort** im Inland (§ 16). Aufenthaltsort ist der Ort, an dem sich die Person aufhält, ohne jedoch einen Wohnsitz zu begründen.

3. Hat der Beklagte keinen Wohnsitz und ist sein Aufenthalt unbekannt, durch den letzten Wohnsitz (§ 16).

> *Beispiel:*
> *Der in Düsseldorf wohnhafte Kramer beabsichtigt, seinen Schuldner Stender auf Zahlung von 1 200,00 EUR zu verklagen. Stender hat seinen Wohnsitz in Köln aufgegeben, sein jetziger Aufenthalt ist unbekannt.*
> *Örtlich zuständig ist das Amtsgericht Köln.*

Der allgemeine Gerichtsstand für **juristische Personen** wird durch ihren Sitz, d.h. durch den Ort, an dem ihre Verwaltung geführt wird, bestimmt (§ 17).

> *Beispiel:*
> *Berger, wohnhaft in Berlin, beabsichtigt, die Chemiefaser-AG mit dem Sitz in München auf Zahlung von 28 000,00 EUR zu verklagen.*
> *Zuständig ist das Landgericht München.*

Der allgemeine Gerichtsstand des **Fiskus** wird durch den Sitz der Behörde bestimmt, die berufen ist, den Fiskus zu vertreten (§ 18). *Fiskus ist der Staat als Träger von Vermögensrechten. Eine fiskalische Tätigkeit liegt vor, wenn der Staat wie ein Mensch als Partei eines privatrechtlichen Rechtsgeschäftes auftritt, z.B. als Mieter eines Hauses oder als Käufer eines Kraftwagens.* Für alle aus diesen Verträgen evtl. entstehenden Streitigkeiten sind nicht die Verwaltungsgerichte (vgl. oben S. 15), sondern die Zivilgerichte zuständig.

> *Beispiel:*
> *Das Bundesland Sachsen hat für die Unterbringung einer Behörde ein Verwaltungsgebäude gemietet. Zwischen dem Vermieter und dem Mieter kommt es zu einem Streit bezüglich der Höhe des Mietzinses.*
> *Kommt es zu einem Rechtsstreit, ist hierfür das Zivilgericht zuständig. (Das ist je nach Streitwert das Amtsgericht oder das Landgericht, da Streitigkeit über Gewerberäume, vgl. S. 67).*

Welche Behörde berufen ist, den Fiskus zu vertreten, ist beim Bund und den einzelnen Bundesländern verschieden geregelt und muss im Einzelfall festgestellt werden.

5.3.3 Besondere Gerichtsstände

Außer dem allgemeinen Gerichtsstand kennt das Gesetz noch mehrere **besondere Gerichtsstände**, von denen im Folgenden einige wichtige genannt werden sollen:

1. Gerichtsstand des **Beschäftigungsortes.** Er besteht an dem Ort, an dem eine Person einen längeren Aufenthalt hat. Das gilt z.B. für Studenten, auf Montage tätige Arbeiter, Hausangestellte, Referendare (§ 20).

2. Gerichtsstand des **Vermögens**. Er ist wegen vermögensrechtlicher Ansprüche gegen eine Person gegeben, die im Inland keinen Wohnsitz, aber Vermögen hat. Zuständig ist das Gericht, in dessen Bezirk sich Vermögensgegenstände befinden (§ 23).

> *Beispiel:*
> *Der in Kiel wohnhafte Bollmann hat eine Forderung gegen den in Oslo wohnhaften Nielsson. Nielsson besitzt ein Geschäft in Hamburg.*
> *Für eine Klage des Bollmann ist ein Gericht in Hamburg örtlich zuständig.*

3. Gerichtsstand des **Erfüllungsortes**. Für Klagen auf Feststellung des Bestehens oder Nichtbestehens, auf Erfüllung oder Aufhebung eines Vertrages ist das Gericht des Ortes zuständig, in dem die streitige Verpflichtung zu erfüllen ist. Dieser Gerichtsstand ist auch gegeben für Klagen auf Schadensersatz wegen Nichterfüllung oder wegen nicht gehöriger Erfüllung eines Vertrages (§ 29).

Welcher Ort Erfüllungsort ist, entscheiden in erster Linie die von den Parteien in ihrem Vertrag getroffenen Vereinbarungen, wenn sie Kaufleute sind (§ 29 II). Vgl. dazu 5.4, S. 76 (= Zuständigkeitsvereinbarung).

> *Beispiel:*
> *Der in München wohnhafte Kroll kauft bei dem in Augsburg wohnhaften Stüve einen Lkw zum Preis von 30 000,00 EUR. Als Erfüllungsort haben die Vertragsparteien Augsburg vereinbart.*
> *Für eine Kaufpreisklage des Stüve ist das Landgericht Augsburg aber nur zuständig, wenn beide Parteien Kaufleute sind.*

4. Gerichtsstand der **unerlaubten Handlung**. Für Klagen aus *unerlaubten Handlungen* ist das Gericht zuständig, in dessen Bezirk die Handlung begangen ist (§ 32). Der Begriff der „unerlaubten Handlung" ist sehr weit auszulegen, er bestimmt sich nach den §§ 823 ff. BGB.

> *Beispiel:*
> *Der in Hamburg wohnhafte Stoll wird in Hannover von dem in Kassel wohnhaften Vogel mit einem Fahrrad angefahren und verletzt. Der Schaden beträgt 1 300,00 EUR. Für eine Schadensersatzklage ist u.a. das Amtsgericht Hannover zuständig.*

5. Gerichtsstand für **Klagen wegen Gebühren** und **Auslagen**. Für Klagen u.a. des Prozessbevollmächtigten wegen seiner Gebühren und Auslagen ist das **Gericht des Hauptprozesses** zuständig (§ 34). Insoweit regelt § 34 also auch die sachliche Zuständigkeit.

> *Beispiel:*
> *Rechtsanwalt Fox hat für den in Nürnberg wohnhaften Lang einen Prozess vor dem Landgericht München geführt. Die Klage ist abgewiesen worden. Fox macht bei Lang seine Gebühren und Auslagen in Höhe von 1 110,70 EUR geltend. Lang behauptet, diese bereits gezahlt zu haben.*
> *Für eine Klage des Fox wegen seiner Gebühren und Auslagen ist das Landgericht München zuständig, unabhängig vom Streitwert.*

6. Gerichtsstand des **Wohnungseigentums**. Für Klagen Dritter gegen jetzige oder frühere Mitglieder einer Wohnungseigentümergemeinschaft ist das Gericht zuständig, in dessen Bezirk das Grundstück liegt (§ 29 b). Derselbe Gerichtsstand gilt für Klagen gemäß §§ 51, 52 WEG.
7. *Ausschließlicher* **dinglicher** Gerichtsstand. Für Klagen, durch die *das Eigentum oder eine dingliche Belastung an einem Grundstück* geltend gemacht wird, ist *ausschließlich das Gericht zuständig, in dessen Bezirk das Grundstück belegen ist* (§ 24). Mit dem Wort „dinglich" verweist das Gesetz sehr häufig wie hier auf unbewegliche Sachen.
8. *Ausschließlicher* Gerichtsstand für **Miet- und Pachtstreitigkeiten über Räume**. Er ist dort, wo sich die Räume befinden (§ 29 a I). Das gilt hier für Wohn- und (!) Geschäftsräume. (Vgl. dazu die abweichende Regelung zur sachlichen Zuständigkeit, oben S. 67)

Nach § 35 hat der Kläger *zwischen mehreren zuständigen Gerichten die Wahl*.

Beispiel:
Der in Hamburg wohnhafte Heinze beabsichtigt, den in Hannover wohnhaften, zurzeit in Hamburg studierenden Rolle auf Zahlung von 2 000,00 EUR zu verklagen. Zuständig ist wahlweise das Amtsgericht Hamburg oder Hannover.

Die Wahlmöglichkeit besteht nicht, wenn von den mehreren Gerichten ein Gericht **ausschließlich** zuständig ist.

Beispiel:
Vermieter Grund aus Hamburg will rückständige Miete i.H. v. 2 500,00 EUR für eine in Hamburg gelegene Wohnung gegen den ehemaligen Mieter Saum einklagen. Dieser wohnt jetzt in Lüneburg.
Hier, in der Wohnungsmietsache, ist das Amtsgericht Hamburg ausschließlich zuständig.

In bestimmten Fällen muss das zuständige Gericht durch das im Instanzenzug zunächst höhere Gericht bestimmt werden (§ 36), sog. **Gerichtsstand der Zuweisung**.

Beispiel:
Vollmer klagt gegen Runge auf Herausgabe eines Grundstückes (Wert: 80 000,00 EUR). Das Grundstück liegt auf der Grenze zweier Landgerichtsbezirke.
a) Ist für beide Landgerichte ein Oberlandesgericht zuständig, bestimmt dieses das zuständige Gericht,
b) sind für beide Landgerichte zwei Oberlandesgerichte zuständig, so bestimmt das Oberlandesgericht das zuständige Gericht, zu dessen Bezirk das zuerst mit der Sache befasste Gericht gehört.

Die Entscheidung über den Antrag um Bestimmung des zuständigen Gerichts ergeht durch Beschluss, der unanfechtbar ist.

5.4 Zuständigkeitsvereinbarung (Prorogation)

Unabhängig von der gesetzlichen Regelung kann ein an sich unzuständiges Gericht des ersten Rechtszuges

1. ausdrücklich oder stillschweigend **vereinbart** werden, wenn die Vertragsparteien **Kaufleute** oder juristische Personen des öffentlichen Rechts oder öffentlich-rechtliche Sondervermögen sind (§ 38 I).

Beispiel:
Der Fuhrunternehmer Klemm in Itzehoe und der Autogroßhändler Klein in Elmshorn schließen einen Kaufvertrag über die Lieferung von zwei Lastkraftwagen. Sie vereinbaren, dass für alle Streitigkeiten aus diesem Vertrag das Landgericht Hamburg zuständig sein soll.

2. ausdrücklich und schriftlich auch von *anderen Personen* aber erst *nach* dem *Entstehen der Streitigkeit* vereinbart werden (§ 38 III).

Wird eine Klage bei einem an sich unzuständigen Gericht erhoben, so wird die Zuständigkeit dieses Gerichts auch dadurch begründet, dass der Beklagte zur Hauptsache mündlich verhandelt, ohne die Unzuständigkeit geltend zu machen (§ 39).

Beispiel:
Der in Krefeld wohnhafte Architekt Schneider verklagt den in Duisburg wohnhaften Apotheker Kniffel beim Landgericht Krefeld auf Zahlung von 15 000,00 EUR. Kniffel verhandelt mündlich, ohne die Unzuständigkeit des Landgerichts Krefeld zu rügen. Das LG Krefeld wird zuständig.

Bei den Verfahren vor den *Amtsgerichten* begründet die **rügelose Einlassung** die Zuständigkeit aber nur dann, wenn das Gericht den Beklagten vor der Verhandlung auf die Unzuständigkeit und auf die Folgen rügeloser Einlassung hingewiesen hat (§ 504).
Die Zuständigkeitsvereinbarung ist **unzulässig** (§ 40):

1. wenn sie sich nicht auf ein **bestimmtes Rechtsverhältnis** bezieht.

Beispiel:
Die Kaufleute Wirtz und Brumme, die in laufender Geschäftsbeziehung stehen, vereinbaren, dass für alle in Zukunft zwischen ihnen evtl. entstehenden Rechtsstreitigkeiten das Landgericht Krefeld zuständig sein soll. Diese Vereinbarung bezieht sich nicht auf ein bestimmtes, sondern auf unbestimmt viele zukünftige Rechtsverhältnisse. Die Zuständigkeitsvereinbarung ist deshalb unwirksam.

2. wenn sie einen **nichtvermögensrechtlichen Anspruch** betrifft.

Beispiel:
Für eine Klage auf Unterlassung ehrverletzender Behauptungen ist eine Zuständigkeitsvereinbarung unzulässig.

3. wenn für die Klage ein **ausschließlicher Gerichtsstand** begründet ist, der notwendigerweise eine Zuständigkeitsvereinbarung unmöglich macht.

> *Beispiel:*
> *Die scheidungswilligen Eheleute Streit können in ihrer Ehesache keine Gerichtsstandsvereinbarung treffen.*

Aufgaben

1 In welchen Bestimmungen ist
   a) die sachliche Zuständigkeit
   b) die örtliche Zuständigkeit
   geregelt?

2 Der Mandant Goetz in Bamberg beabsichtigt, den in Rostock wohnhaften Tauber auf Räumung des von Tauber bewohnten Hauses (monatlicher Mietzins = 1 200,00 EUR) zu verklagen.
   a) Welches Gericht ist sachlich und örtlich zuständig?
   b) Welches Gericht wäre sachlich und örtlich zuständig, wenn Goetz den Tauber auf Zahlung von zwölf rückständigen Mieten verklagen würde?

3 Der Viehhändler Wolf verklagt den Gutspächter Wohlgemuth auf Zahlung eines Schadensersatzes von 9 000,00 EUR. Wohlgemuth hat dem Kläger zehn Kühe verkauft, die, wie sich herausstellte, Tbc-infiziert waren. Beim Weiterverkauf hat Wolf einen Mindererlös von 9 000,00 EUR erzielt.
   Welches Gericht ist für die Klage des Wolf sachlich zuständig?

4 Anja Anders aus Hamburg beabsichtigt, ihren Vater auf Zahlung eines monatlichen Unterhaltes von 650,00 EUR zu verklagen.
   a) Welches Gericht ist sachlich und örtlich zuständig, wenn Herr Anders seinen Wohnsitz in Erfurt hat?
   b) Welches Gericht wäre sachlich und örtlich zuständig, wenn Anja nicht ihren Vater, sondern ihren in München wohnhaften Onkel verklagen würde, der sich vertraglich verpflichtet hat, seiner Nichte bis zu seinem Tode monatlich 650,00 EUR zu zahlen?

5 Schreiber in Cottbus verklagt seinen in Potsdam wohnhaften Schuldner Pauli auf Zahlung eines Schadensersatzes von 3 700,00 EUR.
   a) Welches Gericht ist sachlich und örtlich zuständig?
   b) Im 2. Verhandlungstermin erhöht Schreiber seinen Klageantrag um 2 500,00 EUR. Welche Auswirkungen hat das auf die Zuständigkeit? (Bitte begründen!)

6 Schröder in Stralsund verklagt seinen ebenfalls in Stralsund wohnhaften Schuldner Schumann auf Zahlung von 4 800,00 EUR.
   a) Welches Gericht ist sachlich und örtlich zuständig?
   b) Im 1. Verhandlungstermin erhebt der Beklagte wegen 3 000,00 EUR Widerklage. Welche Auswirkungen hat das auf die Zuständigkeit? (Bitte begründen!)

Die Zuständigkeit

7 Die Kaufleute Pfeil und Brecht haben einen Kaufvertrag geschlossen. Brecht mindert den Kaufpreis um 14 000,00 EUR, da er mit der Qualität der gelieferten Ware nicht zufrieden ist. Pfeil beabsichtigt, die 14 000 EUR einzuklagen.
   a) Muss Pfeil bei der Zivilkammer oder bei der Kammer für Handelssachen klagen? (Bitte begründen!)
   b) Pfeil klagt zunächst bei der Zivilkammer. Wie kann es zur Verweisung der Sache an die Kammer für Handelssachen kommen?
   c) Es ergeht ein Beschluss der Zivilkammer, durch den der Rechtsstreit an die Kammer für Handelssachen verwiesen wird. Prüfen Sie, ob der Verweisungsbeschluss angefochten werden kann!

8 Albrecht reicht am 10. Mai eine Klage ein, mit der er Meier auf Herausgabe eines Motorrades (Wert: 9 000,00 EUR) verklagt. Die Klage wird dem Beklagten am 16. Mai zugestellt. Am 14. Mai verursacht der Beklagte mit dem Motorrad einen Verkehrsunfall, bei dem das Motorrad schwer beschädigt wird (Wert des Motorrades nach dem Unfall: 1 500,00 EUR). Welches Gericht ist jetzt für den Prozess sachlich zuständig?

9 Quandt klagt am 31. Oktober 2005 gegen Schierling auf Zahlung vor 4 950,00 EUR nebst 5 % Zinsen über dem Basiszinssatz seit dem 1. Juli 2005.
   a) Wie hoch ist der Streitwert?
   b) Welches Gericht ist sachlich zuständig?

10 Bäumer verklagt seinen Schuldner Gauchel auf Zahlung von
   1. 3 400,00 EUR Pachtzins
   2. 13 200,00 EUR Schadensersatz
   3. 2 500,00 EUR Werklohn.
   a) Wie hoch ist der Streitwert?
   b) Welches Gericht ist sachlich zuständig?

11 Dorn hat seinem Freund Werner für zwei Jahre einen Lkw vermietet. Der Mietzins beträgt monatlich 1 000,00 EUR. Nach Ablauf der Mietzeit weigert sich Werner, den Mietzins zu zahlen. Welches Gericht ist für eine Zahlungsklage des Dorn sachlich zuständig?

12 Kunst hat seine Apotheke an Krüger überlassen. Krüger hat sich in dem Überlassungsvertrag verpflichtet, dem Kunst auf Lebenszeit eine monatliche Rente von 2 500,00 EUR zu zahlen.
   a) Wie hoch ist der Streitwert für eine Zahlungsklage, die Kunst gegen Krüger erhebt?
   b) Welches Gericht ist sachlich zuständig?

13 Schuldner Runge hat seinen Wohnsitz in Emden aufgegeben. Er hat dann drei Wochen in einer Pension in Karlsruhe gewohnt. Sein jetziger Aufenthalt ist unbekannt. Gläubiger Gronau, wohnhaft in Osnabrück, will jetzt gerichtlich gegen Runge vorgehen, um die Verjährung zu unterbrechen. Welches Gericht ist örtlich zuständig?

14 Immelmann in Schwerin beabsichtigt den Gerichtsreferendar Busse, wohnhaft in Wilhelmshaven, zurzeit tätig beim Landgericht Bremen, auf Zahlung von 2 500,00 EUR zu verklagen. Welche Gerichte sind sachlich und örtlich zuständig?

15 Der Mandant Bieler, wohnhaft in Lübeck, wird von dem in Flensburg wohnhaften Lange in Kiel mit einem Fahrrad angefahren und verletzt.
Welche Gerichte sind für eine Schadensersatzklage über 750,00 EUR örtlich zuständig?

16 Wohlers in Magdeburg verklagt den in London wohnhaften Watkinson auf Zahlung von 4 000,00 EUR. Watkinson ist Eigentümer eines in Hamburg belegenen Grundstückes. Welches deutsche Gericht ist sachlich und örtlich zuständig?

17 Schliemann in Hanau verklagt seinen Schuldner Ulrich, wohnhaft in Wiesbaden, beim Landgericht Frankfurt (Main); (Frankfurt ist der vereinbarte Gerichtsstand). Die Klage wird abgewiesen.

a) Konnten die Parteien Frankfurt (Main) als Gerichtsstand vereinbaren, obgleich keine Partei in Frankfurt (Main) ihren Wohnsitz hat? (Bitte begründen!)

b) Welches Gericht ist für die Klage des klägerischen Rechtsanwaltes wegen seiner Gebühren und Auslagen sachlich und örtlich zuständig, wenn der Vergütungsanspruch sich auf 1 003,40 EUR beläuft?

18 Petersen in Bremerhaven klagt gegen Hummel, wohnhaft in Dresden, auf Abtretung einer Hypothek über 2 000,00 EUR, die auf dem Grundstück in Bremerhaven, Hauptstraße 10, eingetragen ist.

Welches Gericht ist örtlich zuständig?

19 Der Mandant Schiller, wohnhaft in Berlin, erscheint in Ihrem Büro und erklärt, er wolle mit seinem Geschäftsfreund Stange einen Darlehensvertrag über 20 000,00 EUR schließen. Da Stange in Dortmund wohnt, wolle er in dem Darlehensvertrag Berlin als Gerichtsstand vereinbaren. Schiller fragt an, ob eine solche Vereinbarung zulässig sei.

c) Wie beurteilen Sie die Rechtslage? Nennen Sie dabei auch die Voraussetzungen für eine wirksame Gerichtsstandsvereinbarung!

d) Welchen rechtlichen Unterschied macht es, ob eine Gerichtsstandsvereinbarung vor oder nach dem Entstehen eines Streites zwischen den Parteien geschlossen werden soll?

6 Das Klageverfahren

6.1 Die Klage

6.1.1 Allgemeines

Neben dem *Mahnverfahren* gibt das Gesetz jedem Gläubiger die Möglichkeit, seinen Anspruch in einem *Klageverfahren* geltend zu machen. Ob der Gläubiger das Mahnverfahren oder das Klageverfahren wählt, hängt im Wesentlichen von dem vermutlichen Verhalten des Schuldners ab. Ist mit *einem Widerspruch* des Gegners zu rechnen, wird der Gläubiger das *Klageverfahren vorziehen*. Bei der Wahl zwischen Mahn- und Klageverfahren kommt weiter die Überlegung hinzu, dass das Mahnverfahren nicht für jeden Anspruch zulässig ist. (Vgl. dazu S. 39 f. oben.)

Das Klageverfahren wird durch die Einreichung einer **Klageschrift** beim sachlich und örtlich zuständigen Prozessgericht der ersten Instanz eingeleitet. Das ist im Regelfall je nach Streitwert das Amtsgericht (bis 5 000,00 EUR) oder das Landgericht (über 5 000,00 EUR). Vgl. dazu im Einzelnen S. 66 f., 68 f.

In diesem Verfahren werden die streitenden Parteien **Kläger** und **Beklagter** genannt.

Verfahrensabweichungen sind möglich beim sog. **E-Prozess**. Siehe dazu im Zusammenhang den *elektronischen Rechtsverkehr*, unten S. 254 ff.

6.1.2 Die Klagearten

Man unterscheidet folgende Klagearten:
- die **Leistungsklage**,
- die **Feststellungsklage**,
- die **Rechtsgestaltungsklage**.

1. Mit der **Leistungsklage** macht der Kläger einen Anspruch geltend, der *auf eine Leistung gerichtet* ist. Diese Leistung besteht in den meisten Fällen in der *Zahlung von Geld;* sie kann aber auch auf eine *Handlung oder Unterlassung* gerichtet sein.

> **Beispiel:**
> Der Kläger Wandschneider klagt
> a) auf Zahlung von 1 000,00 EUR,
> b) auf Herausgabe eines Fotoapparates,
> c) auf Ausführung einer Reparatur,
> d) auf Unterlassung ruhestörenden Lärms,
> e) auf Abgabe einer Willenserklärung, z.B. Entragungsbewilligung zur Grundbucheintragung.

Die Klage

Der mit der Leistungsklage geltend gemachte Anspruch muss *fällig* sein.

> *Beispiel:*
> *Tramm klagt am 20. Oktober auf Rückzahlung eines Darlehens, das vereinbarungsgemäß spätestens am 1. Oktober zurückgezahlt werden sollte. Der Anspruch ist seit dem 1. Oktober fällig.*

Bei Ansprüchen auf wiederkehrende Leistungen kann auch auf die erst *künftig fällig werdenden Leistungen* geklagt werden (§ 258). Das gilt z.B. für Ansprüche auf Zahlung von Unterhalt oder Renten.

> *Beispiel:*
> *Bertram klagt am 10. Januar gegen Hartwig auf Zahlung eines Unterhaltes von monatlich 800,00 EUR, beginnend mit dem 1. Januar.*
> *Mit der Klage wird auch der künftig fällig werdende Unterhalt geltend gemacht.*

2. Mit der **Feststellungsklage** klagt der Kläger auf *Feststellung*
   a) des *Bestehens* oder *Nichtbestehens* eines *Rechtsverhältnisses* (= grundsätzlich nicht von Tatsachen!).

> *Beispiel:*
> *Der Angestellte Blank klagt gegen seinen Arbeitgeber Grün vor dem Arbeitsgericht, dass sein Arbeitsverhältnis trotz Kündigung weiterbestehe (= Kündigungsschutzklage).*

   b) der *Echtheit* oder *Unechtheit einer Urkunde* (= hier ausnahmsweise einer Tatsache).

> *Beispiel:*
> *Beermann klagt gegen Kling auf Feststellung, dass die auf den Namen Beermann lautende Unterschrift nicht von ihm, dem Kläger, stamme.*

Die Feststellungsklage kann auf eine *positive* oder eine *negative Feststellung* gerichtet sein. Sie ist *nur* dann *zulässig*, wenn der Kläger ein *rechtliches Interesse an alsbaldiger Feststellung* hat (§ 256). Dieses sog. Feststellungsinteresse (z.B. an positiver Feststellung eines Anspruches) fehlt dann, wenn der Kläger stattdessen eine Leistungsklage erheben kann. (Wer einen Vollstreckungstitel benötigt, erhält diesen nur über eine Leistungsklage; die Feststellungsklage hilft dann nicht weiter.)

Das Interesse an alsbaldiger Feststellung ist von Amts wegen zu prüfen. Verneint das Gericht dieses Interesse, muss es die Klage abweisen.

> *Beispiel:*
> a) *Kaufmann Hansen ist mit seinem Kunden Windig darüber uneinig, ob dieser ihm noch 250,00 EUR schulde. Er will Windig jetzt mit gerichtlicher Hilfe zwingen, die Schuld endlich zu begleichen.*
> *Hier ist die Feststellungsklage unzulässig (= sie verschafft keinen Titel). Hansen muss auf Leistung (= Verurteilung zur Zahlung) klagen.*
> b) *Hansen hat einen Anspruch auf Schadensersatz gegen Tunichtgut; die Schadenshöhe kann er noch nicht genau beziffern. Überdies befürchtet er Rechtsnachteile durch evtl. drohende Verjährung.*
> *Hier ist die Feststellungsklage zulässig.*

Ein Sonderfall ist in Kindschaftssachen die Klage auf Feststellung des Bestehens oder Nichtbestehens eines Eltern-Kind-Verhältnisses (§ 640 II Nr. 1) mit einem eigens dafür geregelten Verfahren.

3. Die **Rechtsgestaltungsklage** ist *auf die Vornahme einer Rechtsänderung* durch Urteil gerichtet.

> *Beispiel:*
> *Mommsen beantragt gegen seine Ehefrau Scheidung der Ehe[1].*

Man unterscheidet Rechtsgestaltungsklagen, bei denen
a) das Urteil lediglich *für die Zukunft* wirken soll, z.B.
   der Antrag auf Ehescheidung[1],
   die Eheaufhebungsklage,
   die Klage auf Aufhebung einer offenen Handelsgesellschaft.
b) das Urteil *rückwirkende Kraft* haben soll, z.B.
   die Klage auf Anfechtung der Ehelichkeit eines Kindes,
   die Klage auf Anfechtung des Hauptversammlungsbeschlusses einer Aktiengesellschaft.

Eine Klage besonderer Art ist die **Widerklage.** Sie kann während des Prozesses von dem Beklagten (Widerkläger) gegen den Kläger (Widerbeklagten) erhoben werden.

> *Beispiel:*
> *Ton verklagt Preuss auf Zahlung einer Kaufpreisforderung von 3 800,00 EUR. Preuss erhebt Widerklage auf Zahlung eines Schadensersatzes von 1 000,00 EUR.*

Die Widerklage ist zulässig, wenn für sie *dieselbe Prozessart* wie für die Klage gegeben ist. Ist das Gericht der Klage als Prozessgericht für die Widerklage an sich örtlich unzuständig, so kann die Widerklage dort dennoch erhoben werden, wenn sie in rechtlichem Zusammenhang mit dem Klageanspruch steht (§ 33) und wenn für den Anspruch der Widerklage eine Zuständigkeitsvereinbarung zulässig wäre (vgl. S. 76).

---

[1] Bei der Scheidung heißt die Klage *Antragsschrift,* vgl. § 622 I und III.

> **Beispiel:**
> Thomsen klagt gegen Bieber auf Zahlung von 9 600,00 EUR aus dem Verkauf eines gebrauchten Pkw. Bieber erhebt Widerklage auf Zahlung von 3 000,00 EUR mit der Begründung, dass der Pkw einen Fehler gehabt habe. Dieser Fehler habe zu einem Unfall geführt, aus welchem dem Bieber ein Schaden in Höhe von 3 000,00 EUR entstanden sei. Ein rechtlicher Zusammenhang ist gegeben.

6.1.3 Die Klageschrift

Das Klageverfahren wird regelmäßig durch Einreichung einer Klageschrift bei Gericht eingeleitet. Beim Amtsgericht könnte eine Klage jedoch auch mündlich zu Protokoll der Geschäftsstelle angebracht werden (§ 496).[1] Zu den Besonderheiten als Schriftsatz lies unten 6.1.3.2, S. 84 ff.; zur Übermittlung der Klage als elektronisches Dokument siehe unten S. 255 f.

6.1.3.1 Inhalt der Klageschrift

Die Klageschrift[2] *muss enthalten* (§ 253 II):
1. die **Bezeichnung des Gerichts**. Eine Benennung der Abteilung oder der Kammer ist nicht erforderlich, ausgenommen die Kammer für Handelssachen (§ 96 I GVG).
2. die **Bezeichnung der Parteien**. Sie muss so klar und bestimmt sein, dass kein Zweifel über die Person einer Partei entstehen kann. Dazu sollten grundsätzlich der Vor- und Zuname angegeben werden. Ein Kaufmann kann unter seiner Firma[3] klagen und verklagt werden.
3. den **Klageantrag**. Es muss erkennbar sein, ob Leistung, Feststellung oder Rechtsgestaltung verlangt wird. Bei einer Leistungsklage muss die verlangte Leistung *so genau* bezeichnet werden, *dass eine Vollstreckung* aus dem Urteil *möglich ist*. Geldbeträge müssen seit dem 1. Januar 2002 statt auf DM auf EUR (Euro) lauten.
4. die **Klagebegründung.** In dieser muss der Kläger alle Tatsachen vortragen, die nach seiner Auffassung den Klageantrag rechtfertigen.

Die Klageschrift *soll* die **Unterschrift** der Person *enthalten,* die den Schriftsatz zu verantworten hat (§ 130 Nr. 6). Das ist entweder der Kläger selbst oder sein Prozessbevollmächtigter. (Zur Unterschrift bei der Klage als bestimmendem Schriftsatz, u.a. in der Form der Telekopie (= Telefax) oder des elektronischen Dokuments (= E-Mail) lies im Folgenden 6.1.3.2, Ziffer 1, S. 85.)

Die Klageschrift soll außerdem den *Wert des Streitgegenstandes* angeben, wenn davon die Zuständigkeit des Prozessgerichtes abhängt und der Streitgegenstand nicht aus einer be-

---

[1] Siehe auch § 129 a.
[2] Bei der Scheidung heißt die Klageschrift abweichend Antragsschrift, vgl. § 622 I, II.
[3] Die **Firma** ist nur der *Name des Kaufmanns* im Geschäftsleben (§ 17 HGB), nicht sein Unternehmen, sein Betrieb.

stimmten Geldsumme besteht. Zur schnelleren Orientierung für das Gericht kann u.U. im Rubrum eine kurze Hervorhebung des geltend gemachten Anspruchs (z.B. wegen Unterlassung) zweckmäßig sein.

> **Beispiel:**
> *Ohl klagt gegen Staden auf Herausgabe eines gebrauchten Motorrollers. Er muss den Wert des Motorrollers in der Klageschrift angeben, denn bei einem Wert von mehr als 5 000,00 EUR ist nicht mehr das Amtsgericht, sondern das Landgericht zuständig.*

Die Klageschrift hat etwa folgenden Wortlaut:

```
An das Amtsgericht                                      Kiel, 18. April ...
24114 Kiel
                                 Klage
                    des     Klempnermeisters Egon Peters,
                            Rathausstraße 10, 24103 Kiel
                            Prozessbevollmächtigter:
                            Rechtsanwalt Dr. Dieter Löffler,
                            Nordseestraße 22, 24107 Kiel        Klägers
                                 gegen
                    den     Angestellten Werner Knolle,
                            Hauptstraße 8, 24159 Kiel           Beklagten
Namens und in Vollmacht des Klägers werde ich beantragen,
1. den Beklagten zu verurteilen, an den Kläger 4500,00 EUR
   nebst 5 % Zinsen über dem jeweiligen Basiszinssatz[1] seit
   dem 4. Mai ... zu zahlen,
2. dem Beklagten die Kosten des Rechtsstreits aufzuerlegen,
3. das Urteil für vorläufig vollstreckbar zu erklären.[2]
Begründung: ......
Rechtsanwalt
```

6.1.3.2 Der Schriftsatz

Die Klageschrift ist ein Schriftsatz, für den auch die folgenden Grundsätze gelten. Im Anwaltsprozess wird die *mündliche Verhandlung durch Schriftsätze vorbereitet* (§ 129 I). Dabei sind zu unterscheiden:

1. **bestimmende Schriftsätze.** Das sind grundsätzlich alle Schriftsätze, die wie die Klage *ein Verfahren einleiten* sollen, so z.B. auch die Einspruchs-, Berufungs-, Revisions-, sofortige Beschwerdeschrift, der Antrag auf Bewilligung der Prozesskostenhilfe, *oder* die ein *Verfahren beenden* sollen, wie z.B. die Klagerücknahme.
Bestimmende Schriftsätze *müssen* zumindest grundsätzlich *eigenhändig unterschrieben werden*. Die Rechtsprechung *lässt* dann *Ausnahmen zu*, wenn die Beifügung der eigenhändigen Unterschrift aus technischen Gründen ausgeschlossen ist. So genügt bei telegraphischer Einreichung eines Schriftsatzes die eigenhändige Unterschrift auf dem Aufgabe-

---

[1] Zum Basiszinssatz siehe oben 4.1.2, S. 37.
[2] Die Anträge zu 2. und 3. werden häufig in der Klageschrift angekündigt, sind aber gesetzlich nicht erforderlich, da das Gericht über die Kosten und die vorläufige Vollstreckbarkeit von Amts wegen entscheidet.

Die Klage

telegramm, bei Übermittlung durch einen Telefaxdienst (= Telekopie) die Wiedergabe der Unterschrift in der Kopie (§ 130 Nr. 6), d.h. als Bild des Originalschriftzuges.

Das Gesetz lässt für vorbereitende Schriftsätze (siehe Ziffer 2) künftig die Aufzeichnung als **elektronisches Dokument** *(= E-Mail) zu, wenn dies für die Bearbeitung durch das Gericht geeignet ist. Soweit es sich dabei um einen bestimmenden Schriftsatz handelt, muss dieser* **mit** *einer* **qualifizierten elektronischen Signatur** *versehen sein (§ 130 a I ZPO; vgl. § 2 Nr. 3 Signaturgesetz). Wenn ein übermitteltes elektronisches Dokument für das Gericht zur Bearbeitung nicht geeignet ist, muss das dem Absender unverzüglich mitgeteilt werden, und zwar unter Angabe der geltenden Rahmenbedingungen. Das soll ihn in die Lage versetzen, den fehlgeschlagenen Versuch zur Vermeidung von Rechtsnachteilen rechtzeitig zu wiederholen.*

Zeitpunkt und Form müssen aber weitgehend noch durch Rechtsverordnungen der Bundesregierung und der Landesregierungen geregelt werden (§ 130 a II ZPO).[1]

2. **vorbereitende Schriftsätze.** Diese *künden* lediglich *an, was* die Parteien in der mündlichen Verhandlung *vorzutragen* beabsichtigen. Die meisten bestimmenden Schriftsätze sind zugleich vorbereitende Schriftsätze. Was vorbereitende Schriftsätze enthalten sollen, folgt aus § 130 (bitte lesen). Der in § 253 II geforderte Inhalt (siehe oben 6.1.3.1, S. 83) ist für die Klage in jedem Fall bindend.

Der vorbereitende Schriftsatz, der ein *neues Vorbringen* enthält, muss so rechtzeitig bei Gericht eingereicht werden, dass er dem Gegner mindestens **eine Woche** vor der mündlichen Verhandlung zugestellt werden kann. Enthält ein Schriftsatz eine Gegenerklärung dazu, beträgt die entsprechende Frist mindestens **drei Tage** (§ 132).

Den Schriftsätzen sollen so viele *Abschriften* beigefügt werden, wie für die Zustellung an den Gegner erforderlich sind (§ 133). Bei elektronisch übermitteltem Dokument werden die für die Zustellung erforderlichen Abschriften in Papierform vom Gericht erstellt (§ 133 I 2). Bei elektronisch eingereichter Klage entfallen somit die Abschriften (§ 253 V2).

6.1.4 Klagenhäufung

In einer Klage können auch *mehrere Ansprüche* geltend gemacht werden, sog. *objektive Klagenhäufung* (§ 260).

> **Beispiel:**
> *Klemm klagt gegen Sommer auf Rückzahlung eines Darlehens von 5 000,00 EUR und Zahlung eines Kaufpreises von 4 000,00 EUR, d.h. insgesamt auf Zahlung von 9 000,00 EUR.*

Nicht zu verwechseln mit der objektiven Klagenhäufung ist die *subjektive Klagenhäufung* nach §§ 59 ff. Danach können mehrere Personen als *Streitgenossen* gemeinschaftlich klagen oder verklagt werden. Voraussetzung ist:

---

[1] Entsprechende Verordnungen sind inzwischen erlassen worden, siehe dazu unten S. 255, Fußnote 2. Im Übrigen vgl. unten S. 254 ff. zum **elektronischen Rechtsverkehr**.

1. dass die Personen hinsichtlich des Streitgegenstandes in Rechtsgemeinschaft stehen oder
2. dass sie aus demselben tatsächlichen und rechtlichen Grund berechtigt oder verpflichtet sind oder
3. dass gleichartige Ansprüche oder Verpflichtungen den Gegenstand des Rechtsstreits bilden.

> **Beispiel:**
> *Sorge klagt gegen Brett und Scharf, die ihn bei einem Raubüberfall verletzt haben, auf Zahlung eines Schadensersatzes von 3 000,00 EUR.*
> *Brett und Scharf sind Streitgenossen, da sie aus demselben tatsächlichen und rechtlichen Grund verpflichtet sind, nämlich der gemeinsam begangenen unerlaubten Handlung.*

Nach § 61 sind Streitgenossen grundsätzlich selbstständig. Jeder Streitgenosse betreibt sein eigenes Verfahren und darf einen eigenen Prozessbevollmächtigten bestellen; er darf auch Angriffs- und Verteidigungsmittel gebrauchen, die denen des anderen Streitgenossen widersprechen.

Eine z.T. abweichende Regelung gilt für so genannte notwendige Streitgenossen (vgl. § 62).

6.1.5 Einleitung des Klageverfahrens

1. **Zahl der Klageschriften**
   Im Regelfall sollten fünf Exemplare von einer Klageschrift angefertigt werden, nämlich
   a) das Original für die *Gerichtsakte*,
   b) eine beglaubigte Abschrift zur Zustellung an die *Beklagtenseite* und zusätzlich eine einfache Abschrift, weil der Beklagte bereits einen Anwalt bestellt hat oder noch bestellen könnte.

   Diese drei Exemplare sind bei Gericht einzureichen. Die Zahl erhöht sich um je eine weitere beglaubigte nebst einfacher Abschrift für jeden weiteren Beklagten (z.B. bei Eheleuten). Die für das Zustelexemplar erforderliche Beglaubigung darf der Anwalt selbst vornehmen. Durch die Einreichung der notwendigen Anzahl von Abschriften bei Gericht werden die andernfalls anfallenden Kosten für gerichtliche Abschriften gespart.
   c) Auf der *Klägerseite* werden sodann noch je eine einfache Abschrift für die Akte des Anwaltes und für den Mandanten benötigt.

   Die Bezeichnung *Abschrift* ist unabhängig davon, ob die zusätzlichen Exemplare zum Original tatsächlich abgeschrieben sind (= so früher!) oder ob es sich um Schreibmaschinendurchschläge, um PC-gefertigte Schriftsätze oder um Fotokopien handelt.

2. **Einreichung der Klageschrift**
   Die Klageschrift (= das Original mit beglaubigter und mit einfacher Abschrift, vgl. oben Ziffer 1) wird bei der Annahmestelle oder bei der Geschäftsstelle des zuständigen Prozessgerichts (vgl. S. 65 ff.) abgegeben. Mit der Einreichung ist die Sache anhängig. Der

Die Klage

Zeitpunkt der **Anhängigkeit** wird durch den Eingangsstempel bewiesen (Unterscheide davon die Rechtshängigkeit, vgl. S. 89 f.; zum elektronischen Eingang siehe S. 256).

Hinweis:
Der Klage muss in wenigen Fällen die Bescheinigung einer Gütestelle über einen erfolglosen Einigungsversuch beigefügt werden, damit sie zulässig ist.
Das gilt aber nur dann, wenn der Landesgesetzgeber im Einzelfall vor der Klage ein ***obligatorisches außergerichtliches Güteverfahren*** *vorgeschrieben hat. (Einzelheiten dazu unten, S. 88 f.)*

3. **Gerichtskostenvorschuss**

    Die Klage soll erst dann zugestellt werden, wenn ein *Gerichtskostenvorschuss* von *drei vollen Gebühren* für das Verfahren im Allgemeinen gezahlt worden ist (§ 12 I 1GKG mit KV Nr. 1210). Die Höhe der Gebühr richtet sich nach dem Streitwert und ist der Tabelle zu entnehmen, die dem Gerichtskostengesetz (GKG) als Anlage 2 beigefügt ist.

Beispiel:
Bei einem Streitwert von 4 000,00 EUR beträgt eine volle Gerichtsgebühr 105,00 EUR. Als Kostenvorschuss sind bei Einreichung der Klage also 3 x 105,00 EUR = 315,00 EUR zu zahlen.

   Dieser Kostenvorschuss für die Klage kann entrichtet werden durch Aufkleben von Gebührenmarken oder durch Abrollen eines Gebührenstemplers, die beide vorher an der Gerichtskasse erworben wurden, oder durch Barzahlung gegen Quittung an der Gerichtskasse. Die Praxis kennt noch weitere Zahlungsarten. Von der Vorschusspflicht ist der Kläger befreit, wenn ihm Prozesskostenhilfe bewilligt worden ist (vgl. S. 164 ff.). Ein Gerichtskostenvorschuss entfällt schon von Gesetzes wegen bei einer Klage zum Arbeitsgericht (§ 11 GKG; siehe auch §§ 6 IV, 9 GKG).

4. **Weiterbehandlung durch das Gericht**
    a) Nachdem die Eingangsstelle die Klageschrift bereits mit dem Eingangsstempel (vgl. Ziffer 2) versehen hat, trägt der **Urkundsbeamte** die Sache in das **Prozessregister** ein und gibt der Klageschrift ein Akten- bzw. Geschäfts- und Registerzeichen. (Wegen der Registerzeichen vgl. im Anhang S. 260, außerdem die vollständige Zusammenstellung im Schönfelder, Anhang I.).[1]

Beispiel:
7 C 253/02 – Dabei bezeichnet die Nr. 7 die Abteilung des Amtsgerichtes, C ist das Registerzeichen für allgemeine Zivilsachen beim Amtsgericht, 253 ist die laufende Nr. im Prozessregister (= C), 02 gibt die Jahreszahl an.

---

[1] Schönfelder, Deutsche Gesetze (= Sammlung des Zivil-, Straf- und Verfahrensrechts).

b) Wenn der Gerichtskostenvorschuss gezahlt wurde, legt der Urkundsbeamte die Akte mit der Klageschrift unverzüglich dem zuständigen *Richter* vor (= dem Vorsitzenden des Gerichts), damit dieser die *weiteren* erforderlichen *Verfügungen* trifft.

Der Richter
- verfügt die **Zustellung der Klageschrift** an den Beklagten (§ 271 I),
- **bestimmt** entweder gemäß § 275 einen **frühen ersten Termin** zur mündlichen Verhandlung **oder** ordnet gemäß § 276 ein **schriftliches Vorverfahren** an (§ 272 II),
- setzt dem Beklagten (in einem zuzustellenden Formular) **Fristen zur aktiven Mitwirkung.** (Zu den dabei richterlich gesetzten Erklärungs- und Erwiderungsfristen siehe unten 6.2.2.2, S. 94.)
- verfügt bei frühem ersten Termin überdies die **Ladung,** die mit der Klage zuzustellen ist (§ 274 II).

c) Die Verfügungen des Richters werden anschließend von der **Geschäftsstelle ausgeführt.**

5. **Schutzfristen für den Beklagten**

Klageschrift und Ladung sind vom Amts wegen unverzüglich zuzustellen.

a) Die **Einlassungsfrist** ist die Zeitspanne zwischen Klagzustellung und Termin. Sie beträgt mindestens zwei Wochen und sie gibt dem Beklagten zu seinem Schutz eine gesetzliche Mindestzeitspanne zur Vorbereitung auf den Termin und zur Bestellung eines Rechtsanwaltes als Prozessbevollmächtigten. Sie kann bei Auslandszustellung auch verlängert werden (Vgl. § 274 III).

b) Die **Ladungsfrist,** die auch den Kläger schützt, ist die Zeitspanne zwischen der Zustellung der Ladung und dem Termin. Sie beträgt in Anwaltsprozessen, d.h. ab Landgericht (aber u.a. auch in Ehesachen beim Amtsgericht), mindestens eine Woche, sonst in amtsgerichtlichen Verfahren im Regelfall mindestens drei Tage (§ 217).

Sie wirkt sich regelmäßig nur bei einer Ladung zum zweiten und zu folgenden Terminen aus, denn bei gleichzeitiger Zustellung der Klage und der Ladung zum ersten Termin wird sie von der längeren Einlassungsfrist überlagert (Zur Berechnung der Einlassungs- und der Ladungsfrist vgl. S. 214 f.).

6. **Obligatorisches außergerichtliches Güteverfahren**

Der Landesgesetzgeber (§ 15 a I 1, V EG ZPO) kann für bestimmte Klagen den vorgeschalteten Versuch einer außergerichtlichen Streitbeilegung vorschreiben und auch das Verfahren dazu regeln. Eine Klage ist in diesen Fällen dann *nur zulässig, wenn* ihr die **Bescheinigung** einer **Gütestelle** über einen erfolglosen Einigungsversuch *beigefügt* wird. Anderenfalls müsste die Klage hier von vornherein als zz. unzulässig abgewiesen werden.

Die hier in Betracht kommenden *Gütestellen* müssen von der *Landesjustizverwaltung* eingerichtet oder anerkannt sein (§ 15 a I 1 EG ZPO) oder vom *Landesgesetzgeber* aner-

Die Klage

kannt sein (§ 15 a VI 1 EG ZPO). Dabei sind erhebliche landesrechtliche Unterschiede zu beachten.[1]

Das obligatorische Güteverfahren ist grundsätzlich *zulässig für Streitigkeiten* über Ansprüche
- vermögensrechtlicher Art *bis zu 750,00 EUR*,
- aus dem *Nachbarrecht*,
- wegen *Verletzung der persönlichen Ehre*.

Ein vorgeschriebenes obligatorisches *Güteverfahren entfällt* jedoch *bei* einem einvernehmlichen *Einigungsversuch* vor einer *sonstigen Gütestelle*, die Streitbeilegungen betreibt (§ 15 a III EG ZPO), nämlich bei einer branchengebundenen Gütestelle, einer Gütestelle der Industrie- und Handelskammer usw.

6.1.6 Die Rechtshängigkeit und ihre Wirkungen

Sobald die *Klageschrift dem Beklagten zugestellt* worden ist, wird der Rechtsstreit rechtshängig: der Nachweis erfolgt z.b. durch die Zustellungsurkunde. Mit der Zustellung an den Beklagten ist die *Klage erhoben* (§§ 253 I, 261 I). Unterscheide davon die Anhängigkeit (vgl. S. 86 f.).

Die **Rechtshängigkeit** hat u.a. folgende Wirkungen (§ 261 III):

1. *Keine Partei* darf ihren Anspruch während der Rechtshängigkeit *bei einem anderen Gericht geltend machen,* auch nicht im Mahnverfahren.

   Beispiel:
   Schumann hat Lauch beim Amtsgericht Koblenz auf Zahlung von 1 000,00 EUR verklagt. Die am 11. Februar eingereichte Klage ist dem Beklagten am 18. Februar zugestellt worden.
   Der Rechtsstreit ist seit dem 18. Februar rechtshängig. Von diesem Tage an darf Schumann denselben Anspruch nicht bei einem anderen Gericht einklagen.

2. Mit dem Eintritt der Rechtshängigkeit ist die sachliche und die örtliche *Zuständigkeit des Prozessgerichts festgelegt* (§ 261 III Nr. 2).

   Beispiel:
   Naumann hat den in Bonn wohnhaften Moor beim Amtsgericht Bonn auf Zahlung von 800,00 EUR verklagt. Die Klage ist dem Beklagten am 10. September zugestellt worden. Am 20. September verlegt Moor seinen Wohnsitz von Bonn nach München. Das Amtsgericht Bonn bleibt für den Rechtsstreit zuständig.

3. Mit der Rechtshängigkeit wird die *Verjährung gehemmt* (§ 204 BGB).

---

[1] Vgl. dazu die Schlichtungsgesetze von Baden-Württemberg, Bayern, Brandenburg, Hessen, Nordrhein-Westfalen, Saarland, Sachsen-Anhalt, Schleswig-Holstein; abgedruckt in Schönfelder, Deutsche Gesetze, Ergänzungsband, Nr. 104–104 g.

4. Der Schuldner ist verpflichtet, auf seine Geldschuld seit Beginn der Rechtshängigkeit *Verzugs-* oder *Prozesszinsen* zu zahlen (§§ 286 I 2, 288, 291 BGB).
5. Eine *Klageänderung ist nur noch zulässig,* wenn der Beklagte einwilligt oder das Prozessgericht sie für sachdienlich hält (§ 263 ZPO).

6.1.7 Die Prozessvoraussetzungen

Ziel der Klage ist ein Urteil, in dem das Gericht über die *streitige Sache* entscheidet (= sog. **Sachurteil**). Voraussetzung für den Erlass eines Sachurteils ist das Vorliegen der **Prozessvoraussetzungen;** *fehlen sie,* muss das Gericht die *Klage als unzulässig abweisen,* ohne auf die Sache selbst eingegangen zu sein (sog. **Prozessurteil**).

Das Gericht hat deshalb zunächst in der mündlichen Verhandlung und auch später während des ganzen Prozesses zu prüfen, ob die Prozessvoraussetzungen vorliegen (vgl. dazu S. 115, 133, 227).

Prozessvoraussetzungen sind namentlich:

1. die *Parteifähigkeit* (vgl. S. 27);
2. die *Prozessfähigkeit* (vgl. S. 29 f., 32);
3. die *Zulässigkeit des Rechtsweges,* d.h. die ordentliche Gerichtsbarkeit (vgl. S. 13 f.).

> *Beispiel:*
> *König klagt beim Amtsgericht gegen die Landesversicherungsanstalt auf Erhöhung seiner Altersrente.*
> *Der Rechtsweg (Zivilgerichtsbarkeit) ist für diesen Prozess nicht zulässig.*

4. die *Nicht-Rechtshängigkeit* der Sache in einem anderen, früher begonnenen Prozess (vgl. S. 89);
5. die *Zuständigkeit* des Gerichts. Falls es sich um keine ausschließliche Zuständigkeit handelt, verweist das Gericht die Sache auf Antrag an das zuständige Gericht (also in diesem Falle keine Klageabweisung durch Prozessurteil);
6. die *ordnungsmäßige Klageerhebung,* insbesondere die ordnungsmäßige Zustellung der Klage;
7. die *Prozessvollmacht;*
8. die *gesetzliche Vertretung* Prozessunfähiger;
9. bei Einführung des *obligatorischen Güteverfahrens* (§ 15 a EG ZPO) die Vorlage der *Erfolglosigkeitsbescheinigung* (vgl. 6.1.5, Nr. 6, S. 88).

Für den Prozess aufgrund einer Feststellungsklage kommen sämtliche Erfordernisse der Feststellungsklage als besondere Prozessvoraussetzungen hinzu: Der Kläger muss ein rechtliches Interesse an einer alsbaldigen Feststellung haben.

Während die bisher genannten Prozessvoraussetzungen von Amts wegen beachtet werden, berücksichtigt das Gericht folgende **Prozesshindernisse** nur, wenn sich der Beklagte darauf beruft:
1. die Vereinbarung einer Schiedsgerichtsklausel;
2. die mangelnde Erstattung der Kosten eines früheren durch Klagerücknahme erledigten Rechtsstreits (vgl. S. 124).

Nach einem *Prozessurteil* (= Klageabweisung) kann der Kläger in derselben Sache *erneut Klage* einreichen, *wenn der Mangel* der Prozessvoraussetzung bzw. das Prozesshindernis *behoben* ist.

Beispiel:
Die Klage des 16-jährigen Kraft auf Zahlung von 800,00 EUR wird durch Prozessurteil abgewiesen, weil die Prozessfähigkeit fehlt.
Wenn Kraft nach zwei Jahren volljährig und damit prozessfähig geworden ist, kann er erneut auf Zahlung von 800,00 EUR klagen.

6.2 Die mündliche Verhandlung

6.2.1 Terminsort und -zeit

Die mündliche Verhandlung ist der Kern des Prozesses (§ 128 I). Der **Ort für die Termine** zur mündlichen Verhandlung einschließlich der Beweisaufnahme ist die Gerichtsstelle (§§ 219 I, 355 I 1), d.h. regelmäßig das **Gerichtsgebäude**.

Das bedeutet, die Parteien, die Zeugen und andere Prozessbeteiligte müssen hier zum festgesetzten Zeitpunkt erscheinen, wenn sie nicht als Partei ein Versäumnisurteil (§§ 330 ff.; vgl. S. 131 ff.) oder z.B. als Zeuge ein Ordnungsmittel (§ 380; vgl. S. 105) riskieren wollen.

Für den Ort der mündlichen Verhandlung und der Beweisaufnahme gelten ausnahmsweise folgende *Besonderheiten.*
1. Sog. **Lokaltermine** außerhalb des Gerichtsgebäudes sind zulässig, wenn
   a) die Einnahme des Augenscheins *an Ort und Stelle* erforderlich ist (vgl. S. 102 f.);
   b) eine *Person* an der Verhandlung beteiligt ist, die z.B. wegen Krankheit oder Gebrechlichkeit *nicht erscheinen kann* (§ 219);
   c) eine Verhandlung im Gerichtsgebäude *aus sonstigen Gründen* nicht stattfinden kann, z.B. wegen der großen Zahl der Beteiligten.
2. Neu ist die rechtliche Möglichkeit sog. **Videotermine**[1], d.h. die *Verhandlung* im Wege der *Bild- und Tonübertragung* (§ 128 a). Bei diesem leitet das *Gericht* die Verhandlung oder

---

[1] Sie dienen der Prozessökonomie; sie sind allerdings nur durchführbar, wenn und soweit dafür die technischen Voraussetzungen geschaffen worden sind. Zum **elektronischen Rechtsverkehr** siehe im Übrigen unten S. 254 ff.

die Beweisaufnahme zwar vom *Gerichtsort* aus. *Parteien* und *Rechtsanwälte*, aber auch *Zeugen* und *Sachverständige* dürfen sich hierbei *an einem anderen Ort* aufhalten. Sie können dann von diesem aus Prozesshandlungen vornehmen oder vernommen werden. Es muss aber technisch gewährleistet sein, dass eine *ständige Live-Übertragung* zwischen dem Gerichtssaal und jedem hieran beteiligten Ort und allen Prozessbeteiligten untereinander stattfindet.

Das Gericht kann den Aufenthalt der genannten Prozessbeteiligten an einem anderen Ort gestatten, wenn das Einverständnis der Parteien gegeben ist und wenn ein Antrag *dafür vorliegt. Die Übertragung wird nicht aufgezeichnet. Es muss aber protokolliert werden, von welchem anderen Ort aus die jeweiligen Prozessbeteiligten an der Verhandlung teilgenommen haben (§ 160 I Nr. 4).*

Terminstage: Auf Sonntage, Feiertage oder Sonnabende dürfen Termine nur in Notfällen anberaumt werden (§ 216 III).

6.2.2 Gütetermin und Verhandlungstermin

Das Gesetz unterscheidet im Klageverfahren neuerdings zwischen
- dem zwingend *vorgeschalteten Gütetermin,* der zunächst die gütliche Beilegung des Rechtsstreits anstrebt, und
- dem *Verhandlungstermin* (= früher erster Termin und insbesondere der Haupttermin, der in der Regel durch Urteil zur Beendigung des Rechtsstreits führt.

6.2.2.1 Der Gütetermin

Bevor es aufgrund einer Klage zu einem *Verhandlungstermin* kommen darf, muss das Gericht in erster Instanz von Amts wegen einen *Gütetermin* ansetzen, § 278 II 1. (Für die Berufungs- und Revisionsinstanz also nicht vorgeschrieben, §§ 525, 2; 555 I 2.)

Dieser Gütetermin *entfällt* jedoch
- bei einem bereits vorangegangenen *Einigungsversuch vor* einer *außergerichtlichen Gütestelle.* Das kann z.B. ein landesrechtlich vorgeschriebenes obligatorisches Güteverfahren gemäß § 15 a EG ZPO sein (vgl. oben 6.1.5, Nr. 6, S. 88 f.).
- bei *erkennbarer Aussichtslosigkeit* (§ 278 II 1).

Eine gütliche Beilegung kann zur schnelleren, kostengünstigeren Beendigung eines Rechtsstreites führen, zumindest durch den Wegfall der Instanzen. Sie kann überdies auch den dauerhaften Rechtsfrieden fördern, wenn es am Ende weder Sieger noch Besiegte gibt. Eine solche Einigung darf aber nicht nur formal erzwungen sein; sie darf keine unzufriedenen Parteien zurücklassen.

Das Gericht soll grundsätzlich auch außerhalb eines Gütetermins in jeder Lage des Verfahrens bedacht sein, eine gütliche Beendigung des Rechtsstreites herbeizuführen (§ 278 I); das gilt in diesem Falle auch für die Rechtsmittelinstanzen.

Das Gericht ordnet das *persönliche Erscheinen* der Parteien an (§ 278 III 1). Bei Abwesenheit (auch eines möglichen Verhandlungsvertreters) kann ein *Ordnungsgeld* verhängt werden

Die mündliche Verhandlung

(§§ 278 III 2, 141 III). Die im Termin angestrebte **gütliche Einigung** kann in einem Vergleich, einer Klagerücknahme, einer übereinstimmenden Erledigungserklärung bestehen.[1] Neu ist die Möglichkeit eines **schriftlichen Gütevergleichs** außerhalb der mündlichen Verhandlung (§ 278 VI).

Dazu ist erforderlich entweder (1) ein **schriftlicher Vergleichsvorschlag**, *den die* Parteien *dem Gericht* unterbreiten *oder ein schriftlicher Vergleichsvorschlag des Gerichts, den die* Parteien *durch Schriftsatz gegenüber dem Gericht* annehmen.

Hinzu kommt (2) ein **Feststellungsbeschluss** *des* **Gerichts** *über Inhalt und Zustandekommen des von den Parteien geschlossenen Vergleichs. Dieser Beschluss hat die Wirkungen eines* **Titels** *gem.* § 794 I Nr. 1, d.h. *des herkömmlichen Prozessvergleichs.*[2]

Der **Gütetermin** *endet* **ohne gütliche Einigung**, wenn
- *keine Partei erscheint.* Dann wird das Ruhen des Verfahrens angeordnet (§ 278 IV);
- *eine Partei nicht erscheint* (= keine Güteverhandlung);
- die *Güteverhandlung* mit beiden Parteien *erfolglos bleibt.*

Ohne gütliche Einigung erfolgt die *Überleitung* in die *mündliche Verhandlung* (= das streitige Verfahren). Das geschieht entweder unmittelbar oder nach der unverzüglichen Anberaumung eines neuen Termins (§ 279 I).[3]

> *Beispiel:*
> a) *Gscheidle aus Stuttgart klagt gegen Saum aus Stuttgart auf Zahlung einer Kaufpreisforderung i.H. v. 1 600,00 EUR. Das Amtsgericht Stuttgart setzt als* **Prozessgericht** *einen* **Gütetermin** *an. Erst wenn dieser erfolglos bleiben (oder Saum nicht erscheinen) sollte, kann ein Termin zur (streitigen) mündlichen Verhandlung stattfinden.*
> b) *Wenn Gscheidle stattdessen auf Zahlung von 600,00 EUR klagen wollte, so müsste er aufgrund des in Baden-Württemberg geltenden Schlichtungsgesetzes vor Klageeinreichung (nämlich bis zu 750,00 EUR) zunächst ein obligatorisches außergerichtliches* **Güteverfahren** *vor der* **Gütestelle** *beantragen. Sollte dieses Erfolg haben, würde sich die Klage erübrigen. Bei einem Scheitern müsste Gscheidle die entsprechende Bescheinigung der Gütestelle zusammen mit der Klage einreichen. In diesem Falle wäre dann ein (erneuter) Gütetermin, diesmal vor dem Prozessgericht, nicht mehr erforderlich (§ 278 II 1).*

Das Gericht kann in geeigneten Fällen eine **außergerichtliche Streitschlichtung** vorschlagen (§ 278 V 1), so z.B. eine Mediation.

Mediation *ist* eine Methode außergerichtlicher Streitschlichtung. *Hier versucht ein* neutraler Mediator, *der auch den* psychologischen *und* sozialen Hintergrund *eines rechtlichen Streites* durchschaut, *den dazu bereiten* Parteien bei der Lösung *ihres (Rechts-)Problems* zu helfen.

---

[1] Zum Teil wird auch ein Anerkenntnis- und ein Verzichtsurteil dazugezählt.
[2] Wegen noch offener Fragen wird in der Literatur hier darüber hinaus die vorsorgliche gerichtliche Protokollierung des Vergleichs empfohlen.
[3] Damit der Verhandlungstermin sich in zulässiger Weise anschließen kann, muss das Gericht vorausschauend durch prozessleitende Maßnahmen dafür sorgen, dass dann auch alle Fristen zum Schutze der Parteien, insbesondere des Beklagten, gewahrt sind (so z.B. die Ladungs-, Erwiderungs-, Einlassungsfrist).

Mediation ist (neben der möglichen Zeit- und Kostenersparnis) besonders nützlich beim Streit Sichnahestehender, wie z.B. bei Eheleuten, Erben, Nachbarn, um auch ein künftiges Miteinander zu ermöglichen. Die Mediation ist als Methode sozialer Konfliktbewältigung in Deutschland aus den USA übernommen worden.

6.2.2.2 Die Vorbereitung des Haupttermins

Der Rechtsstreit soll in einem umfassend vorbereiteten *Termin zur mündlichen Verhandlung* erledigt werden (§ 272 I). Er wird **Haupttermin** genannt.

Zur Vorbereitung dieses Termins kann der Vorsitzende entweder
- das **schriftliche Vorverfahren** *ohne Terminsbestimmung* oder
- einen **frühen ersten Termin** bestimmen (§ 272 II).

In beiden Fällen wird die Klageschrift unverzüglich dem Beklagten zugestellt mit der Aufforderung,
a) vor dem Landgericht bei **Verteidigungsabsicht** einen Rechtsanwalt zu bestellen (§ 271 II);

b) im Falle des **schriftlichen Vorverfahrens** binnen einer **Notfrist** von **zwei Wochen** nach Zustellung der Klageschrift dem Gericht schriftlich **anzuzeigen,** wenn er sich gegen die **Klage verteidigen** wolle. Zugleich setzt das Gericht dem Beklagten eine Frist von mindestens **zwei weiteren Wochen,** innerhalb der er die **Klageerwiderung** einreichen muss. Außerdem wird der Beklagte darüber belehrt, dass bei Versäumung der vorgenannten Notfrist gegen ihn auf Antrag ein **Versäumnisurteil ohne mündliche Verhandlung** ergehen kann (§§ 276 I 1, 2, II, 331 III);

c) im Falle eines **frühen ersten Termins** kann der Gerichtsvorsitzende dem Beklagten eine Frist von mindestens **zwei Wochen** zur schriftlichen **Klageerwiderung** setzen (§§ 275 I 1, 277 III);

d) in jedem Falle ((b) und (c)) kann das Gericht dem Kläger eine Frist von mindestens **zwei Wochen** zur schriftlichen **Stellungnahme** auf die Klageerwiderung setzen (§§ 275 IV, 276 III, 277 IV).

Der Prozess kann bereits im schriftlichen Vorverfahren, z.B. durch Versäumnisurteil (gem. §§ 276 II, 331 III), oder vor allem im frühen ersten Termin durch Versäumnisurteil oder durch streitiges Urteil oder durch einen Prozessvergleich beendet werden. Dann entfällt der Haupttermin.

6.2.2.3 Der Haupttermin

Dem Haupttermin sind in der Regel der Gütetermin (siehe 6.2.2.1) und die vorbereitenden prozessleitenden Maßnahmen (siehe 6.2.2.2) vorausgegangen.

Der Haupttermin (§ 272 I) wird durch den Vorsitzenden (bzw. Einzelrichter) *eröffnet,* der auch die Verhandlung leitet (§§ 136 I, 200 I). Sodann stellen die Parteien, die oft anwaltlich vertreten sind, ihre **Anträge** (§ 137 I). Schon vorher oder jetzt anschließend führt das Gericht in den *Sach- und Streitstand* ein. Die Parteien können dazu persönlich angehört werden. Bei streitiger Verhandlung folgt in der Regel eine *Beweisaufnahme.* Danach wird der Sach- und Streitstand erörtert. (Zum nicht starr geregelten Terminsablauf vgl. im Übrigen die §§ 136, 137, 279 II, III.)

Die Parteien können in der mündlichen Verhandlung auf ihre in den Schriftsätzen enthaltenen Anträge *Bezug nehmen,* wenn der Gegner nicht widerspricht und das Gericht es für angemessen hält (§ 137 III), was gängige Praxis ist.

Das **Urteil** wird bei Entscheidungsreife (§ 300 I) noch im selben Termin **verkündet.** Häufig setzt das Gericht jedoch sofort einen besonderen *Verkündungstermin* an, der im Regelfall nicht später als drei Wochen danach stattfinden soll (§ 310 I). Bei einem Anerkenntnisurteil (vgl. S. 114) und bei einem Versäumnisurteil (vgl. S. 131 ff.), die im schriftlichen Vorverfahren ohne mündliche Verhandlung ergehen (§§ 276; 307, 2; 331 III; vgl. S. 94) wird die *Verkündung durch* die *Amtszustellung* des *Urteils ersetzt.* Dasselbe gilt bei der Verwerfung des Einspruchs gegen ein Versäumnisurteil (vgl. S. 134) durch ein Urteil (§ 310 III).

Über die mündliche Verhandlung muss das Gericht ein **Sitzungsprotokoll** aufnehmen, das die wesentlichen Vorgänge mit *Beweiskraft* (§ 165) beurkundet. (Zum Inhalt vgl. § 160.)

Die Protokollierung erfolgt weitgehend auf *Tonträger.* Wenn erforderlich, kann jedoch ein *Urkundsbeamter* zugezogen werden (§ 159 I 2).

6.2.3 Abweichende Terminsabläufe

Ein Verhandlungstermin kann einen im Einzelnen nicht vorhergesehenen abweichenden Verlauf nehmen. So kann das Gericht u.a.

1. **nach Aktenlage entscheiden.** Dazu kann es kommen, wenn in einem Termin beide Parteien nicht erscheinen oder nicht verhandeln. Voraussetzung ist, dass die Sache hinreichend geklärt ist. Möglich sind Urteile und Beschlüsse. Soll ein Urteil ergehen, muss allerdings bereits in einem früheren Termin mündlich verhandelt worden sein (§ 251 a; dort weitere Voraussetzungen).
2. **vertagen,** und zwar aus erheblichen Gründen, z.B. wegen Krankheit einer Partei ohne Vertreter. Dann wird nach Beginn des Verhandlungstermins ein neuer Termin bestimmt.
3. **das Ruhen des Verfahrens anordnen.** Das geschieht z.B., wenn beide Parteien dies beantragen, weil sie in Vergleichsverhandlungen stehen. Das Ruhen des Verfahrens hat zur Folge, dass der prozessuale Fristenlauf in der Zeit aufhört und danach von neuem beginnt. Die Notfristen und einige Begründungsfristen dagegen laufen weiter (§§ 251, 233).

Eine im Termin erschienene Partei kann gegen eine nicht erschienene oder eine nicht verhandelnde Partei u.a. beantragen:
- *Entscheidung nach Aktenlage* (§ 331 a; vgl. oben),
- *Versäumnisurteil* (vgl. S. 131, 133 f.).

6.2.4 Terminsänderung

Je nach Situation kann es zur Terminsänderung kommen durch
- **Aufhebung** (= vor Beginn der Verhandlung),
- **Verlegung** (= vor Beginn der Verhandlung und mit Anberaumung eines neuen Termins),

– **Vertagung** (= Bestimmung eines neuen Termins nach Verhandlungsbeginn). Solche Terminsänderungen durch den Vorsitzenden oder durch das Gericht sind nur aus erheblichen Gründen zulässig (§ 227 I). Die erheblichen Gründe sind unter Umständen auf Verlangen des Gerichts glaubhaft zu machen (§ 227 II).
1. Die *Vertagung*. Sie ist die für die Praxis wichtigste Variante.

Beispiel:
a) Der Richter stellt im Termin fest, dass die Ladungsfrist (vgl. S. 88) für den Beklagten noch nicht abgelaufen ist. Der Beklagte ist deshalb auch nicht zum Termin erschienen. Der Richter wird den Termin hier aus einem offensichtlichen Grunde vertagen, weil der Beklagte durch die Ladungsfrist geschützt werden soll.
b) Der Beklagte ist nicht zum Termin erschienen. Die Ladungsfrist ist diesmal bereits abgelaufen. Aber der Beklagte ist schwer erkrankt. Wenn er das dem Gericht rechtzeitig mitteilt und glaubhaft machen kann (vgl. § 294), wird das Gericht vertagen.

2. Die *Terminsverlegung*. Die Parteien haben unter Umständen einen Anspruch auf Terminsverlegung (§ 227 III 1).
   a) Das *Gericht muss* einen *Termin verlegen*, der für den Zeitraum *vom 1. Juli bis zum 31. August* anberaumt worden ist, wenn dies eine Partei innerhalb einer Woche ab Zugang der Ladung oder Terminsbestimmung *beantragt*. Dieser Antrag bedarf keiner Begründung;[1] es brauchen hier auch keine erheblichen Gründe vorzuliegen.

Beispiel:
Das Gericht hat einen Verhandlungstermin auf den 21. Juli angesetzt. Der Beklagte Sorglos möchte zu der Zeit lieber auf der Urlaubsinsel Rügen sein. Wenn ihm die Ladung am 1. Juli zugestellt worden ist, braucht er nur bis zum 8. Juli Verlegung zu beantragen.

   b) Diese erleichterte zwingende *Terminsverlegung* ohne erhebliche Gründe ist *ausgeschlossen* in den folgenden Fällen:[2]
   – für den Verkündungstermin,
   – für im Einzelfall beschleunigungsbedürftige Verfahren,
   – für Angelegenheiten, die im § 227 III 2 Nr. 1–8 erwähnt sind, nämlich z.B.
      (1) Arrest-, einstweilige Verfügungs- und einstweilige Anordnungssachen,
      (2) Mieträumungssachen,
      (3) Familiensachen,
      (4) Wechsel- und Schecksachen,
      (5) Zwangsvollstreckungssachen.

---

[1] Dieser Antrag ist ein Ersatz für die seit dem 1. Januar 1997 entfallenen Gerichtsferien.
[2] Diese entsprechen weitgehend den ehemaligen Feriensachen und ferienlosen Sachen (§§ 200 II und 202 GVG alter Fassung bis zum 31. Dezember 1996).

6.2.5 Grundsätze der mündlichen Verhandlung

Für den Rechtsstreit, insbesondere für die mündliche Verhandlung, gelten folgende Grundsätze:

1. **Verhandlungsgrundsatz.** Danach ist es *Aufgabe der Parteien,* die für die Entscheidung des Gerichts *erforderlichen Tatsachen herbeizuschaffen.* Tatsachen, die nicht vorgebracht werden, darf das Gericht nicht berücksichtigen. (Für Ehesachen gilt der Untersuchungsgrundsatz, vgl. S. 236)
Der Verhandlungsgrundsatz wird *durch* die weitgehende Befugnis des *Gerichts* zur formellen und materiellen *Prozessleitung eingeschränkt* (§§ 139 ff.)

   Danach hat der Vorsitzende darauf hinzuwirken, dass von den Parteien zum Tatsächlichen und zum Rechtlichen rechtzeitige und vollständige Erklärungen abgegeben werden, dass die erforderlichen Beweismittel benannt und dass sachdienliche und zweckmäßige Anträge gestellt werden.

   Die Parteien und ihre Prozessbevollmächtigten sind verpflichtet, ihre Erklärungen *vollständig und wahrheitsgemäß* abzugeben (§ 138 I). Täuschungshandlungen können zu einem strafbaren Prozessbetrug führen (§ 263 StGB; vgl. dazu die Restitutionsklage, § 580, auf S. 212.)

2. **Grundsatz der Unmittelbarkeit.** Danach finden die *Verhandlung* (§§ 128 I, 309) und die *Beweisaufnahme* (§ 355 I 1) unmittelbar *vor dem erkennenden Gericht,* dem Prozessgericht, statt, damit dieses seine Entscheidung aufgrund eigener Eindrücke fällen kann. (Einschränkungen z.B. durch §§ 128 a, 361–363, 375; vgl. dazu S. 91 f., 100 f.)

3. **Grundsatz der Mündlichkeit.** Dieser besagt, dass das Gericht nur das in der mündlichen Verhandlung Vorgetragene berücksichtigen und eine *Entscheidung* nur *aufgrund mündlicher Verhandlung* treffen darf (§ 128).
Dieser *Grundsatz* ist mehrfach *eingeschränkt.* So ist die Entscheidung des Gerichts auch im **schriftlichen Verfahren** zulässig:

   allgemein mit Zustimmung der Parteien (§ 128 II 1); oder wenn nur noch über die Kosten zu entscheiden ist (§ 128 III); bei Beschlüssen (§ 128 IV); bei Verwerfung des Einspruchs gegen ein Versäumnisurteil als unzulässig (§ 341 II); im Kleinverfahren bis 600,00 EUR, solange nicht eine Partei mündliche Verhandlung beantragt (§ 495 a).

4. **Grundsatz der Öffentlichkeit.** Die Verhandlung vor dem Gericht einschließlich der Urteilsverkündung ist öffentlich; auch unbeteiligte Personen haben freien Zutritt zur Verhandlung. *In Ausnahmefällen* kann das Gericht die Öffentlichkeit wegen Gefährdung der öffentlichen Ordnung *ausschließen.* Die Verhandlung in Ehe- und in Kindschaftssachen ist in jedem Fall nichtöffentlich. Ton-, Fernseh- und Rundfunkaufnahmen sind u.a. zum Schutz der Parteien während der Verhandlung und bei der Urteilsverkündung nicht zulässig (§§ 169 f. GVG. Im Übrigen aber *muss das Urteil immer öffentlich verkündet* werden (§ 173 I GVG).

98 Das Klageverfahren

5. **Grundsatz des rechtlichen Gehörs.** Er gibt jeder Partei das Recht, sich zur Sache zu äußern. Dieser wichtige rechtsstaatliche Grundsatz genießt den Schutz der Verfassung (Art. 103 I GG). Bei entscheidungserheblicher Verletzung ist nach ZPO die Gehörsrüge gem. § 321 a gegeben (vgl. unten 6.4.1, S. 119 f.), unter Umständen sogar die Verfassungsbeschwerde (Art. 93 I Nr. 4 a GG).

6.3 Das Beweisverfahren

6.3.1 Grundsätzliches zum Verfahren

Wenn die Parteien streitig verhandeln, werden nicht nur widerstreitende Anträge gestellt (= Verurteilung, Klageabweisung), sondern *Tatsachenbehauptungen* werden überdies oft *von der Gegenseite bestritten*. Das **Gericht** ist dann gezwungen, sich durch Beweiserhebung von der Wahrheit einer *entscheidungserheblichen Tatsache* (= auf die es ankommt) zu **überzeugen**. Zum Beweisverfahren kann es durch Beweisantritt einer Partei, z.T. aber auch von Amts wegen kommen.

> *Beispiel:*
> *Wurm klagt gegen Sturm auf Zahlung eines Schadensersatzes von 2 500,00 EUR. Er behauptet, Sturm habe ihm die Schaufensterscheibe seines Ladengeschäftes eingestoßen. Sturm bestreitet dies und beantragt Klageabweisung.*
> *Das Gericht muss darüber Beweis erheben, ob die Behauptung des Klägers richtig ist.*

6.3.1.1 Allgemeine Begriffe

1. **Beweis und Glaubhaftmachung:**
   a) soll eine Tatsache *bewiesen* werden, muss die Partei das *Gericht von der Richtigkeit überzeugen;*
   b) soll eine Tatsache *glaubhaft gemacht* werden, ist die Herbeiführung der richterlichen Überzeugung nicht erforderlich. Die Glaubhaftmachung ist schon dann erreicht, wenn sie zu einiger *Wahrscheinlichkeit* geführt hat. Die Glaubhaftmachung ist nur zulässig, wenn sie ausdrücklich im Gesetz für erforderlich oder für genügend erklärt wird, z.B. in den §§ 104, 118, 236, 605, 714, 719, 920. Für die Glaubhaftmachung brauchen nicht die für die Beweisaufnahme vorgeschriebenen Formen beachtet zu werden. Ein wichtiges Mittel der Glaubhaftmachung ist die *eidesstattliche Versicherung* (§ 294 I).

2. **Beweisbedürftigkeit:**
   Beweis erhoben wird nur über entscheidungserhebliche und beweisbedürftige Tatsachen. *Beweisbedürftig* sind **nicht**:
   a) dem Gericht **offenkundige Tatsachen** (§ 291), z.B. die Lage einer Straße, Brücke, eines Kanals, der Börsenkurs einer Aktie, die Höhe des Sparzinses;

b) **zugestandene Tatsachen.** Auch diejenigen Tatsachen, die nicht ausdrücklich bestritten werden, sind als zugestanden anzusehen (§ 138 III);
c) **Erfahrungssätze,** wenn das Gericht sie eigener Sachkenntnis entnehmen kann, z.b. allgemein anerkannte Regeln der Naturwissenschaft, Medizin, Psychologie, Verkehrssitten und Handelsbräuche;
d) **ausländisches Recht,** soweit es dem Gericht bekannt ist.

3. **Beweislast:**
Die Entscheidung des Gerichts kann davon abhängen, ob der Kläger oder der Beklagte eine bestimmte Tatsache beweisen muss. Wenn die *beweispflichtige Partei* den Beweis nicht erbringen kann, so trägt sie regelmäßig den daraus entstehenden Nachteil; sie *hat die Beweislast.* Grundregel (stark vereinfacht): Jede Partei muss die ihr günstigen Tatsachen beweisen.

> *Beispiel:*
> *Lehmann klagt gegen Moll auf Rückzahlung eines Darlehens von 7 000,00 EUR. Moll behauptet, das Darlehen nicht erhalten zu haben.*
> *Muss der Kläger beweisen, dass der Beklagte das Darlehen erhalten hat oder umgekehrt der Beklagte, dass er kein Darlehen erhalten hat?*

Da grundsätzlich jede Partei die Beweislast für die ihr günstigen Tatsachen hat, muss der Kläger die *rechtsbegründenden,* der Beklagte die *rechtshemmenden,* die *rechtshindernden* und die *rechtsvernichtenden Tatsachen* beweisen.

> *Beispiel:*
> *a) Im vorhergehenden Beispiel muss Lehmann die rechtsbegründende Tatsache, dass er Moll das Darlehen gegeben hat, beweisen.*
> *b) Hätte Moll dagegen behauptet, das Darlehen zwar erhalten, aber bereits zurückgezahlt zu haben, müsste er diese rechtsvernichtende Tatsache beweisen.*

6.3.1.2 Beweisverfahrensverlauf

1. Der **Beweisantritt.** Er obliegt regelmäßig der beweispflichtigen Partei. Er erfolgt dadurch, dass die *Partei das Beweismittel* für eine von ihr zu beweisende Tatsache *angibt.*

> *Beispiel:*
> *In dem Rechtsstreit Luft gegen Drau behauptet der Kläger, dass das von ihm bei dem Beklagten bestellte Schlafzimmer vereinbarungsgemäß aus Birnbaum angefertigt werden sollte. Zum Beweis für seine Behauptung benennt Luft den Zeugen Kümmel, der im Zeitpunkt der Vertragsverhandlungen anwesend gewesen ist.*

Ohne Beweisantritt ist eine *Beweiserhebung* auch *von Amts wegen* möglich bei Augenscheins- und beim Sachverständigenbeweis sowie bei der Parteivernehmung.

2. Die **Beweisanordnung**. Sie ergeht durch das Gericht, wenn Beweis erhoben werden soll.

> **Beispiel:**
> In dem Rechtsstreit Sauer gegen Meier hat das Gericht die mündliche Verhandlung auf den 18. Juni anberaumt. Sauer bringt zu dem Verhandlungstermin unaufgefordert einen Zeugen mit.
> Wenn das Gericht eine Beweisaufnahme beschließt, wird es den anwesenden Zeugen sofort vernehmen.

Ist eine sofortige Beweisaufnahme nicht möglich, muss das Gericht einen förmlichen **Beweisbeschluss** erlassen (§ 358), in dem
– die streitige Tatsache, über die Beweis erhoben werden soll,
– die Beweismittel und
– die Partei, die sich auf das Beweismittel berufen hat,
bezeichnet werden (§ 359).

Beim Zeugen- und Sachverständigenbeweis soll das Gericht nach §§ 379, 402 die Ladung des Zeugen bzw. Sachverständigen davon abhängig machen, dass die beweispflichtige Partei zur Deckung der Auslagen einen *Vorschuss* zahlt. Selbstverständlich genügt es auch, wenn die Partei eine *Verzichtserklärung* beibringt. Der Beweisbeschluss enthält deshalb etwa folgenden Hinweis des Gerichts:

„Die Ladung des Zeugen erfolgt nur, wenn der Kläger einen Auslagenvorschuss von 50,00 EUR zahlt oder eine Auslagenverzichtserklärung des Zeugen beibringt."

Der konkrete Betrag ist von den tatsächlichen, insbesondere den lokalen Verhältnissen abhängig.

Es ist dann Aufgabe der beweispflichtigen Partei, den Auslagenvorschuss bei der Gerichtskasse einzuzahlen oder eine Auslagenverzichtserklärung des Zeugen vorzulegen. Unterlässt die Partei beides, wird der Zeuge nicht geladen.

3. Die **Beweisaufnahme**. Sie erfolgt in der *Regel vor* dem *Prozessgericht* (§ 355 I 1). Das entspricht dem *Grundsatz der Unmittelbarkeit* (siehe oben S. 97); nur so kann eine Zeugen- oder Parteivernehmung dem Prozessgericht den vollen Eindruck vermitteln.
Davon macht das Gesetz jedoch *Ausnahmen*, und zwar überwiegend aus Gründen der Prozessökonomie.
   a) So kann die Beweisaufnahme in bestimmten Fällen z.B. auch vor einem *beauftragten* oder einem *ersuchten* Richter durchgeführt werden (§§ 361 f., 375).
   – Der **beauftragte Richter** ist Mitglied des Prozessgerichts. Er wird vom Vorsitzenden ernannt und muss im Beweisbeschluss bezeichnet werden. Eine Beweisaufnahme durch den beauftragten Richter kommt in Betracht, wenn sie durch das Prozessgericht nicht angebracht ist.

> **Beispiel:**
> In dem Rechtsstreit Möller gegen Studt vor dem Landgericht Stuttgart soll der Zeuge Wohlers vernommen werden. Wohlers ist krank, er befindet sich zurzeit in einem Stuttgarter Krankenhaus.
> Der Vorsitzende der Zivilkammer ernennt Richter Dudek am Landgericht zum beauftragten Richter. Dieser vernimmt den Zeugen im Krankenhaus, wenn der Zeuge vernehmungsfähig ist.

- Der **ersuchte Richter** ist nicht Mitglied des Prozessgerichts, sondern eines auswärtigen inländischen Gerichts. Er wird auf ein Ersuchungsschreiben hin von einem auswärtigen Amtsgericht als Rechtshilfegericht (§ 157 GVG) ernannt.

> **Beispiel:**
> Im vorgenannten Beispiel wohnt der Zeuge Wohlers in Hamburg. Der Vorsitzende des Prozessgerichts in Stuttgart ersucht das Amtsgericht Hamburg um Ernennung eines Richters, der den Zeugen Wohlers in Hamburg vernehmen soll.

b) Das Gesetz erlaubt unter bestimmten Voraussetzungen auch die Vernehmung eines Zeugen, eines Sachverständigen und einer Partei, die sich an einem anderen Ort außerhalb des Gerichtsgebäudes aufhalten, wenn dies per **Videokonferenz** möglich ist (§ 128 a II). Zum Videotermin lies oben S. 91 f.

c) Das Gericht kann neuerdings, unter Abkehr vom Grundsatz des Strengbeweises (siehe unten 6.3.2, S. 101) mit Einverständnis der Parteien Beweise in der ihm geeignet erscheinenden Art (= als sog. **Freibeweis**) aufnehmen (§ 284, 2, 3), was z.B. *telefonische* oder *E-Mail-Rückfragen* bei Zeugen oder Sachverständigen ermöglicht.

4. Die **Beweiswürdigung**. Das Gericht ist in der Beurteilung des Beweises frei (*Grundsatz der freien Beweiswürdigung*; § 286). Dieser Grundsatz stellt hohe Anforderungen an das Gericht, namentlich bei Zeugenbeweis und bei der Parteivernehmung, denn die Beurteilung der Glaubwürdigkeit eines Zeugen oder einer Partei ist bisweilen sehr schwierig. Gesetzliche Beweisregeln, die den Grundsatz der freien Beweiswürdigung einschränken, gelten nur noch beim Urkundenbeweis (vgl. S. 107 f. und §§ 415–418).

Bei unklarem Beweisergebnis entscheidet die Beweislastregelung zu Lasten der beweispflichtigen Partei (siehe oben S. 99) Das Gericht kann also entscheiden.

6.3.2 Die einzelnen Beweismittel

Nach der ZPO kann ein Beweis grundsätzlich mit **fünf Beweismitteln** in einem förmlichen Beweisverfahren im sog. **Strengbeweis** geführt werden. Dies dient dem rechtsstaatlichen Schutz der Prozessbeteiligten, nämlich durch die Kalkulierbarkeit der Beweisführung, die Unmittelbarkeit und das damit verbundene rechtliche Gehör (vgl. S. 98)

Bei den fünf Beweismitteln der ZPO handelt es sich um
- den *Beweis durch Augenschein,*
- den *Beweis durch Zeugen,*
- den *Beweis durch Sachverständige,*
- den *Beweis durch Urkunden,*
- den *Beweis durch Parteivernehmung.*

Beim **Freibeweis** *dagegen besteht diese Bindung an die fünf Beweismittel und an die vorgeschriebenen Förmlichkeiten nicht. Er ist deshalb nur eingeschränkt zulässig (z.B. gem. § 284, 2–4; so u.a. die telefonische oder die E-Mail-Befragung eines Zeugen oder Sachverständigen).*

▶ Der Beweis durch Augenschein

Bei der Augenscheinseinnahme soll der Beweis nicht nur durch das Auge, sondern durch sämtliche Sinnesorgane des Richters erfolgen (§§ 371 ff.). Der Richter selbst soll sich durch eigene Sinneswahrnehmung ein Tatsachenurteil über Personen, Sachen oder Vorgänge bilden. Dazu wird er, falls erforderlich, auch noch einen Sachverständigen hinzuziehen.

Beispiel:
Es soll Beweis erhoben werden über die Behauptung des Klägers,
a) die Lärmentwicklung durch den Betrieb des Nachbarn A sei unzumutbar,
b) die vom Grundstück des Nachbarn B ausgehende Geruchsbelästigung sei unerträglich.

Die Augenscheinseinnahme wird auf Antrag oder von Amts wegen vom Gericht angeordnet. Dabei *kann das Gericht* einer Partei oder einem Dritten die *Vorlegung* eines Gegenstandes *aufgeben,* den sie besitzen, und dafür eine Frist setzen. Es kann auch die *Duldung* einer Maßnahme *anordnen* (§ 144 I 2, 3). Die Pflicht zur Vorlegung oder Duldung ist bei Dritten jedoch eingeschränkt (vgl. § 144 II; ähnlich wie beim Zeugenschutz). Die Partei, die sich weigert, kam dadurch Beweisnachteile haben (lies § 371 III).

Eine *besondere Duldungspflicht* regelt § 372 a *für Abstammungsprozesse,* in denen jede Person Untersuchungen, insbesondere die Entnahme von Blutproben zum Zweck der Blutgruppenuntersuchung dulden muss, soweit dies zur Feststellung der Abstammung erforderlich ist und ohne Gesundheitsnachteil zugemutet werden kann.

Hinweis:
Bei den **elektronischen Dokumenten** *war längere Zeit offen, ob sie als Augenscheinobjekte oder als Urkunden zu qualifizieren seien. Gem. § 371 I 2 ist jetzt vom Augenscheinsbeweis auszugehen. Für elektronische Dokumente, die der Form des § 126 a BGB entsprechen (lesen!), besteht zunächst die Vermutung der Echtheit (= gesetzlicher Anscheinsbeweis), § 371 a I 2. – Umstritten ist noch, ob das elektronische Dokument hier nur Dateien mit Schriftstücken erfasst (vgl. § 130 a) oder ob neben Texten auch Grafik-, Audio-, Videodateien und Software.*

Beweisantritt *erfolgt durch Vorlegung oder Übermittlung der Datei (§ 371 I 2), wenn der Beweisführer über das elektronische Dokument verfügen kann. Befindet sich der Gegenstand nicht in seinem Besitz (= der Datenbestand nicht in seiner Verfügungsgewalt), so muss der Beweisführer einen Antrag stellen entweder auf Fristsetzung zur Herbeischaffung des Gegenstandes oder auf eine Anordnung nach § 144, siehe dort (§ 371 II). Private elektronische Dokumente mit einer qualifizierten elektronischen Signatur orientieren sich hinsichtlich ihrer* Beweiskraft *am Urkundenbeweis (§ 371 a I). Bei öffentlichen elektronischen Dokumenten gelten die Vorschriften über die Beweiswirkung öffentlicher Urkunden entsprechend (§ 371 a II); zur Beweiskraft des Ausdrucks eines öffentlichen elektronischen Dokuments lies § 416 a.
Zum elektronischen Rechtsverkehr siehe im Übrigen unten S. 254 ff.*

▶ Der Zeugenbeweis

Beim Zeugenbeweis (§§ 373 ff.) soll ein Mensch über Tatsachen aussagen, die er wahrgenommen hat. Dabei handelt es sich um Ereignisse und Zustände in der Vergangenheit.

Zeuge kann jeder Mensch sein, es sei denn, dass er nicht in der Lage ist, sich gedanklich zu äußern, wie z.b. der Säugling. Lediglich die Parteien und die im Prozess auftretenden gesetzlichen Vertreter scheiden als Zeugen aus.

Der Zeuge wird von Amts wegen geladen. Die Ladung hat auf den Beweisbeschluss Bezug zu nehmen und die Parteien sowie das Beweisthema anzugeben.

Die Zeugnispflicht besteht aus:

– der Pflicht des Zeugen zum Erscheinen,
– der Pflicht des Zeugen zur Aussage,
– der Pflicht des Zeugen zur Eidesleistung.

Die Pflicht zum Erscheinen. Grundsätzlich muss jeder ordnungsmäßig geladene Zeuge persönlich vor Gericht erscheinen. Das Gericht kann jedoch eine schriftliche Beantwortung der Beweisfrage anordnen, wenn es dies für ausreichend hält (§ 377 III).

Ein Zeuge ist von der Pflicht zum Erscheinen befreit, wenn er ein Zeugnisverweigerungsrecht hat und dies dem Gericht mitteilt.

Die Pflicht zur Aussage. Jeder Zeuge muss wahrheitsgemäß aussagen, und zwar sowohl über seine Person als auch zur Sache. Die Zeugen werden einzeln und in Abwesenheit der später zu vernehmenden Zeugen gehört. Zeugen, deren Aussagen sich widersprechen, können einander gegenübergestellt werden. Vor der Aussage wird jeder Zeuge zur Wahrheit ermahnt.

Ein *Aussageverweigerungsrecht* haben ausnahmsweise (§§ 383, 384):

a) der Verlobte oder Ehegatte einer Partei, auch wenn die Ehe nicht mehr besteht. Gleiches gilt für die entsprechenden lebenspartnerschaftlichen Beziehungen.

b) Personen, die mit einer Partei in gerader Linie oder in der Seitenlinie bis zum dritten Grad verwandt bzw. in gerader Linie oder in der Seitenlinie bis zum zweiten Grad verschwägert sind. Der Grad wird nach der Zahl der zwischen der Partei und dem Zeugen liegenden Geburten bestimmt.

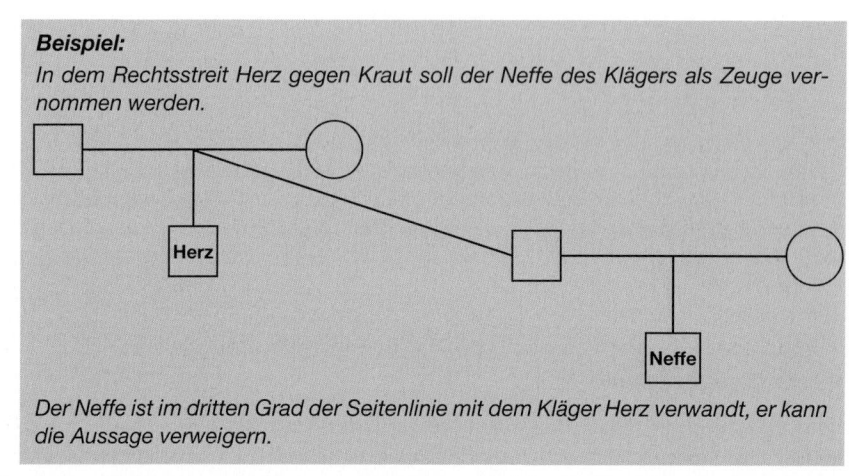

> **Beispiel:**
> In dem Rechtsstreit Herz gegen Kraut soll der Neffe des Klägers als Zeuge vernommen werden.
>
> *Der Neffe ist im dritten Grad der Seitenlinie mit dem Kläger Herz verwandt, er kann die Aussage verweigern.*

Die zu (a) und (b) genannten Personen müssen vom Gericht vor ihrer Vernehmung über ihr Aussageverweigerungsrecht belehrt werden.

c) Geistliche bezüglich dessen, was ihnen bei der Ausübung der Seelsorge anvertraut worden ist,

d) Personen, denen kraft ihres Amtes oder Standes Tatsachen anvertraut sind, deren Geheimhaltung geboten ist. Das gilt u.a. für Beamte, Rechtsanwälte, Notare, Ärzte, Apotheker, Hebammen, Krankenschwestern, Bankbeamte, Journalisten.
Das Aussageverweigerungsrecht erstreckt sich auch auf die bei den vorgenannten Personen tätigen Angestellten.

e) Das Zeugnis kann schließlich bezüglich aller Fragen verweigert werden, deren Beantwortung dem Zeugen oder einem nahen Angehörigen einen Vermögensschaden verursachen, zur Unehre gereichen oder die Gefahr der Verfolgung wegen einer Straftat oder einer Ordnungswidrigkeit zuziehen würde. Gleiches gilt, wenn der Zeuge mit seiner Aussage ein Kunst- oder Gewerbegeheimnis offenbaren müsste.

> **Beispiel:**
> In dem Rechtsstreit Wulf gegen Fassbänder wird der Zeuge Schilling geladen. Schilling soll über die Zusammensetzung eines von ihm hergestellten Lackes aussagen.
> *Schilling müsste ein Gewerbegeheimnis offenbaren, kann also die Aussage verweigern.*

Die Pflicht zur Eidesleistung. Jeder Zeuge hat seine Aussage *nach der Vernehmung* zu beeiden (= *Nacheid*), wenn das Gericht dies verlangt (§ 391). *Eidesunmündige,* nämlich Zeugen vor Vollendung des 16. Lebensjahres und Zeugen mangelnder Verstandesreife dürfen nicht vereidigt werden (§ 393). Die **Eidesnorm** geht dahin, dass der Zeuge nach bestem Wissen die reine Wahrheit gesagt und nichts verschwiegen habe (§ 392). Der Eid kann mit oder ohne religiöse Beteuerung geleistet werden. Für die unterschiedlichen Eidesformeln lese man § 481.

Für Zeugen, die aus Glaubens- oder Gewissensgründen keinen Eid leisten wollen, sieht das Gesetz die gleichwertige eidesgleiche Bekräftigung vor; für Einzelheiten lies § 484! Eine Sonderregelung kennt das Gesetz für sprach- und hörbehinderte Personen in § 483.

Bei *unerlaubtem,* auch unentschuldigtem *Ausbleiben,* bei *unberechtigter Aussage- oder Eidesverweigerung* wird gegen den Zeugen ein Ordnungsgeld oder eine Ordnungshaft festgesetzt. Das Ordnungsgeld darf 1 000,00 EUR, die Ordnungshaft sechs Wochen nicht übersteigen (Art. 6 EG StGB). Außerdem wird der Zeuge verurteilt, alle Kosten, die durch sein Ausbleiben bzw. durch seine Weigerung entstanden sind, zu zahlen (vgl. §§ 380 f., 390). Bei wiederholtem Ausbleiben kann auch die zwangsweise Vorführung des Zeugen angeordnet werden.

Der Zeuge kann die gegen ihn ergangenen Beschlüsse mit der *sofortigen Beschwerde* anfechten (§§ 380 III, 390 III).

Die Zeugen werden nach dem Justizvergütungs- und -entschädigungsgesetz (JVEG)[1] entschädigt. Sie erhalten, soweit Veranlassung besteht, insbesondere einen Fahrtkostenersatz (von 0,25 EUR für jeden gefahrenen Kilometer), Ersatz für diverse Aufwendungen, eine Entschädigung für Zeitversäumnis und für Nachteile bei der Haushaltsführung sowie eine Entschädigung für Verdienstausfall (höchstens 17,00 EUR je Stunde), §§ 19 ff. JVEG; siehe dort im Einzelnen.

▶ Der Beweis durch Sachverständige

Im Gegensatz zum Zeugen teilt der Sachverständige dem Gericht nicht seine Wahrnehmungen über bestimmte Tatsachen mit, sondern *bestimmte Erfahrungssätze* und daraus gewonnene *Schlussfolgerungen.* Etwas überspitzt kann man sagen, dass man Zeuge durch Zufall, Sachverständiger durch besondere Fachkenntnis wird (§§ 402 ff.).

> *Beispiel:*
> a) *In dem Rechtsstreit Kaiser gegen Tamm soll ein Sachverständigengutachten darüber eingeholt werden, ob der Kläger so schwer verletzt worden ist, dass ein Schmerzensgeld in der geltend gemachten Höhe gerechtfertigt ist.*
> Das Gericht wird einen Mediziner zum Sachverständigen ernennen.
> b) *In dem Rechtsstreit Frost gegen Stinnes soll ein Sachverständigengutachten darüber eingeholt werden, ob die Maurerarbeiten an dem für den Kläger errichteten Wohnhaus ordnungsmäßig ausgeführt sind.*
> Das Gericht wird wahrscheinlich einen Maurermeister oder einen Bauingenieur zum Sachverständigen ernennen.

---

[1] Das JVEG ersetzt seit dem 01.07.2004 das Gesetz über die Entschädigung von Zeugen und Sachverständigen (ZSEG).

Die Auswahl des Sachverständigen erfolgt durch das Gericht, das sich zu diesem Zweck häufig an die betreffende Standesorganisation mit der Bitte um Benennung einer geeigneten Person wendet, z.b. an die Handelskammer oder Handwerkskammer. Einigen sich die Parteien auf eine bestimmte Person, muss das Gericht diese Person zum Sachverständigen ernennen. Der Sachverständige kann aus denselben Gründen wie ein Richter abgelehnt werden (vgl. S. 21). Die Partei muss den Ablehnungsgrund glaubhaft machen, wobei eine eidesstattliche Versicherung unzulässig ist.

Der Beschluss, durch den die Ablehnung für begründet erklärt wird, ist unanfechtbar. Gegen den Beschluss, der die Ablehnung für unbegründet erklärt, findet die *sofortige Beschwerde* statt.

Auf den Beweis durch Sachverständige finden die Vorschriften über den Zeugenbeweis entsprechende Anwendung. Es gelten aber folgende Besonderheiten:

1. Während der Zeugenbeweis nur auf Antrag einer Partei möglich ist, kann der Beweis durch Sachverständige auch *von Amts wegen angeordnet* werden.

2. Für den Sachverständigen besteht grundsätzlich keine der Zeugnispflicht vergleichbare allgemeine *Gutachterpflicht*. Dieser Unterschied erklärt sich daraus, dass das Gericht im Allgemeinen nicht wie beim Zeugen auf eine bestimmte Person als Sachverständigen angewiesen ist.

   Eine *Gutachterpflicht* besteht nur für folgende Personen:
   a) für alle öffentlich zur Erstattung von Gutachten bestellten Personen, z.B. Gerichtsärzte,
   b) für alle Personen, die sich vor Gericht bereit erklärt haben, Gutachten zu erstatten,
   c) für alle Personen, welche die für die Begutachtung erforderliche Wissenschaft, Kunst oder Gewerbetätigkeit öffentlich ausüben.

   Der Sachverständige kann das Gutachten aus denselben Gründen verweigern wie ein Zeuge seine Aussage, z.b. wegen enger Verwandtschaft mit einer Partei.

3. Die Erstattung des Gutachtens erfolgt nach Anordnung des Gerichts entweder durch mündliche Vernehmung oder Abgabe eines *schriftlichen Gutachtens;* Letzteres ist in der Praxis die Regel.

4. Der Sachverständige muss sein Gutachten beeiden, wenn das Gericht dies fordert. Im Gegensatz zum Zeugenbeweis kann der Eid auch *vor Abgabe des Gutachtens* abgenommen werden (= *Voreid).*

5. Erscheint der Sachverständige nicht, verweigert er unberechtigt das Gutachten oder gibt er Akten und sonstige Unterlagen nicht an das Gericht heraus, so werden ihm die dadurch verursachten Kosten auferlegt. Zugleich wird gegen ihn ein Ordnungsgeld festgesetzt. Gegen diesen Beschluss ist die *sofortige Beschwerde* gegeben (§ 409).

Die Vergütung des Sachverständigen wird durch das Justizvergütungs- und -entschädigungsgesetz (JVEG)[1] geregelt. Danach setzt sich die Vergütung zusammen aus Honorar für Leis-

---

[1] Vgl. S. 105, Fußnote 1.

tungen, Fahrtkostenersatz und Aufwandsentschädigung. Zur Berechnung des Honorars sieht das Gesetz 13 Honorargruppen mit festen Stundensätzen vor (§ 9 I JVEG mit Anlage 1) sowie Festhonorare (§ 10 I JVEG mit Anlage 2). Zu Einzelheiten siehe das JVEG.

▶ Der Beweis durch Urkunden

Urkunden im Sinne der Zivilprozessordnung sind alle gedanklichen Äußerungen, die **in einem Schriftstück** niedergelegt sind. Tonbandaufnahmen, Grenzzeichen, Bauzeichnungen u.a. sind keine Urkunden, sondern Augenscheinsobjekte. Sie können nicht Gegenstand des Urkundenbeweisverfahrens (§§ 415 ff.) sein. Wegen elektronischer Dokumente siehe oben den Augenscheinsbeweis, S. 102 f.

Das Gesetz unterscheidet zwei Arten von Urkunden:

1. **Öffentliche Urkunden.** Sie müssen *von einer Behörde oder einer mit öffentlichem Glauben versehenen Person* (z.B. dem Notar) aufgenommen sein. Diese Voraussetzung trifft namentlich für alle standesamtlichen Urkunden zu.
   Bei *öffentlichen Urkunden* wird die *Echtheit vermutet* (§ 437), d.h. dass sie von demjenigen unterzeichnet sind, den die beweispflichtige Partei als Aussteller der Urkunde bezeichnet. Der *Gegner* kann jedoch *den Gegenbeweis* erbringen.

Beispiel:
In dem Rechtsstreit Voss gegen Unruh legt der Kläger eine Baugenehmigung vor, die nach seinen Angaben von dem Leiter der zuständigen Baupolizeibehörde, Baurat Dräger, unterzeichnet ist.
Die Unterzeichnung der Baugenehmigung durch den Baurat Dräger wird so lange vermutet, bis der Beklagte den Gegenbeweis erbringt.

2. **Private Urkunden** sind alle Urkunden, die keine öffentlichen Urkunden sind, z.B. Briefe, Aufzeichnungen, Notizen, Verträge, Schuldscheine, Quittungen. Sie haben, anders als die öffentlichen Urkunden, nicht die Vermutung der Echtheit. *Falls* der Gegner *die Echtheit bestreitet, muss sie* deshalb vom Beweisführer *bewiesen werden*.

Beispiel:
In dem Rechtsstreit Wolf gegen Steinbach legt der Kläger als Beweismittel einen mit „Steinbach" unterschriebenen Kaufvertrag vor. Steinbach bestreitet, den Kaufvertrag unterschrieben zu haben.
Wolf muss die Echtheit beweisen, indem er z.B. durch ein graphologisches Gutachten nachweist, dass die Unterschrift von dem Beklagten stammt.

Für den *Beweisantritt* ist von Bedeutung, welche *Partei die Urkunde in Händen hat*.

1. Befindet sich die Urkunde *im Besitz der beweispflichtigen Partei,* legt die Partei die Urkunde dem Gericht vor. Häufig wird die Urkunde dem Gericht als Anlage zu einem Schriftsatz überreicht und dem Gegner eine Abschrift der Urkunde übermittelt.

2. Hat angeblich *der Gegner die Urkunde in Händen,* kann die beweispflichtige Partei beim Gericht den Antrag stellen, dem Gegner die Vorlegung der Urkunde aufzuerlegen. Ist das geschehen und bestreitet der Gegner, die Urkunde zu besitzen, wird er über den Verbleib der Urkunde vernommen. Das Gericht kann auch die Beeidigung des Gegners anordnen.

Gesteht der Gegner den Besitz der Urkunde zu, legt er aber die Urkunde trotz Anordnung nicht vor, kann der von der beweispflichtigen Partei angegebene Inhalt der Urkunde als richtig angesehen werden.

> *Beispiel:*
> *Der Kläger Bischof behauptet, dass in dem mit dem Beklagten Engel geschlossenen Kaufvertrag ein Kaufpreis von 4 500,00 EUR vereinbart worden sei. Engel bestreitet dies und behauptet, es seien als Kaufpreis lediglich 3 500,00 EUR vereinbart worden. Da Bischof die Vertragsurkunde verloren hat, wird Engel zur Vorlegung der angeblich in seinen Händen befindlichen Vertragsausfertigung aufgefordert. Engel gesteht den Besitz des Vertrages zu, weigert sich aber, die Urkunde vorzulegen.*
> *Das Gericht kann davon ausgehen, dass ein Kaufpreis von 4 500,00 EUR vereinbart worden ist.*

3. Befindet sich die *Urkunde im Besitz eines Dritten,* so kann der Beweisführer die gerichtliche Anordnung beantragen, die Urkunde herbeizuschaffen oder vorzulegen (§§ 428, 412). Das Gericht kann dazu eine Frist bestimmen.

Allerdings muss die Vorlage zumutbar sein. Gegen den Dritten sind zur Erzwingung Ordnungsmittel zulässig; er genießt jedoch die Verweigerungsrechte des Zeugen (vgl. §§ 142 II, 390). Ist der Dritte materiellrechtlich zur Herausgabe der Urkunde verpflichtet, könnte dies auch im Wege der Klage und der Vollstreckung durchgesetzt werden (§ 429).

▶ **Der Beweis durch Parteivernehmung**

Erst wenn die beweispflichtige Partei *nicht* in der Lage ist, den Beweis mit den *anderen Beweismitteln* zu führen, kann sie Parteivernehmung beantragen. Diese ist deshalb nur ein subsidiäres Beweismittel (§§ 445 ff.). Möglich ist aber auch eine Parteivernehmung von Amts wegen (§ 448).

> *Beispiel:*
> *In dem Zahlungsrechtsstreit Gass gegen Steiner behauptet der Beklagte Stundungszusage durch den Kläger und benennt dafür den Zeugen Suhr. Dieser kann dazu nichts aussagen. Eine schriftliche Stundungszusage (= Urkunde) liegt nicht vor.*
> *Da Steiner kein anderes Beweismittel hat, kann er jetzt Parteivernehmung beantragen.*

Das Gericht ordnet die Parteivernehmung durch Beweisbeschluss an. *Vernommen wird jedoch nicht die beweispflichtige Partei, sondern der Gegner.*

Das Beweisverfahren 109

> **Beispiel:**
> Kant klagt gegen Römer auf Herausgabe einer Armbanduhr mit der Behauptung, Römer habe ihm die Uhr gestohlen. Römer bestreitet den Diebstahl. Der beweispflichtige Kläger beantragt Parteivernehmung.
> Römer wird zur Frage vernommen, ob er Kant die Uhr gestohlen hat oder nicht.

Ausnahmsweise kann das Gericht die beweispflichtige Partei vernehmen, wenn eine Partei dies beantragt und der Gegner zustimmt (§ 447).

Die Ladung ist der Partei selbst mitzuteilen, auch wenn sie einen Anwalt hat (§ 450 I 2).

Das Gericht kann die *Beeidigung* der Parteiaussagen anordnen. Wenn Kläger und Beklagter als Partei vernommen worden sind, ist jedoch nur die Beeidigung einer der beiden Parteien zulässig (§ 451).

Von der Parteivernehmung zu unterscheiden ist die **Anhörung der Partei**, die zwar der Aufklärung des Sachverhaltes und der Beseitigung von Unklarheiten dient, die aber *keine Beweisaufnahme* darstellt. (Siehe dazu §§ 141, 613.)

6.3.3 Selbstständiges Beweisverfahren

Es besteht manchmal die Gefahr, dass ein Beweismittel verloren geht, bevor es in einer Beweisaufnahme herangezogen werden kann.

> **Beispiel:**
> a) Kaufmann Stoll hat von dem Importeur Herbst eine Partie Bananen gekauft. Bei der Lieferung stellt Stoll fest, dass die Bananen nicht die vereinbarte Güte besitzen. Herbst bestreitet die mangelhafte Qualität. Stoll beabsichtigt deshalb, seinen Schaden gegen Herbst einzuklagen. In dem künftigen Prozess muss er als Kläger die mangelhafte Qualität der Bananen beweisen.
> b) In dem Rechtsstreit Damm gegen Wilken ist Beweistermin auf den 28. März anberaumt; es soll der Zeuge Niemann vernommen werden. Am 19. März erfährt der beweispflichtige Kläger, dass Niemann am 24. März Deutschland verlässt, um nach Kanada auszuwandern.

In beiden Fällen muss die beweispflichtige Partei dafür Sorge tragen, dass der gefährdete Beweis gesichert wird. Sie kann zu diesem Zweck das selbstständige *Beweisverfahren (§§ 485 ff.) beantragen,* das zulässig ist:
– wenn der Gegner zustimmt oder
– wenn die Gefahr besteht, dass das Beweismittel verloren geht oder seine Benutzung erschwert wird.

Im Wege der Beweissicherung können nur der Augenscheins-, Zeugen- und Sachverständigenbeweis erhoben werden.

Schon *vor Anhängigkeit* einer Sache kann eine Partei ein schriftliches Sachverständigengutachten im Hinblick auf Personen- und Sachschaden oder Sachmängel beantragen, wenn die Feststellungen *zur Vermeidung eines Rechtsstreites* beitragen können (§ 485 II).
Das selbstständige Beweisverfahren wird auf Antrag einer Partei durch Beschluss des Prozessgerichts angeordnet. Vor Prozessbeginn ist in Fällen dringender Gefahr auch das Amtsgericht zuständig, in dessen Bezirk das Augenscheinsobjekt, der Zeuge oder die zu begutachtende Person oder Sache sich befinden.

> *Beispiel:*
> *Brinkmann beabsichtigt, gegen seinen Schuldner Holst mit einer Klage beim Landgericht Dortmund Mängelansprüche wegen nicht vertragsgemäßer Warenlieferung geltend zu machen. Die dafür zu begutachtende, leicht verderbliche Ware lagert z.z. in Köln.*
> *Der Antrag auf Sicherung des Beweises kann wegen dringender Gefahr (der Verschlechterung) beim Amtsgericht Köln gestellt werden.*

Die Beweisaufnahme erfolgt nach den für das betreffende Beweismittel geltenden Vorschriften. Über die Beweisaufnahme wird ein Protokoll aufgenommen, das bei dem Gericht, welches das selbstständige Beweisverfahren angeordnet hat, aufbewahrt wird. Die Parteien werden zur mündlichen Erörterung geladen, wenn ein *gerichtlicher Vergleich* zu erwarten ist (§ 492).

Das Gericht ordnet nach der Beweiserhebung auf Antrag bei nicht anhängiger Sache die Klageerhebung binnen Frist an. Kommt der Antragsteller dieser Anordnung nicht nach, so werden ihm durch Beschluss die Kosten des Gegners auferlegt (§ 494 a).

6.3.4 Beweisaufnahme im Ausland

Die Beweisaufnahme ist eine hoheitliche Tätigkeit. Deutsche Gerichte dürfen deshalb auf dem Gebiet anderer Staaten nicht ohne weiteres tätig werden. Das setzt grundsätzlich deren Zustimmung voraus.

6.3.4.1 Beweisaufnahme außerhalb der Europäischen Union

Die ZPO (§ 363) sieht zu Beweisaufnahmen im Ausland allgemein folgendes Verfahren für das deutsche Prozessgericht vor:
- entweder erfolgt die Beweisaufnahme durch den **deutschen Konsul** anstelle des deutschen Richters, der z.B. Vernehmungen nach deutschem Recht durchführt, aber auf freiwilliger Grundlage, ohne Zwangsmittel
- oder es ergeht ein **Rechtshilfeersuchen** an die zuständige Behörde des anderen Staates.[1]

---

[1] Dabei kommt zusätzlich das Haager Übereinkommen über die Beweisaufnahme im Ausland in Zivil- oder Handelssachen vom 18.03.1970 (= **HBÜ**) zur Anwendung, wenn auch der andere Staat Vertragspartner dieses Übereinkommens ist. (Siehe dazu die Kommentare zu § 363 ZPO.)

6.3.4.2 Beweisaufnahme innerhalb der Europäischen Union

Da die einzelstaatliche Souveränität dem internationalen Rechtsverkehr hinderlich ist, wurde für die Mitgliedstaaten der EU[1] zur Vereinfachung und Vereinheitlichung die „Verordnung (EG) Nr. 1206/2001 des Rates vom 28. Mai 2001" (EuBVO)[2] erlassen. Diese hat im Konfliktsfalle zwingend Vorrang vor allen anderen multilateralen oder bilateralen Verträgen[3] mit gleicher Zielsetzung (Art. 21 EuBVO). Die §§ 1072–1075 ZPO enthalten dazu die deutschen Durchführungsvorschriften. Näheres zum Europäischen Gemeinschaftsrecht folgt unten S. 249 ff.

▶ **Beweisaufnahme durch ein deutsches Gericht im EU-Ausland**

Beispiel:
In einem Prozess vor dem Landgericht Stuttgart will der Kläger drei wichtige Zeugen vernehmen lassen, die in Reims (Frankreich = Mitglied der EU) wohnen, und er will dort auch einen Sachverständigen tätig werden lassen.

Das **deutsche Prozessgericht** (Beispiel = Landgericht Stuttgart, Zivilkammer) kann

– entweder im Wege des **Rechtshilfeverfahrens** unmittelbar das zuständige Gericht des anderen Mitgliedstaates[4] (Beispiel = in Reims) um eine Beweisaufnahme ersuchen (§ 1072 Nr. 1)

– oder eine eigene **unmittelbare Beweisaufnahme** in dem anderen Mitgliedstaat (Beispiel = in Reims) beantragen (§ 1072 Nr. 2). Wegen Einzelheiten siehe zum Antrag Art. 3 III, 17 I; zu den Voraussetzungen Art. 17 V EuBVO.

Je nach dem gewählten Vorgehen **darf** das **deutsche Prozessgericht**

– bei einem **Rechtshilfeverfahren** *passiv anwesend* sein oder sich auch *aktiv* beteiligen, z.B. *Fragen stellen* (siehe § 1073 I ZPO, Art. 10 ff. EuBVO).
Auf Ersuchen kann unter bestimmten Voraussetzungen eine Beweisaufnahme durch Video- und Telekonferenz durchgeführt werden. (Siehe § 128 a ZPO; Art. 10 IV EuBVO; vergleiche auch oben S. 91 f., 101.)

– bei einer **unmittelbaren Beweisaufnahme** diese *im EU-Ausland vor Ort selbst* oder durch beauftragte Sachverständige *durchführen* (§ 1073 II ZPO; Art. 17 EuBVO).

Für die Beweisaufnahme des deutschen Prozessgerichts im EU-Ausland kommt grundsätzlich **deutsches Prozessrecht** zur Anwendung, d.h. das Recht des ersuchenden Gerichts, und zwar

– bei einem *Rechtshilfeverfahren* (hier nur) *auf Antrag* (Art. 10 III EuBVO),
– bei *unmittelbarer Beweisaufnahme* durch das deutsche Prozessgericht schon *von Gesetz wegen*, aber ohne Zwangsmittel (Art. 17 II, VI EuBVO).

---

[1] Zur EU (= Europäische Union) und EG (= Europäische Gemeinschaft(en)) siehe unten S. 250 f.
[2] Abdruck und vollständiger Titel u.a. bei Schönfelder, Deutsche Gesetze, Ergänzungsband, Nr. 103 d
[3] Verträge mit mehreren oder nur zwei Vertragspartnern.
[4] Welches Gericht im Einzelnen jeweils zuständig ist, lässt sich abrufen von der Internetseite der Europäischen Kommission, dort im „European Judicial Atlas in Civil Matters" (Europäischer Gerichtsatlas für Zivilsachen).

Das *Beweisaufnahmeverfahren nach der EuBVO* ist zur Vereinfachung **stark formalisiert**. Vorgeschrieben sind *Formblätter* (Art. 4 EuBVO), die Benutzung der *Amtssprache* des ersuchten Mitgliedstaates (Art. 5 EuBVO), so in Deutschland die deutsche Sprache (§ 1075 ZPO). Von Bedeutung ist das *Internet* zur Feststellung der zuständigen Gerichte und Behörden und für den Abruf von Formblättern. (Wegen weiterer Einzelheiten zum Verfahren siehe in die EuBVO.)

▶ Beweisaufnahme durch ein EU-ausländisches Gericht in Deutschland

Grundsätzlich gilt hier das Gleiche wie oben S. 111. Der deutsche Gesetzgeber hat jedoch für **in Deutschland** eingehende *Beweisaufnahmeersuchen EU-ausländischer Gerichte* die folgende **Zuständigkeitsregelung** getroffen (§ 1074).

> *Beispiel:*
> *Vermeer aus Delft (Niederlande = EU-Mitgliedstaat) führt einen Prozess vor dem dort zuständigen Gericht wegen Zahlung von 20 000,00 EUR. Es sollen in diesem Verfahren mehrere Zeugen in Cuxhaven vernommen werden.*

Bei einem **Rechtshilfeverfahren** für ein EU-ausländisches Gericht ist als ersuchtes deutsches Gericht (= als Adressat) das **Amtsgericht** zuständig,
– in dessen *Bezirk* die *Verfahrenshandlung* durchgeführt werden soll, § 1074 I (Beispiel = Amtsgericht Cuxhaven),
– oder ein *zentrales Amtsgericht* für die **Bezirke mehrerer** Amtsgerichte.

Das gilt, sobald die Landesregierung oder die oberste Landesjustizbehörde eine solche Aufgabenzuweisung vorgenommen hat, § 1074 II, IV. (Allgemein noch in der Entwicklung begriffen.)

Das *Rechtshilfeersuchen* wird vom ersuchenden EU-ausländischen Gericht (Beispiel = für Delft) *unmittelbar an das ersuchte deutsche Gericht* (Beispiel = Amtsgericht Cuxhaven) übersandt (Art. 2 EuBVO).

Bei einer beabsichtigten **unmittelbaren Beweisaufnahme** eines EU-ausländischen Gerichts in Deutschland ist der *für das Ersuchen zuständige Adressat*
– eine **deutsche Zentralstelle** (§ 1074 III 1, Nr. 1) oder
– eine zuständige Stelle (§ 1074 III 1, Nr. 2).

In *jedem Bundesland* muss (nur) *eine solche Stelle* vorhanden sein.

Die Landesregierung oder die oberste Landesjustizbehörde hat die Bestimmung vorzunehmen, § 1074 III 2, IV. (Allgemein noch in der Entwicklung begriffen.) Diese Behörden sind zugleich die verantwortlichen Stellen für die Entscheidung über die Ersuchen (Art. 3 III, 17 I EuBVO).

6.4 Die Beendigung der Instanz

Der durch eine Klage eingeleitete Prozess wird in der Regel durch gerichtliche Entscheidung, d.h. *durch Urteil,* beendet. Das Klageverfahren kann seinen Abschluss aber auch durch eine Prozesshandlung der Parteien finden, nämlich durch *Prozessvergleich,* durch *Klagerücknahme* oder durch die *Erklärung der Erledigung in der Hauptsache.*

6.4.1 Das Urteil

Urteile sind *richterliche Entscheidungen,* die in der Regel *aufgrund* einer *mündlichen Verhandlung* ergehen, nur ausnahmsweise auch im schriftlichen Verfahren. (Vgl. dazu den Grundsatz der Mündlichkeit unter 6.2.5, S. 97.)

Das *Urteil* wird entweder

1. in dem Termin, in dem die mündliche Verhandlung geschlossen wird, oder
2. in einem sofort anzuberaumenden Termin *verkündet* (§ 310 I).

Im Fall 1. ist das Urteil vor Ablauf von *drei Wochen seit Verkündung* vollständig abgefasst der Geschäftsstelle zu übergeben (§ 315 II); im Fall 2. muss das Urteil bei der Verkündung *in vollständiger Form* abgefasst sein (§ 310 II).

Beschlüsse sind demgegenüber richterliche *Entscheidungen,* die meistens *ohne mündliche Verhandlung* ergehen. (Nur ausnahmsweise oder freigestellt nach mündlicher Verhandlung.)

Ihre Form ist weniger streng als bei Urteilen und sie binden das Gericht selbst nur bei zulässiger sofortiger Beschwerde. Beschlüsse werden wirksam mit Absendung der Ausfertigung des Beschlusses, ausnahmsweise durch Verkündung nach mündlicher Verhandlung.

Es gibt auch Beschlüsse des Rechtspflegers und des Urkundsbeamten. (Zu Beschlüssen und Verfügungen vgl. unten 12.4.2.1, S. 201 f.)

▶ **Urteilsarten**

a) **Endurteil.** Das Gericht wird regelmäßig ein Endurteil erlassen, das den Rechtsstreit in der *Instanz beendet.* Eine Fortsetzung des Prozesses ist nur bei einem zulässigen Rechtsmittel möglich. Das Endurteil ist von besonderer Bedeutung im Prozess und in der Zwangsvollstreckung (vgl. u.a. §§ 300, 302 II, 304 II, 511 I, 542 I, 578 I, 599 III, 704 I).

b) **Voll- und Teilurteil.** Ein *Vollurteil* liegt vor, wenn es den gesamten Rechtsstreit beendet; bei einem *Teilurteil* wird nur über einen Teil des Streitgegenstandes entschieden (§ 301), z.B. nur über einen von mehreren geltend gemachten Ansprüchen. Das letzte Teilurteil heißt *Schlussurteil.* Alle genannten Urteile sind als Endurteile gesondert anfechtbar und vollstreckbar.

> **Beispiel:**
> Ebert hat Franz auf Zahlung von 5 000,00 EUR Schadensersatz und 4 000,00 EUR Kaufpreis verklagt.
> a) Das Gericht verurteilt den Beklagten am 5. August zur Zahlung von 9 000,00 EUR = Vollurteil.
> b) Das Gericht verurteilt den Beklagten am 5. August zur Zahlung von 5 000,00 EUR und weist die Klage im Übrigen ab (= zusammen 9 000,00 EUR) = Vollurteil.
> c) Das Gericht verurteilt den Beklagten am 5. August zur Zahlung von 5 000,00 EUR und am 4. September zur Zahlung von 4 000,00 EUR = zwei Teilurteile, das zweite als Schlussurteil.

c) **Anerkenntnisurteil** und **Verzichtsurteil.** Das Gericht erlässt auch dann ein Endurteil, wenn der Beklagte den Klageanspruch anerkennt oder wenn der Kläger auf den Klageanspruch verzichtet.

Erkennt der Beklagte den Klageanspruch an, wird er dem Anerkenntnis gemäß durch *Anerkenntnisurteil* verurteilt (§ 307, 1). Erkennt der Beklagte nur einen Teil des Klageanspruchs an, ergeht gegen ihn ein Anerkenntnis-Teilurteil. Die Anerkenntniserklärung kann *mündlich im Termin* vor Gericht *oder* stattdessen *schriftsätzlich* außerhalb einer mündlichen Verhandlung abgegeben werden (§ 307, 2). Wenn das Gericht ohne mündliche Verhandlung entscheidet, wird die Urteilsverkündung durch Amtszustellung ersetzt (§ 310 III).

Das Anerkenntnis muss vom Geständnis unterschieden werden. Das **Geständnis** ist nur das Zugestehen *von Tatsachen* (§ 288); hier muss das Gericht noch die Bedeutung für den Klageanspruch prüfen. Beim **Anerkenntnis** dagegen erklärt der Beklagte, dass der vom Kläger geltend gemachte *Klageanspruch* zu Recht geltend gemacht wird.
Das Gericht hat den anerkannten Anspruch deshalb grundsätzlich *nicht mehr zu prüfen,* wohl aber die Prozessvoraussetzungen. So kann es dennoch zur Klageabweisung kommen,
– wenn eine Prozessvoraussetzung fehlt.

> **Beispiel:**
> Töpfer verklagt den 17-jährigen Stubbe auf Zahlung von 200,00 EUR. Der Beklagte erkennt den Klageanspruch in der mündlichen Verhandlung an.
> Da Stubbe nicht prozessfähig ist, erlässt das Gericht kein Anerkenntnisurteil, sondern weist die Klage ab.

– wenn ein Anerkenntnisurteil unzulässig ist, z.B. in Ehesachen (§ 617).
Verzichtet *der Kläger* in der mündlichen Verhandlung auf den Klageanspruch, ist auf Antrag des Beklagten die *Klage abzuweisen* (§ 306).

d) **Zwischenurteile.** Sie sind *keine Endurteile.* Sie entscheiden *nur* über einen *Zwischenstreit,* d.h. über Streitpunkte, die für das spätere Endurteil wichtig sind (§ 303), so z.B. über Prozessvoraussetzungen, über die Pflicht zur Vorlegung von Urkunden, über die Wiederein-

setzung in den vorigen Stand u.a.m. (Wegen der Vielfalt der Zwischenurteile und der unterschiedlichen Anfechtungsregelungen siehe im Übrigen in einen Kommentar.)
Ein vom Gesetz besonders geregeltes Zwischenurteil ist das **Grundurteil** (§ 304). Voraussetzung des Grundurteils ist, dass in dem Rechtsstreit der *Grund und* der *Betrag des Klageanspruchs bestritten* sind.

Beispiel:
Bartels klagt gegen Martens auf Zahlung von Schadensersatz in Höhe von 10 000,00 EUR (2 000,00 EUR Verdienstausfall, 4 000,00 EUR Krankenhauskosten, 1 500,00 EUR Arztkosten, 2 500,00 EUR Schmerzensgeld). Martens beantragt Klageabweisung; er wendet ein, dass er den Unfall nicht verschuldet habe und dass im Übrigen der geltend gemachte Schadensersatz zu hoch sei.

Wenn der Rechtsstreit bezüglich der Frage, ob der Beklagte den Unfall verschuldet hat, entscheidungsreif ist, *kann* das Gericht ein Urteil erlassen, in dem festgestellt wird, dass „*der Klageanspruch dem Grunde nach gerechtfertigt ist*". Ein solches *Grundurteil* ist natürlich nur gegen den Beklagten möglich. Stellt das Gericht fest, dass der Klageanspruch nicht begründet ist, weist es die Klage durch Endurteil als unbegründet ab. Der Beklagte kann gegen das Grundurteil Berufung einlegen (§ 304 II).
Die Verhandlung über den Betrag des Klageanspruchs wird das Gericht häufig erst dann durchführen, wenn das Grundurteil rechtskräftig geworden ist. Denn wenn das Grundurteil in der Berufungsinstanz aufgehoben werden sollte, ist eine weitere Verhandlung über den Betrag des Klageanspruchs überflüssig.

Beispiel:
Im vorhergehenden Beispiel erlässt das Landgericht ein Grundurteil. Der Beklagte legt Berufung beim Oberlandesgericht ein. Das Oberlandesgericht hebt das Grundurteil auf und weist die Klage als unbegründet ab

e) **Leistungs-, Feststellungs-, Rechtsgestaltungsurteil.**
Sie ergeben sich *entsprechend* den *Klagearten* (vgl. dazu oben 6.1.2, S. 80 ff.).

f) **Sach- und Prozessurteil.** Entscheidet das Gericht über die streitige Sache selbst, nämlich durch Verurteilung des Beklagten oder durch Klageabweisung, so ergeht ein *Sachurteil*. Weist es die Klage dagegen schon wegen Fehlens einer Prozessvoraussetzung ab, so handelt es sich dann um ein *Prozessurteil*. (Vgl. dazu oben 6.1.7, S. 90, Die Prozessvoraussetzungen.)

g) **Streitige und nichtstreitige Urteile.** Bei ihnen ist die Art des Zustandekommens maßgebend. *Streitige* (= kontradiktorische) Urteile sind der Regelfall, nämlich nach *streitiger Verhandlung* mit widerstreitendem Klageantrag und Gegenantrag. *Nichtstreitige* Urteile sind *die Versäumnisurteile*, bei denen der Antrag nur einer Partei gestellt wird.

h) **Vorbehaltsurteile.** Sie sind *auflösend bedingte Endurteile.* Hier wird der Beklagte zwar verurteilt. Das Urteil ist als Leistungsurteil auch *vollstreckbar* und als Endurteil mit Rechtsmitteln *anfechtbar.*
Es ergeht aber unter dem **Vorbehalt** der möglichen Fortsetzung des Prozesses vor demselben Gericht im **Nachverfahren.** Hier kann das Urteil dann bestätigt oder aufgehoben und die Klage noch abgewiesen werden.
Vorbehaltsurteile können ergehen:
- im *Urkunden-* und *Wechselprozess* (§ 599; vgl. S. 228 f.),
- bei *Aufrechnung* des Beklagten *mit einer Gegenforderung* (§ 302).

Beispiel:
Jaeger hat Vollrath auf Zahlung von 3 000,00 EUR Pachtzins verklagt. Vollrath bestreitet die Schuld und rechnet vorsorglich auch noch mit einer Gegenforderung auf, nach der Jaeger ihm ein Darlehen in gleicher Höhe zurückzahlen muss. Da die Klage zur Pachtzinsforderung als solche begründet ist, wird der Beklagte zunächst verurteilt, jedoch unter Vorbehalt der (hier noch schwierigen) Entscheidung über die Aufrechnung. Wenn der Kläger dann vollstreckt, aber im Nachverfahren später doch noch unterliegt, schuldet er dem Beklagten Schadensersatz (§ 302 IV).

▶ *Bestandteile des Urteils*

Alle Urteile ergehen „Im Namen des Volkes" (§ 311 I). Diese sog. Überschrift nennt den Träger der Gerichtsbarkeit (Art. 20 II GG). Sodann enthalten die Urteile grundsätzlich (§ 313):

a) Das **Rubrum** (= lateinisch; früher mit roter Tinte geschrieben). Darunter versteht man die Bezeichnung des Gerichts und die Namen der Richter, die namentliche Bezeichnung der Parteien, in der Regel mit Beruf, Wohnort und Parteistellung (Kläger oder Beklagter) sowie ihrer gesetzlichen Vertreter und der Prozessbevollmächtigten. Hinzukommt der Tag des letzten Termins zur mündlichen Verhandlung.

b) Die **Urteilformel** (= sog. Tenor), d.h. die Entscheidung über die Anträge, die Prozesskosten und die vorläufige Vollstreckbarkeit.

c) Den **Tatbestand.** Er enthält das Vorbringen der Parteien, die gestellten Anträge, evtl. das Ergebnis einer Beweisaufnahme und alles auf das Wesentliche beschränkt.

d) Die **Entscheidungsgründe,** in denen das Gericht mitteilt, aus welchen tatsächlichen und rechtlichen Erwägungen die Entscheidung erlassen worden ist.

e) Die **Unterschrift** der Richter, die an der Entscheidung mitgewirkt haben (§ 315 I).

Ein Endurteil hat danach etwa folgenden Wortlaut:

```
Aktenzeichen:                                    Verkündet am:
36 C 318/...                                     30. Juni ...
                        Amtsgericht Hamburg

                              Urteil

                         Im Namen des Volkes

                        In dem Rechtsstreit

            des    Kaufmanns Karl Adam,
                   Hafentor 2, 20459 Hamburg
                   Prozessbevollmächtigter:
                   Rechtsanwalt Dr. Hans Wels,
                   Wallstraße 10, 22087 Hamburg
                                                        Klägers
                   gegen

            den    Werkzeugmeister Egon Studt,
                   Eilenau 130, 22089 Hamburg
                   Prozessbevollmächtigter:
                   Rechtsanwalt Dr. Georg Kern,
                   Werderstraße 4, 20144 Hamburg
                                                        Beklagten

erkennt das Amtsgericht Hamburg, Abteilung 36, auf die mündliche Verhandlung
vom 10. Juni ... durch den Richter am Amtsgericht Dr. Schaefer für Recht:

Der Beklagte wird verurteilt,
an den Kläger 2 200,00 EUR nebst 5 % Zinsen über dem jeweiligen Basiszinssatz
seit dem 1. Januar ... zu zahlen.

Die Kosten des Rechtsstreits trägt der Beklagte.

Das Urteil ist gegen Sicherheitsleistung in Höhe von 2 800,00 EUR vorläufig
vollstreckbar.¹

Tatbestand: .................................................................
Entscheidungsgründe: ........................................................

   gez. Martens                                    Dr. Schaefer
Urkundsbeamter der Geschäftsstelle
```

Das Gesetz erlaubt **Urteile in abgekürzter Form**. Zur Entlastung der Gerichte werden Tatbestand und Entscheidungsgründe in einigen Fällen schon von Gesetzes wegen nicht gefordert oder sie können sonst unter bestimmten Voraussetzungen entfallen.

a) *Versäumnis-, Anerkenntnis-* und *Verzichtsurteile bedürfen weder* des *Tatbestandes noch der Entscheidungsgründe*. Die Urteilsart muss dann aber angegeben werden (§ 313 b I).

---

[1] Möglich ist aber z.B. auch:
„Das Urteil ist gegen Sicherheitsleistung in Höhe von 120% des jeweils zu vollstreckenden Betrages vorläufig vollstreckbar."
(Vgl. dazu Rechtslehre Teil II = Die Zwangsvollstreckung, 1.2.2.6 Sicherheitsleistung.)

Bei diesen Urteilen ist eine *weitere Erleichterung* zulässig, indem das *Urteil auf die* bei den Akten befindliche *Klage gesetzt* wird oder auf ein mit der Klage zu verbindendes Blatt (§ 313 b II).[1] Die Urteilsformel kann dann z.B. lauten:
„Erkannt nach dem Antrag in der Klageschrift."

b) Darüber hinaus kann unter nachfolgenden Voraussetzungen *vom Tatbestand* und *von den Entscheidungsgründen abgesehen werden.*

Der **Tatbestand** ist **entbehrlich,** wenn
- *ein Rechtsmittel unzweifelhaft nicht zulässig ist (§ 313 a I 1);*
- *bei einem Stuhlurteil (= Urteil sofort im Termin bei Schluss der mündlichen Verhandlung) die Parteien auf Rechtsmittel verzichten (§ 313 a II).*

Die **Entscheidungsgründe** sind **entbehrlich,** wenn
- *bei unzweifelhaft unzulässigem Rechtsmittel die Parteien darauf verzichten oder wenn der wesentliche Inhalt in das Protokoll aufgenommen wird (§ 313 a I 2);*
- *bei Rechtsmittelverzicht der Parteien nach einem Stuhlurteil (§ 313 a II).*

Der *Urkundsbeamte* hat das Urteil mit einem von ihm unterschriebenen *Verkündungsvermerk* zu versehen. Wenn die Verkündung durch Urteilszustellung ersetzt wird (vgl. § 310 III), so ist es stattdessen ein *Zustellungsvermerk* (§ 315 III).[2]

▶ Abänderung des Urteils

Das **Gericht** ist, sobald es ein End- oder Zwischenurteil verkündet hat, **an seine Entscheidung gebunden;** es *darf* diese *weder aufheben noch abändern* (§ 318).

Ausnahmsweise darf jedoch dasselbe Gericht, von dem das Urteil erlassen worden ist, sein bereits verkündetes End- oder Zwischenurteil in anderer Hinsicht in folgenden Fällen *berichtigen, ergänzen* oder einer *Rechtsverletzung* (rechtliches Gehör) *abhelfen:*

a) Urteilsberichtigung (§ 319). Wenn das Urteil **Schreibfehler, Rechenfehler** oder sonstige offenbare Unrichtigkeiten enthält. Die Berichtigung ist jederzeit auf Antrag oder von Amts wegen zulässig.
Der Beschluss[3], mit dem die Berichtigung zurückgewiesen wird, ist unanfechtbar. Gegen die Berichtigung ist die *sofortige Beschwerde* gegeben.

b) Tatbestandsberichtigung (§ 320). Wenn der **Tatbestand Unrichtigkeiten aufweist.** Die Berichtigung wird nur auf Antrag durch Beschluss[3] ausgesprochen. Der Antrag muss *binnen einer zweiwöchigen Frist,* beginnend mit Zustellung des in vollständiger Form abgefassten Urteils, gestellt werden.

---

[1] Diese Regelung entfällt, wenn die Prozessakten elektronisch geführt werden (§ 313 b IV).
[2] Wenn die Prozessakten elektronisch geführt werden, muss der Urkundsbeamte den Vermerk in einem gesonderten Dokument festhalten und dieses mit dem Urteil untrennbar verbinden (§ 315 III 2).
[3] Wenn der Berichtigungsbeschluss in der Form des § 130 b (= gerichtliches elektronisches Dokument, siehe dort) ergeht, ist er in einem gesonderten elektronischen Dokument festzuhalten, das untrennbar mit dem Urteil zu verbinden ist (§§ 319 II, 320 IV). Zum *elektronischen Rechtsverkehr* siehe unten S. 254 ff.

> **Beispiel:**
> In dem Rechtsstreit Schlichting gegen Fehland wird der Beklagte zur Zahlung von 800,00 EUR verurteilt. Das Urteil ist am 12. Februar verkündet und dem Beklagten in vollständiger Form am 10. März zugestellt worden. In dem Tatbestand des Urteils sind an einer wichtigen Stelle die Parteien verwechselt worden.
> Der Berichtigungsantrag kann bis zum 24. März gestellt werden.

Drei Monate nach Verkündung des Urteils ist die Berichtigung unzulässig.

> **Beispiel:**
> Wenn im vorgenannten Beispiel das Urteil nicht zugestellt worden wäre, kann der Berichtigungsantrag spätestens am 12. Mai gestellt werden.

Eine mündliche Verhandlung findet nur auf Antrag statt. Über den Berichtigungsantrag wird durch Beschluss entschieden. Der Beschluss ist unanfechtbar.

c) **Urteilsergänzung** (§ 321). Wenn das Gericht in der **Urteilsformel** einen **Haupt-** oder **Nebenanspruch** ganz oder teilweise **übergangen** hat. Das ist z.B. der Fall, wenn das Gericht einen von mehreren Ansprüchen, die Zinsen oder Kosten vergessen hat. Die Ergänzung des Urteils ist auch dann möglich, wenn das Gericht in einem Vorbehaltsurteil irrtümlich keinen Vorbehalt aufgenommen hat.

Die Ergänzung muss ebenfalls *binnen einer zweiwöchigen Frist* seit Zustellung des Urteils beantragt werden. Sie erfolgt nach mündlicher Verhandlung durch Urteil, das mit den normalen Rechtsmitteln anfechtbar ist.

d) **Abhilfeverfahren** (§ 321 a). Dieses ermöglicht es, durch eine **Rüge** (= *Anhörungsrüge* oder *Gehörsrüge*) gegen die Entscheidung des Gerichts, gleich welcher Instanz, eine Fortsetzung des Verfahrens in derselben Instanz zu erreichen.

Voraussetzung dafür ist, dass das Gericht durch seine Entscheidung (Urteil oder Beschluss)
– den Anspruch auf *rechtliches Gehör* entscheidungserheblich *verletzt* hat und
– ein *Rechtsmittel* oder ein anderer Rechtsbehelf gegen die Entscheidung *nicht gegeben* ist.

Die Rüge muss *schriftlich* erhoben werden. Dabei ist eine **Notfrist** von **2 Wochen** zu beachten. Diese Rügefrist *beginnt mit der Kenntnis* von der Verletzung des rechtlichen Gehörs; der Zeitpunkt der Kenntniserlangung ist glaubhaft zu machen. Nach *einem Jahr seit Bekanntgabe* der angegriffenen Entscheidung wird die Rüge *unzulässig*. Bei einer formlos mitgeteilten Entscheidung gilt der dritte Tag nach Aufgabe zur Post als Tag der Bekanntgabe.

Die Rügeschrift ist *bei dem Gericht* einzureichen, *dessen Entscheidung angegriffen wird;* das gilt für alle Instanzen.

In der *Rügeschrift* ist die angegriffene Entscheidung zu bezeichnen und ist die entscheidungserhebliche Verletzung des rechtlichen Gehörs darzulegen. Der Gegner erhält, soweit erforderlich, Gelegenheit zur Stellungnahme.

Wenn die Anhörungs- oder Gehörsrüge *keinen Erfolg* hat, so wird das Gericht sie durch *unanfechtbaren Beschluss* als unzulässig verwerfen oder als unbegründet zurückweisen.

Wenn die Rüge dagegen *Erfolg* hat, (d.h. wenn sie zulässig und begründet ist) wird ihr dadurch abgeholfen, dass *das Gericht das Verfahren fortführt*, soweit es aufgrund der Rüge geboten ist. Das rechtliche Gehör wird dadurch nachgeholt. Dies bedeutet, das Verfahren wird in die Lage zurückversetzt, in der es sich am Ende befunden hat; genauer in § 321 a V.[1]

Bei den oben genannten Behelfen (von a) bis d)) handelt es sich um **keine Rechtsmittel**. Rechtsmittel *muss eine Partei dann einlegen, wenn sie die* Entscheidung(!) *des Gerichts anfechten und deren Nachprüfung (so die Regel) durch ein höheres Gericht (z.B. bei Berufung, Revision gegen ein Urteil) erreichen will. (Vgl. dazu unten S. 187 ff.)*

Beispiel:

a) *Sander ist durch Urteil des Amtsgerichts zur Zahlung von 590,00 EUR verurteilt worden, und zwar aufgrund einer (Privat-)Urkunde, die der Kläger dem Gericht noch nach Schluss der mündlichen Verhandlung übersandt hatte. Sander ist zu dieser Urkunde nicht mehr gehört worden.*
Hier ist Sanders Anspruch auf rechtliches Gehör (Art. 103 I GG) verletzt worden. Sander hätte die Urkunde durch Gegenvorbringen entkräften und die Verurteilung abwenden können. Damit war die Gehörsverletzung auch entscheidungserheblich. Das Rechtsmittel ist hier überdies unzulässig wegen Nichterreichens der Berufungssumme.
Sander erfüllt somit die Voraussetzungen für eine Abhilferüge (= Gehörsrüge) nach § 321 a.

b) *Wenn Sander zur Zahlung von 690,00 EUR verurteilt worden wäre, käme wegen Erreichens der Berufungssumme von über 600,00 EUR die Gehörsrüge nicht mehr in Betracht. Sander müsste stattdessen Berufung einlegen.*

▶ **Rechtskraft des Urteils**

Damit ein Rechtsstreit seinen endgültigen Verfahrensabschluss findet, kennt das Gesetz die für die Praxis wichtige **formelle Rechtskraft** (§ 705). Sie bedeutet die **Unanfechtbarkeit** des Urteils, d.h. *der Entscheidung*. Sie tritt z.B. ein

– mit *Ablauf der Rechtsmittelfrist* (wenn kein Rechtsmittel eingelegt wird) oder
– mit *Rechtsmittelverzicht* der Parteien oder
– mit *Erschöpfung des Instanzenzuges*.

Das Urteil kann dann im anhängigen Prozess nicht mehr angegriffen werden.[2]

---

[1] Die Prozesssituation ist jetzt vergleichbar der nach einem erfolgreichen Einspruch gegen ein Versäumnisurteil; siehe dazu 7.2, S. 135.
[2] Wegen der Bedeutung der Rechtskraft für die Zwangsvollstreckung vgl. Rechtslehre Teil II = Die Zwangsvollstreckung, Abschnitt 1.2.1, S. 12 f.

Davon unterschieden werden muss die ergänzende **materielle** *(= inhaltliche)* **Rechtskraft** *des Urteils. Diese bewirkt eine* inhaltliche *Bindung, nämlich dass die Parteien ihren Rechtsbeziehungen künftig das Urteil zugrunde legen müssen. Es bindet aber auch den Richter in einem späteren Zivilprozess und in der Zwangsvollstreckung. Wegen der z.T. komplizierten Fragen der Bindung der Gerichte, der Parteien und evtl. auch Dritter an den Inhalt des Urteils (= in erster Linie an die Entscheidung!) siehe im Einzelnen in einen Kommentar zu § 322.*

a) **Rechtsmittel.** Alle Urteile werden den Parteien in vollständiger Form von Amts wegen zugestellt. Sind diese mit der *Entscheidung*(!) nicht einverstanden, dann müssen sie insoweit innerhalb eines Monats (in der Regel) nach Zustellung in der *nächsten Instanz* ein *Rechtsmittel* einlegen (= hier die Berufung oder die Revision), um die Unanfechtbarkeit (= die formelle Rechtskraft) zu vermeiden. (Siehe im Übrigen das Rechtsmittelverfahren unter 12, S. 187 ff.)

b) **Abänderungsklage.** Obgleich rechtskräftige Urteile grundsätzlich unanfechtbar und unabänderlich sind, sieht § 323 eine Ausnahme für Urteile vor, in denen der Beklagte zu **künftig fällig werdenden wiederkehrenden Leistungen** verurteilt worden ist. Das gilt namentlich für die Verurteilung zur Zahlung einer Rente oder von Unterhalt.

Beispiel:
Der geschiedene Ehemann Wolters ist durch Urteil vom 3. April 2002 verurteilt worden, seiner Frau einen monatlichen Unterhalt von 1 000,00 EUR zu zahlen. Das Gericht hatte diesen Betrag unter Berücksichtigung der Lebenshaltungskosten und der Einkommensverhältnisse beider Parteien für angemessen gehalten.

Da die Zahlungsverpflichtung im Einzelfall Jahrzehnte dauern kann, können sich während dieser Zeit die für die Verurteilung maßgebenden Lebenshaltungskosten sowie die Löhne und Gehälter grundlegend ändern. Das Gesetz gestattet deshalb ausnahmsweise die Abänderung eines rechtskräftigen Urteils, in dem der Beklagte zu einer künftig fällig werdenden wiederkehrenden Leistung verurteilt worden ist. Voraussetzung ist aber, dass sich seit der Verkündung des Urteils **diejenigen Verhältnisse, die für die Verurteilung maßgebend waren, wesentlich verändert haben.**

Die Abänderung erfolgt nur aufgrund einer **Abänderungsklage,** die beim zuständigen Prozessgericht zu erheben ist. Klageberechtigt sind beide Parteien, also auch der Zahlungspflichtige, wenn sich z.B. seine Einkommensverhältnisse verschlechtert haben.

Die Abänderungsklage ist nur zulässig, wenn sie sich auf Gründe stützt, die *nach dem Schluss der mündlichen Verhandlung* entstanden sind und durch einen Einspruch nicht mehr geltend gemacht werden konnten.

Beispiel:
Auf die Klage der Ehefrau Albers ist ihr Mann nach einer am 05.03.2003 anberaumten mündlichen Verhandlung durch Urteil vom 19.03.2003 zur Zahlung von Unterhalt i.H. v. 1 500,00 EUR verurteilt worden.
Frau Albers kann eine spätere Abänderungsklage mit dem Antrag auf Erhöhung des Unterhalts nicht darauf stützen, dass ihr Mann bereits ab 07.05.2002 eine Gehaltsaufbesserung von 700,00 EUR erhält, was sie bisher nicht vorgetragen hat.

Das Urteil darf nur **für die Zeit nach Klageerhebung**, also nicht rückwirkend, abgeändert werden.

Die Abänderungsklage ist auch bei einem *Prozessvergleich* und bei einer *vollstreckbaren Urkunde* zulässig (§ 323 IV).

Für die Abänderung des Unterhaltstitels eines minderjährigen Kindes gelten die besonderen Regeln der §§ 654 ff.

6.4.2 Der Prozessvergleich

Ein Prozessvergleich liegt vor, wenn sich die Parteien nach Klageerhebung darüber einig werden, den *Prozess zu beenden, indem jeder von ihnen teilweise nachgibt.*

> *Beispiel:*
> *Schreiber hat Wessel auf Zahlung von 4 000,00 EUR verklagt. Nach Klageerhebung schließen die Parteien einen Vergleich, nach dem der Beklagte dem Kläger 2 500,00 EUR zu zahlen hat und der Kläger 1 500,00 EUR aufgibt.*

Die Höhe des gegenseitigen Nachgebens ist bedeutungslos. So liegt z.B. auch dann ein Vergleich vor, wenn der Kläger lediglich die Zinsen nachlässt oder einen Teil der Kosten übernimmt.

Der Prozessvergleich muss vor dem Prozessgericht (auch als Einzelrichter) oder einem ersuchten oder einem beauftragten Richter geschlossen werden. Er muss gerichtlich protokolliert, den Parteien vorgelesen und von ihnen genehmigt werden.

Durch den Prozessvergleich wird der Prozess beendet. Die Prozesskosten sind, wenn die Parteien nichts anderes vereinbart haben, als gegeneinander aufgehoben anzusehen, d.h. jede Partei trägt die Hälfte der Gerichtskosten und ihre eigenen außergerichtlichen Kosten (§ 98).

Der Prozessvergleich ist ein Vollstreckungstitel (§ 794 I Ziff. 1).

Ein Vergleich kann auch bereits im Prozesskostenhilfeverfahren (§ 118 I 3; vgl. 10.3.2, S. 166) und im selbstständigen Beweisverfahren (§ 492 III; vgl. 6.3.3, S. 110) geschlossen werden.

Ein gerichtlicher Vergleich als Vollstreckungstitel kann im Übrigen z.B. auch vor dem Vollstreckungsgericht oder vor dem Rechtspfleger zustande kommen, soweit dieser zuständig ist.

6.4.3 Die Klagerücknahme

Der Kläger kann die Klage zurücknehmen, solange noch kein rechtskräftiges Urteil vorliegt. Vor dem *Beginn der mündlichen Verhandlung des Beklagten* zur Hauptsache ist die Zurücknahme der Klage sogar ohne Einwilligung des Beklagten möglich, danach *nur mit seiner Einwilligung* (§ 269 I).

> **Beispiel:**
> Liebermann beantragt, den Beklagten Bösmann zur Zahlung von 3 200,00 EUR zu verurteilen. Im ersten Verhandlungstermin wird streitig verhandelt und danach vertagt. Im zweiten Termin erklärt Liebermann, dass er die Zahlungsklage zurücknehmen wolle. Der Beklagte besteht auf Weiterführung des Prozesses.
> Die Klagerücknahme ist nicht zulässig.

Die *Klagerücknahme* und die *Einwilligung* des Beklagten sind *dem Gericht gegenüber* mündlich im Termin, sonst durch Schriftsatz *zu erklären*. Beim Beklagten wird die Einwilligung unterstellt (= eine Fiktion), wenn dieser nicht innerhalb einer Notfrist von zwei Wochen nach Zustellung des Schriftsatzes des Klägers widerspricht; der Beklagte muss dann aber vorher auf die Folgen etwaigen Schweigens hingewiesen worden sein (§ 269 II).

Mit der Klagerücknahme *entfallen rückwirkend* die *Wirkungen* der *Rechtshängigkeit*, so als ob der Prozess nicht stattgefunden hätte. Damit wird u.a. auch ein noch nicht rechtskräftiges Urteil hinfällig. Der Kläger kann erneut klagen. (Beachte aber § 269 VI; lies dazu unten die Kostenregelung.)

> **Beispiel:**
> Liebermann klagt (wie oben) auf Zahlung von 3 200,00 EUR. Der Beklagte Bösmann wird diesmal zur Zahlung von 2 000,00 EUR verurteilt und die Klage wird im Übrigen abgewiesen.
> a) Liebermann nimmt die Klage vor Rechtskraft des Urteils durch Erklärung gegenüber dem Amtsgericht zurück, Bösmann willigt ein. Das Urteil wird wirkungslos.
> b) Wie a), nur hat Bösmann vorher Berufung zum Landgericht eingelegt. Jetzt muss die Klagerücknahme vor dem Landgericht erklärt werden. Auch hier entfällt bei Einwilligung des Bösmann (= Beklagter 1. Instanz) das Urteil des Amtsgerichts.
> (Beachte: Nicht zu verwechseln mit einer Rücknahme der Berufung, wodurch das angefochtene Urteil rechtskräftig werden würde!)

Besonders geregelt werden muss hier, wer die *bisher entstandenen Kosten* zu tragen hat (§ 269 III). Grundsätzlich trifft die *Kostentragungspflicht den Kläger*.

Über die Kostentragung kann *im Einzelfall anders* entschieden werden. So kann das Gericht (vergleichbar § 91 a) nach billigem Ermessen unter Berücksichtigung des bisherigen Sach- und Streitstandes über die Kostenpflicht entscheiden, wenn der Anlass zur Klageeinreichung vor Rechtshängigkeit (= vor Klagezustellung, §§ 261 I, 253 I) weggefallen ist und wenn die Klage daraufhin unverzüglich zurückgenommen wird. Für die Kostenentscheidung ist es dabei einerlei, ob die Klagerücknahme vor oder nach Klagezustellung erfolgt (§ 269 III 3).

Diese Kostengrundentscheidung (vgl. 9.2, S. 154 ff.) ergeht *auf Antrag* und durch Beschluss (§ 269 IV). Sie kann mit der *sofortigen Beschwerde* angefochten werden (vgl. dazu 12.4.2, S. 201 ff.).

Diese ist hier nur dann zulässig, wenn
- die Kosten den *Beschwerdewert*[1] von 200,00 EUR übersteigen (§ 567 II) und
- der *Streitwert* der Hauptsache die Berufungssumme von 600,00 EUR überschreitet (§§ 269 V 1, 511 II Nr. 1).

Sie wird unzulässig, wenn der Kostenfestsetzungsbeschluss, der aufgrund der genannten Kostengrundentscheidung erlassen worden ist, unanfechtbar wird (§ 269 V).

Der *Beklagte* kann sich nach Klagerücknahme *bei Kostenpflicht des Klägers* gegenüber einer erneut möglichen Klage durch eine *Einrede* schützen, bis ihm die Kosten des ersten Prozesses erstattet worden sind (§ 269 VI).

6.4.4 Die Erledigung des Rechtsstreits in der Hauptsache

Die *Klage kann* durch ein Ereignis während des Prozesses *gegenstandslos werden.*

> **Beispiel:**
> Bleich klagt gegen Gondermann (a) auf Zahlung von 2 000,00 EUR und (b) auf künftige Unterlassung ruhestörenden Lärms in der Nachbarwohnung.
> Der Beklagte überweist dem Kläger kurz vor dem ersten bereits anberaumten Verhandlungstermin die geltend gemachten 2 000,00 EUR und er zieht aus der Wohnung aus.
> Die Klage müsste bei Aufrechterhaltung abgewiesen werden, da sie jetzt nicht mehr begründet ist.

Der *Rechtsstreit* wird durch die Erledigungsereignisse selbst *nicht automatisch beendet.*

Entweder *müssen beide Parteien* gegenüber dem Gericht *erklären*, dass der Rechtsstreit in der *Hauptsache erledigt* sei (§ 91 a I); diese Erklärung kann mündlich im Termin, zu Protokoll der Geschäftsstelle oder durch Einreichung eines Schriftsatzes abgegeben werden. Diese übereinstimmenden *beiderseitigen* Erledigungserklärungen beenden dann den Rechtsstreit.

Oder der *Beklagte unterlässt es*, der Erledigungserklärung des Klägers *innerhalb* einer *Notfrist von 2 Wochen* ab Zustellung *zu widersprechen*. Dann wird seine *Einwilligung fingiert* (wie bei § 269 II 4; vgl. S. 123). Voraussetzung dafür ist jedoch, dass ihm vorher der Schriftsatz mit der Erledigungserklärung des Klägers zugestellt und er auf die Folge eines unterlassenen Widerspruchs hingewiesen wurde (§ 91 a I 2).

Das Gericht muss dann nur noch (von Amts wegen, § 308 II) über die Kosten entscheiden. Das geschieht durch *Beschluss* (= *Kostengrundentscheidung*; vgl. unten 9.2, S. 154 ff.). Dabei entscheidet das Gericht nach billigem Ermessen unter Berücksichtigung des bisherigen Sach- und Streitstandes. Das heißt, es wird in der Regel der ohne Erledigungserklärung zu erwarten gewesene Prozessausgang zugrunde gelegt.

---

[1] Das Gleiche bedeuten Wert des Beschwerdegegenstandes und die Beschwerdesumme; vgl. hierzu die Berufungssumme unten S. 188 f.

> **Beispiel:**
> Ladewig klagt gegen Blume auf Zahlung von 1 200,00 EUR. Nach Klagezustellung einigt er sich mit Blume, den Prozess nicht weiterzuführen. Beide erklären die Erledigung des Rechtsstreits in der Hauptsache. Damit ist der Prozess beendet.
> Da die Klage bei Fortführung des Prozesses abgewiesen worden wäre, werden Ladewig jetzt durch Beschluss die Kosten des Verfahrens auferlegt.

Gegen den Beschluss ist die *sofortige Beschwerde* statthaft. Es gelten die gleichen Zulässigkeitsvoraussetzungen zum Beschwerdewert (= über 200,00 EUR) und zum Streitwert (= über 600,00 EUR) wie oben bei der Klagerücknahme (§§ 91 a II 1, 2; 567 II; 511 II Nr. 1).

Aufgaben

1 Welche Klagearten kennen Sie außer der Leistungsklage?

2 Gärtner will gegen seinen Vater auf Zahlung eines monatlichen Unterhalts von 800,00 EUR klagen.
Kann Gärtner den Unterhalt nur für den jeweils laufenden Monat oder auch für die künftigen Monate einklagen?

3 Deist in Heidelberg klagt gegen Graf, wohnhaft in Heilbronn, auf Zahlung eines Schadensersatzes in Höhe von 1 000,00 EUR. Graf beabsichtigt, Widerklage zu erheben, da ihm Deist die Rückzahlung eines Darlehens von 6 000,00 EUR schuldet. Wie beurteilen Sie den Fall?

4 Der Architekt Egon Schramm, Drosselstraße 2, 02827 Görlitz, beauftragt den Rechtsanwalt Dr. Hans Paulsen, Neißestraße 1, 02826 Görlitz, gegen den in der Nordparkstraße 10, 03044 Cottbus, wohnhaften Bauunternehmer Walter Schneller auf Zahlung von 4 800,00 EUR nebst 8% Zinsen über dem Basiszinssatz seit dem 2. April zu klagen.
a) Welches Gericht ist sachlich und örtlich zuständig?
b) Entwerfen Sie die Klageschrift (ohne Begründung)!
c) Wie viel Abschriften müssen der Klageschrift beigefügt werden?

5 Was versteht man unter
a) objektiver Klagenhäufung?
b) subjektiver Klagenhäufung?

6 Selchow will gegen Bansemer auf Zahlung von 700,00 EUR klagen. In seinem Bundesland ist (für diesen Anspruch) die Durchführung eines außergerichtlichen Güteverfahrens vorgeschrieben.
a) Wozu würden Sie Selchow jetzt raten?
b) Was müsste er hier der Klageschrift beifügen, um eine zulässige Klage einzureichen?

7 Hofmann will Thomsen beim Amtsgericht auf Zahlung von 800,00 EUR verklagen.
a) Muss Hofmann die Klage durch einen Rechtsanwalt einreichen lassen? (Begründen)
b) Wie hoch ist der Gerichtskostenvorschuss?
c) Wie kann der Gerichtskostenvorschuss eingezahlt werden?
d) Welche Folgen hat eine Nichtzahlung des Gerichtskostenvorschusses?

8 In einem Prozess vor dem Landgericht Leipzig ist die Klageschrift dem Beklagten in Leipzig zugestellt worden.
   a) Wie lang ist die Einlassungsfrist?
   b) Wie lang ist die Einlassungsfrist bei einer Zustellung der Klage in Paris? Dem Beklagten wird eine Ladung zum zweiten Termin zugestellt.
   c) Wie lang ist die Ladungsfrist?
   d) Wie lang ist die Ladungsfrist, wenn es sich um einen Prozess vor dem Amtsgericht Leipzig handelt?

9 In einem Rechtsstreit vor dem Amtsgericht Brandenburg hat der Richter das schriftliche Vorverfahren angeordnet und dem Beklagten die Klageschrift mit anliegenden Formularhinweisen am Montag, 3. Mai zustellen lassen.
   a) Wann läuft die Frist zur Anzeige der Verteidigungsabsicht ab?
   b) Wann läuft die Klageerwiderungsfrist (mit gesetzlicher Dauer) ab?

10 Wann tritt in einem Rechtsstreit die Rechtshängigkeit ein und welche Wirkungen hat sie?

11 Nennen Sie mindestens drei Grundsätze, die für die mündliche Verhandlung vor Gericht gelten!

12 Der 17-jährige Schüler Hohmann reicht beim Amtsgericht gegen den Käufer seines Mopeds Wimmer Klage auf Zahlung von 1 600,00 EUR ein (alles ohne Wissen seiner Eltern). Wie wird das Amtsgericht entscheiden?

13 Klinger klagt beim Amtsgericht Düsseldorf gegen das städtische Baupolizeiamt auf Erteilung einer Baugenehmigung. Wie wird das Amtsgericht entscheiden?

14 In dem Rechtsstreit Albers gegen Eilers hat das Gericht einen Verhandlungstermin auf den 5. Juni anberaumt. Im Verhandlungstermin stellt das Gericht nach Aufruf der Sache fest, dass keine Partei erschienen ist. Wie kann das Gericht jetzt verfahren?

15 Sindermann hat eine Klage zum Amtsgericht auf Zahlung von 1 500,00 EUR gegen Abig eingereicht. Der Richter setzt einen Gütetermin an, zu dem das persönliche Erscheinen der Parteien angeordnet wird.
   a) Welches Ergebnis könnte die angestrebte gütliche Einigung haben?
   b) Wann darf der Richter von einem Gütetermin absehen?
   c) Wie geht das Verfahren weiter, wenn der Gütetermin erfolglos bleiben sollte?

16 Der Ort für die Termine zur mündlichen Verhandlung ist in der Regel das Gerichtsgebäude.
   a) Was ist demgegenüber ein Lokaltermin und wann kann es dazu kommen?
   b) Das Gesetz sieht in Zukunft auch die Möglichkeit von Videoterminen vor. Was ist damit gemeint?

17 a) Beschreiben Sie, worin der Unterschied zwischen dem „Beweis" und der „Glaubhaftmachung" liegt.
   b) Woran erkennt man im Einzelfall, ob eine Tatsache bewiesen oder glaubhaft gemacht werden muss?

18 In dem Rechtsstreit Schuler gegen Oswald erklärt das Gericht dem Kläger, dass er für eine bestimmte von ihm vorgetragene Tatsache „Beweis antreten" solle.
Was will das Gericht damit zum Ausdruck bringen?

19 In dem Rechtsstreit Diehl gegen Prien vor dem Landgericht Nürnberg soll
a) ein Zeuge in Nürnberg, der wegen Gebrechlichkeit nicht das Haus verlassen kann,
b) ein Zeuge in Wolfenbüttel
vernommen werden.
Wie könnte die Beweisaufnahme durchgeführt werden, wenn die Zeugen nicht im Gerichtsgebäude der Zivilkammer des Landgerichts Nürnberg vernommen werden sollen?

20 Nach dem deutschen Zivilprozessrecht kann ein Beweis durch fünf Beweismittel erbracht werden.
a) Nennen Sie die fünf Beweismittel!
b) Für welches Beweismittel kennt das Gesetz feste Beweisregeln?
c) Welche Beweise können – über den Beweisantritt einer Partei hinaus – auch von Amts wegen angeordnet werden?

21 In dem Rechtsstreit Zoder gegen Herzog soll darüber Beweis erhoben werden, ob die Geruchseinwirkung von einem benachbarten Fabrikbetrieb unzumutbar ist.
Durch welches Beweismittel kann der Beweis hier geführt werden?

22 In dem Rechtsstreit Otto gegen Wucherpfennig wird vom Kläger als Beweismittel eine Bauskizze vorgelegt. Ist die Einsichtnahme der Bauskizze durch das Gericht eine Augenscheinseinnahme oder ein Urkundenbeweis? (Bitte begründen!)

23 In dem Rechtsstreit Hansen gegen Denner benennt der Kläger als Zeugen
1. seine Ehefrau,
2. seinen 12-jährigen Sohn Walter,
3. seinen Freund Stumm.
Alle drei Zeugen werden vom Gericht zum Beweistermin geladen.
a) Welcher Zeuge muss zum Beweistermin erscheinen?
b) Welcher Zeuge muss aussagen?
c) Welcher Zeuge muss seine Aussage beeiden, wenn das Gericht dies verlangt?

24 In dem Rechtsstreit Hobel gegen Schramm werden als Zeugen des Beklagten
1. die Verlobte des Beklagten,
2. der Großvater des Beklagten,
3. der Vetter des Beklagten
geladen.
a) Welcher Zeuge hat ein Aussageverweigerungsrecht?
b) Häufig weiß die als Zeuge geladene Person nicht, ob sie ein Recht zur Aussageverweigerung hat. Wie erfährt der Zeuge, ob er aussagen muss oder nicht?

25 Die 20-jährige Freundin der Klägerin Klages wird als Zeugin zu dem auf den 12. Juli, 12:00 Uhr, anberaumten Beweistermin geladen. Da am 12. Juli das Wetter sehr schön ist und die Zeugin gerade Urlaub hat, versäumt sie den Beweistermin und geht zum Baden.
a) Wie beurteilen Sie rechtlich das Verhalten der Zeugin?
b) Wie würden Sie die Rechtslage beurteilen, wenn die Zeugin zwar zum Beweistermin erscheint, aber ihre Aussage verweigert?

26 Der 40-jährige Maurer Durst, ein Arbeitskollege des Klägers Melchior, wird als Zeuge des Klägers geladen. Durst weigert sich, zum Beweistermin zu erscheinen, weil er befürchtet, dass er dadurch einen zu hohen Verdienstausfall erleiden würde.
Nehmen Sie zu dem Fall Stellung!

27 Klempnermeister Schmitz wird vom Gericht zum Sachverständigen ernannt.
a) Schmitz weigert sich, das Gutachten zu erstatten.
b) Der Beklagte lehnt Schmitz als Sachverständigen ab, da dieser mit dem Kläger befreundet ist.
Wie beurteilen Sie die Fälle a) und b)?

28 Der öffentlich bestellte Sachverständige Dr. med. Eberhardt wird in dem Rechtsstreit Kunze gegen Seume zum Sachverständigen ernannt.
a) Der Sachverständige verweigert die Erstattung des Gutachtens, da er mit dem Beklagten verwandt ist (er ist der Onkel des Beklagten). Erfolgt die Weigerung zu Recht?
b) Welche Folge hat es, wenn der zum Sachverständigen ernannte Dr. Eberhardt die Erstattung des Gutachtens verweigert?

29 In dem Rechtsstreit Thomas gegen Böse legt der Kläger zum Beweis der von ihm behaupteten Tatsache eine Tonbandaufnahme vor.
Das Gericht hört sich das Tonband an. Ist das ein Urkunden- oder Augenscheinsbeweis? (Bitte begründen!)

30 Der Kläger Schiefel legt zum Beweis einer von ihm behaupteten Tatsache einen Brief des Beklagten vor. Der Beklagte bestreitet, den Brief geschrieben zu haben. Welche Partei trifft die Beweislast?

31 Wenger klagt am 4. Juli gegen Schlichting auf Rückzahlung eines Darlehens von 3 000,00 EUR. Er beruft sich zum Beweis dafür, dass das Darlehen vereinbarungsgemäß am 30. Juni zurückgezahlt werden musste, auf den in Händen des Beklagten befindlichen Darlehensvertrag. Wenger stellt deshalb den Antrag, dem Beklagten die Vorlegung des Vertrages aufzuerlegen. Schlichting weigert sich.
a) Wie ist die Rechtslage?
b) Wie wäre die Rechtslage, wenn sich die Vertragsurkunde in Händen eines Dritten befinden sollte?

32 In dem Rechtsstreit Eisel gegen Brummer beantragt der Kläger zum Beweis der von ihm behaupteten Tatsache Parteivernehmung. Das Gericht ordnet die Parteivernehmung an.
a) Welche Partei wird vernommen?
b) Womit muss diese Partei über die Vernehmung hinaus von Seiten des Gerichts noch rechnen?

33 Kaufmann Schön in Hannover hat vom Importeur Brause in Hamburg eine Partie Orangen gekauft. Sofort nach Lieferung der Ware stellt Schön fest, dass die Orangen nicht die vereinbarte Qualität haben. Brause bestreitet dies.
a) Was kann Schön unternehmen, wenn er bedenkt, dass evtl. ein Prozess gegen Brause erforderlich wird?
b) Welches Gericht ist hierfür zuständig?

34 Das Landgericht Hamburg will in einem bei ihm geführten Prozess die Vernehmung von vier in Amsterdam wohnhaften Zeugen an ihrem Wohnort herbeiführen (Niederlande = Mitglied der EU).
Was muss das Landgericht als das deutsche Prozessgericht veranlassen, wenn es
a) die Vernehmung in Amsterdam nicht selbst durchführen will?
b) auf eine eigene (= unmittelbare) Vernehmung in Amsterdam Wert legt?

35 Gottschalk hat Habermehl auf Zahlung von 3 500,00 EUR verklagt. Nach streitiger Verhandlung ergeht ein obsiegendes Urteil.
a) Wie ist das Urteil aufgebaut, von dem das Gericht Gottschalk eine vollständige Ausfertigung zusendet? (Bitte alle Bestandteile nennen!)
b) Welche Urteile werden demgegenüber in abgekürzter Form ausgefertigt?
c) Welche Möglichkeiten der Abkürzung gibt es dabei?

36 Kummer klagt gegen Werfel beim Landgericht Berlin auf Zahlung eines Schadensersatzes von 19 000,00 EUR. Das Gericht erlässt ein Urteil, in dem es feststellt, dass „der Klageanspruch dem Grunde nach gerechtfertigt ist".
a) Ist die Entscheidung des Gerichts ein Endurteil? (Bitte begründen!)
b) Kann der Beklagte gegen das Urteil Berufung einlegen? (Bitte begründen!)
c) Stellen Sie fest, ob und wodurch das Urteil rechtskräftig werden kann?

37 Wodurch unterscheidet sich ein streitiges Endurteil von einem Anerkenntnisurteil
a) bezüglich der prozessualen Voraussetzungen?
b) bezüglich des Inhalts des Urteils?

38 Sie entnehmen dem Gerichtskasten ein Urteil und stellen fest, dass die Kostenentscheidung fehlt.
a) Was ist zu tun und welche Frist ist zu beachten?
b) Wie wäre Frage a) zu beantworten, wenn wir feststellen, dass die Anschrift unseres Mandanten im Urteil unrichtig ist?

39 Die Mandantin, Frau Schwalbe, hat im Jahre 2004 gegen ihren geschiedenen Mann ein Urteil erwirkt, in dem der Antragsgegner verurteilt wurde, der Antragstellerin monatlich 1 000,00 EUR Unterhalt zu zahlen. Jetzt erfährt Frau Schwalbe, dass der Schuldner schon vor zwei Jahren ein neues Arbeitsverhältnis mit einem um 500,00 EUR höheren Monatsgehalt angetreten hat. Frau Schwalbe wünscht, dass der Unterhalt rückwirkend auf monatlich 1 300,00 EUR erhöht wird.
a) Kann Frau Schwalbe eine Erhöhung des Unterhaltes erreichen, wenn ja, auf welchem Wege?
b) Kann Frau Schwalbe Erhöhung des Unterhaltes auch für die vergangenen zwei Jahre verlangen? (Bitte begründen!)
c) Wie wären die Fragen a) und b) zu beantworten, wenn Frau Schwalbe im Jahre 2004 mit ihrem Mann einen Unterhaltsvergleich geschlossen hätte?

40 In dem Rechtsstreit Esser gegen Lehmann haben die Parteien einen Vergleich geschlossen, nach dem Lehmann dem Kläger zur Abgeltung aller Ansprüche 6 000,00 EUR zu zahlen hat. Über die Kostentragungspflicht wird in dem Vergleich nichts gesagt.
Wer trägt die Kosten des Rechtsstreits?

41 Tunger hat Schlief auf Zahlung von 1 800,00 EUR verklagt. Während des Rechtsstreits einigen sich die Parteien dahin, dass der Beklagte dem Kläger zur Abgeltung aller Ansprüche 1 000,00 EUR zu zahlen hat. Der Vergleich wird in dem Büro eines Prozessbevollmächtigten geschlossen.
Würden Sie den Vergleich gerichtlich protokollieren lassen und wenn ja, aus welchem Grund?

42 Thomsen hat Knieriem am 20. Mai auf Zahlung von 1 000,00 EUR verklagt. Am 30. Juni erklärt Thomsen, nachdem bereits streitig verhandelt worden ist, die Klagerücknahme.
a) Wie lange kann Thomsen die Klage ohne weiteres zurücknehmen?
b) Wie erfolgt die Klagerücknahme?
c) Wer trägt bei wirksamer Klagerücknahme die bis dahin entstandenen Kosten?
d) Kann Thomsen nach wirksamer Klagerücknahme in derselben Sache später noch einmal klagen? (Bitte begründen!)

43 In dem Rechtsstreit Thiess gegen Wunderlich nimmt der Kläger die Klage zurück.
a) Thiess weigert sich, dem Wunderlich dessen bisher entstandene Kosten zu zahlen. Was kann Wunderlich unternehmen?
b) Obgleich Thiess die dem Wunderlich entstandenen Kosten noch nicht gezahlt hat, klagt er in derselben Sache wenig später noch einmal gegen Wunderlich. Was würden Sie dem Beklagten raten?

44 Elfers hat Gondermann auf Zahlung von 800,00 EUR verklagt. Nach dem zweiten Verhandlungstermin überweist der Beklagte dem Kläger die geltend gemachten 800,00 EUR. Elfers erklärt daraufhin die Erledigung des Rechtsstreits in der Hauptsache. Gondermann schließt sich der Erklärung an.
a) Wie wirken sich diese Erklärungen auf den Prozess aus?
b) Wie entscheidet das Gericht über die bisher entstandenen Prozesskosten?
c) Was kann die kostenpflichtige Partei gegen die Entscheidung des Gerichts unternehmen?
d) Welche Zulässigkeitsvoraussetzungen sind bei einer Anfechtung der Kostenentscheidung zu beachten?

7 Das Versäumnisverfahren

Eine Partei darf sich *nicht folgenlos* durch Verweigerung *einem Gerichtsverfahren entziehen.* Das versucht das Gesetz u.a. durch die rechtliche Möglichkeit eines Versäumnisurteils zu verhindern. Dabei muss aber der Anspruch auf rechtliches Gehör (Art. 103 I GG) gewahrt werden.

7.1 Das Versäumnisurteil

Das Versäumnisverfahren (§§ 330 ff.) findet statt, wenn der Kläger oder der Beklagte in einem Termin zur mündlichen Verhandlung säumig ist. Ein *Versäumnisurteil* kann dann *nur auf Antrag* der jeweils erschienenen Partei gegen den Beklagten oder gegen den Kläger erlassen werden.

▶ *Säumnisvoraussetzungen*

Säumig ist eine Partei,
- wenn sie in einem *Verhandlungstermin ausbleibt,*
- wenn sie zum Verhandlungstermin zwar *erscheint, aber nicht verhandelt,*
- wenn sie in einem *Anwaltsprozess ohne* einen beim Prozessgericht zugelassenen *Rechtsanwalt erscheint.*

Eine Ausnahmeregelung *hierzu stellt der Erlass eines* Versäumnisurteils *auf Antrag des Klägers gegen den Beklagten im schriftlichen Vorverfahren* bei bloßer Fristenversäumnis *dar, nämlich bei Versäumung der Verteidigungsanzeigefrist, wenn der Beklagte vorher auf diese Folge hingewiesen worden ist. (Siehe dazu §§ 276 I 1, II, 331 III und S. 94). Bei diesem ohne mündliche Verhandlung erlassenen Urteil wird die Verkündung durch Amtszustellung ersetzt (§ 310 III 1). Im Nachfolgenden wird vom Regelfall der Terminssäumnis ausgegangen!*

Keine Säumnis darf das Gericht bei *Verfahrensverstößen nach § 335* annehmen. Hier ist ein *Versäumnisurteil unzulässig.* Das Gericht wird dann
- entweder zur Behebung der Mängel *vertagen*
- oder durch Beschluss den *Antrag auf* Erlass eines *Versäumnisurteils zurückweisen.*

Also keine Klageabweisung! Das gilt in den folgenden Fällen:
1. wenn die nicht erschienene Partei nicht ordnungsmäßig, insbesondere nicht rechtzeitig geladen worden ist (§ 217) und auch wenn die Einlassungsfrist (§ 274 III) nicht gewahrt ist.

> *Beispiel:*
> a) *Da der Beklagte nicht angetroffen wurde, ist die Ladung (nebst Klageschrift) dem Nachbarn übergeben worden. Dort geht sie verloren.*
> *Hier fehlt es an einer (ordnungsmäßigen) Ladung.*
> b) *In der Sache Anders gegen Neumann ist Termin zur mündlichen Verhandlung auf den 18. Mai anberaumt worden. Neumann ist abwesend. Das Gericht stellt fest, dass Neumann die (Ladung nebst) Klageschrift erst am 15. Mai zugestellt worden ist.*
> *Die Einlassungsfrist ist nicht gewahrt.*

Eine Ladung ist nicht erforderlich, wenn der nächste Termin den Parteien im vorhergehenden Termin verkündet worden ist.

2. wenn der nicht erschienenen Partei ein mündliches Vorbringen oder ein Antrag nicht rechtzeitig durch einen Schriftsatz mitgeteilt worden war. Dabei ist insbesondere an § 132 zu denken, nach dem im Anwaltsprozess ein vorbereitender Schriftsatz, der neue Tatsachenbehauptungen enthält, so rechtzeitig einzureichen ist, dass er mindestens eine Woche vor der mündlichen Verhandlung zugestellt werden kann (vgl. S. 85).

> *Beispiel:*
> *Maurer hat Klug auf Zahlung von 2 400,00 EUR verklagt. Vor dem auf den 20. März anberaumten zweiten Verhandlungstermin erhöht Maurer seinen Klageantrag schriftsätzlich um 1 500,00 EUR. Der Schriftsatz kann dem Klug erst am 18. März zugestellt werden. Im Verhandlungstermin am 20. März ist Klug säumig. Maurer beantragt den Erlass eines Versäumnisurteils.*
> *Es ergeht ein Versäumnisurteil nur über 2 400,00 EUR gegen den Beklagten, dagegen wird der Antrag auf Erlass eines Versäumnisurteils wegen weiterer 1 500,00 EUR durch Beschluss zurückgewiesen (§ 335 I Ziff. 3).*

Gegen den **Beschluss,** durch den der *Antrag auf* Erlass des *Versäumnisurteils zurückgewiesen* wird, ist die *sofortige Beschwerde* gegeben (§ 336 I 1).

Das Gericht kann die Verhandlung über den Antrag auf Erlass eines Versäumnisurteils von Amts wegen **vertagen,** wenn nach seiner Ansicht die nicht erschienene Partei ohne ihr Verschulden am Erscheinen verhindert war (§ 337).

> *Beispiel:*
> *In dem Rechtsstreit Schümann gegen Unna vor dem Amtsgericht Hamburg ist der in Kiel wohnhafte Kläger im Verhandlungstermin abwesend. Der Richter hat vor Beginn des Termins von einem Kollegen erfahren, dass sich in den Morgenstunden auf der Strecke Hamburg–Kiel ein Eisenbahnunglück ereignet hat. Er hat daher Grund zu der Annahme, dass Schümann durch das Unglück verhindert worden ist, rechtzeitig zum Termin zu erscheinen.*

▶ **Prozessvoraussetzungen und Schlüssigkeit**

Auch wenn die Voraussetzungen der Säumnis (siehe oben) zu bejahen sind, so müssen doch vor Erlass eines Versäumnisurteils darüber hinaus auch die sonstigen Voraussetzungen für ein Sachurteil gegeben sein. Überdies ist zwischen dem Versäumnisurteil gegen den Kläger und dem gegen den Beklagten zu unterscheiden, dem in der Praxis häufigsten Fall.

Zunächst sind die **Prozessvoraussetzungen** zu prüfen (vgl. dazu oben 6.1.7, S. 90 f.). *Fehlt eine Prozessvoraussetzung* (z.b. Prozessfähigkeit, fehlende gesetzliche Vertretung) und wird dieser Mangel nicht behoben, *so wird die Klage abgewiesen* (!). Das gilt auch bei Säumnis des Beklagten. Dieses stets klageabweisende Urteil wird zwar als sog. *„unechtes Versäumnisurteil"* bezeichnet. Es ist tatsächlich aber überhaupt kein Versäumnisurteil, sondern *ein Endurteil,* das unabhängig von einer Säumnis oder Nichtsäumnis ergeht.

Beispiel:
Hansen verklagt Tiemann beim Amtsgericht auf Zahlung von 1 500,00 EUR rückständigen Lohn. Für den Rechtsstreit ist nicht das ordentliche Gericht, sondern das Arbeitsgericht zuständig.
Obwohl der Beklagte säumig ist, wird die Klage dennoch durch ein sog. „unechtes Versäumnisurteil" (= Endurteil) abgewiesen, wenn nicht der Kläger Hansen Verweisung an das zuständige Arbeitsgericht beantragt.

Bei Vorliegen der (Säumnis und der) Prozessvoraussetzungen ist weiter zu unterscheiden:
Versäumnisurteil gegen den Beklagten. Bevor der Beklagte auf *Antrag des Klägers verurteilt* werden kann, muss das Gericht prüfen, ob die **Klage schlüssig** ist. Das ist dann der Fall, wenn die vom Kläger vorgetragenen Tatsachen den Klageantrag rechtfertigen, sofern man sie als unstreitig ansieht. Da der abwesende Beklagte sich aber tatsächlich nicht dazu äußert, hilft hier eine *gesetzliche Geständnisfiktion* (§ 331 I 1); das tatsächliche Vorbringen des Klägers gilt danach als zugestanden durch den säumigen Beklagten. Diese Fiktion bezieht sich nicht auf die Zuständigkeit des Gerichts.

Beispiel:
Lehmann hat Schulz auf Rückzahlung eines fälligen Darlehens i.H. v. 2 000,00 EUR verklagt. Da Schulz säumig ist, gilt dieses Vorbringen des Klägers als zugestanden. Die Klage ist schlüssig.
Schulz wird durch Versäumnisurteil zur Zahlung verurteilt.

Ist die *Klage nicht schlüssig,* wird sie durch das sog. *„unechte Versäumnisurteil"* (siehe oben), d.h. durch ein *Endurteil abgewiesen* (§ 331 II); diesmal also kein Versäumnisurteil.

> **Beispiel:**
> Lehmann hat (im Beispiel oben) der Klage eine Darlehensurkunde beigefügt, aus der sich ergibt, dass das Darlehen tatsächlich erst im nächsten Jahr fällig wird. Die Klage ist diesmal nicht schlüssig.
> Die Klage wird durch Endurteil abgewiesen.

Versäumnisurteil gegen den Kläger. Wenn alle Prozessvoraussetzungen vorliegen, der Kläger aber säumig ist, so wird auf *Antrag des Beklagten* durch Versäumnisurteil *die Klage abgewiesen* (§ 330).

Kosten. Die *säumige Partei* hat nach §§ 95, 344 alle *durch die Säumnis entstandenen Kosten* zu tragen.

7.2 Der Einspruch

Die säumige Partei kann gegen das Versäumnisurteil **Einspruch** einlegen (gegen ein unechtes Versäumnisurteil ist dagegen die Berufung und Revision statthaft). Die Einspruchsschrift muss das Urteil angeben, gegen das sich der Einspruch richtet; sie muss außerdem die Erklärung enthalten, dass Einspruch eingelegt wird.

In der Einspruchsschrift muss die Partei außerdem alle Angriffs- und Verteidigungsmittel vorbringen, die nach der Lage des Prozesses der Förderung und Beschleunigung des Verfahrens dienen können (§ 340 III).

Der Einspruch muss binnen einer **Notfrist von zwei Wochen,** beginnend mit Amtszustellung des Versäumnisurteils, beim Arbeitsgericht innerhalb *einer* Woche (§ 59 ArbGG) eingelegt werden (§ 339 I).

Muss die Zustellung des Versäumnisurteils im Ausland oder durch öffentliche Bekanntmachung erfolgen, hat das Gericht die Einspruchsfrist im Versäumnisurteil oder später durch besonderen Beschluss zu bestimmen.

Zuständig für den Einspruch ist *das Gericht, dessen Versäumnisurteil angefochten* wird.

Ist der Einspruch nicht statthaft oder ist er nicht form- und fristgerecht eingelegt worden, so wird der *Einspruch* durch Urteil *als unzulässig verworfen* (§ 341 I). Die Entscheidung kann mit oder ohne mündliche Verhandlung ergehen (§ 341 II). Im letzten Falle wird die Verkündung durch die Amtszustellung des Urteils ersetzt (§ 310 III 2). Gegen dieses *Endurteil* ist als Rechtsmittel die *Berufung* gegeben.

> **Beispiel:**
> a) in dem Rechtsstreit Graf gegen Schach ist ein sog. „unechtes Versäumnisurteil" ergangen, weil eine Prozessvoraussetzung fehlte. Graf legt gegen dieses Endurteil statt Berufung Einspruch ein.
> b) in dem Rechtsstreit Engels gegen Schumann vor den Amtsgericht München ist am 10. März gegen den säumigen Schumann ein Versäumnisurteil verkündet und ihm am 14. März zugestellt worden. Schumann legt am 30. März Einspruch ein.
> In beiden Fällen wird der Einspruch durch Endurteil als unzulässig verworfen, weil er im Beispiel a) nicht statthaft, im Beispiel b) nicht fristgerecht eingelegt worden ist. In beiden Fällen ist gegen das jetzt ergangene Urteil die Berufung statthaft.

Ist der *Einspruch zulässig,* wird der Rechtsstreit in die Lage zurückversetzt, in der er sich vor dem Versäumnis befand. Das Gericht führt den Rechtsstreit also an der Stelle weiter, an der er durch das Versäumnisurteil unterbrochen worden ist.

Ist die säumige Partei im Einspruchstermin erneut säumig, ergeht auf Antrag ein zweites Versäumnisurteil, in dem der Einspruch verworfen wird. Gegen das **zweite Versäumnisurteil** steht der säumigen Partei *kein weiterer Einspruch zu,* d.h. das Urteil ist im Regelfall jetzt praktisch unanfechtbar geworden (§ 345).

Ausnahmsweise ist gegen das zweite Versäumnisurteil (entgegen § 514 I) dann die *Berufung* statthaft, wenn die unterlegene Partei im Einspruchstermin nicht säumig war (§ 514 II). Das ist insbesondere dann der Fall, wenn diese Partei vorträgt und beweisen kann, dass sie ohne ihr Verschulden am Erscheinen verhindert war, so durch plötzliche Erkrankung, Unfall, höhere Gewalt. Die *Berufungssumme* von über 600,00 EUR braucht *hier nicht* beachtet zu werden.

> **Beispiel:**
> In dem Rechtsstreit Niemann gegen Krause ist am 10. Oktober ein Versäumnisurteil gegen Krause verkündet worden. Auf den Einspruch des Beklagten wird Einspruchstermin auf den 4. November anberaumt. Da Krause im Einspruchstermin nicht erscheint, ergeht gegen ihn ein zweites Versäumnisurteil. Krause weist nach, dass er zum Einspruchstermin nicht geladen worden ist. Er kann Berufung gegen das zweite Versäumnisurteil einlegen.

Wird die säumige Partei, nachdem sie im Einspruchstermin verhandelt hat, in einem späteren Verhandlungstermin erneut säumig, ergeht gegen sie auf Antrag ein weiteres Versäumnisurteil, gegen das wiederum der Einspruch zulässig ist.

> **Beispiel:**
> In dem Rechtsstreit Kruse gegen Schlichting ist am 20. Januar gegen Kruse ein Versäumnisurteil erlassen und auf den Einspruch am 22. Februar Einspruchstermin anberaumt worden. Nach streitiger Verhandlung wird im Einspruchstermin neuer Verhandlungstermin auf den 8. März anberaumt. In diesem Termin ist Kruse erneut säumig. Es ergeht ein weiteres Versäumnisurteil.
> Kruse kann gegen das weitere Versäumnisurteil Einspruch einlegen.

Nach dem zulässigen Einspruch wird so lange weiterverhandelt, bis der Rechtsstreit entscheidungsreif ist. In dem Endurteil wird dann entweder
1. **das Versäumnisurteil aufrechterhalten.**

> *Beispiel:*
> Hartmann hat gegen Toller auf Zahlung von 2 000,00 EUR nebst 5% Zinsen über dem Basiszinssatz seit dem 1. Januar 2003 geklagt. Gegen den säumigen Kläger Hartmann ergeht ein klageabweisendes Versäumnisurteil.
> Hartmann legt Einspruch ein. Das Gericht lässt weiter zur Hauptsache verhandeln und kommt zu dem Ergebnis, dass die Klage unbegründet ist.
> In dem jetzt ergehenden Endurteil wird das Versäumnisurteil aufrechterhalten und die unterlegene Partei (hier der Kläger) auch zur Tragung der weiteren Kosten verurteilt. (Kosten, die nach Erlass des Versäumnisurteils entstanden sind.)

oder
2. **das Versäumnisurteil aufgehoben.**

> *Beispiel:*
> Im vorangegangenen Beispiel stellt das Gericht, nachdem Hartmann Einspruch eingelegt hat, fest, dass die Klage begründet ist.
> In dem Endurteil wird das Versäumnisurteil aufgehoben und der Beklagte zur Zahlung von 2 000,00 EUR nebst 5% Zinsen über dem Basiszinssatz seit dem 1. Januar 2003 verurteilt. Die Kosten des Rechtsstreites trägt der Beklagte, mit Ausnahme der durch das Versäumnisurteil entstehenden Kosten, die der Kläger zu tragen hat (§ 344).

Die säumige Partei kann *auf den Einspruch verzichten,* sie kann den Einspruch auch *zurücknehmen.* Es gelten insofern die Vorschriften über den Verzicht auf die Berufung und über ihre Zurücknahme entsprechend (vgl. S. 193 f.).

Aufgaben

1 In dem Rechtsstreit Wagner gegen Ohnsorg vor dem Amtsgericht Hamburg steht Verhandlungstermin am Donnerstag, dem 18. Februar, an. Da der in Cuxhaven wohnhafte Beklagte nicht erschienen ist, beantragt der Kläger den Erlass eines Versäumnisurteils. Der Richter stellt fest, dass dem Beklagten die Klageschrift nebst Ladung am Freitag, dem 5. Februar, zugestellt worden ist.
Darf der Richter das beantragte Versäumnisurteil erlassen? (Bitte begründen!)

2 Wegener hat seinen Schuldner Bettermann vor dem Amtsgericht Dessau auf Zahlung von 3 000,00 EUR verklagt. Im ersten Verhandlungstermin wird streitig verhandelt. Das Gericht beraumt einen neuen Verhandlungstermin auf Montag, den 10. April, 10:00 Uhr, an. Am Mittwoch, dem 5. April, geht beim Amtsgericht ein Schriftsatz des Klägers ein, in dem er den Klageantrag um 1 000,00 EUR erhöht. Der Schriftsatz wird dem Beklagten am Frei-

tag, dem 7. April, zugestellt. Im Verhandlungstermin am 10. April ist der Beklagte nicht erschienen. Der Kläger beantragt den Erlass eines Versäumnisurteils.
Wie wird das Gericht entscheiden? (Bitte begründen!)

3 Brummer verklagt Dräger vor dem Amtsgericht Freudenstadt auf Zahlung von 3 000,00 EUR Spielschulden. Im ersten Verhandlungstermin ist der Beklagte säumig. Brummer beantragt den Erlass eines Versäumnisurteils.
Wie wird das Gericht entscheiden? (Bitte begründen!)

4 Der nichteingetragene Angelverein „Petri-Heil" verklagt Schulze auf Zahlung von 150,00 EUR. Schulze ist im ersten Verhandlungstermin säumig. Der Prozessvertreter des Klägers beantragt den Erlass eines Versäumnisurteils.
Darf das Versäumnisurteil erlassen werden? (Bitte begründen!)

5 In dem Rechtsstreit Ahrens gegen Bollmann vor dem Amtsgericht Münster ergeht gegen den säumigen Kläger ein Versäumnisurteil.
Was kann Ahrens gegen das Versäumnisurteil unternehmen und innerhalb welcher Frist?

6 Brausewetter hat Wolters beim Landgericht Osnabrück auf Zahlung von 12 000,00 EUR nebst 5% Zinsen über dem Basiszinssatz seit dem 1. März verklagt. Der Beklagte erscheint im ersten Verhandlungstermin ohne Rechtsanwalt. Das Gericht erlässt auf Antrag des Klägers ein Versäumnisurteil gegen den Beklagten, das diesem am 2. Mai zugestellt wird.
a) Welchen Inhalt hat der Tenor des Versäumnisurteils?
b) Wann läuft die Einspruchsfrist ab?
c) Welches Gericht ist für den Einspruch zuständig?
d) Was muss die Einspruchsschrift enthalten?
e) Welche Wirkung hat der frist- und formgerecht eingelegte Einspruch sofort?
f) Wer trägt die Kosten des Rechtsstreits, wenn die Klage nach erfolgreichem Einspruch durch Endurteil als unbegründet abgewiesen wird?

7 In dem Rechtsstreit Mommer gegen Streich ist gegen den Beklagten ein Versäumnisurteil erlassen worden. Der Einspruch des Beklagten wird durch Endurteil als unzulässig verworfen.
Was kann Streich gegen das Endurteil unternehmen?

8 Der Mandant Toller erscheint im Büro und teilt folgenden Sachverhalt mit: Er sei von Schmidtmann auf Zahlung von 500,00 EUR verklagt worden. Da er den ersten Verhandlungstermin vergessen habe, sei gegen ihn ein Versäumnisurteil ergangen. Sein Einspruch sei durch ein Versäumnisurteil als unzulässig verworfen worden, da er im Einspruchstermin wegen einer plötzlichen schweren Erkrankung nicht erscheinen konnte.
Wie kann der Rechtsanwalt Toller helfen?

9 In dem Rechtsstreit Niemann gegen Ludwig ist im ersten Verhandlungstermin ein Versäumnisurteil gegen den Kläger ergangen. Auf den Einspruch des Klägers wird streitig zur Sache verhandelt. Im dritten Verhandlungstermin ergeht gegen den Kläger erneut ein Versäumnisurteil.
Was kann der Kläger gegen das letzte Versäumnisurteil unternehmen?

8 Zustellungen

8.1 Allgemeines

Während eines Rechtsstreites müssen den Parteien und sonstigen beteiligten Personen (z.b. Zeugen) Schriftstücke der verschiedensten Art zugestellt werden, wie z.b. die Klageschrift, die Ladung, das Urteil. In der Regel verbindet das Gesetz mit diesen *Zustellungen* wichtige **Rechtsfolgen** wie z.b. die Rechtshängigkeit (= ab Klagezustellung), oft auch den Beginn von Fristen usw. Es handelt sich dabei um prozessuale Folgen, die für den Fortgang des Prozesses von Bedeutung sind und die keine Zweifel dulden.

Zweck der Zustellung in den unterschiedlichen Formen ist es *sicherzustellen,* dass
- der *Zustellungsadressat* (z.b. die Gegenpartei) von einem Schriftstück *Kenntnis* nehmen kann,
- der *Zustellungsveranlasser* (= das Gericht oder die Partei) *dies nachweisen* kann (z.b. durch Zustellungsurkunde, Empfangsbekenntnis).

Nach der **Definition** des Gesetzes ist die Zustellung die *Bekanntgabe eines Schriftstückes* an eine Person *in der gesetzlich vorgeschriebenen Form* (§ 166 I). Das Gesetz unterscheidet dabei die Zustellung von Amts wegen (= der Regelfall) und die Zustellung auf Betreiben der Parteien.

▶ **Beteiligte Personen**

Beim Zustellungsvorgang müssen unterschieden werden:
- **Zustellungsveranlasser** = er erteilt den Auftrag (z.B. die Partei, der Urkundsbeamte),
- **Zusteller** = er führt die Zustellung aus (z.B. ein Postbeamter),
- **Zustellungsadressat** = ihm soll zugestellt werden (z.B. dem Beklagten das Urteil),
- **Zustellungsempfänger** = ihm wird das Schriftstück tatsächlich übergeben; er kann vom Zustellungsadressaten abweichen (so z.B. bei Ersatzzustellung an den Ehegatten in der Ehewohnung).

Zustellungsadressat ist im Prozess zwar grundsätzlich *die Partei,* der zugestellt werden soll (§ 182 II Nr. 1). Abweichend davon ist Adressat stattdessen:[1]
- Bei einer nicht prozessfähigen Partei, so bei Minderjährigen, der *gesetzliche Vertreter* (§ 170 I);
- bei Behörden, Gemeinden, juristischen Personen *der Leiter* (§ 170 II);
- bei der Bestellung eines *Prozessbevollmächtigten muss*(!) an diesen zugestellt werden (§ 172); nur wenn das persönliche Erscheinen oder die Vernehmung der Partei angeordnet wurde, ist die Ladung der Partei persönlich zuzustellen, statt dem Anwalt.

---

[1] Zum Teil wird auch der Zustellungsbevollmächtigte (§ 171) den möglichen Adressaten zugerechnet.

> **Beispiel:**
> a) Wagner verklagt den 17-jährigen Schön, vertreten durch seinen gesetzlichen Vertreter.
> Die Klageschrift muss dem gesetzlichen Vertreter des Beklagten zugestellt werden.
> b) Der gesetzliche Vertreter hat einen Rechtsanwalt als Prozessbevollmächtigten mit der Sache betraut.
> Die Klage muss jetzt dem Anwalt zugestellt werden.

Das Gesetz lässt in manchen Fällen aus Gründen der Kosten- und Personalersparnis statt der förmlichen Zustellung ausdrücklich die **formlose Mitteilung** zu (so z.B. in den §§ 104 I 4; 377 I 2; 497 I 1; 693 II; 694 II 2; 695, 1; 696 I 3).

▶ Schriftstück

Mit Schriftstück sind umfassend *alle schriftlich abgefassten Texte* gemeint. Das können nach dem Gesetz auch Telekopie (= Telefax) und auch elektronisches Dokument (= E-Mail) sein.

Zustellung und Empfangsbekenntnis per E-Mail sind zwar rechtlich vorgesehen; die Realisierung steckt aber noch in den Anfängen.

Bei den herkömmlichen Schriftstücken wird *nicht die Urschrift* (= die Originalurkunde), *sondern* regelmäßig eine *beglaubigte Abschrift* davon *zugestellt*, in Ausnahmefällen eine Ausfertigung.

Beglaubigte Abschrift und Ausfertigung müssen unterschieden werden. Die **Ausfertigung** *ist eine amtliche Abschrift, die im Rechtsverkehr der* Urschrift *gleichsteht, d.h. diese ersetzt. Die* **beglaubigte Abschrift** *bezeugt lediglich die inhaltliche* gleichlautende *Übereinstimmung.*

Ausfertigungsvermerk (z.B. „Für die Übereinstimmung dieser Ausfertigung mit der Urschrift") bzw. Beglaubigungsvermerk (z.B. „Für die Richtigkeit der Abschrift") sind vom Urkundsbeamten zu unterschreiben und mit dem Dienstsiegel zu versehen.

Eine Ausfertigung kann nur von der Stelle erteilt werden, von der die Urschrift stammt. Für die Beglaubigung der von Amts wegen zuzustellenden Schriftstücke ist zwar in erster Linie die Geschäftsstelle zuständig; aber auch ein Rechtsanwalt kann hier seine eigenen Schriftstücke selbst beglaubigen (§ 169 II). Bei der Parteizustellung über den Gerichtsvollzieher darf auch dieser hier etwa fehlende Beglaubigungen nebst Abschriften vornehmen (§ 192 II).

> **Beispiel:**
> *Rechtsanwalt Schnelle reicht beim Amtsgericht eine Klage gegen zwei Gesamtschuldner ein, die von Amts wegen zugestellt werden muss. Er fügt keine beglaubigten Abschriften bei. Da die Urschrift der Klage in der Gerichtsakte bleibt, muss die Geschäftsstelle jetzt für beide Beklagte die beglaubigten Abschriften erstellen.*
> *Aus Kostengründen wäre es besser gewesen, anwaltlich beglaubigte Abschriften mit der Klage einzureichen.*

▶ Zeitpunkt der Zustellungswirkung

Bei der Zustellung über das Gericht besteht ein von der Partei nicht beherrschbares Risiko. Die Zustellung könnte hier, bedingt durch den Gerichtsbetrieb, bei einer beabsichtigten Fristwahrung sowie bei einem angestrebten Neubeginn oder einer Hemmung der Verjährung zu spät erfolgen.

Deshalb wird die *Zustellungswirkung* vom Gesetz (§ 167), aber nur in diesen Fällen, bereits *auf den Zeitpunkt der Einreichung* des Schriftstückes (mit Antrag oder Erklärung) bei Gericht *vorverlegt, wenn* die anschließende *Zustellung „demnächst"* erfolgt. „Demnächst" ist ein offener Begriff. Die Zustellung muss jedenfalls ohne besondere von der Partei zu vertretende Verzögerung in einem noch angemessenen Zeitraum erfolgen. Zwei bis drei Wochen sind aber in der Regel unschädlich.

> *Beispiel:*
> Mandant Kienbaum bittet seinen Rechtsanwalt Schnelle am 29. Dezember 2003 durch Einreichung einer Klage den am 31. Dezember 2003 drohenden Eintritt der Verjährung seiner Kaufpreisforderung gegen Sommer zu verhindern. Schnelle reicht noch am selben Tage eine Klageschrift ein, die aber erst am 7. Januar 2004 zugestellt wird. Hier ist die Klageschrift vor Vollendung der Verjährung (= 31. Dezember 2003) bei Gericht eingegangen. Die danach durchgeführte Zustellung ist zwar eigentlich zu spät, nämlich erst nach dem 31. Dezember 2003, erfolgt. Sie war aber immer noch „demnächst"; deshalb ist hier der Eintritt der Verjährung noch verhindert worden (= durch Herbeiführung der Hemmung, §§ 204 I Nr. 1 BGB, 253 ZPO).

▶ Heilung von Zustellungsmängeln (§ 189)

Auch dann, wenn sich die formgerechte Zustellung eines Schriftstückes nicht nachweisen lässt oder wenn das Schriftstück nur unter Verletzung zwingender Zustellungsvorschriften zugegangen ist, muss das die beabsichtigte Zustellungswirkung nicht verhindern. In diesem Falle wird von Gesetzes wegen dennoch eine *wirksame Zustellung* zwingend angenommen, *wenn das Schriftstück* dem Zustellungsadressaten oder einem zulässigen Zustellungsempfänger *tatsächlich zugegangen* ist. Demgegenüber tritt die formale Absicherung der Zustellung zurück. Es muss aber eine Zustellung gewollt gewesen sein, keine nur formlose Mitteilung.

Diese Heilungswirkung gilt auch für Notfristen.[1]

> *Beispiel:*
> Dem Beklagten Bruns soll am 10. Oktober eine Klageschrift zugestellt werden. Da Bruns nicht angetroffen wird, übergibt der Zustellungsbeamte die Klageschrift der Nachbarin. Diese reicht die Klageschrift am 13. Oktober an Bruns weiter.
> Die Nachbarin ist keine vom Gesetz zugelassene Zustellungsempfängerin (vgl. § 178). Die Übergabe an sie war somit ein Verstoß gegen Zustellungsvorschriften. Aber die Klageschrift ist dem Bruns tatsächlich am 13. Oktober zugegangen. Das Gericht muss deshalb von einer am 13. Oktober wirksam gewordenen Zustellung ausgehen.

---

[1] Das war nach bisherigem Recht nicht möglich, d.h. bis zum 30. Juni 2002.

8.2 Zustellungen von Amts wegen

In der Regel erfolgen die Zustellungen von Amts wegen.[1] Die *Geschäftsstelle* (§ 168 I 1) ist im Grundsatz *umfassend* dafür *zuständig*, dass die von Amts wegen erforderlichen Zustellungen vorgenommen werden; sie handelt durch den *Urkundsbeamten*, indem sie die Zustellungen *selbst ausführt oder* dafür einen *Zustellungsauftrag* erteilt (§§ 173–175, 176). Die *Partei*, die einen Zustellungsnachweis benötigt, so für die Zwangsvollstreckung (§§ 750 II, 798), kann bei der Geschäftsstelle eine *Zustellungsbescheinigung* erwirken (§ 169 I).

8.2.1 Ausführung durch die Geschäftsstelle

▶ *Aushändigung an der Amtsstelle (§ 173)*

Das zuzustellende Schriftstück kann dem annahmebereiten *Zustellungsadressaten* und selbstverständlich entsprechend seinem Prozessbevollmächtigten *offen* oder in einem Umschlag *übergeben* (= ausgehändigt) werden. Das ist in diesem Falle *in jedem Dienstraum* des Gerichts zulässig, und nicht nur *durch* den *Urkundsbeamten*, sondern auch durch den zuständigen *Richter* oder *Rechtspfleger*.

Der *Zustellungsnachweis* erfolgt durch einen *Aushändigungsvermerk*, der auf das übergebene Schriftstück gesetzt wird und außerdem in den Akten festgehalten wird. Er ersetzt die Zustellungsurkunde.

▶ *Zustellung gegen Empfangsbekenntnis (§ 174)*

Diese Form der Zustellung in überdies zusätzlich vereinfachtem Verfahren (z.B. über die Post, das Abholfach bei Gericht, einen Boten usw.) ist *nur zulässig bei* Personen mit beruflich begründeter *erhöhter Zuverlässigkeit* (u.a. Rechtsanwälte, Notare, Gerichtsvollzieher, Steuerberater) und bei öffentlich-rechtlichen Einrichtungen (wie Behörden, Körperschaften und Anstalten des öffentlichen Rechts). Die Mitwirkung der Adressaten ist aber nicht erzwingbar; hier besteht nur eine standesrechtliche Pflicht.

Die *Zustellung* kann hier durch *Schriftstück*, durch *Telekopie* (= Telefax) oder als *elektronisches Dokument* (= E-Mail) erfolgen.

Als *Zustellungsnachweis* genügt das *Empfangsbekenntnis* des Adressaten, das dieser mit Datum und Unterschrift versehen an das Gericht zurücksendet. Dies kann *schriftlich*, durch *Telekopie* oder als *elektronisches Dokument* geschehen (§ 174 IV).

*Beim Einsatz eines elektronischen Dokuments (= **E-Mail**) im Zustellungsverfahren ist dieses mit einer elektronischen Signatur zu versehen und gegen unbefugte Kenntnisnahme Dritter zu schützen. Es „soll" eine qualifizierte elektronische Signatur sein, §§ 174 IV 2, 3; 130 a I. Vgl. dazu § 2 Nr. 3 Signaturgesetz. (Zum Einsatz moderner Kommunikationsmittel siehe im Übrigen z.B. auch S. 85, 91 f., 102 f., 118, 145, 149, insbesondere 254 ff. = elektronischer Rechtsverkehr.)*

---

[1] Wegen der Anwendung der Vorschriften auch auf die Parteizustellung siehe unten 8.3, S. 146.

▶ **Zustellung durch Einschreiben mit Rückschein (§ 175)**

Sie ist eine wesentlich *erleichterte Form der Zustellung* und ist nur *von Amts wegen* zulässig. Bei Annahmeverweigerung erfolgt eine Rücksendung des Briefes als unzustellbar. Eine Zustellung über § 179 scheidet hier aus (vgl. dazu unten S. 143).
Der *Rückschein* ersetzt als *Zustellungsnachweis* die Zustellungsurkunde.

8.2.2 Zustellung im Auftrag der Geschäftsstelle

Die Geschäftsstelle kann *von sich aus* mit der Zustellung die **Post**[1] (= nicht notwendigerweise die Deutsche Post AG) oder einen **Justizbediensteten** (nicht notwendigerweise einen Gerichtswachtmeister) beauftragen (§ 168 I 2).

Auf *richterliche Anordnung* (= des Prozessgerichts) hin kann stattdessen ein **Gerichtsvollzieher** mit der Zustellung beauftragt oder eine andere **Behörde** (z.B. die Polizei) ersucht werden, wenn der reguläre Weg (gem. § 168 I) keinen Erfolg verspricht; so z.b. bei Schaustellern oder sonst nach vergeblichen Zustellungsversuchen (§ 168 II).

In allen Fällen übergibt die Geschäftsstelle (= der Urkundsbeamte) hier das zuzustellende Schriftstück den oben Genannten in einem *verschlossenen Umschlag* zusammen mit einem vorbereiteten *Vordruck* der *Zustellungsurkunde* (§ 176 I).

8.2.2.1 An den Zustellungsadressaten

Dem *Zustellungsadressaten* kann das Schriftstück *an jedem Ort* übergeben werden, an dem er angetroffen wird (§ 177), also auch außerhalb seiner Wohnung oder seiner Geschäftsräume, wenn der Zusteller sich über seine Identität sicher ist. (Zu beachten ist hier aber die u.U. zulässige oder sogar notwendige Übergabe an seinen Vertreter, insbesondere einen Prozessbevollmächtigten, §§ 170–172; vgl. oben 8.1, S. 138 f.).

8.2.2.2 Ersatzzustellung

Wenn eine *Zustellung an den Adressaten,* oder gegebenenfalls auch über seinen Vertreter, *nicht möglich* ist, kommt eine Ersatzzustellung in Betracht (§§ 178–181).
Über das nachfolgende Vorgehen werden in der *Zustellungsurkunde* die für die Wirksamkeit der Zustellung erforderlichen Angaben gemacht. (Genauer in § 182 II Nr. 1–8.) Die Zustellungsurkunde geht unverzüglich *an die* auftraggebende *Geschäftsstelle,* zurück (§§ 176, 182 III).

---

[1] Für den Postzustellungsauftrag wird ein vorgeschriebener Vordruck (= Umschlag) verwendet (§§ 190 ZPO; 1 Nr. 3 ZustVV mit Anlage 3).

▶ Wohnung, Geschäftsräume, Gemeinschaftseinrichtungen (§ 178)

Wenn der Adressat in den genannten Räumlichkeiten nicht angetroffen wird, so kann das Schriftstück übergeben werden

a) *in der Wohnung* an einen erwachsenen Familienangehörigen, an einen erwachsenen ständigen Mitbewohner (so bei Wohngemeinschaften, so bei unverheirateten Paaren, gleich welchen Geschlechts) oder an eine in der Familie beschäftigte Person.
b) *in Geschäftsräumen* an eine dort beschäftigte Person (auch an einen Auszubildenden).
c) *in Gemeinschaftseinrichtungen* (wie u.a. Altersheimen, Kasernen, Wohnheimen, Krankenhäusern) an den Leiter oder an eine von ihm dazu ermächtigte Person.

▶ Briefkasten (§ 180)

Wenn eine Zustellung, auch als Ersatzzustellung, *in der Wohnung* oder in den *Geschäftsräumen nicht ausführbar* ist, kann das Schriftstück in den Briefkasten oder eine ähnliche Vorrichtung (wie z.b. Briefschlitz) eingelegt werden, soweit sie zu diesen Räumlichkeiten gehören.

Ab Einlegung gilt das Schriftstück als zugestellt (= Fiktion). Das Datum dieser Zustellung wird auf dem Umschlag des zuzustellenden Schriftstückes vermerkt. Entsprechende Angaben werden in der Zustellungsurkunde gemacht (§ 182 II Nr. 4, 6).

▶ Annahmeverweigerung (§ 179)

Wird die Annahme des zuzustellenden Schriftstückes unberechtigt verweigert, so wird es *mit sofortiger Zustellungswirkung* (= Fiktion) in der Wohnung oder im Geschäftsraum *zurückgelassen* (z.B. im Briefkasten, Hindurchschieben unter der Wohnungstür, Befestigen an der Tür usw.). Hat der Adressat weder Wohnung noch Geschäftsräume, ist das zuzustellende Schriftstück vom Zusteller an den Zustellungsveranlasser zurückzusenden.

Eine *berechtigte Annahmeverweigerung* läge vor bei zweifelhafter Identität (z.B. falsche Adresse) oder bei einem Besucher. Sie könnte vorliegen bei unangemessener Zustellungszeit.[1]

▶ Niederlegung (§ 181)

Diese Form der Zustellung kommt nur dann in Betracht, wenn die Ersatzzustellung entweder in einer Gemeinschaftseinrichtung (§ 178 I Nr. 3) oder durch Einlegung in den Briefkasten (§ 180) nicht ausführbar ist. In diesen beiden Fällen kann das zuzustellende *Schriftstück niedergelegt* werden.

---

[1] § 188 ZPO alter Fassung, der eine Regelung der Zustellung zur Nachtzeit sowie an Sonn- und Feiertagen kannte, ist zum 1. Juli 2002 aufgehoben worden. Wann eine Zustellung zu unpassender Zeit eine Annahmeverweigerung rechtfertigt, muss jetzt notfalls im Einzelfall durch Rechtsbehelf geklärt werden. Die ZPO hat aber auch heute noch für die Zwangsvollstreckung durch den Gerichtsvollzieher eine entsprechende Regelung in § 758 a IV (bitte lesen).

Die Niederlegung
- kann auf der *Geschäftsstelle des Amtsgerichts* vorgenommen werden, in dessen Bezirk der Zustellungsort liegt (§ 181 I 1);
- sie hat, wenn die *Post*[1] mit der *Zustellung* beauftragt wird, bei einer *von der Post dafür bestimmten Stelle* zu erfolgen, entweder am Ort der Zustellung oder zentral am Ort des Amtsgerichts[2] (§ 181 I 2).

Über die Niederlegung muss eine *Mitteilung für den Adressaten* in briefüblicher Weise *abgegeben* oder an die Tür geheftet werden. Damit gilt die Zustellung als bewirkt (= Fiktion). Auf dem Umschlag des Schriftstückes wird das Datum dieser Zustellung vermerkt. Der Zusteller nimmt eine Zustellungsurkunde auf (§ 182 I), die unverzüglich der Geschäftsstelle zugeleitet wird (§ 182 III).

Das niedergelegte Schriftstück kann drei Monate lang abgeholt werden. Danach wird es anderenfalls an den Absender zurückgesandt.

Beispiel:
Die Geschäftsstelle des Amtsgerichts hat die Post[1] *mit der Zustellung einer Klage beauftragt.*
a) Der Adressat (= der Beklagte) wird in seiner Wohnung nicht angetroffen. Das Kuvert kann der dort anwesenden **Ehefrau** *übergeben werden (§ 178 I Nr. 1).*
b) Es wird niemand in der Wohnung angetroffen. Der Postzusteller legt das Kuvert mit der Klageschrift in den **Briefkasten** *(§ 180).*
*c) Der Postzusteller trifft niemanden in der Wohnung an. Es fehlt auch die Möglichkeit der sicheren Aufbewahrung des Kuverts vor Ort (kein Briefkasten, kein Briefschlitz). Der Zusteller lässt eine Mitteilung zurück (Anheftung an die Tür) und **legt das Kuvert mit der Klageschrift bei der von der Post** dafür **bestimmten Stelle nieder** (§ 181 I 1, 2).*
In allen drei Fällen übersendet der Postzusteller der Geschäftsstelle des Amtsgerichts unverzüglich die Zustellungsurkunde.

8.2.3 Öffentliche Zustellung

Der unbekannte Verbleib eines Zustellungsadressaten (u.U. durch gezieltes Verschwinden) oder eine aussichtslose Auslandszustellung dürfen nicht zur Folge haben, dass die Durchführung eines notwendigen gerichtlichen Verfahrens unmöglich gemacht wird. Dieser Gefahr begegnet die Zulassung einer sog. öffentlichen *Zustellung durch öffentliche Bekanntmachung* (§§ 185–188).

---

[1] **Post** ist nicht nur die Deutsche Post AG, sondern sind auch andere Postdienstleistungsunternehmen.
[2] Das kann hier die Geschäftsstelle des Amtsgerichts sein, aber auch eine Postniederlassung oder Postagentur; unterschiedliche Regelungen sind möglich.

Die **Bewilligung** der öffentlichen Zustellung erfolgt *durch Beschluss des Prozessgerichts*, auf Antrag oder von Amts wegen.

Wenn der Rechtspfleger zuständig ist, wie z.b. für den Kostenfestsetzungsbeschluss, so entscheidet er auch über die Bewilligung der öffentlichen Zustellung.

Für die **Ausführung** der öffentlichen Zustellung ist der *Urkundsbeamte* zuständig. Dazu macht er einen *Aushang* an der *Gerichtstafel*. Der Mindestinhalt der *Bekanntmachung* ergibt sich aus § 186 II (bitte lesen). Dazu gehört die Angabe der *Stelle, wo das Schriftstück eingesehen* werden kann. Das nur mit Kurzangaben gekennzeichnete Schriftstück wird nicht ausgehängt (auch kein Auszug und auch nicht in Abschrift). Nötig ist ein *Hinweis* auf die öffentliche Zustellung und gegebenenfalls auf in Gang gesetzte Fristen, auf eine Ladung zum Termin und auf drohende Rechtsnachteile bei Nichtbeachtung.

Der Urkundsbeamte macht einen *Aktenvermerk* über Anheftung und Wiederabnahme der Bekanntmachung, die in der Gerichtsakte verbleibt. Die Partei kann als Zustellungsnachweis eine *Zustellungsbescheinigung* bei der Geschäftsstelle erwirken (§ 169 I).

Eine *zusätzliche Veröffentlichung* (§ 187) der oben genannten Bekanntmachung liegt im Ermessen des Gerichts. Diese kann im *Bundesanzeiger* oder in anderen Blättern (= z.B. lokalen *Zeitungen*) erfolgen.

Die **Zustellung** gilt als **bewirkt** (= Fiktion), wenn *seit* dem vollzogenen *Aushang* (§ 186 II 1) *ein Monat* vergangen ist (§ 188).

> *Beispiel:*
> *Gläubiger Kahn will eine zum 31. Dezember 2003 drohende Verjährung seiner Zahlungsforderung gegen Schwind durch Hemmung über eine Klagezustellung verhindern (§§ 204 I Nr. 1 BGB, 253 ZPO). Sein Zahlungsschuldner ist jedoch spurlos verschwunden. Kahn erreicht deshalb beim Amtsgericht eine öffentliche Zustellung seiner Klageschrift.*
> *Aushang der Bekanntmachung an der Gerichtstafel mit den notwendigen Hinweisen am 15. September 2003. Zustellungswirkung kraft gesetzlicher Fiktion einen Monat später, also am 15. Oktober 2003, 24:00 Uhr (§§ 187 I, 188 II BGB).*

Neuerdings ist bei der öffentlichen Zustellung ein **elektronisches Informationssystem** *zugelassen. Dieses Verfahren ist zulässig entweder zusätzlich zur Papierveröffentlichung oder ausschließlich im Internet (§ 186 II). Dazu muss jedoch in dem Gericht, das diese Zustellung veranlasst, eine „elektronische Gerichtstafel", d.h. ein entsprechender Informationsterminal, öffentlich zugänglich vorhanden sein. Zum* **elektronischen Rechtsverkehr** *siehe unten S. 254 ff.*

8.3 Zustellungen auf Betreiben der Parteien

Die Parteizustellung hat heute ihre wesentliche Bedeutung in der Zwangsvollstreckung, wo die Zustellung des Titels (u.a. Endurteil, Vollstreckungsbescheid, Kostenfestsetzungsbeschluss) eine Voraussetzung für die Zwangsvollstreckung schafft (vgl. §§ 750 II, III; 798). Bei der Urteilszustellung zum Zwecke der Vollstreckung genügt dabei eine abgekürzte Ausfertigung, ohne Tatbestand und Entscheidungsgründe (§ 750 I 2).

Als Formen der Zustellung auf Betreiben der Parteien regelt das Gesetz zwar nur (1) die durch den *Gerichtsvollzieher* und (2) die *von Anwalt zu Anwalt*. Die *Vorschriften* über die *Zustellung von Amts wegen* finden aber grundsätzlich auch auf die Zustellung im Parteibetrieb *entsprechende Anwendung* (§ 191), nämlich soweit sich aus dem Gesetz nichts Abweichendes ergibt. So gelten hier u.a. auch die Ersatzzustellung und die öffentliche Zustellung.

8.3.1 Zustellung durch den Gerichtsvollzieher

Der Gerichtsvollzieher ist das *Zustellungsorgan*, das auf Veranlassung *der Parteien* tätig wird. (Ausnahmsweise bei Zustellung von Amts wegen gem. § 168 II; vgl. oben 8.2.2, S. 142.)

Er kann die Zustellung selbst ausführen oder damit die Post beauftragen.

Den *Zustellungsauftrag*[1] an den Gerichtsvollzieher *erteilt die Partei*
– entweder *unmittelbar*
– oder (im Verfahren vor dem Amtsgericht) wahlweise unter *Vermittlung der Geschäftsstelle* (§ 192 III).

Der Zustellungsauftrag kann schriftlich oder mündlich erteilt werden. Dabei kann die „*Verteilungsstelle für Gerichtsvollzieheraufträge*" beim Amtsgericht in Anspruch genommen werden, die an den zuständigen Gerichtsvollzieher weiterleitet (§ 33 Nr. 2 GVO).

---

[1] Dieser sog Auftrag ist eigentlich ein Antrag auf Vornahme einer Amtshandlung.

Der schriftliche Zustellungsauftrag hat etwa folgenden Wortlaut:

```
Herrn Gerichtsvollzieher                    Chemnitz, 8. Mai ..
S c h a r f f
09125 Chemnitz



                        In Sachen

                  M o l l e r  gegen  T h o d e

    überreiche ich eine abgekürzte Urteilsausfertigung des
    Amtsgerichts Chemnitz vom 4. Mai .. mit dem Auftrag, die
    weiterhin beigefügte beglaubigte Abschrift an den Beklagten
    zuzustellen und mir die mit der Zustellungsurkunde ver-
    sehene Ausfertigung zurückzusenden.

    Der Kläger hat keine Prozesskostenhilfe.


    Rechtsanwalt
```

Die Partei muss dem Gerichtsvollzieher (bzw. der Verteilungsstelle oder der Geschäftsstelle) das *zuzustellende Schriftstück* aushändigen, dazu die erforderlichen *beglaubigten Abschriften,* die bei der Zustellung übergeben werden sollen; deren Zahl richtet sich nach der Zahl der Zustellungsadressaten.

Fehlende *Abschriften und Beglaubigungen* kann bei der Parteizustellung auch der Gerichtsvollzieher herstellen (§ 192 II 2). Ein Rechtsanwalt darf die zuzustellenden beglaubigten Abschriften seiner Schriftsätze selbst anfertigen (§ 169 II 2). Die Geschäftsstelle ist stets dazu befugt (§ 169 II 1).

▶ *Ausführung durch den Gerichtsvollzieher persönlich*

Der Gerichtsvollzieher wird die Zustellung z.B. dann persönlich ausführen, wenn er einen Vollstreckungstitel zustellen und gleichzeitig pfänden soll *(Zustellungs- und Vollstreckungsauftrag).*

Für den Zustellungsadressaten macht er hier einen *Zustellungsvermerk auf* dem zu übergebenden *Schriftstück;* möglich ist stattdessen aber auch die Übergabe einer beglaubigten Abschrift der Zustellungsurkunde (§ 193 II).

Für den Zustellungsveranlasser stellt der Gerichtsvollzieher anhand eines vorgeschriebenen Vordruckes[1] eine *Zustellungsurkunde* aus, die er *mit der Urschrift* des (in beglaubigter Abschrift) zugestellten Schriftstückes *verbindet.* Oder er beurkundet die Zustellung auf der genannten Urschrift (§ 193 I 1). Der genaue Inhalt der Zustellungsurkunde ergibt sich aus § 182 II (bitte lesen!).

▶ Postzustellungsauftrag

Der Gerichtsvollzieher wird mit der reinen Zustellung regelmäßig die Post beauftragen (§ 194). Dann muss er das *zuzustellende Schriftstück* (in beglaubigter Abschrift) der Post in einem *verschlossenen Umschlag* übergeben und dazu einen *vorbereiteten Vordruck* der *Zustellungsurkunde* (§§ 191, 176 I).

Der Auftrag an die Post wird auf einem dafür vorgesehenen **Vordruck** *erteilt (§§ 191, 168 I 3; 190 ZPO, 1 Nr. 3 ZustVV mit Anlage 3). Auf dem zuzustellenden Schriftstück bringt der Gerichtsvollzieher einen Übergabevermerk für den Zustellungsadressaten an, nämlich im Auftrage welcher Person er das Schriftstück der Post übergibt. Auf die beim Gerichtsvollzieher verbleibende Urschrift setzt dieser ein* **Übergabezeugnis** *für den Auftraggeber mit dem Inhalt, das Schriftstück der Post, wie vorgesehen, übergeben zu haben. Dieses Zeugnis kann stattdessen auch auf einen mit der Urschrift zu verbindenden Übergabebogen gesetzt werden.*

Die vom Postbediensteten erstellte Zustellungsurkunde wird von der Post unverzüglich dem Gerichtsvollzieher übersandt (§ 194 II), der sie seinem Auftraggeber (= dem Zustellungsveranlasser) zuschickt.

Beispiel:
Der Rechtsanwalt des Kaufmanns Schock beauftragt den Gerichtsvollzieher mit der Zustellung eines Endurteils (= Urschrift mit beglaubigter Abschrift) über die Verteilungsstelle beim Amtsgericht.

a) *Da dies ein reiner Zustellungsauftrag sein soll, gibt der Gerichtsvollzieher das Urteil (= die beglaubigte Abschrift) in einem verschlossenen Umschlag nebst vorbereiteter Zustellungsurkunde weiter an die Post. Der Anwalt des Schock erhält am Ende die Urschrift des Urteils zurück, jetzt versehen mit einer Zustellungsurkunde.*

b) *Wenn der Anwalt des Schock Zustellungs- und zugleich Vollstreckungsauftrag erteilt, wird der Gerichtsvollzieher die Zustellung in diesem Falle selbst ausführen und notfalls zugleich pfänden.*

---

[1] Dazu ist eine Zustellungsvordruckverordnung – ZustVV – vom 12. Februar 2002 mit Vordruckmustern ergangen; vgl. auch § 190 ZPO.

8.3.2 Zustellung von Anwalt zu Anwalt

Diese Form der Parteizustellung dient der Beschleunigung und Vereinfachung, indem sie die Einschaltung des Gerichts oder des Gerichtsvollziehers vermeidet. Voraussetzung ist allerdings, dass *beide Parteien durch Anwälte vertreten* werden (§ 195). Zur Mitwirkung ist der Gegenanwalt jedoch nur standesrechtlich verpflichtet. Im Falle der Verweigerung bleibt die Zustellung durch einen Gerichtsvollzieher.

Die Übergabe des zuzustellenden Schriftstückes ist *in beliebiger Form* zulässig, z.B. durch einfachen Brief, durch einen Boten, über das Abholfach bei Gericht. Zulässig ist auch die Übermittlung mit den Möglichkeiten moderner Telekommunikation, wie Telefax, E-Mail.

Zur Entgegennahme ist das Büropersonal berechtigt. *Zugestellt* ist aber erst dann, *wenn der Rechtsanwalt Kenntnis vom Eingang* des Schriftstückes (nicht notwendig seines Inhaltes) erlangt hat.

Als *Zustellungsnachweis* genügt hier ein *Empfangsbekenntnis,* das als private Urkunde die öffentliche Zustellungsurkunde ersetzt. Sie muss vom Rechtsanwalt persönlich unterschrieben werden (nicht vom Bürovorsteher/von der Bürovorsteherin). Das Empfangsbekenntnis kann auch als Telekopie (= Telefax) oder als elektronisches Dokument (= E-Mail) übersandt werden (§ 195 I 5, II 1). Zu den besonderen Anforderungen bei der E-Mail vgl. oben 8.2.1, S. 141.

Obwohl nicht vorgeschrieben, werden aus praktischen Gründen häufig Formulare für das Empfangsbekenntnis benutzt.

Bei dieser zweckmäßigen Zustellungsform ist zu beachten, dass sie als Parteizustellung zwar die Vollstreckungsvoraussetzungen herbeiführen kann, auch den Beginn der Einspruchsfrist beim Vollstreckungsbescheid; im Übrigen aber ist für die Rechtsmittelfristen eine Amtszustellung erforderlich.

8.4 Zustellung im Ausland

Bei Zustellungen im Ausland (= jedes Land außerhalb der Bundesrepublik Deutschland) muss zwischen einer Zustellung im **EU-Ausland** (= im Bereich der Mitgliedstaaten untereinander) und einer Zustellung im **sonstigen Ausland** unterschieden werden.

8.4.1 Auslandszustellungen außerhalb der Europäischen Union

Für Zustellungen außerhalb der EU[1] finden die §§ 183, 184 **ZPO** Anwendung. Dabei ist vorrangiges *internationales Zustellungsrecht aufgrund* **internationaler Vereinbarungen** Deutschlands zu beachten[2] sowie regelmäßig auch das deutsche Rechtshilferecht.[3]

---

[1] Zur EU (= Europäische Union) und EG (= Europäische Gemeinschaft(en) siehe unten S. 250 f.
[2] Zu Einzelheiten siehe in einen Kommentar unter § 183 ZPO oder dort in das Sachwortverzeichnis (= Zustellung im Ausland). Die Rechtslage ist nur schwer zu überschauen.
[3] So die ZRHO = Rechtshilfeordnung in Zivilsachen

Diese Auslandszustellung kann *wahlweise* erfolgen

a) entweder **postalisch** durch *Einschreiben* mit *Rückschein*, soweit eine unmittelbare Übersendung durch die Post aufgrund völkerrechtlicher Vereinbarungen zulässig ist (§ 183 I Nr. 1).
b) oder **auf Ersuchen** des Vorsitzenden des **Prozessgerichts**
   – durch *Behörden des fremden Staates* oder
   – durch die *deutsche Vertretung* (diplomatische oder konsularische) in diesem Staat (§ 183 I Nr. 2, 3);
c) durch **Aufgabe zur Post**. Wenn eine *Partei* mit Wohnsitz im Ausland *keinen Prozessbevollmächtigten* hat, so darf der Vorsitzende (in Verbindung mit der o.g. Zustellung auf Ersuchen nach § 183 I Nr. 2 und 3) anordnen, dass diese Partei *innerhalb* einer ihr gesetzten angemessenen *Frist* einen **Zustellungsbevollmächtigten** benennt, der im Inland Wohnung oder Geschäftsraum hat.
Bleibt die Ernennung aus, so können nach Fristablauf (bis zur nachträglichen Benennung) die Schriftstücke zur Post gegeben werden. *Zwei Wochen nach Aufgabe zur Post* gilt ein solches Schriftstück als zugestellt (= Fiktion), § 184.

Der **Zustellungsnachweis** erfolgt bei
a) durch den Rückschein,
b) durch ein Zeugnis der ersuchten Behörde,
c) durch Aktenvermerk des Urkundsbeamten.

8.4.2 Auslandszustellung innerhalb der Europäischen Union

Für Auslandszustellungen im Bereich der Mitgliedstaaten der EU gilt vorrangig *die Verordnung (EG) Nr. 1348/2000 (=* **Eu ZustellVO**)*.*[1] *Die deutschen Durchführungsbestimmungen dazu finden sich in den §§ 1067–1071 ZPO.*[2] *Das EU-Recht hat zwar Vorrang; es kann bei Lücken u.U. aber durch ZPO-Recht ergänzt werden. Näheres zum* **Europäischen Gemeinschaftsrecht** *folgt unten S. 249 ff.*

▶ Zustellung aus Deutschland im EU-Ausland

Als **deutsche Übermittlungsstelle** (§ 1069 I ZPO, Art. 2 I Eu ZustellVO) für Zustellungen in einem anderen EU-Mitgliedstaat zuständig ist
– das die *Zustellung betreibende Gericht* für gerichtliche Schriftstücke,
– das *Amtsgericht* für außergerichtliche Schriftstücke. (Zur örtlichen Zuständigkeit lies § 1069 I Nr. 2.)

Die Zustellung kann erfolgen
a) unmittelbar durch die **Post** (§ 1068 I),
   – aber nur durch *Einschreiben* mit *Rückschein* und
   – unter Beachtung eventueller Bedingungen des EU-Mitgliedstaates;

---

[1] Genauer in Schönfelder, Deutsche Gesetze, Ergänzungsband Nr. 103 c
[2] Aufgrund des deutschen EG-Beweisaufnahmedurchführungsgesetzes vom 04.11.2003 (= betr. Zustellung und Beweisaufnahme)

b) unmittelbar durch die **deutsche Vertretung** (diplomatische oder konsularische) in dem Mitgliedstaat
   – bei *gerichtlichen* Schriftstücken (Art. 13 I Eu ZustellVO, evtl. Beschränkungen gem. Art 13 II).

Der Adressat im EU-Ausland hat ein Recht zur Erklärung der **Annahmeverweigerung** (§ 1070)
   – bei Sprachschwierigkeiten (fehlende Übersetzung);
   – dann ist innerhalb einer Notfrist von zwei Wochen seit Zustellung (mit Hinweispflicht der Absendestelle) diese Erklärung abzugeben;
   – bei zulässiger Annahmeverweigerung ist eine Wiederholung der Zustellung erforderlich.

Beispiel:
Das Landgericht Dresden will dem Beklagten Tindemans in Brüssel (Belgien = Mitglied der EU) eine Klage zustellen. Das Landgericht kann die Zustellung
– unmittelbar über die Post durch Einschreiben veranlassen; Zustellungsnachweis der Rückschein, oder
– mittelbar durch die deutsche (diplomatische oder konsularische) Vertretung in Brüssel; Zustellungsnachweis ein Zeugnis der ersuchten Behörde.

▶ *Zustellung aus dem EU-Ausland in Deutschland*

Deutsche Empfangsstelle für in Deutschland zuzustellende Schriftstücke aus einem anderen EU-Mitgliedstaat ist das **Amtsgericht** (§ 1069 II),
   – *in dessen Bezirk* zugestellt werden soll oder
   – ein zentrales Amtsgericht für mehrere Bezirke, (wenn von der Landesregierung eine solche Regelung getroffen wurde).

Die Zustellung kann durchgeführt werden

a) unmittelbar durch die **Post** (§ 1068 II),
   – dann aber nur durch *Einschreiben* mit *Rückschein*;
   – das *zuzustellende Schriftstück* muss *in Deutsch* abgefasst sein oder in der (einer der) Amtssprache(n) des Übermittlungsstaates, wenn der Adressat Staatsangehöriger dieses EU-Staates ist; anderenfalls muss eine entsprechende Übersetzung beigefügt sein.

b) unmittelbar durch die **Vertretung** (diplomatische oder konsularische) **des EU-Mitgliedstaates** in Deutschland (Art. 13 I Eu ZustellVO)
   – bei *gerichtlichen* Schriftstücken,
   – in Deutschland zugelassen aber *nur an Staatsangehörige* des übermittelnden EU-Mitgliedstaates (§ 1067).

In Deutschland ist die *Zustellung gerichtlicher Schriftstücke* anderer EU-Mitgliedstaaten eingeschränkt, nämlich
   – als Parteizustellung unzulässig (§ 1071),
   – durch die Post nur als Amtszustellung zugelassen, Art. 14 Eu ZustellVO (aber umstritten).

Aufgaben

1 Gläubiger Hansen beantragt gegen seinen 17-jährigen Schuldner Tobias, der durch seinen Vormund Carstens vertreten wird, den Erlass eines Mahnbescheides.
  a) Stellen Sie fest, ob der Mahnbescheid auf Betreiben des Gläubigers oder von Amts wegen zugestellt wird!
  b) Wer ist der Zustellungsempfänger, dem der Mahnbescheid tatsächlich übergeben wird?
  c) Wie ist Frage b) zu beantworten, wenn der Vormund einen Rechtsanwalt für Tobias beauftragt hat?

2 Der Apotheker Studt hat einen Prozess verloren. Das Urteil wird, da die Eltern nicht im Hause sind, am 14. Februar dem 10-jährigen Sohn Manfred des Apothekers vom Zustellungsbeamten übergeben.
  a) Stellen Sie fest, ob die Zustellung ordnungsgemäß erfolgt ist! (Bitte begründen!)
  b) Ist die Zustellung wirksam und gegebenenfalls ab wann, wenn Sohn Manfred das Urteil zweifelsfrei seinem Vater am nächsten Tag übergibt? (Bitte begründen!)

3 Die Geschäftsstelle des Amtsgerichts Bautzen hat die Deutsche Post AG mit der Zustellung einer Klage an den Beklagten Klotz beauftragt.
  a) Klotz wird in seiner Wohnung nicht angetroffen. Anwesend ist nur seine dort ebenfalls wohnende 19-jährige Tochter Anna.
  b) Der Postbedienstete trifft niemand in der Wohnung an.
  Wie wird die Zustellung jeweils erfolgen?
  a) Bei welcher Situation vor Ort wird es dazu kommen, dass der Zusteller die für Klotz bestimmte Klage bei der Post niederlegt?

4 In dem Rechtsstreit Boll gegen Nuss vor dem Amtsgericht Koblenz hat Rechtsanwalt Dr. Wahl den Kläger vertreten. Der Klage ist stattgegeben worden. Nuss hat keinen Rechtsanwalt. Jetzt will Dr. Wahl das Urteil in Kurzausfertigung durch den Gerichtsvollzieher zustellen lassen.
  a) Wie kann der Zustellungsauftrag dem Gerichtsvollzieher erteilt werden? (Mit Alternativen!)
  b) In welcher Fassung und in wie viel Exemplaren wird das Urteil dem Gerichtsvollzieher zusammen mit dem Zustellungsauftrag übermittelt?
  c) Entwerfen sie einen Zustellungsauftrag für den Gerichtsvollzieher!
  d) Welche Möglichkeiten der Ausführung hat der Gerichtsvollzieher?
  e) In welcher Form wird die Zustellung hier nachgewiesen?
  f) Was sendet der Gerichtsvollzieher nach Durchführung der Zustellung an den Auftraggeber Dr. Wahl zurück?

5 Der Gläubiger Samuelsen hat eine Zahlungsforderung gegen seinen Schuldner Kant, die am 31. Dezember 2003 zu verjähren droht. Er will die Verjährung durch rechtzeitige Klageerhebung (= Klagezustellung) hemmen. Seine am 23. Dezember 2003 eingereichte Klage wird Kant am 12. Januar 2004 zugestellt.
Prüfen Sie, ob und gegebenenfalls wodurch der Eintritt der Verjährung verhindert wurde!

6 Rechtsanwalt Dr. Specht lässt am 4. Februar 2003 von einem Boten die Schriftstücke aus seinem Gerichtskasten beim Amtsgericht abholen. Darunter befindet sich die beglaubigte Abschrift eines Urteils gegen seinen Mandanten Präger, das der Gegenanwalt in das Abholfach gelegt hat. Eine Angestellte bei Dr. Specht setzt einen Eingangsstempel vom 4. Februar 2003 auf das eben zugegangene Urteil. Sie legt es ihrem Chef mit einem Stapel weiterer Eingänge aber erst am 6. Februar 2003 vor. Wegen Arbeitsüberlastung nimmt Dr. Specht erst am 6. Februar 2003 Kenntnis vom Urteil.

    a) Wie heißt diese Art der Zustellung?
    b) Welcher Zustellungsnachweis geht an den Gegenanwalt?
    c) Welches ist das richtige Zustellungsdatum?

7 In dem Rechtsstreit Anger gegen Westermann ordnet das Prozessgericht an, dass der Beklagte einen Zustellungsbevollmächtigten benennen soll.

    a) Was wird der Anlass zu dieser Anordnung sein?
    b) Welche Folgen kann es haben, wenn der Beklagte der Anordnung des Gerichts nicht nachkommt?

8 Das Amtsgericht hat auf Antrag des obsiegenden Klägers Kurz einen Kostenfestsetzungsbeschluss gegen den unterlegenen und anwaltlich vertretenen Beklagten Sommer erlassen.

    a) Der Rechtspfleger händigt den Kostenfestsetzungsbeschluss dem Rechtsanwalt des Sommer, Dr. Walter, zum Zwecke der Zustellung auf der Geschäftsstelle aus. Welcher Zustellungsnachweis ersetzt die Zustellungsurkunde?
    b) Der Rechtspfleger stellt den Kostenfestsetzungsbeschluss dem Rechtsanwalt Dr. Walter stattdessen durch Einschreiben gemäß § 175 zu. Wodurch erfolgt in diesem Falle der Zustellungsnachweis anstelle einer Zustellungsurkunde?

9 Rechtsanwalt Diestel hat im Auftrage seines Mandanten Kaiser gegen Ohl, dessen Wohnsitz und Aufenthalt unbekannt sind, einen Prozess gewonnen. Rechtsanwalt Diestel beantragt jetzt die öffentliche Zustellung des Urteils.

    a) Wie erfolgt die öffentliche Zustellung?
    b) Wann gilt die Zustellung als bewirkt?

10 Albers klagt gegen den zuletzt in Köln wohnhaften und dann unbekannt verzogenen Strauss auf Zahlung von 800,00 EUR. Es ist noch Vermögen des Strauss in Köln vorhanden.

    a) Welches Gericht ist sachlich und örtlich zuständig?
    b) Wer veranlasst die Zustellung der Klageschrift?
    c) Welche besondere Art der Zustellung ist in diesem Falle erforderlich?
    d) Stellen Sie fest, ob es nicht einfacher wäre, den Erlass eines Mahnbescheides zu beantragen und dann den Mahnbescheid zustellen zu lassen?

11 Das Landgericht Rostock will eine Klage dem Beklagten Bertini in Mailand zustellen (Italien = Mitglied der EU).

    a) Welche Form muss dabei beachtet werden, wenn das Landgericht Rostock die Zustellung durch die Post bewirken will?
    b) Wie könnte die Zustellung statt durch die Post auch durchgeführt werden?

9 Prozesskosten – Kostenfestsetzungsverfahren

9.1 Allgemeines

Jeder Rechtsstreit verursacht Kosten, und zwar:
1. **Gerichtskosten,** das sind die Gebühren und Auslagen des Gerichts,
2. **außergerichtliche Kosten,** das sind
    a) Rechtsanwaltskosten[1] (Gebühren und Auslagen des Rechtsanwaltes),
    b) eigene Kosten der Partei, z.b. Verdienstausfall, Fahrtkosten, Auslagen für Post- und Telekommunikationsdienstleistungen (wie u.a. Telefon, Fax).

Ist der Rechtsstreit beendet, muss das Gericht entscheiden;
1. *welche Partei die Kosten des Rechtsstreits zu tragen hat (§§ 91 ff.).* Diese Entscheidung über die Kostentragungspflicht erfolgt *von Amts wegen* in der Regel im Urteil (= **Kostengrundentscheidung** *des Richters*),
2. *wie hoch die Kosten sind,* die die unterlegene Partei der obsiegenden Partei zu erstatten hat. Diese Entscheidung erfolgt *nur auf Antrag* einer Partei in einem selbstständigen Verfahren gemäß §§ 103 ff. ZPO (= **Kostenfestsetzung** durch den *Rechtspfleger*).

9.2 Die Kostentragungspflicht

1. *Grundsätzlich hat die* **unterlegene** *Partei nach § 91 die gesamten Kosten des Rechtsstreits zu tragen.* Das gilt aber nur hinsichtlich der Kosten, die zu einer zweckentsprechenden Rechtsverfolgung oder Rechtsverteidigung **notwendig** waren. Was im Einzelfall notwendig ist, kann von der Partei oft nur schwer beurteilt werden. Jede Partei hat aber die Pflicht, die Kosten möglichst niedrig zu halten. Maßnahmen einer Partei, die ungewöhnlich oder zwecklos sind, werden deshalb nicht erstattet. Bevollmächtigt eine Partei mehrere Rechtsanwälte, sind deren Kosten nur insoweit zu erstatten, als sie die Kosten eines Rechtsanwaltes nicht übersteigen. Eine Ausnahme gilt nur für den Fall, dass ein Anwaltswechsel erforderlich war. Bestellt die obsiegende Partei einen Rechtsanwalt, dessen Wohnsitz oder Kanzlei nicht am Ort des Prozessgerichts gelegen ist, sind ihr die dadurch entstehenden Mehrkosten nicht zu erstatten.

---

[1] Das **RVG** spricht hier von **Vergütung**, GKG, KostO und GvKostG dagegen von Kosten, vgl. unten S. 244. – Abweichend davon differenziert die **ZPO** hier nicht; sie verwendet stattdessen den einheitlichen Begriff der **Kosten.** Im Rahmen der hier folgenden ZPO-Regelung wird deshalb dieser Fachausdruck zu Grunde gelegt.

Der Grundsatz des *§ 91 gilt nicht, wenn der Beklagte keine Veranlassung zur Klage gegeben hat und den Klageanspruch sofort*, d.h. in der ersten mündlichen Verhandlung, *anerkennt* (§ 93). Dann ergeht zwar gegen den Beklagten ein Anerkenntnisurteil, die Prozesskosten trägt aber der Kläger.

2. Häufig wird einem Klageantrag nur teilweise stattgegeben und die Klage im Übrigen abgewiesen. Dann *sind die Kosten gegeneinander aufzuheben* oder *verhältnismäßig zu teilen*, d.h. *zu* **verquoten** (§ 92 I).

Beispiel:
a) Dose hat Bosse auf Zahlung von 5 000,00 EUR verklagt. Bosse wird zur Zahlung von 4 000,00 EUR verurteilt, die Klage wird im Übrigen (= 1 000,00 EUR) abgewiesen. Hier werden die Kosten verhältnismäßig geteilt, d.h. verquotet. Der Beklagte trägt die Kosten zu 4/5, der Kläger 1/5.

b) Hätte das Gericht den Beklagten verurteilt, an den Kläger 2 500,00 EUR zu zahlen, und hätte es die Klage im Übrigen (= auch 2 500,00 EUR) abgewiesen, so wären die Kosten gegeneinander aufgehoben worden.
Das bedeutet, jede Partei trägt dann die Hälfte der Gerichtskosten und vollständig ihre eigenen außergerichtlichen Kosten, d.h. auch die Kosten ihres Rechtsanwaltes (§ 92 I 2).

Nur *wenn die Zuvielforderung* der einen *Partei verhältnismäßig geringfügig ist* und keine besonderen oder nur geringfügig höheren Kosten verursacht hat, kann das Gericht der anderen Partei die gesamten Prozesskosten auferlegen (§ 92 II Nr. 1).

Beispiel:
a) Müller hat Pump auf Zahlung von 1 200,00 EUR verklagt. Pump wird zur Zahlung von 1 180,00 EUR verurteilt und die Klage wegen 20,00 EUR abgewiesen.
Das Gericht kann Pump die gesamten Prozesskosten auferlegen. Die Zuvielforderung von 20,00 EUR ist verhältnismäßig geringfügig und sie hat keine höheren Kosten verursacht; vgl. die Gebührentabellen zum RVG und zum GKG.

b) Müller hat Pump auf Zahlung von 1 550,00 EUR verklagt. Pump wird nach streitiger Verhandlung und Beweisaufnahme zur Zahlung von 1 190,00 EUR verurteilt und die Klage wegen 360,00 EUR abgewiesen.
In diesem Falle können dem Pump nicht die gesamten Prozesskosten auferlegt werden. Die Zuvielforderung ist zum einen hier nicht mehr verhältnismäßig geringfügig. Zum anderen sind nicht nur geringfügig, sondern merklich höhere Kosten veranlasst worden; vgl. dazu die Gebührentabellen zum RVG und zum GKG. Durch die Zuvielforderung ist der Streit in eine höhere Gerichts- und Rechtsanwaltsgebührenstufe gelangt, wobei die volle Gerichtsgebühr mehrfach (= dreimal) angesetzt werden muss. Die Kosten müssen deshalb gem. § 92 I 1 verquotet werden.

Die **Entscheidung** *über die* **Kostentragungspflicht** *kann nur* **angefochten** *werden, wenn auch gegen die Entscheidung in der Hauptsache ein Rechtsmittel eingelegt wird* (§ 99 I).

Ausnahmsweise kann die Kostenentscheidung selbstständig mit der *sofortigen Beschwerde* angefochten werden, wenn die Hauptsache durch ein Anerkenntnisurteil erledigt worden ist (§ 99 II 1). Dann müssen jedoch
– der *Streitwert der Hauptsache* (die Berufungssumme von) 600,00 EUR (§§ 99 II 2, 511 II Nr. 1) und
– die Kostenbeschwerdesumme den Betrag von 200,00 EUR (§ 567 II)
übersteigen.

Im Verfahren vor dem *Arbeitsgericht*, also nur in erster Instanz, besteht kein Anspruch auf Erstattung der Kosten für einen Rechtsanwalt (§ 12 a I 1 ArbGG). Deshalb entfällt hier insoweit der Kostenfestsetzungsbeschluss.

Bezüglich weiterer Regelungen siehe die §§ 91 ff. und die Hinweise im Sachwortverzeichnis (= Kostentragungspflicht).

9.3 Kostenfestsetzung gegen den unterlegenen Gegner

9.3.1 Die normale Kostenfestsetzung

Mit der **Kostengrundentscheidung** des Richters, in der Regel im Urteilstenor, steht nur fest, *welche Partei* die Kosten zu tragen hat. Sie ist die **Grundlage für** den **Kostenfestsetzungsbeschluss** des Rechtspflegers als notwendigen *Kostentitel* (§ 103 I), aus dem sich auch die *Höhe der* zu erstattenden *Kosten* ergibt.

Grundlage für die Kostenfestsetzung kann statt eines Urteils auch ein richterlicher Kostenbeschluss gem. §§ 91 a, 269 III–V sein oder ein gerichtlicher Vergleich (vgl. S. 122, 123 f., 124 f.).

Beispiel:
Homann führt gegen Tauber einen Rechtsstreit; er erwartet, dass Tauber in dem für den kommenden Montag anberaumten Verkündungstermin verurteilt wird.
Ein Kostenfestsetzungsantrag ist noch nicht zulässig, da das Urteil noch nicht verkündet ist.
Wird Tauber im Verkündungstermin erwartungsgemäß verurteilt, kann Homann sofort nach Verkündung des Urteils die Kostenfestsetzung gegen Tauber beantragen.

Eine **Rückfestsetzung** von Kosten darf der Rechtspfleger ausnahmsweise auch ohne vorherige Kostengrundentscheidung des Richters vornehmen (Grundlage § 91 IV).

Dazu kann es zugunsten der endgültig obsiegenden Partei kommen, wenn diese vorher als zunächst unterlegene bereits Kosten an den Gegner gezahlt hat. Das ist möglich wegen der vorläufigen Vollstreckbarkeit u.a. von Urteilen (§ 704 I). Die Rückfestsetzung erspart der obsiegenden Partei einen Prozess gem. § 717 II.

9.3.1.1 Antrag

Die Kostenfestsetzung muss bei der Geschäftsstelle des **Gerichts erster Instanz** *beantragt werden.* Dem Antrag ist eine Abschrift der *Kosten- und Vergütungsrechnung* für den Gegner beizufügen, da anderenfalls die Abschrift auf Kosten des Antragstellers von der Geschäftsstelle des Gerichts hergestellt wird.

Dem Antrag sind außerdem alle *Belege,* die zur Rechtfertigung der einzelnen Ansätze erforderlich sind, beizufügen. Das gilt z.b. für Fahrtkosten, Kosten einer Auskunftei oder eines Detektivbüros. Fehlt ein Beleg, genügt nach § 104 II die Glaubhaftmachung, z.B. durch eine eidesstattliche Versicherung. Der *Rechtsanwalt* kann regelmäßig Ersatz seiner Auslagen für *Post- und Telekommunikationsdienstleistungen* verlangen. In der Praxis ist es üblich, eine *Pauschale* von 20% der Gebühren, höchstens aber 20,00 EUR, anzusetzen (Nr. 7002 VV RVG). Fordert der Rechtsanwalt höhere Auslagen, so muss er versichern, dass sie entstanden sind (§ 104 II 2).

Bei einem Ansatz von *Mehrwertsteuer* muss der Antragsteller erklären, dass er (= der Mandant!) den Betrag nicht als Vorsteuer abziehen kann, § 104 II 3 (vgl. dazu Mahnschreiben und Mahnbescheid auf S. 38, 43, 45).

Die festgesetzten Kosten werden auf Antrag vom Eingang des Festsetzungsantrages ab mit 5% über dem Basiszinssatz *verzinst* (§ 104 I 2).

Nach allem hat ein Kostenfestsetzungsantrag etwa folgenden Wortlaut:

```
An das Amtsgericht                          Nürnberg, 8. Juni ...
90429 Nürnberg
                    Antrag auf Kostenfestsetzung[1]
                              In Sachen
                        Dietrich gegen Wieland
                       Aktenzeichen: ............
bitte ich, die von dem Beklagten nach dem Urteil des Amtsgerichts
Nürnberg vom 2. Juni .. zu erstattenden Kosten wie folgt festzusetzen
und auszusprechen, dass sie nach § 104 I2 ZPO mit 5 % über dem Basis-
zinssatz zu verzinsen sind:

Gegenstandswert: 5 000,00 EUR
1,3 Verfahrensgebühr         §§ 2, 13 RVG                391,30 EUR
                             i.V.m. Nr. 3100 VV RVG
1,2 Terminsgebühr            §§ 2, 13 RVG
                             i.V.m. Nr. 3104 VV RVG     361,20 EUR

Auslagenpauschale            Nr. 7002 VV RVG             20,00 EUR

19 % Mehrwertsteuer[2]       Nr. 7008 VV RVG            146,78 EUR
Der Antragsteller ist nicht vorsteuerabzugsberechtigt.
Verauslagte Gerichtsgebühren 3 x 121,00 EUR             363,00 EUR
                                                      _____
                                                       1 282,28 EUR
Weitere Gerichtskosten bitte ich zuzusetzen.
Rechtsanwalt
```

In der Praxis wird für den Kostenfestsetzungsantrag sehr häufig ein Formular verwendet.

9.3.1.2 Kostenfestsetzungsbeschluss

Über den Kostenfestsetzungsantrag entscheidet der **Rechtspfleger** (§ 21 RPflG) durch Kostenfestsetzungsbeschluss. Dieser wird *von Amts wegen zugestellt*. Wenn der Antrag ganz oder teilweise zurückgewiesen wird (z.B. eine Gebühr wird gestrichen), so ist der Beschluss auch dem Antragsteller als jetzt ebenfalls beschwerter Partei zuzustellen.

Jede Partei, die durch den Kostenfestsetzungsbeschluss beschwert ist, kann gegen ihn
– entweder die *sofortige Beschwerde*
– oder die *befristete Erinnerung*
einlegen.

Die **sofortige Beschwerde** ist hier zwar grundsätzlich vom Gesetz vorgesehen (§§ 11 I RPflG, 104 III ZPO). Sie ist aber *nur* dann *zulässig, wenn* der *Beschwerdewert* (hier Gebühren mit Auslagen und Mehrwertsteuer) *200,00 EUR übersteigt* (§ 567 II).[3]

---

[1] Siehe auch die Übersicht: Kosten- und Vergütung, S. 244 ff.
[2] Die Mehrwertsteuer (von bisher 16%) seit 01.01.2007 auf 19% erhöht
[3] Zum Beschwerdewert vgl. unten 12.4.2.1, S. 202.

Die **befristete Erinnerung** ist stattdessen statthaft, *wenn der Beschwerdewert von über 200,00 EUR nicht erreicht wird* (§ 11 II 1 RPflG).

Zuständig für die Einlegung ist in beiden Fällen *das Gericht, dessen Rechtspfleger den Kostenfestsetzungsbeschluss erlassen* hat[1]. Zu beachten ist in beiden Fällen übereinstimmend eine *Notfrist von zwei Wochen* (§§ 569 I 1 ZPO, 11 II 1 RPflG).

Der *Rechtspfleger* ist *zur Abhilfe befugt.* Lehnt er eine Abhilfe ab, so muss er im Falle der sofortigen Beschwerde diese unmittelbar und unverzüglich dem Beschwerdegericht vorlegen (§ 572 I); im Falle der befristeten Erinnerung legt er diese dem dann (gem. § 28 RPflG) zuständigen Richter zur endgültigen Entscheidung vor (§ 11 II 2, 3 RPflG).Für weitere Verfahrenseinzelheiten siehe unten 12.4.2, S. 202 f., 12.4.4, S. 206.

Beispiel:
Toll hat durch seinen Rechtsanwalt gegen den unterlegenen Eilers Kostenfestsetzung wegen 1 280,44 EUR beantragt. Der Rechtspfleger streicht Fahrtkosten sowie Tage- und Abwesenheitsgeld in Höhe von 26,00 EUR nebst anteiliger Mehrwertsteuer von 4,94 EUR und erlässt den Kostenfestsetzungsbeschluss in Höhe von 1 249,50 EUR. Toll will den Beschluss anfechten.
*Eine **sofortige Beschwerde** ist nicht zulässig, weil die Beschwer hier nur 30,94 EUR (= 26,00 + 4,94 EUR) beträgt, der Beschwerdewert von über 200,00 EUR also nicht erreicht wird.*
*Aus dem Grunde ist hier gegen den Kostenfestsetzungsbeschluss die **befristete Erinnerung** (§ 11 II RPflG) gegeben.*

9.3.2 Die vereinfachte Kostenfestsetzung

Die **Zwangsvollstreckung** aus dem im Regelfall *gesondert* vom Urteil *ausgefertigten Kostenfestsetzungsbeschluss ist gemäß* § 798 erst nach **zwei Wochen** seit Zustellung zulässig. Diese *Wartefrist entfällt* bei der sog. vereinfachten Kostenfestsetzung. Hier wird der *Kostenfestsetzungsbeschluss auf das Urteil* und seine Ausfertigung gesetzt (§ 105). Es bleiben aber zwei Titel, die nur äußerlich verbunden sind, gemeinsam mit einer einzigen Ausfertigung, nur einer Zustellung und einer Vollstreckungsklausel (§§ 105 I 1, 2; 795 a).[2]
Die vereinfachte Kostenfestsetzung ist allerdings nur dann zulässig, wenn
1. bei Einreichung des Kostenfestsetzungsantrages *noch keine Urteilsausfertigung* erteilt ist und wenn *keine Verzögerung* dieser Ausfertigung eintritt (§ 105 I 1);
2. die Prozesskosten *nicht verquotet* sind (§ 106 I 2);
3. der Kostenfestsetzungsantrag *nicht teilweise zurückgewiesen* wird.

---

[1] Gem. § 569 I 1 ist die Einlegung der sofortigen Beschwerde zwar auch beim Beschwerdegericht möglich (= Fristwahrung); wegen der Abhilfebefugnis ist sie aber beim Untergericht zweckmäßig.
[2] Wenn der Kostenfestsetzungsbeschluss in der Form des § 130 b (= gerichtliches elektronisches Dokument) ergeht, so ist er in einem gesonderten elektronischen Dokument festzuhalten, das jedoch mit dem Urteil untrennbar verbunden werden muss (§ 105 I 2, 3). Zum *elektronischen Rechtsverkehr* siehe im Übrigen unten S. 254 ff.

Bei Einreichung der Kostenberechnung[1] schon vor der Urteilsverkündung erübrigt sich ein gesonderter, zusätzlicher Kostenfestsetzungsantrag (§ 105 III).

9.3.3 Verquotung

Sind die Prozesskosten nach Quoten verteilt (z.B. trägt der Kläger 1/3, der Beklagte 2/3 aller Kosten), so wird der Rechtspfleger versuchen, im Wege des **Kostenausgleiches** nur *einen einzigen Kostenfestsetzungsbeschluss* zu erlassen. Dazu benötigt er die Kostenberechnungen[1] beider Seiten.

Aus diesem Grunde hat das Gericht nach Eingang eines Kostenfestsetzungsantrages den Gegner aufzufordern, *binnen einer Woche auch seine Kostenrechnung*[1] *einzureichen* (§ 106). Kommt der Gegner dieser Aufforderung nicht nach, erlässt das Gericht einen Kostenfestsetzungsbeschluss, ohne die Kosten der Gegenseite zu berücksichtigen.

Selbstverständlich kann die Gegenseite auch nach Erlass dieses Kostenfestsetzungsbeschlusses ihren Anspruch auf Kostenerstattung geltend machen, muss dann aber alle durch dieses nachträgliche Verfahren entstandenen Kosten tragen.

9.3.4 Streitwertänderung

Es kann vorkommen, dass das Gericht *nach Erlass des Kostenfestsetzungsbeschlusses den Streitwert festsetzt,* entweder zum ersten Mal oder in Abänderung einer bereits verkündeten Streitwertfestsetzung. Weicht dieser Streitwert von der Wertberechnung ab, die der Kostenfestsetzung zugrunde liegt, hat der Rechtspfleger des Gerichts erster Instanz auf Antrag die Kostenfestsetzung entsprechend abzuändern (§ 107 I). *Der Antrag hierfür ist innerhalb eines Monats* seit Zustellung bzw. Verkündung des Streitwertbeschlusses bei der Geschäftsstelle zu stellen (§ 107 II).

> *Beispiel:*
> *In dem Rechtsstreit Nansen gegen Bieler lässt das Gericht Bieler am 8. Januar einen Kostenfestsetzungsbeschluss mit einem Streitwert von 2 000,00 EUR zustellen. Am 28. Januar wird beiden Parteien ein Beschluss zugestellt, durch den der Streitwert abweichend auf 1 500,00 EUR festgesetzt wird.*
> *Für eine sofortige Beschwerde oder eine befristete Erinnerung ist es jetzt zu spät. Bieler kann aber bis zum 28. Februar gemäß § 107 I beantragen, dass der Kostenfestsetzungsbeschluss entsprechend abgeändert (= ermäßigt) wird.*

---

[1] Für den Rechtsanwalt eigentlich Vergütungs(be)rechnung; siehe dazu oben Seite 154, Fußnote 1.

9.3.5 Festsetzung der Vollstreckungskosten

Das Gesetz lässt die *Beitreibung der Vollstreckungskosten* für alle Vollstreckungsarten auch *ohne Kostenfestsetzungsbeschluss* zu, nämlich zugleich *mit dem* jeweiligen *Hauptsachetitel*, bei dem es sich nicht um einen Zahlungstitel handeln muss (§ 788 I 1). In Betracht kommen dafür auch hier nur die notwendigen Vollstreckungskosten, die glaubhaft zu machen sind (§ 104 II 1).

In den Fällen jedoch, in denen zurzeit beim **Vollstreckungsgericht** eine Vollstreckungshandlung anhängig ist, kann dieses auf Antrag des Gläubigers einen *Kostenfestsetzungsbeschluss* über die *Vollstreckungskosten* erlassen (§ 788 II 1).

Hinweis:
Das gilt für die Forderungspfändung (gem. §§ 828 ff. ZPO) und für die Zwangsversteigerung und Zwangsverwaltung von Grundstücken (gem. §§ 1 ff., 15 ff., 146 ff. ZVG). Nach Beendigung der Zwangsvollstreckung ist das Vollstreckungsgericht zuständig, in dessen Bezirk die letzte Vollstreckungshandlung erfolgt ist (§ 788 II 1). Bei der Handlungs- und Unterlassungsvollstreckung (§§ 887, 888, 890) liegt die Zuständigkeit beim Prozessgericht erster Instanz (§ 788 II 2).

9.4 Vergütungsfestsetzung[1] gegen den eigenen Mandanten

Der Rechtsanwalt hat einen **Anspruch auf Vergütung** (= Gebühren und Auslagen) gegen seinen Auftraggeber (= Mandanten), §§ 611, 675 BGB, 1 RVG.

Bei einem verlorenen Prozess lässt sich dieser Vergütungsaufwand nicht über einen Kostenfestsetzungsbeschluss vom Mandanten auf den Gegner abwälzen. Hier wird der Rechtsanwalt stattdessen einen **Festsetzungsbeschluss gegen den eigenen Mandanten** erwirken, wenn dieser trotz Vergütungsberechnung nicht zahlt.

a) *Grundlage* ist der *§ 11 RVG*, nicht eine Kostengrundentscheidung (anders beim Kostenfestsetzungsbeschluss gegen den Gegner gem. § 103 I, siehe oben).
b) Der Vergütungsfestsetzungsantrag ist erst dann *zulässig, wenn die Vergütung fällig* ist, z.B. nach Beendigung der Instanz (vgl. wegen weiterer Einzelheiten § 8 RVG).
c) Dem *Mandanten* wird vom Gericht *rechtliches Gehör* gewährt. Wenn er *gebührenrechtliche Einwendungen* erhebt (z.B. der Gegenstandswert sei zu hoch angesetzt oder die Gebühr sei überhaupt nicht erwachsen), wird das Verfahren vom Kostenbeamten (= Rechtspfleger) ausgesetzt, bis das Gericht darüber entschieden hat. Das Festsetzungsverfahren kann erst danach fortgesetzt werden (§ 11 IV RVG).

---

[1] Hier, im Rahmen der **RVG**-Regelungen, wird der RVG-Begriff der **Vergütung** zu Grunde gelegt. Vgl. dazu oben S. 154, Fußnote 1.

d) Wenn der Mandant *Einwendungen* erhebt, die *nicht* im *Gebührenrecht* ihren Grund haben (z.B. der Rechtsanwalt sei gar nicht beauftragt worden oder der Mandant habe längst gezahlt), wird eine Vergütungsfestsetzung abgelehnt (§ 11 V RVG). Der Rechtsanwalt wird seinen *Vergütungsanspruch* dann *einklagen*.

Aufgaben

1 Gläubiger Martens hat seinen Schuldner Hase auf Zahlung von 4 000,00 EUR verklagt. Durch Endurteil wird der Beklagte zur Zahlung von 3 950,00 EUR verurteilt und die Klage im Übrigen abgewiesen.
Wer trägt die Kosten des Verfahrens?

2 Rechtsanwalt Dr. Fritz hat vor dem Landgericht Würzburg für seinen Mandanten Degenhardt einen Prozess wegen Zahlung von 19 000,00 EUR gewonnen. Jetzt will er die vom Gegner zu erstattenden Kosten festsetzen lassen.
a) Wo stellt Rechtsanwalt Dr. Fritz den Kostenfestsetzungsantrag?
b) Wer entscheidet über den Kostenfestsetzungsantrag?
c) Wie macht Rechtsanwalt Dr. Fritz Auslagen geltend, für die er keine Belege besitzt?
d) Entwerfen Sie den Kostenfestsetzungsantrag!
e) Welche Unterlagen müssen dem Kostenfestsetzungsantrag beigefügt werden?
f) Wann werden die festgesetzten Kosten verzinst und in welcher Höhe?

3 Rechtsanwalt Rotter, der als Prozessbevollmächtigter des Klägers Wetter einen Prozess gegen Krieger gewonnen hat, beantragt Kostenfestsetzung in Höhe von 336,18 EUR. Der Rechtspfleger streicht die im Kostenfestsetzungsantrag enthaltene Terminsgebühr von 126,00 EUR nebst anteiliger Mehrwertsteuer von 23,94 EUR. Er erlässt dementsprechend einen Kostenfestsetzungsbeschluss über 186,24 EUR, der Rechtsanwalt Rotter am Montag, dem 10. April, zugestellt wird. Rotter will den Kostenfestsetzungsbeschluss anfechten.
a) Wie hoch ist die Beschwer, derentwegen Rotter anfechten möchte?
b) Welcher Rechtsbehelf (bzw. welches Rechtsmittel) ist hier gegeben?
c) Bis wann muss er (bzw. es) eingelegt werden?
d) Wie geht das Verfahren dann weiter?
e) Wie wäre die Fragen a) und b) zu beantworten, wenn der Rechtspfleger (bei anderem Gegenstandswert) eine Terminsgebühr i.H.v. 294,00 EUR nebst anteiliger Mehrwertsteuer gestrichen hätte?
f) Ab wann kann aus dem o.g. Kostenfestsetzungsbeschluss vollstreckt werden?

4 In dem Rechtsstreit Weller gegen Specht erlässt das Gericht ein Endurteil. Nach der Kostenentscheidung des Urteils trägt der Kläger ein Viertel, der Beklagte drei Viertel der Kosten des Rechtsstreits. Der Kläger beabsichtigt, die vereinfachte Kostenfestsetzung zu betreiben.
a) Was versteht man unter „vereinfachter Kostenfestsetzung"?
b) Ist die vereinfachte Kostenfestsetzung im vorliegenden Falle zulässig? (Bitte begründen!)
c) Wie wird der Rechtspfleger bei der hier vorliegenden Verquotung nach Eingang des Kostenfestsetzungsantrages weiter verfahren?

5 In dem Rechtsstreit Baden gegen Karstens ist die Klage auf Herausgabe eines Pkw abgewiesen worden. Der Kostenfestsetzungsbeschluss ist dem Kläger unter Zugrundelegung eines Streitwertes von 22 000,00 EUR am 10. Mai zugestellt worden. Am 16. Juni setzt das Prozessgericht den Streitwert auf 15 000,00 EUR fest und stellt diesen Beschluss am 20. Juni zu.

a) Für welche Partei bildet die Streitwertänderung einen Vorteil?
b) Bis wann kann diese Partei einen Antrag auf Abänderung des Kostenfestsetzungsbeschlusses stellen?

6 Rechtsanwalt Dr. Schäfer hat in dem Rechtsstreit Pulver gegen Appelt den Kläger vertreten. Die Klage ist abgewiesen worden. Rechtsanwalt Dr. Schäfer will jetzt seine Vergütung gegen seinen Mandanten festsetzen lassen.

a) Nach welchen Vorschriften erfolgt die Vergütungsfestsetzung gegen den eigenen Mandanten?
b) Wie reagiert das Gericht, wenn der Mandant erklärt, er wolle die Vergütung nicht bezahlen, da er nur wegen eines groben Versehens seines Rechtsanwaltes den Prozess verloren habe?

10 Die Prozesskostenhilfe

Das mit einer Rechtsverfolgung oder -verteidigung verbundene Kostenrisiko darf nicht dazu führen, dass wirtschaftlich Minderbemittelte ohne Rechtsschutz bleiben. Unser **sozialer Rechtsstaat** gewährt deshalb unter bestimmten Voraussetzungen in diesen Fällen **Prozesskostenhilfe** oder **Beratungshilfe**.

10.1 Allgemeines

Jeder Prozess kostet Geld. Durch einen Rechtsstreit mit einem Gegenstands(Streit-)wert von 2 000,00 EUR können bei einem Rechtsanwalt auf jeder Seite etwa folgende Prozesskosten[1] entstehen:

1. Instanz:
a) Für jeden **Rechtsanwalt**

eine 1,3 Verfahrensgebühr von 172,90 EUR, also beide zusammen von	= 345,80 EUR
eine 1,2 Terminsgebühr von 159,60 EUR, also beide zusammen von	= 319,20 EUR
eine Auslagenpauschale (Nr. 7002 VV) von 20,00 EUR, also beide zusammen von	= 40,00 EUR
19% Mehrwertsteuer[2], beide zusammen	= 133,95 EUR
Summe der Anwaltskosten[3]	= 838,95 EUR

b) Für das **Gericht**

eine 3,0 Verfahrensgebühr = 3 x 73,00 EUR	= 219,00 EUR
Kosten 1. Instanz zusammen	= 1 057,95 EUR

Da ein Prozess häufig durch zwei Instanzen geführt wird, müssen auch die für die zweite Instanz voraussichtlich entstehenden Kosten berücksichtigt werden.

2. Instanz:
a) Für jeden **Rechtsanwalt**

eine 1,6 Verfahrensgebühr von 212,80 EUR, also beide zusammen von	= 425,60 EUR
eine 1,2 Terminsgebühr von 159,60 EUR, also beide zusammen von	= 319,20 EUR
eine Auslagenpauschale (Nr. 7002 VV) von 20,00 EUR, also beide zusammen von	= 40,00 EUR
19% Mehrwertsteuer[2], beide zusammen	= 149,11 EUR
Summe der Anwaltskosten[3]	= 933,91 EUR

---

[1] Siehe auch die Übersicht: Kosten und Vergütung, S. 244 ff.
[2] Die Mehrwertsteuer (von bisher 16%) seit 01.01.2007 auf 19% erhöht.
[3] Zum Begriff der Kosten siehe S. 154, Fußnote 1.

b) Für das **Gericht**
   eine 4,0 Verfahrensgebühr[1] = 4 x 73,00 EUR   = 292,00 EUR
   Kosten 2. Instanz zusammen   = 1 225,91 EUR

Die 1. und 2 Instanz zusammen würden der unterliegenden Partei bei einem Gegenstands-(Streit-)wert von 2 000,00 EUR mithin fast 2 300,00 EUR Prozesskosten verursachen. Bei den genannten Beträgen ist jedoch zu beachten, dass je nach Prozessverlauf Abweichungen möglich sind.

Nicht jede Partei, die einen Prozess zu führen beabsichtigt, kann dieses hohe Kostenrisiko auf sich nehmen. Selbstverständlich muss aber jeder Partei, die gezwungen ist, ihre Rechte gerichtlich geltend zu machen, ohne Rücksicht auf die Höhe des Kostenrisikos der Schutz der staatlichen Gerichte gegeben werden. Aus diesem Grunde gewährt das Gesetz jeder Partei, die die Prozesskosten nicht oder nur teilweise aufbringen kann, **Prozesskostenhilfe**.

Während Prozesskostenhilfe für ein gerichtliches Verfahren gewährt wird, ermöglicht das *Beratungshilfegesetz* (BerHG), sich auch außerhalb eines gerichtlichen Verfahrens beraten und vertreten zu lassen. Die Voraussetzungen für die **Beratungshilfe** ähneln denen für die Prozesskostenhilfe (vgl. § 1 BerHG). Gewährt wird die Beratungshilfe durch Rechtsanwälte, Beratungsstellen sowie durch das Amtsgericht. (Vgl. auch S. 24, Fußnote 1.)

10.2 Voraussetzungen

Die Prozesskostenhilfe (§§ 114 ff.) wird unter folgenden Voraussetzungen bewilligt:

1. Die Partei kann nach ihren **persönlichen** und **wirtschaftlichen Verhältnissen** die Prozesskosten
   a) überhaupt nicht oder b) nur zum Teil oder c) nur in Raten aufbringen.
2. Die beabsichtigte **Rechtsverfolgung oder Rechtsverteidigung**
   a) muss **hinreichende Aussicht auf Erfolg** bieten. Einer Partei, deren Klage völlig unbegründet ist, wird selbstverständlich keine Prozesskostenhilfe gewährt;
   b) darf **nicht mutwillig erscheinen**. Das ist z.B. der Fall, wenn eine Partei einen wenig Erfolg versprechenden Prozess nur deswegen führt, weil Prozesskostenhilfe gewährt wird. Als mutwillig wird eine Klage auch dann angesehen, wenn voraussichtlich das Mahnverfahren genügt, weil der Schuldner die Forderung nicht bestreitet.
   Wird die Prozesskostenhilfe für die Berufungs- oder Revisionsinstanz beantragt, gilt die Rechtsverfolgung oder Rechtsverteidigung stets als aussichtsreich und nicht mutwillig, wenn der unterlegene Gegner das Rechtsmittel eingelegt hat. Das Gericht des höheren Rechtszuges muss jedoch erneut die wirtschaftlichen und persönlichen Verhältnisse der Partei überprüfen. Es wird sich dabei jedoch auf die bei den Akten befindlichen Unterlagen stützen und nur ergänzend zusätzliche Angaben oder Belege fordern.

---

[1] Dies bei einem Urteil mit Begründung (KV Nr. 1220 GKG); ohne Begründung, so wegen Verzichts darauf, nur eine 3,0 Verfahrensgebühr (KV Nr. 1223 GKG).

10.3 Das Bewilligungsverfahren

10.3.1 Antrag

Die Prozesskostenhilfe wird nur auf **Antrag** bewilligt. Dieser ist für das *Erkenntnisverfahren* bei dem für den Rechtsstreit zuständigen **Prozessgericht** zu stellen (§ 117 I 1). Für die *Zwangsvollstreckung* geht der Antrag an das für die Vollstreckung jeweils zuständige Gericht[1] (§ 117 I 3), im Regelfall an das **Vollstreckungsgericht** (§ 764).

Die *Entscheidungszuständigkeit* liegt beim
– **Richter** (= Einzelrichter, Kammer, Senat) in einer beabsichtigten Prozesssache oder wenn für die Zwangsvollstreckung das Prozessgericht erster Instanz zuständig ist (so §§ 887 I, 888 I, 890 I).
– **Rechtspfleger** in Vollstreckungssachen des Vollstreckungsgerichts (genauer in § 20 Nr. 4–6 RPflG).

Der Antrag muss eine ausreichende Begründung und eventuelle Beweismittel enthalten. Ihre Einkommens- und Vermögensverhältnisse muss die Partei in einem gesetzlich vorgeschriebenen **Vordruck** darlegen. Häufig wird die **Klageschrift** gleichzeitig mit dem Antrag eingereicht; sie dient dann als Begründung für den Bewilligungsantrag, nämlich zur *Darlegung der Erfolgsaussichten*. Dadurch würde allerdings zugleich das Klageverfahren eingeleitet werden.

Wenn die Partei jedoch nur für den Fall der Bewilligung der Prozesskostenhilfe klagen möchte, muss sie einen Vorbehalt machen. Das kann dadurch geschehen, dass die Klage nur als Entwurf bezeichnet oder dass sie nicht unterzeichnet wird. Möglich ist auch etwa folgender Hinweis: „Die Klage soll nur dann als eingereicht gelten, wenn die Prozesskostenhilfe bewilligt wird."

Der Antrag kann folgenden Wortlaut haben (s. dazu Seite 167).

10.3.2 Bewilligung

Das Gericht kann verlangen, dass der Antragsteller seine **tatsächlichen Angaben glaubhaft macht**. Es kann Erhebungen anstellen, insbesondere die Vorlegung von Urkunden anordnen, und Auskünfte einholen (§ 118 II).

Die Entscheidung über den Antrag ergeht **ohne mündliche Verhandlung** (§ 127 I 1). Das Gericht kann aber die Parteien zur mündlichen Erörterung laden, wenn eine Einigung zu erwarten ist (§ 118 I 3). Kommt ein **Vergleich** zustande, wird er gerichtlich protokolliert. Dieser Vergleich wirkt wie ein Prozessvergleich und bildet einen **Vollstreckungstitel** (§ 794 I Nr. 1).

Die Bewilligung der Prozesskostenhilfe gilt immer *nur für den jeweiligen Rechtszug* (§ 119 I 1). Für die Zwangsvollstreckung in das bewegliche Vermögen (= körperliche bewegliche Sachen, Forderungen, Vermögensrechte) erfolgt eine eingeschränkte Pauschalbewilligung für *alle Vollstreckungshandlungen im Bezirk des* bewilligenden *Vollstreckungsgerichts*, ein-

---

[1] Das kann im Einzelfall auch einmal das Grundbuchamt sein (§§ 867 I ZPO, 1 GBO) oder das Prozessgericht erster Instanz (§§ 887 I, 888 I, 890 I ZPO). Vgl. dazu auch Lehrbuch Teil II Nr. 2.5.2, 3.2.3 und 3.3.2, S. 78, 91, 93.

schließlich des Verfahrens zur Abgabe der eidesstattlichen Versicherung (§ 119 II). Darüber hinaus muss Prozesskostenhilfe gesondert beantragt werden.

Der Prozesskostenhilfe *bewilligende Beschluss* ist grundsätzlich *unanfechtbar* (Ausnahme in § 127 II, III zugunsten der Staatskasse). Wird die Bewilligung *verweigert* oder werden nach Auffassung der Partei zu hohe Raten gefordert, so ist für die beschwerte Partei dagegen die *sofortige Beschwerde* gegeben (§ 127 II 2), wobei die *Notfrist* (abweichend von der Regel des § 569 I 1) hier *einen Monat* beträgt. (Weitere Zulässigkeitsvoraussetzung in § 127 II 2; zum Verfahren vgl. im Übrigen S. 201 ff.)

Antrag auf Bewilligung der Prozesskostenhilfe

An das
Amts **gericht**
18055 Rostock

Datum: 2. Mai ...

In Sachen
des Gärtners Walter Schuster
Bahnhofstraße 64, 18055 Rostock

Antragsteller

Verfahrensbevollmächtigte(r): Rechtsanwalt Dr. Egon Brecht
Kröpeliner Straße 5, 18055 Rostock

gegen
den Apotheker Werner Schneider
Warnowstraße 5, 18055 Rostock

Verfahrensgegner

Verfahrensbevollmächtigte(r):

wird beantragt, de m Antragsteller
[X] für die 1. Instanz
[ ] für die Zwangsvollstreckung
Prozesskostenhilfe zu bewilligen und d en Unterzeichner beizuordnen.

[X] Die Erklärung über die persönlichen und wirtschaftlichen Verhältnisse de s Antragsteller s
[X] ist beigefügt   [ ] wird nachgereicht.

[ ] Der/Die Antragsteller hat/haben, von Unterhaltsleistungen abgesehen, keine eigenen Einkünfte und keine Vermögenswerte, die nach § 115 ZPO einzusetzen wären.*

[X] Beigefügte/[X] Klage /~~Antrag~~ [ ] wird unabhängig von der Bewilligung rechtshängig gemacht.
[X] wird unter der Bedingung eingereicht, dass die Prozesskostenhilfe bewilligt wird.

Begründung:
Kurze Beschreibung des Sachverhalts, wegen dessen Prozesskostenhilfe beantragt wird; Angabe der Beweismittel

K. Brecht

Rechtsanwalt / ~~Rechtsanwältin~~

* Anzuwenden in den Fällen, in denen ein minderjähriges unverheiratetes Kind, in einer Kindschaftssache nach § 640 II ZPO oder in einem Verfahren über Unterhalt seine Rechte verfolgen oder verteidigen oder das einen Unterhaltsanspruch vollstrecken will, Prozesskostenhilfe begehrt.

> *Beispiel:*
> *Beermann beantragt für eine Klage gegen Kuhn die Bewilligung der Prozesskostenhilfe beim Amtsgericht. Das Gericht verweigert die Bewilligung, Beermann legt dagegen sofortige Beschwerde ein, die Erfolg hat.*
> *Jetzt erwägt Kuhn, gegen die Bewilligung der Prozesskostenhilfe für Beermann sofortige Beschwerde einzulegen. Kuhn hat dagegen jedoch keine Beschwerdemöglichkeit.*

Mit der Bewilligung der Prozesskostenhilfe setzt das Gericht eventuell zu zahlende **Monatsraten** fest (§ 120 I), die von dem Antragsteller an die Landeskasse zu entrichten sind. Die **Höhe der Monatsraten** ergibt sich aus der Tabelle in § 115, nach Feststellung des *einzusetzenden Einkommens*.[1]

> *Beispiel:*
> *Dem Buchhalter Fuchs ist antragsgemäß Prozesskostenhilfe bewilligt worden. Sein monatlich einzusetzendes Einkommen beträgt 550,00 EUR.*
> *Als Monatsraten sind nach der Tabelle 200,00 EUR zu zahlen.*

Unabhängig von der Anzahl der Instanzen sind *höchstens 48 Monatsraten* aufzubringen.

Prozesskostenhilfe wird nicht bewilligt, wenn die Kosten der Prozessführung vier Monatsraten (und die aus dem Vermögen aufzubringenden Teilbeträge) nicht übersteigen.

Besteht bei dem Gericht Anwaltszwang (also z.B. beim Landgericht), wird der Partei ein **zur Vertretung bereiter Rechtsanwalt beigeordnet.** Ist eine anwaltliche Vertretung nicht vorgeschrieben (z.B. beim Amtsgericht), wird der Partei ein Rechtsanwalt beigeordnet, wenn

1. die Vertretung durch einen Rechtsanwalt erforderlich erscheint oder
2. der Gegner durch einen Rechtsanwalt vertreten ist.

Findet die Partei keinen zur Vertretung bereiten Anwalt, ordnet der Vorsitzende ihr auf Antrag einen Rechtsanwalt bei (§ 121).

Die Beiordnung des Rechtsanwaltes ersetzt nicht die **Prozessvollmacht.** Der einer Partei beigeordnete Rechtsanwalt muss sich also von der Partei noch eine Prozessvollmacht erteilen lassen.

10.4 Wirkungen der Prozesskostenhilfe

Gemäß § 122 I Nr. 3 bewirkt die Bewilligung der Prozesskostenhilfe insbesondere, dass der beigeordnete **Rechtsanwalt keine** Ansprüche auf **Vergütung** gegen die **Partei** (= seinen Auftraggeber) geltend machen kann. **Verliert die Partei den Prozess,** muss sie jedoch die dem **Gegner** entstandenen **Kosten** erstatten[2] (§ 123).

---

[1] Das *einzusetzende Einkommen* wird in einem komplizierten Berechnungsverfahren gemäß § 115 I 3, Nr. 1–4 festgestellt. Wir gehen in unserem Beispiel bereits vom Ergebnis dieser Berechnung aus.
[2] Ausgenommen ist die Geltendmachung verauslagter Gerichtskosten gegenüber einem unterlegenen Beklagten mit Kostenbefreiung durch Prozesskostenhilfe (BVerfG, Beschluss vom 23. Juni 1999).

> **Beispiel:**
> Groß ist Prozesskostenhilfe bewilligt worden. Er hat geklagt, den Prozess aber verloren. Der gegnerische Rechtsanwalt beantragt die Festsetzung der Kosten gegen Groß in Höhe von 778,36 EUR. Entsprechend ergeht ein Kostenfestsetzungsbeschluss gegen Groß.

Der beigeordnete Rechtsanwalt kann zwar wegen der dem Mandanten bewilligten Prozesskostenhilfe seinen privatrechtlichen Vergütungsanspruch gegen diesen nicht mehr geltend machen. Aufgrund der Beiordnung erhält er aber einen *öffentlich-rechtlichen Vergütungsanspruch* **gegen** die **Staatskasse** (§ 45 I RVG). Allerdings sind die **Gebühren** bei einem Gegenstandswert von mehr als 3 000,00 EUR **gemindert** (§ 49 RVG). Die *Auslagen* werden *in voller Höhe* erstattet. Gemäß § 47 RVG kann der Rechtsanwalt aus der Landeskasse einen angemessenen *Vorschuss* verlangen.

Für Angelegenheiten, die nicht zum Hauptprozess gehören, mit diesem aber zusammenhängen, erhält der beigeordnete Rechtsanwalt nur dann eine Vergütung aus der Landeskasse, wenn er ausdrücklich auch hierfür beigeordnet ist (§ 48 IV RVG). Das betrifft u.a.

– die Zwangsvollstreckung,
– das Verfahren über den Arrest, die einstweilige Verfügung und die einstweilige Anordnung,
– das selbstständige Beweisverfahren.

Eine Sonderregelung gilt für Ehesachen und für Lebenspartnerschaftssachen nach § 661 I Nr. 1 bis 3 ZPO (§ 48 III RVG).

> **Beispiel:**
> In dem Rechtsstreit Wulf gegen Faust wird ein selbstständiges Beweisverfahren (vgl. S. 109 f.) durchgeführt. Der Prozessbevollmächtigte des Klägers ist lediglich für den Hauptprozess beigeordnet, vertritt seinen Mandanten aber auch im selbstständigen Beweisverfahren.
> Der Rechtsanwalt erhält für das selbstständige Beweisverfahren keine Gebühren aus der Staatskasse.

10.5 Ende der Prozesskostenhilfe

Eine **Rückzahlung** oder **Nachzahlung** bei Verbesserung der wirtschaftlichen Lage der Partei sieht das Gesetz grundsätzlich **nicht** vor. Das Prozessgericht kann seine Entscheidung über die Ratenzahlungen jedoch bei einer wesentlichen Veränderung der zugrunde liegenden Verhältnisse ändern, zum Nachteil der Partei allerdings nur innerhalb von vier Jahren seit Beendigung des Verfahrens (§ 120 IV).

Das Gericht kann die Bewilligung der Prozesskostenhilfe dagegen unter den in den § 124 genannten Voraussetzungen **aufheben**, z.B. wenn die Partei absichtlich oder grob nachlässig unrichtige Angaben über ihre persönlichen und wirtschaftlichen Verhältnisse gemacht hat oder wenn sie länger als drei Monate mit der Zahlung einer Monatsrate im Rückstand ist.

> **Beispiel:**
> Faul ist auf Antrag Prozesskostenhilfe bewilligt worden. Während des Prozesses stellt sich heraus, dass Faul
> a) dem Antrag eine gefälschte Verdienstbescheinigung beigefügt hatte,
> b) eine dem Gegner bewilligte längerfristige Stundung nicht erwähnt hatte.
> Das Gericht kann die Bewilligung der Prozesskostenhilfe wieder aufheben.

Gegen die Aufhebung der Prozesskostenhilfe ist **sofortige Beschwerde** gegeben (§§ 127 II 2 ZPO).

Die Bewilligung der Prozesskostenhilfe **endet mit dem Tod** der Partei.

10.6 Festsetzung der Vergütung des Rechtsanwalts

Wie hoch der Gebührenanspruch des beigeordneten Rechtsanwaltes ist, hängt im Wesentlichen davon ab, ob sein Mandant den Prozess gewinnt oder verliert und wie der Rechtsanwalt dann vorgeht.

1. **Verliert** der Mandant den Prozess, erhält der Rechtsanwalt lediglich die evtl. *geminderten Gebühren* nach § 49 RVG aus der Staatskasse sowie die Auslagen in voller Höhe (= **Festsetzungsbeschluss** gegen die **Staatskasse**, § 55 I 1 RVG). Siehe aber auch Nr. 3, S. 171.

2. **Gewinnt** der Mandant dagegen den Prozess, kann der Rechtsanwalt einen **Kostenfestsetzungsbeschluss** *(für* den *Mandanten)* **gegen** den **Gegner** erwirken und versuchen, gegen ihn seine *vollen Gebühren* (nach der Tabelle zu § 13 RVG) nebst Auslagen und gegebenenfalls Mehrwertsteuer beizutreiben. Prozesskostenhilfe würde den kostenpflichtigen Gegner gemäß § 123 ZPO nicht schützen. Hierbei macht der Rechtsanwalt den Kostenerstattungsanspruch des Mandanten (z.B. gem. § 91 I 1) geltend.

Der *Rechtsanwalt* darf für diesen Kostenerstattungsanspruch des Mandanten aber auch einen Kostenfestsetzungsbeschluss *im eigenen Namen* beantragen (§ 126) und vollstrecken. Können die Kosten beim Gegner nicht beigetrieben werden, bleibt dem beigeordneten Rechtsanwalt noch der Vergütungsanspruch wegen der geminderten Gebühren gegen die Staatskasse. Im letzteren Falle kann der Rechtsanwalt versuchen, die Differenz zwischen den geminderten und den vollen Gebühren beim kostenpflichtigen Gegner beizutreiben.

> **Beispiel:**
> Brumme ist Prozesskostenhilfe bewilligt worden. Er hat geklagt und den Prozess über 4 000,00 EUR gewonnen. Sein beigeordneter Rechtsanwalt beantragt die Vergütung aus der Staatskasse (Gebühren gem. § 49 RVG). Legt man die 1,3 Verfahrensgebühr und die 1,2 Terminsgebühr zugrunde, so erhält der Rechtsanwalt
> *(1,3 x 204,00 EUR =) 265,20 EUR +*
> *(1,2 x 204,00 EUR =) 244,80 EUR = 510,00 EUR.*
> *Die nicht geminderten Gebühren (gem. § 13 RVG) betragen*
> *(1,3 x 245,00 EUR =) 318,50 EUR +*
> *(1,2 x 245,00 EUR =) 294,00 EUR = 612,50 EUR.*
> *Der Rechtanwalt kann versuchen, die Gebührendifferenz von 102,50 EUR beim Gegner beizutreiben. Außerdem erhält der Rechtsanwalt die vollen Auslagen und die Mehrwertsteuer.*

Der Rechtsanwalt kann sich aber auch von vornherein zunächst wegen der geminderten Gebühren an die *Staatskasse* halten und dann den **Differenzbetrag** *gegen den unterlegenen* **Gegner** festsetzen lassen (= Differenzgebühr). Die Zahlung aus der Staatskasse ist ihm jedenfalls sicher.

3. **Unabhängig vom Ausgang** des Verfahrens kann der Rechtsanwalt gem. § 50 RVG die (in der Praxis so genannte) **Differenzgebühr gegen** die **Staatskasse** geltend machen. Diese bezeichnet der Höhe nach die Differenz zwischen den Gebühren nach § 13 RVG und den geminderten PKH-Gebühren nach § 49 RVG.

Sie kann dann verlangt werden, wenn die von der Staatskasse eingezogenen Raten den Betrag übersteigen, der die PKH-Gebühren des Rechtsanwaltes und die Gerichtskosten ausgleichen soll. Voraussetzung ist jedoch, dass das Urteil in dem Prozess rechtskräftig geworden ist oder das Verfahren in anderer Weise (z.B. durch Vergleich) beendet worden ist und dass die Gebührendifferenz durch die bereits gezahlten Raten gedeckt ist.

Der Antrag auf Festsetzung der Vergütung gegen die Staatskasse hat etwa folgenden Wortlaut:

```
An das                              Suttgart, 8. März ...
Landgericht Stuttgart


     In Sachen

     Schaft gegen Klein

     Aktenzeichen: ............

beantrage ich, nachfolgende Gebühren und Auslagen festzusetzen:

     Gegenstandswert: 9 800,00 EUR
     1,3 Verfahrensgebühr      §§ 2, 49 RVG              314,60 EUR
                               i.V.m. Nr. 3100 VV RVG
     1,2 Terminsgebühr         §§ 2, 49 RVG              290,40 EUR
                               i.V.m. Nr. 3104 VV RVG
     Auslagenpauschale         Nr. 7002 VV RVG            20,00 EUR
     19% Mehrwertsteuer[1]     Nr. 7008 VV RVG           118,75 EUR
                                                        _____
                                                         743,75 EUR
                                                        ===========

Aus der Staatskasse habe ich keine Vorschüsse gem. § 47 RVG erhalten.
Rechtsanwalt
```

---

[1] Die Mehrwertsteuer (von bisher 16%) seit 01.01.2007 auf 19% erhöht.

Zuständig für den Festsetzungsbeschluss ist der **Urkundsbeamte** der Geschäftsstelle (= nicht der Rechtspfleger!), und zwar (§ 55 I 1, II RVG)

- des *jeweiligen Rechtszuges*, so u.a. für die Gebühren in bürgerlichen Rechtsstreitigkeiten (= Teil 3 VV RVG),
- der *ersten Instanz* ab rechtskräftiger Beendigung des Verfahrens.

Gegen den Festsetzungsbeschluss hat der Rechtsanwalt die **Erinnerung** an den Urkundsbeamten, über die bei Nichtabhilfe der Richter entscheidet (§ 56 I 1 RVG).

Gegen diesen Richterbeschluss ist die **Beschwerde**, ebenfalls beim Festsetzungsgericht, statthaft, das bei richterlicher Nichtabhilfe dem Beschwerdegericht vorlegen muss. (Zu den Voraussetzungen[1] siehe §§ 56 II 1, 33 III, IV, VII RVG.)

Eine **weitere Beschwerde** ist danach noch zulässig, wenn das Landgericht als Beschwerdegericht entschieden und es die Zulassung wegen grundsätzlicher Bedeutung ausgesprochen hat. Die Entscheidung trifft dann das Oberlandesgericht. (Zu den Voraussetzungen siehe §§ 56 II 1, 33 VI, VII RVG.[2])

Aus folgender Übersicht ergeben sich die verschiedenen Möglichkeiten der Kosten- und Vergütungsfestsetzung für den beigeordneten Rechtsanwalt:

Welcher Partei ist Prozesskostenhilfe bewilligt worden?	Welche Partei hat den Prozess gewonnen?	Welche Partei trägt die Kosten des Prozesses?	Kosten- und Vergütungsfestsetzung
I. Mandant	Mandant	Gegner	1. Kostenfestsetzung gegen den Gegner gem. §§ 103 ff. (volle Gebühren und Auslagen), oder
			2. a) Vergütungsfestsetzung gegen die Staatskasse nach § 55 RVG (geminderte Gebühren, volle Auslagen) und b) evtl. wegen Differenz Kostenfestsetzung gegen den Gegner gem. §§ 103 ff.
II. Mandant	Gegner	Mandant	Vergütungsfestsetzung gegen die Staatskasse nach § 55 RVG (geminderte Gebühren, volle Auslagen)

---

[1] Sie sind in der Literatur z.T., so zur Erinnerung, umstritten.
[2] Eine **Rechtsbeschwerde** zum BGH ist vom Gesetz nicht vorgesehen.

10.7 Grenzüberschreitende Prozesskostenhilfe innerhalb der Europäischen Union

Die Richtlinie 2003/8/EG legt **gemeinsame Mindeststandards** für die grenzüberschreitende Prozesskostenhilfe[1] fest, um den *Rechtszugang bei Zivilstreitigkeiten* (einschließlich Handelssachen) innerhalb der EU (EG)[2] zu verbessern.[3]

Durch Mindestvorschriften sollen Beeinträchtigungen dieser grenzüberschreitenden Rechtsverfolgung und Rechtsverteidigung abgebaut werden, die sich aus unterschiedlichen Rechtssystemen der EU-Mitgliedstaaten ergeben können. Solche Unterschiede zeigen sich z.b. bei abweichenden Bedürftigkeitsschwellen (wegen anderer Lebensverhältnisse), bei den Bewilligungsstellen (Gericht oder Verwaltungsbehörde), bei den Voraussetzungen (Erfolgsaussichten und/oder nur Bedürftigkeit).

Das **innerstaatliche PKH-System** (so z.b. für Streitigkeiten innerhalb Deutschlands) bleibt von der EU-Regelung *unberührt*. Auch für die (mit Bezug auf Deutschland) *grenzüberschreitende PKH* sind die §§ 114–127a ZPO weiterhin *anwendbar*, soweit sich nicht aus den §§ 1076–1078 ZPO Abweichendes ergibt.

Anträge auf grenzüberschreitende PKH können (1) *unmittelbar* an die *EU-ausländische Empfangsstelle*[4] gerichtet werden (RL 2003/8/EG, Art 13 I). Wegen der vor allem sprachlichen Schwierigkeiten wird davon in der Regel voraussichtlich kaum Gebrauch gemacht werden. Anträge können stattdessen aber *auch über* eine *inländische Übermittlungsstelle* laufen. Das ist die Regelung der ZPO (in Verbindung mit der o.g. RL/EG). Von diesem praxisnäheren Weg wird im Folgenden ausgegangen.

Näheres zum **Europäischen Gemeinschaftsrecht** folgt im Übrigen unten S. 249 ff.

10.7.1 Ausgehende Ersuchen

Bei einem *Antrag* von Deutschland aus *auf grenzüberschreitende PKH* in einem anderen EU-Mitgliedstaat (= im *EU-Ausland*) handelt es sich um ein *ausgehendes Ersuchen* (§ 1077).

Beispiel:
Der in Köln wohnhafte Scheel will Mazzini aus Palermo in Italien auf Zahlung von 10 000,00 EUR verklagen. Zuständig für den Prozess ist das Gericht in Palermo.
Scheel benötigt PKH. Zuständige Übermittlungsstelle für den Antrag auf grenzüberschreitende PKH ist das Amtsgericht Köln.

---

[1] Im folgenden Text oft = PKH
[2] Zu den Begriffen EU (= Europäische Union) und EG (= Europäische Gemeinschaft(en) siehe unten S. 250 f.
[3] Die Richtlinie (= RL) Art. 3 bezieht die vorprozessuale Rechtsberatung in Bezug auf eine außergerichtliche Streitbeilegung mit ein.
[4] Ein Gericht oder eine Sozialbehörde. Die Feststellung der zuständigen Empfangsstelle ist möglich über (1) das Handbuch der Europäischen Kommission, (2) das Internet, (3) demnächst über ein europaweites Gerichtsverzeichnis, das in einen Europäischen Justiziellen Atlas eingestellt werden soll.

Die **deutsche Übermittlungsstelle** für ausgehende Ersuchen ist das **Amtsgericht**,
– in dessen Bezirk der *Antragsteller* seinen *Wohnsitz* oder seinen gewöhnlichen Aufenthalt hat (§ 1077 I 1; vgl. dazu das Beispiel oben);
– es kann *auch* ein *zentrales Amtsgericht* für die Bezirke mehrerer Amtsgerichte sein, dem (aufgrund gesetzlicher Ermächtigung) die Landesregierung oder die Landesjustizverwaltung diese Aufgabe zugewiesen hat (§ 1077 I 2, 3).

Die bei der Übermittlungsstelle gem. *§ 1077 ZPO* zu treffenden *Maßnahmen* erfolgen durch den **Rechtspfleger** (§ 20 Nr. 6, 1. Halbs. RPflG).

Die deutsche *Übermittlungsstelle* ist nur **zuständig** zur *Entgegennahme und* zur *Übermittlung* (= Übersendung) der Anträge auf grenzüberschreitende PKH (§ 1077 I 1). Für die Anträge und für deren Übermittlung sind *Standardformulare* vorgesehen. Ab deren Einführung durch das Bundesministerium der Justiz besteht Benutzungszwang für den Antragsteller und für die Übermittlungsstelle (§ 1077 II).[1] Der Rechtspfleger übersendet den vollständigen Antrag nebst den erforderlichen Übersetzungen an die zuständige Empfangsstelle des EU-Mitgliedstaates (Einzelheiten in § 1077 IV 1, V).

Die zuständige bewilligende **EU-ausländische Stelle** trifft die **Entscheidung** über den Antrag auf grenzüberschreitende PKH.

Wenn diese Stelle die von Deutschland aus beantragte PKH mangels Bedürftigkeit (= betr. persönliche und wirtschaftliche Verhältnisse) ablehnt,[2] so stellt die *deutsche Übermittlungsstelle* auf Antrag eine **Bedürftigkeitsbescheinigung** aus, falls die Voraussetzungen in Deutschland gem. § 115 I, II gegeben wären, und übersendet diese Bescheinigung der EU-ausländischen Empfangsstelle (§ 1077 VI).

Der *Rechtspfleger in Deutschland* kann von vornherein bereits die **Übermittlung** durch *Beschluss* **ablehnen**, wenn der Antrag offensichtlich unbegründet ist[3] oder wenn er offensichtlich nicht in den Anwendungsbereich der Richtlinie 2003/8/EG fällt. Dagegen ist die **sofortige Beschwerde** innerhalb *eines Monats* gegeben (§§ 1077 III, 127 II 2, 3).

10.7.2 Eingehende Ersuchen

Wenn von einem EU-Mitgliedstaat aus *in Deutschland* grenzüberschreitende *PKH beantragt* wird, handelt es sich um ein *eingehendes Ersuchen* (§ 1078).

Für solche hier eingehenden Ersuchen ist (gem. § 1078 I 1; vgl. das folgende Beispiel) in Deutschland
– entweder das **Prozessgericht**
– oder das **Vollstreckungsgericht**

---

[1] Siehe dazu die EG-Prozesskostenhilfevordruckverordnung (EG-PKHVV) vom 21. Dezember 2004.
[2] Diese Gefahr besteht für deutsche Antragsteller deshalb, weil die deutsche Einkommensschwelle (= Lebensverhältnisse) höher ist als in vielen anderen EU-Mitgliedstaaten.
[3] Problematisch ist hier die Prüfung der Erfolgsaussichten vor dem ausländischen Gericht durch den deutschen Rechtspfleger.

zuständig, das auch in der Hauptsache zu entscheiden hat. Hier gibt es keine Konzentration auf ein Gericht.

> **Beispiel:**
> Cunningham aus Liverpool in Großbritannien will gegen Hundhammer aus München einen Zahlungsanspruch über 8 000,00 EUR in München
> a) im Klageverfahren geltend machen,
> b) im Vollstreckungsverfahren durchsetzen.
> Er benötigt PKH. Für ein Ersuchen um PKH zuständig ist zu
> a) das Landgericht München als Prozessgericht,
> b) das Amtsgericht München als Vollstreckungsgericht.

Die *Anträge nebst Anlagen* müssen *in deutscher Sprache* vorliegen. Das deutsche Gericht entscheidet gem. §§ 114 ff. Es übersendet eine Abschrift seiner PKH-Entscheidung an die EU-ausländische übermittelnde Stelle (§ 1078 I 2, II).

Wenn einmal grenzüberschreitende PKH bewilligt worden ist, so gilt (= Fiktion) im Bedarfsfall ein entsprechender Antrag auf PKH auch für nächste Instanz als gestellt. Die Voraussetzungen müssen aber erneut dargelegt werden (§ 1078 IV).

Aufgaben

1 Gläubiger Steiner in Kassel hat eine Forderung in Höhe von 4 000,00 EUR gegen seinen in Marburg wohnhaften Schuldner Rower. Da Rower die Zahlung der 4 000,00 EUR verweigert, beabsichtigt Steiner, ihn zu verklagen, vorausgesetzt, dass ihm für den Rechtsstreit Prozesskostenhilfe bewilligt wird.
    a) Welches Gericht ist für den Antrag auf Bewilligung der Prozesskostenhilfe sachlich und örtlich zuständig?
    b) Entwerfen Sie den Antrag!
    c) Wie muss der Antrag begründet werden?
    d) Wird über den Antrag mündlich verhandelt?
    e) Was kann Steiner unternehmen, wenn seinem Antrag nicht stattgegeben wird?
    f) Was kann Rower unternehmen, wenn dem Antrag stattgegeben wird?

2 Steffen ist Prozesskostenhilfe bewilligt worden. Seine Klage wird abgewiesen. Er beabsichtigt, Berufung einzulegen. Steffen will die Prozesskostenhilfe für die Berufungsinstanz erneut beantragen. Muss er noch einmal alle Voraussetzungen für die Bewilligung der Prozesskostenhilfe begründen und erneut beweisen? (Bitte begründen!)

3 Dem angestellten Krause wird antragsgemäß Prozesskostenhilfe bewilligt. Wie hoch sind die vom Gericht festzusetzenden Monatsraten, wenn das monatlich einzusetzende Einkommen des Krause
    a) 14,00 EUR
    b) 630,00 EUR
    c) 850,00 EUR
beträgt?

4 Wenger ist für eine Klage beim Amtsgericht Ulm Prozesskostenhilfe bewilligt worden. Unter welchen Voraussetzungen wird Wenger ein Rechtsanwalt beigeordnet?

5 In dem Rechtsstreit Knauer gegen Betel ist Rechtsanwalt Dr. Wieland dem Kläger beigeordnet worden.

a) Wodurch erhält der Rechtsanwalt Dr. Wieland die Prozessvollmacht?
b) Wie ist Rechtsanwalt Dr. Wieland dagegen gesichert, den Rechtsstreit evtl. ohne Vergütung führen zu müssen?

6 In dem Rechtsstreit Drossel gegen Holbein ist dem Kläger die Prozesskostenhilfe bewilligt und Rechtsanwalt Weinstein als Prozessbevollmächtigter beigeordnet worden. Während des Prozesses wird ein Beweissicherungsverfahren durchgeführt. Die Klage wird abgewiesen.

a) Welche Bedeutung hat die Bewilligung der Prozesskostenhilfe zugunsten des Klägers Drossel für einen evtl. Vergütungsfestsetzungsantrag des Rechtsanwaltes Dr. Weinstein gegen seinen eigenen Mandanten (gem. § 11 RVG)?
b) Wann erhält Rechtsanwalt Weinstein auch die durch das Beweissicherungsverfahren entstandenen Gebühren und Auslagen aus der Landeskasse?
c) Inwieweit kann Rechtsanwalt Weinstein aus der Landeskasse einen Vorschuss für seine Tätigkeit verlangen?
d) Der Prozessbevollmächtigte des Beklagten beantragt nach Erlass des klageabweisenden Urteils gegen den Kläger die Festsetzung der dem Beklagten zu erstattenden Kosten. Wie sind die Erfolgsaussichten dafür?

7 In dem Rechtsstreit Paulsen gegen Köster ist beiden Parteien die Prozesskostenhilfe bewilligt und jeweils ein Rechtsanwalt beigeordnet worden.

a) Die Klage wird abgewiesen.
 – Wie erhält der Prozessbevollmächtigte des Klägers seine Vergütung?
 – Wie erhält der Prozessbevollmächtigte des Beklagten seine Vergütung?
b) Der Klage wird stattgegeben. Wie sind die zu a) genannten Fragen zu beantworten?

8 Rechtsanwalt Milde war seinem Mandanten, dem Prozesskostenhilfe bewilligt wurde, durch das Amtsgericht Görlitz beigeordnet worden. Milde beantragt Festsetzung seiner Vergütung gegen die Staatskasse. Dabei wird ihm die in Ansatz gebrachte Terminsgebühr in Höhe von 159,60 EUR gestrichen.

a) Womit kann er insoweit den Festsetzungsbeschluss anfechten?
b) Womit kann er den danach ergehenden zurückweisenden Richterbeschluss anfechten?
c) Welcher Beschwerdewert muss dabei beachtet werden?

9 Datterich aus Darmstadt will Gonzales aus Barcelona auf Zahlung von 15 000,00 EUR verklagen. Für den von ihm in Barcelona beabsichtigten Prozess benötigt er Prozesskostenhilfe, die ihm in Spanien (= Mitglied der EU) bewilligt werden muss.

Welches deutsche Gericht ist hier die zuständige deutsche Übermittlungsstelle zur Entgegennahme und Weiterleitung des PKH-Antrages an die zuständige spanische Empfangsstelle?

11 Die Verjährung

11.1 Allgemeines

Die Verjährung dient dem *Rechtsfrieden* und der Rechtssicherheit. Sie kann verhindern, dass Prozesse über Ansprüche aus weit zurückliegenden und *kaum noch aufklärbaren Vorgängen* geführt werden. Vor allem der Schuldner kann sich *nach längerer Zeit* häufig wegen Verlustes von Beweismitteln nicht mehr erfolgreich verteidigen. Hier eröffnet die Verjährung die Möglichkeit, einen *Schlussstrich* unter lange Zurückliegendes zu ziehen.

> *Beispiel:*
> *Malermeister Krämer klagt am 20. April 2004 gegen Klein einen Anspruch auf Zahlung von Werklohn i.H. v. 1 200,00 EUR¹ ein, der am 1. Juli 1998 fällig geworden ist.* Klein hatte den Werklohn sofort nach Fälligkeit gezahlt, kann es jetzt aber nicht mehr beweisen, weil er seine Quittung inzwischen vernichtet hat. Einen Zeugen hat er nicht.
> *Hier kann nur eine Bezugnahme auf Verjährung helfen.*

Die Verjährung ist im Bürgerlichen Gesetzbuch geregelt (§§ 194 ff BGB). Nach § 194 I BGB unterliegt ein **Anspruch** grundsätzlich der *Verjährung*. Ein Anspruch ist das Recht, von einer anderen Person ein Tun oder ein Unterlassen zu verlangen.

> *Beispiel:*
> a) *Kralle hat gegen Kröger einen Anspruch auf Zahlung von 1 000,00 EUR;*
> b) *Hauer hat gegen Schneider einen Anspruch auf Herausgabe eines Motorrades;*
> c) *Brecht hat gegen seinen Arbeitgeber Stolz einen Anspruch auf Erteilung eines Zeugnisses;*
> d) *Mause hat gegen Büttel einen Anspruch auf Unterlassung ruhestörenden Lärms.*

Unverjährbar sind kraft besonderer gesetzlicher Regelung lediglich:

(1) Ansprüche aus familienrechtlichen Verhältnissen (§ 194 II BGB);

(2) der Anspruch auf Aufhebung einer Gemeinschaft (§ 758 BGB);

(3) der Anspruch auf Berichtigung des Grundbuchs (§ 898 BGB);

(4) Ansprüche aus Rechten, die im Grundbuch eingetragen sind (§ 902 BGB);

(5) Ansprüche aus dem Nachbarrecht (§ 924 BGB).

---

[1] Ursprünglich eine DM-Schuld. Hier wurde davon abgesehen, den ungeraden Euro-Betrag auszuwerfen, der sich bei einer Umrechnung von 1 EUR = 1,95583 DM ergeben würde.

11.2 Wirkung der Verjährung

Die Verjährung bewirkt **nicht**, dass der **Anspruch erlischt**. Ein verjährter Anspruch *besteht weiter* und kann deshalb noch geltend gemacht werden, auch gerichtlich im Mahn- oder im Klageverfahren. Klagt ein Gläubiger seinen verjährten Anspruch ein, so hat der *Schuldner jedoch das Recht,* den Ablauf der Verjährungsfrist geltend zu machen, indem er die **„Einrede der Verjährung"** erhebt. Darin besteht der Schutz des Schuldners; denn wenn er die Einrede der Verjährung erhebt (nur dann!), muss das Gericht im Falle der Verjährung die *Klage als unbegründet abweisen.*

> *Beispiel:*
> *Lommel hat gegen Naumann einen Anspruch auf Zahlung von 2 400,00 EUR. Der Anspruch ist am 31. Mai verjährt. Am 15. Juni reicht Lommel seine Zahlungsklage gegen Naumann ein.*
> *a) Naumann macht auf die Verjährung aufmerksam (= erhebt die Einrede der Verjährung). Die Klage wird deshalb als unbegründet abgewiesen.*
> *b) Das Gericht erkennt zwar, dass der Anspruch des Lommel verjährt ist, Naumann erwähnt aber die Verjährung mit keinem Wort (= er erhebt nicht die Einrede der Verjährung). Das Gericht stellt deshalb fest, dass der Klageanspruch begründet ist. Naumann wird zur Zahlung von 2 400,00 EUR verurteilt.*

Die Verjährung wird also *nicht von Amts wegen berücksichtigt,* sodass gegen den säumigen Beklagten z.B. ein Versäumnisurteil ergehen kann.

Die Verjährung erstreckt sich nicht nur auf den Hauptanspruch, sondern *auch* auf von ihm abhängige *Nebenleistungen* wie die Zinsen, Kosten, Nutzungen, Provisionen u.a.m. (§ 217 BGB).

11.3 Länge und Beginn der Verjährungsfrist

11.3.1 Die Regelverjährungsfrist

▶ *Regelfrist*

Die *Regelverjährungsfrist* beträgt **drei Jahre** (§ 195 BGB). Sie *beginnt* mit dem *Ende des Jahres,* in dem

- der *Anspruch entstanden* ist und
- der *Gläubiger Kenntnis* erlangt (oder grobfahrlässig nicht erlangt) hat von den anspruchsbegründenden Umständen (= subjektive Voraussetzung), § 199 I BGB.

> *Beispiel:*
> *Rechtsanwalt Fuchs hat einen Vergütungsanspruch gegen seinen Mandanten Leber. Der Anspruch ist am 8. April 2003 fällig geworden. Verjährung in drei Jahren nach dem 31. Dezember 2003. Ablauf der Verjährungsfrist am 31. Dezember 2006.*

▶ Zusätzliche Verjährungshöchstfristen

Da der Beginn der Regelverjährungsfrist u.a. auch davon abhängt, dass der Gläubiger die anspruchsbegründenden Tatsachen und die Person des Schuldners kennt, besteht insoweit im Einzelfall die Gefahr der faktischen Unverjährbarkeit.

Beispiel:
Der Pkw des Hammann wird am 5. Juni 2003 bei einem Verkehrsunfall schuldhaft vom Verkehrsteilnehmer Korn erheblich beschädigt. Der Schuldner begeht Fahrerflucht. Wenn Hammann Namen und Adresse seines Schuldners Korn nicht erfahren sollte, könnte die Regelverjährungsfrist für diesen Schadensersatzanspruch gar nicht beginnen (§ 199 I BGB), wenn es dabei bliebe.

Dieser Gefahr, dass die Verjährung mangels Kenntnis des Gläubigers nach der bisher erwähnten Regel nicht eintreten könnte, beugen *zusätzliche Verjährungshöchstfristen* vor. Diese beginnen *kenntnisunabhängig* (= objektiv) und bewirken, dass die der Regelverjährung (= drei Jahre; § 195 BGB) unterliegenden Ansprüche spätestens **in 10 oder** in **30 Jahren** verjähren (§ 199 II-IV BGB). Hier wird der Fristbeginn auf den Tag genau berechnet (keine Jahresendverjährung).

Beispiel:
*a) In unserem Beispiel Hammann gegen Korn würde die Verjährungshöchstfrist auch ohne Kenntnis des Gläubigers von der Person des Schuldners bereits mit der Entstehung des Schadens beginnen, und zwar als Frist von **10 Jahren** (§ 199 III Nr. 1 BGB). Diese Regelung gilt u.a. für **Schadensersatzansprüche** bei **Vermögensschäden**. Also Beginn der Frist mit der Beschädigung des Pkw am 5. Juni 2003, Ende der Frist am 5. Juni 2013 (§§ 187 I, 188 II BGB).*
*b) Hammann wird am 5. Juni 2003 als Fußgänger vom Pkw-Fahrer Korn angefahren, der Fahrerflucht begeht. Hammann trägt schwere **Körper-** und **Gesundheitsschäden** davon. Bei Schadensersatzansprüchen wegen Verletzung höchstpersönlicher Rechtsgüter wie der hier genannten gilt eine abweichende Verjährungshöchstfrist von **30 Jahren** (§ 199 II BGB). Also Fristbeginn sofort am 5. Juni 2003, Ende der Frist am 5. Juni 2033.*

Beachte:
Wegen der unterschiedlichen Dauer der Verjährungshöchstfristen bei Vermögensschaden (10 oder 30 Jahre, § 199 III Nr. 1, 2 BGB) und bei Körper- und Gesundheitsschäden (stets 30 Jahre, § 199 II BGB) können in einem Fall (z.B. bei einem Verkehrsunfall) abweichende Verjährungsfristen Anwendung finden. Dabei aber nicht vergessen, dass die Regelverjährungsfrist dennoch gemeinsam drei Jahre beträgt (§ 195 BGB).

Wenn die *Ursache für* einen *später* eintretenden *Vermögensschaden* bereits durch eine Handlung, durch eine Pflichtverletzung oder durch ein Ereignis gesetzt wurde, so *beginnt* die *Verjährungshöchstfrist* bereits zu laufen, *bevor* der *Schaden* tatsächlich *eingetreten* ist. In diesem Falle gilt eine Verjährungshöchstfrist *von 30 Jahren* (§ 199 III Nr. 2 BGB), die mit dem Vorliegen der genannten Voraussetzungen beginnt.

Bei *Vermögensschadensersatzansprüchen* sind somit *zwei Verjährungshöchstfristen* zu beachten. Maßgeblich ist die früher ablaufende Frist (§ 199 III 2 BGB).

> **Beispiel:**
> *Notar Dr. Recht erteilt dem Kaufmann Grimme am 13. Juni 2003 schriftlich einen rechtsfehlerhaften Rat zur Änderung seines Gesellschaftsvertrages. Dieser fehlerhafte Rat führt im Jahre 2036 zu einem sonst nicht eingetretenen Vermögensschaden. Der Schadensersatzanspruch gegen Dr. Recht ist jedoch bereits am 13. Juni 2033 verjährt.*

Die Verjährungshöchstfristen
(Ergänzung zur Regelfrist von drei Jahren, §§ 195, 199 I BGB)

1. **Grundregel** für **alle Ansprüche** (außer Schadensersatz)	= 10 Jahre	ab Entstehung (§ 199 IV BGB)
2. **Schadensersatzansprüche** bei Verletzung höchstpersönlicher Rechtsgüter (= Leben, Körper, Gesundheit, Freiheit)	= 30 Jahre	ab Handlung, Pflichtverletzung oder Ereignis als Schadensursache (§ 199 II BGB)
3. Sonstige Schadensersatzansprüche insbesondere bei Verletzung von Eigentum, Vermögen, allgemeines Persönlichkeitsrecht	= 10 Jahre	ab Entstehung des ersten Schadens (§ 199 III 1 Nr. 1 BGB)
	oder	
	= 30 Jahre	Beginn wie bei (2) (§ 199 III 1 Nr. 2 BGB)
	= früherer Ablauf	maßgebend (§ 199 III 2 BGB)

11.3.2 Besondere Verjährungsfristen

Außer der oben dargestellten Regelverjährung von 3 Jahren (mit ergänzenden Verjährungshöchstfristen) gibt es besondere Verjährungsfristen mit *Abweichungen* bei *Fristenlänge* und z.T. auch *Fristenbeginn*. Dazu wird hier auf die nachfolgende Übersicht (S. 181) verwiesen. Bei *Unterlassungsansprüchen* beginnt die *Verjährung* statt mit der Entstehung des Anspruchs *mit der Zuwiderhandlung*.

> **Beispiel:**
> Tomfort hat zwei titulierte Ansprüche, und zwar hat er
> a) gegen seinen Käufer Normann ein Endurteil auf Zahlung erwirkt, das am 1. August 2002 rechtskräftig wird,
> b) gegen seinen Darlehensschuldner Pfaff eine am 30. April 2003 beim Notar errichtete vollstreckbare Urkunde.
> Beide Ansprüche verjähren in 30 Jahren,
> a) ab Rechtskraft, also am 1. August 2032,
> b) ab Errichtung, also am 30. April 2033.

Ansprüche	Vorschrift	Länge der Frist	Beginn der Verjährungsfrist
1 Regelverjährung – für alle privatrechtlichen Ansprüche, – soweit nicht abweichende Fristenregelung durch Gesetz (siehe unten Nr. 2) oder durch Vereinbarung	§§ 195, 199 I BGB	3 Jahre	**Ende des Jahres** – der Entstehung des Anspruchs und – der Gläubigerkenntnis oder grobfahrlässiger Unkenntnis davon (= subjektiv)
zusätzliche Verjährungshöchstfristen	§ 199 II–IV BGB	10 oder 30 Jahre	unabhängig von Gläubigerkenntnis, s.o. (= objektiv)
2 Besondere Verjährungsfristen a) für *Rechte an Grundstücken*, auch für Gegenleistung (z.B. Kaufpreis)	§§ 196, 200 BGB	10 Jahre	mit *Entstehung*
b) für *Herausgabeansprüche* aus *dinglichen Rechten* (z.B. aus Eigentum)	§§ 197 I Nr. 1, 200 BGB	30 Jahre	mit Entstehung
für *familien-* und *erbrechtliche* Ansprüche	§§ 197 I Nr. 2, 200 BGB	30 Jahre	mit Entstehung
für *titulierte* Ansprüche nebst Vollstreckungskosten	§§ 197 I Nr. 3–6, 201 BGB	30 Jahre	mit Rechtskraft oder Errichtung des Titels, mit Feststellung im Insolvenzverfahren
c) für *Gewährleistungsansprüche* beim Kauf (= Nacherfüllung, Schadens- und Aufwendungsersatz)	§ 437 BGB		
– bei beweglichen Sachen	§§ 438 I Nr. 3, 438 II BGB	2 Jahre	mit *Ablieferung*
– bei Bauwerken (und eingebauten Materialien)	§§ 438 I Nr. 2, 438 II BGB	5 Jahre	mit *Grundstücksübergabe* (oder Ablieferung der Materialien)

11.4 Ablaufhindernisse bei der Verjährung

Die durch Zeitablauf eintretende *Verjährung kann* zum einem schon von Rechts wegen *zu* vermeidbaren, unerwünschten *Rechtsnachteilen* beim Gläubiger *führen*. Die Verjährung könnte zum anderen vom Schuldner sogar zum Schaden *eines* arglosen *Gläubigers* herbeigeführt werden. Um dem zu begegnen, kennt das Gesetz zwei in ihrer Wirkung unterschiedliche Rechtseinrichtungen, nämlich

- die *Hemmung* (= das vorübergehende Ruhen) der laufenden Verjährung von Gesetzes wegen oder auf ein Tätigwerden der Parteien hin und
- den *völligen Neubeginn* (= früher Unterbrechung genannt) aufgrund einer Handlung der Parteien.

Hemmung und Neubeginn verändern den Ablauf der Verjährung.

11.4.1 Hemmung der Verjährung

Bei der Hemmung wird *der Zeitraum in die Verjährungsfrist nicht eingerechnet,* während dessen die Verjährung gehemmt ist (§ 209 BGB). D.h. um den Zeitraum der Hemmung verlängert sich die Frist, wenn sie nach Beendigung der Hemmung weiterläuft.

> *Beispiel:*
> *Eine am 1. April 2002 fällig gewordene Mietzinsforderung verjährt am 31. Dezember 2005. Wird die Verjährung am 20. Januar 2003 gehemmt und fällt der Hemmungsgrund am 20. Juni 2003 fort, so läuft die Verjährungsfrist am 31. Mai 2006 ab. Die 5 Monate, während deren die Verjährung gehemmt war, werden nicht mitgerechnet.*

Ein **Hemmungsgrund** liegt u.a. vor:

1. bei **Rechtsverfolgung** (§ 204 I BGB), d.h. bei einem förmlichen Verfahren vor Gericht, vor einem Schiedsgericht, einer Gütestelle, einem Gutachter usw. wie u.a. durch
   - Erhebung (= Zustellung) der Klage,
   - Zustellung des Mahnbescheides,
   - Zustellung des Antrages auf einstweiligen Rechtsschutz, nämlich Arrest, einstweilige Verfügung, einstweilige Anordnung,
   - Anmeldung des Anspruchs im Insolvenzverfahren,
   - Antrag auf Prozesskostenhilfe.

Für genauere Einzelheiten und weitere Hemmungsgründe lies §§ 204 I Nr. 1–14 BGB, 19 VII BRAGO.

Beginn der Hemmung durch Rechtsverfolgung. Soll die Hemmung der Verjährung z.B. *durch Klageerhebung* herbeigeführt werden (§ 204 I Nr. 1 BGB), so tritt die Wirkung zwar grundsätzlich mit der Zustellung der Klage ein (§ 253 I ZPO). Diese Wirkung wird jedoch *auf* den Zeitpunkt der *Einreichung der Klage vorverlegt,* wenn die Zustellung an den Beklagten „**demnächst**" erfolgt (§ 167 ZPO). Dadurch wird die Verzögerungsgefahr bei der Amtszustellung für den Kläger ausgeglichen. Eine (an sich verspätete) Zustellung erfolgt nach der Rechtsprechung demnächst, wenn sie noch in einer den Umständen nach angemessenen Frist ohne besondere Verzögerung durchgeführt wird. (Unschädlich zumindest drei Wochen; vgl. auch Zustellung 8.1, S. 140.)

Beispiel:
Der Anspruch des Gläubigers Kiehn gegen den Schuldner Schramm auf Zahlung von 2 000,00 EUR verjährt am 31. Dezember 2003. Am 26. Dezember 2003 reicht Kiehn die Klage ein, die dem Beklagten am 6. Januar 2004 zugestellt wird.
Obwohl die Zustellung erst nach Ablauf der Verjährungsfrist erfolgt, ist die Verjährung gehemmt worden, weil die Zustellung noch „demnächst" vorgenommen wurde.

Ende der Hemmung durch Rechtsverfolgung. In den genannten Fällen endet die Hemmung der Verjährung 6 Monate nach Rechtskraft der Entscheidung oder nach anderweitiger Verfahrensbeendigung (§ 204 II 1 BGB).

Beispiel:
Karstens hat eine Kaufpreisforderung aufgrund eines Vertrages vom 2. Januar 2003 gegen seinen Kunden Siemens eingeklagt. Die Klage wird Siemens am 18. März 2003 zugestellt. Am Ende erwirkt Karstens ein obsiegendes Urteil, das am 18. Juni 2003 rechtskräftig wird. Die Hemmung der Verjährung beginnt mit Klagezustellung (§ 204 I Nr. 1 BGB), d.h. am 18. März 2003 und endet sechs Monate nach Rechtskraft des Urteils (§ 204 II 1 BGB), d.h. am 18. Dezember 2003. Der Zeitraum der Hemmung beträgt in diesem Fall somit neun Monate (= 18. März – 18. Dezember). Um diese Zeitspanne verlängert sich die zu berechnende Verjährungsfrist.

Weitere Hemmungsgründe sind gegeben

2. bei **Verhandlungen** zwischen den Parteien über den Anspruch (genauer in § 203 BGB),
3. für die Dauer eines (vorübergehenden) **Leistungsverweigerungsrechts** aufgrund Vereinbarung der Parteien (§ 205 BGB),
4. bei Vorliegen **höherer Gewalt** (§ 206 BGB), solange der Gläubiger innerhalb der letzten sechs Monate der Verjährungsfrist dadurch an der Rechtsverfolgung gehindert worden ist, so z.B. durch eine Naturkatastrophe oder durch eine plötzlich auftretende schwere Krankheit.

Beispiel:
Brause hat dem Kunden Meier einen Pkw vermietet. Der Mietzins i.H. v. 420,00 EUR war am 10. Juni 2003 fällig. Die Forderung verjährt danach am 31. Dezember 2006. Wenn Brause infolge eines nicht verschuldeten Verkehrsunfalles in der Zeit vom 8. August bis zum 8. September 2006 im Krankenhaus auf der Intensivstation liegen müsste, würde die Verjährungsfrist erst am 31. Januar 2007 ablaufen.

5. bei familiären und ähnlichen Gründen (lies § 207 BGB),
6. bei Ansprüchen wegen Verletzung der sexuellen Selbstbestimmung (§ 208 BGB).

Hinzu kommt die **Ablaufhemmung**

7. zugunsten eines nicht voll Geschäftsfähigen ohne gesetzlichen Vertreter (lies § 210 BGB),
8. und in Nachlassfällen (lies § 211 BGB).

Weitere Hemmungstatbestände gibt es zu anderen Gesetzen (vgl. Kommentare).

11.4.2 Neubeginn der Verjährung

In zwei Fällen[1] *beginnt* (abweichend von der Hemmung) *sofort* eine neue *Verjährungsfrist* in voller Länge. Die bereits abgelaufene Zeit bleibt hier außer Ansatz.
Zum Neubeginn der Verjährung führen
1. das **Anerkenntnis des Anspruchs** durch den Schuldner gegenüber dem Gläubiger. Das kann geschehen durch Abschlagszahlung, Zinszahlung, Sicherheitsleistung oder in anderer Weise, wie z.b. durch ein Stundungsgesuch[2] oder durch eine Bitte um wohlwollende Prüfung der wirtschaftlichen Lage (§ 212 I Nr. 1 BGB).
2. die Beantragung oder die Vornahme einer gerichtlichen oder behördlichen **Vollstreckungshandlung** (§ 212 I Nr. 2 BGB).

Beispiel:
a) *Malermeister Appel hat gegen den Angestellten Donner eine Werklohnforderung, die am 10. Juni 2002 fällig geworden ist. Donner leistet am 22. Mai 2003 eine **Teilzahlung**. Mit diesem Anerkennen hat Donner die am 31. Dezember 2005 drohende Verjährung neu in Lauf gesetzt. Die dreijährige Verjährungsfrist beginnt am 23. Mai 2003, 0:00 Uhr, erneut zu laufen. Also jetzt Ablauf der Verjährungsfrist (statt am 31. Dezember 2005) am 22. Mai 2006, 24:00 Uhr (§§ 187 I, 188 II BGB).*
b) *Wie Beispiel (a), aber diesmal zahlt der Schuldner nicht, sondern Appel erwirkt gegen Donner ein Zahlungsurteil. Dies Urteil wird am 16. April 2003, 24:00 Uhr, rechtskräftig. (Jetzt 30-jährige Verjährungsfrist gem. § 197 I Nr. 3 BGB bis zum 16. April 2033, 24:00 Uhr.) Am 10. Juni 2004 unternimmt Appel mit Hilfe des Gerichtsvollziehers einen erfolglosen **Vollstreckungsversuch**. Damit Neubeginn der Verjährungsfrist und Ende derselben am 10. Juni 2034, 24:00 Uhr.*

11.5 Wechsel in der Person

Die Person des Gläubigers oder des Schuldners kann während der laufenden Verjährungsfrist wechseln, so z.B. durch Erbschaft oder durch Abtretung. Dieser Wechsel in der Person hat **auf** den Ablauf der **Verjährungsfrist keinen Einfluss.**

Beispiel:
Wendland steht eine Kaufpreisforderung gegen Bossel zu, die am 31. Dezember 2003 verjährt. Er tritt die Forderung am 28. Oktober 2003 an Clausen ab.
Die Forderung verjährt auch gegenüber dem neuen Gläubiger Clausen am 31. Dezember 2003.

---

[1] Vor dem Inkrafttreten des Gesetzes zur Modernisierung des Schuldrechts am 1. Januar 2002 kannte das BGB eine wesentlich größere Zahl von bis dahin so genannten **Unterbrechungstatbeständen**. Diese sind weitgehend zu Hemmungstatbeständen geworden, so vor allem in § 204 BGB.
[2] Eine sich anschließende Stundungsvereinbarung würde dann zugleich Hemmungswirkung haben (§ 205 BGB).

Aufgaben

1 Der Mandant Steinberg erscheint am 10. Juni 2005 in Ihrem Büro und teilt mit, dass ihm der Klempnermeister Groß eine Rechnung über eine am 5. April 2002 ausgeführte Reparatur geschickt habe.
   a) Ist die Forderung verjährt? (Bitte begründen!)
   b) Welche Wirkung hätte die Verjährung?

2 Gläubiger Hansen klagt am 19. Januar 2006 gegen Clausen auf Zahlung mit der Begründung, Clausen habe im Juli 2002 einen VW Golf zehn Tage lang gemietet und den vereinbarten Mietzins nicht gezahlt.
   a) Ist die Forderung verjährt? (Bitte begründen!)
   b) Im ersten Verhandlungstermin am 28. Februar 2006 ist der Beklagte säumig. Hansen beantragt die Verurteilung des Beklagten durch Versäumnisurteil. Darf das Versäumnisurteil erlassen werden? (Bitte begründen!)

3 Der Mandant Hartmann hat am 14. Januar 2002 einen Schreibtisch von Biermann gekauft. Der Schreibtisch ist am 22. Januar geliefert worden. Er weist erhebliche Mängel auf. Nach längerem Zuwarten entschließt sich Hartmann endlich, Mängelbeseitigung zu fordern. Er teilt dem Biermann dies Verlangen am 24. März 2004 mit.
   a) Biermann beruft sich auf den Ablauf der Verjährung. Begründen Sie, ob mit Recht!
   b) Wie wäre Fall a) zu beurteilen, wenn Hartmann ein Grundstück mit darauf stehendem Haus gekauft hätte und ihm das Grundstück nebst Haus am 22. Januar 2002 übergeben worden wäre?

4 Rechtsanwalt Dr. Martin beabsichtigt im Januar 2004, eine Gebührenforderung gegen seinen Mandanten geltend zu machen, die im Februar 2000 fällig geworden war.
   a) Ist die Forderung verjährt? (Bitte begründen!)

5 Dem Mandanten Brill ist sein Audi A4 am 30. Januar 2002 gestohlen und dieser am 6. Februar 2002 schwer beschädigt wieder aufgefunden worden. Der Täter wird von der Polizei am 4. Februar 2003 überführt und dem Brill wird noch am gleichen Tage davon Mitteilung gemacht.
   a) Wann ist die Schadensersatzforderung des Brill verjährt?

6 a) Wodurch beginnt eine neue Verjährungsfrist zu laufen?
   b) Wodurch wird eine Hemmung der Verjährung ausgelöst?
   c) Wie wirkt die Verjährungshemmung im Unterschied zum Neubeginn?

7 Der Mandant Deppe macht im Jahre 2004 für eine vermietete Wohnung gegen seinen Schuldner Wagner eine Mietzinsforderung für die Monate März, April, Mai und Juni 2002 geltend.
   a) Wann ist die Forderung verjährt?
   b) Wann verjährt die Forderung, wenn Wagner seine Schuld am 12. Februar 2003 in einem an Deppe gerichteten Schreiben anerkennt?
   c) Stellen Sie fest, ob die Forderung im Falle a) verjährt ist, wenn Deppe zwar am 28. Dezember 2005 die Klage gegen Wagner einreicht, die Klage dem Beklagten aber erst am 5. Januar 2006 zugestellt wird!

8 Wolters ist während seines Urlaubs auf einem Campingplatz am 20. Juli 2003 ein wertvoller Fotoapparat gestohlen worden. Der Dieb wird am 15. August 2003 überführt und festgenommen. Der Fotoapparat ist nicht mehr in seinem Besitz.

    a)   Wann ist der Schadensersatzanspruch des Wolters verjährt?

    b)   Wann wäre der Schadensersatzanspruch des Wolters (= wegen Eigentumsverletzung) spätestens verjährt, wenn der Dieb nicht hätte festgestellt werden können?

    Nehmen Sie an, Wolters wird am 1. August 2003 als Fußgänger von einem Pkw angefahren und schwer verletzt. Der Fahrer gibt Wolters seine Adresse.

    c)   Wann verjährt der Anspruch auf Ersatz des Körper- und Gesundheitsschadens?

    d)   Wann würde der Anspruch zu c) verjähren, wenn der Fahrer flüchtig wäre und nicht ermittelt werden könnte?

9 Karlmann hat für eine Darlehensforderung eine notarielle vollstreckbare Urkunde gegen Schiele, die am 25. März 2003 errichtet worden ist.

    a)   Welche Verjährungsfrist gilt hier für den Zahlungsanspruch?
    b)   Wann läuft die Verjährungsfrist für diesen Anspruch ab?
    c)   Karlmann macht am 5. September 2005 durch den Gerichtsvollzieher einen erfolglosen Vollstreckungsversuch bei Schiele. Welche Auswirkung hat das auf das Ablaufdatum der Verjährungsfrist?
    d)   Wie nennt man diese rechtliche Wirkung?
    e)   Was würde sich bei den Lösungen ändern, wenn Karlmann im obigen Fall statt einer notariellen vollstreckbaren Urkunde ein am 25. März 2003 rechtskräftig gewordenes Urteil hätte?

10 Kaufmann Fabian hat gegen Petersen eine Kaufpreisforderung für am 11. Februar 2002 gelieferte Ware. Fabian tritt seine Forderung am 20. März 2003 an Krug ab, der sie am 24. Januar 2006 einklagt. Petersen erhebt im ersten Verhandlungstermin die Einrede der Verjährung.

    Zu Recht? (Bitte begründen!)

12 Rechtsmittel

12.1 Allgemeines

Wenn eine *Partei* in einem gerichtlichen Verfahren ganz oder teilweise ohne Erfolg geblieben ist, so hat sie ein *Interesse* an einer *Überprüfung der gerichtlichen Entscheidung*. Die ZPO stellt dazu als **Rechtsmittel** grundsätzlich die *Berufung* und die *Revision* gegen Urteile sowie die *Beschwerde* gegen Beschlüsse zur Verfügung. Zweck dieser Rechtsmittel ist es, nicht nur eine ungünstige Entscheidung zu beseitigen (= nur Kassation), sondern zugleich auch eine günstige anderweitige Entscheidung herbeizuführen.

Der umfassendere Oberbegriff *ist der des* **Rechtsbehelfs,** *wozu auch die Rechtsmittel gehören. Die Rechtsbehelfe umfassen alle bei Gericht einzureichenden Gesuche, mit denen eine gerichtliche Entscheidung angefochten werden kann.*

Dazu zählen dann u.a. auch der Widerspruch gegen den Mahnbescheid, der Einspruch gegen das Versäumnisurteil und den Vollstreckungsbescheid, die Erinnerung nach dem RPflG und nach § 573 ZPO (Urkundsbeamter) sowie die Gehörsrüge.

Der Hauptunterschied zu den Rechtsmitteln ist, dass über diese Rechtsbehelfe nicht in der nächsten, sondern in derselben Instanz entschieden wird.

Rechtsmittel eröffnen einen *Instanzenzug,* d.h. sie führen grundsätzlich (Einschränkung in § 572 I 1) zu Entscheidungen durch ein *höheres Gericht.*

Rechtsmittel schaffen damit zugleich auch, je nach Umfang der Gewährung, die *Gefahr einer Überlastung der Justiz* sowie der Verzögerung und der Verteuerung der Verfahren. Deshalb kennt das Gesetz strenge **Zulässigkeitsvoraussetzungen** (im weitesten Sinne) wie (1) die Statthaftigkeit, (2) die Beschwer nebst Mindestwert oder Zulassung, (3) Form und Frist. Hinzukommen u.a. *Beschränkungen für neue Tatsachen* und Beweisaufnahmen, für neue Angriffs- und Verteidigungsmittel.

Ab **Rechtskraft** der gerichtlichen Entscheidung ist in derselben Sache eine davon abweichende Entscheidung nicht mehr möglich. (Zur Rechtskraft lies oben S. 120 f.)

12.2 Die Berufung

12.2.1 Voraussetzungen

Statthaftigkeit. Die Berufung ist *statthaft gegen* die *Endurteile* der *ersten Instanz* (§ 511 I), d.h. des Amtsgerichts und des Landgerichts.

Außer gegen Endurteile, die eine Instanz endgültig beenden (vgl. oben 6.4.1, S. 113 f.), ist die Berufung z.B. auch statthaft gegen
1. ein zweites Versäumnisurteil (§ 514 II; vgl. S. 135);
2. Grundurteile (§ 304 II; vgl. S. 115);

3. Vorbehaltsurteile *(§ 599 III; vgl. S. 116, 228 f.);*
4. einen durch Urteil angeordneten Arrest *(§ 922 I).*

Beschwer. Die Berufung kann von einer Partei eingelegt werden, wenn und *soweit* sie *unterlegen* ist. Sie muss also durch das Urteil beschwert sein. Diese Beschwer (= eine Zulässigkeitsvoraussetzung) ergibt sich aus der *Abweichung des Urteilstenors vom* gestellten *Klageantrag* oder *Gegenantrag.* Bei vollem Unterliegen des Klägers deckt sich der Wert der Beschwer mit dem Streitwert (= der Klage), bei nur teilweisem Unterliegen ist er niedriger. Die Berechnung des Wertes der Beschwer erfolgt notfalls gemäß §§ 3–9.

> *Beispiel:*
> *Thomas klagt gegen Land beim Amtsgericht auf Zahlung von 4 800,00 EUR.*
> *a) Land wird zur Zahlung von 4 800,00 EUR verurteilt.*
> *b) Die Klage wird abgewiesen.*
> *c) Der Beklagte wird zur Zahlung von 3 500,00 EUR verurteilt, im Übrigen (= 1 300,00 EUR) wird die Klage abgewiesen.*
> *Im Falle a) ist nur Land beschwert, im Falle b) nur Thomas, im Falle c) sind beide Parteien beschwert.*

Berufungssumme und Zulassung. Die Berufung ist (auch bei Vorliegen einer Beschwer) im Übrigen nur dann *zulässig*, wenn

– entweder der *Wert des Beschwerdegegenstandes* 600,00 EUR übersteigt (auch *Berufungssumme* genannt, § 511 II Nr. 1) = **Wertberufung**,
– oder das Gericht erster Instanz die Berufung im Urteil zugelassen hat (§ 511 II Nr. 2) = **Zulassungsberufung**.

> *Beispiel:*
> *a) Hammer hat Schlosser auf Zahlung von 580,00 EUR verklagt. Der Beklagte wird antragsgemäß verurteilt.*
> *b) Kruse hat Degen auf Zahlung von 900,00 EUR verklagt. Degen wird zur Zahlung von 500,00 EUR verurteilt, die Klage wird im Übrigen (= 400,00 EUR) aber abgewiesen.*
> *Die Berufung ist in beiden Fällen unzulässig, weil weder die Berufungssumme von einer der Parteien erreicht wurde noch das Amtsgericht die Berufung zugelassen hat.*

Über eine *Zulassung* der Berufung ist *nur dann* zu entscheiden, *wenn keine Wertberufung* in Betracht kommt,
– nämlich weil die Beschwer durch das Urteil nicht mehr als 600,00 EUR beträgt (§ 511 IV 1 Nr. 2).

Das Prozessgericht erster Instanz *lässt* in diesem Falle *die Berufung* von Amtswegen *zu, wenn*
– die Rechtssache *grundsätzliche Bedeutung* hat oder
– die *Fortbildung des Rechts* oder
– die Sicherung einer *einheitlichen Rechtsprechung*

Die Berufung

eine Entscheidung des Berufungsgerichts erfordern (§ 511 IV 1 Nr. 1). Das Berufungsgericht ist dann an die Zulassung gebunden (§ 511 IV 2). Die Entscheidung des Gerichts (Zulassung oder Nichtzulassung) ist für die Parteien unanfechtbar.[1] (Die Zulassungsvoraussetzungen sind dieselben wie bei der Revision. Siehe dort S. 197.)

Es müssen begrifflich genau unterschieden werden:
– *Die* **Beschwer durch das Urteil** *(§ 511 IV 1 Nr. 2).*
 Sie liegt objektiv erkennbar sofort mit der Verkündung des Urteilstenors vor und zeigt, wie weit das Urteil hinter dem Antrag erster Instanz zurückbleibt (siehe oben unter Beschwer). Von ihr geht das Gericht bei einer evtl. Berufungszulassung aus. Diese Beschwer darf 600,00 EUR nicht übersteigen.
 Im ersten Beispiel oben wäre die Beschwer für eine Berufungszulassung zu hoch, nämlich jeweils über 600,00 EUR. Im zweiten Beispiel oben wäre die Voraussetzung für eine Berufungszulassung dagegen gegeben, soweit es auf die Beschwer ankommt, nämlich jeweils nicht über 600,00 EUR. Vgl. beide Beispiele!
– *Der* **Wert des Beschwerdegegenstandes** *(auch* **Berufungssumme** *genannt; § 511 II Nr. 1).*
 Er muss für eine zulässige Wertberufung 600,00 EUR überschreiten. Dieser Wert steht nicht sofort fest; er ergibt sich erst später aus dem Berufungsantrag mit der Höhe der von der Partei tatsächlich begehrten Änderung der Entscheidung erster Instanz. Die erst später beantragte Änderung ist nach oben begrenzt durch die Beschwer (siehe oben); sie kann aber darunter bleiben.

Das *Arbeitsgerichtsverfahren* kennt ebenfalls eine Berufungssumme von über 600,00 EUR und eine im Einzelnen abweichende Zulassungsregelung (vgl. § 64 II–IV ArbGG).

Frist und Form der Berufung als weitere Zulässigkeitsvoraussetzungen folgen unter Einlegung und Begründung (12.2.2, S. 189–192).

Abhilfeverfahren. *Wenn die Berufung nicht zulässig ist,* weil weder die Berufungssumme von über 600,00 EUR erreicht noch die Berufung zugelassen wurde, so muss noch *geprüft* werden, *ob* nicht die Gehörsrüge im *Abhilfeverfahren* erster Instanz möglich ist. (Lies dazu oben 6.4.1, S. 119 f.)

12.2.2 Einlegung und Begründung

▶ Berufungsgericht

Einzulegen ist die Berufung beim **Berufungsgericht**. Zuständiges Berufungsgericht ist das **Landgericht** (§ 72 GVG) für Berufungen gegen Endurteile des Amtsgerichts, das **Oberlandesgericht** (§ 119 I Nr. 2 GVG) für Berufungen gegen Endurteile des Landgerichts.

In Familiensachen wird die Berufung gegen Endurteile der Amtsgerichte als Familiengerichte beim Oberlandesgericht eingelegt (§ 119 I Nr. 1 a GVG); siehe dazu unten 17, S. 237 f.

---

[1] Anders bei der Revision; dort Nichtzulassungsbeschwerde (§ 544), siehe unten 12.3.2, S. 197 f.

Im Übrigen sieht das Gesetz auch in den folgenden Fällen und in Abwendung von der *bisherigen* Regel das Oberlandesgericht als Berufungsgericht nach dem Amtsgericht *vor,*
1. *beim allgemeinen* Gerichtsstand *einer der beiden* Parteien im Ausland *(§ 119 I Nr. 1 b GVG),*
2. *bei ausdrücklicher Anwendung* ausländischen Rechts *(§ 119 I Nr. 1 c GVG),*
3. *soweit* Landesrecht *dies aufgrund der sog.* Experimentierklausel *in naher Zukunft vorsehen sollte (§ 119 III GVG).*[1]

▶ Schriftsätze

Zur Einlegung der Berufung ist die Einreichung einer **Berufungsschrift** erforderlich. Diese muss enthalten,

- die *Bezeichnung des Urteils,* gegen das die Berufung gerichtet wird,
- die *Erklärung, dass* gegen dieses Urteil *Berufung* eingelegt werde.

Mit der Berufungsschrift soll das angefochtene Urteil in Ausfertigung oder in beglaubigter Abschrift vorgelegt werden.

Die notwendige Berufungsbegründung ist entweder bereits in der Berufungsschrift enthalten oder in einer weiteren nachgereichten *Berufungsbegründungsschrift.* Die Berufungsschrift ohne Begründung nennt man *„formelle Berufung".*

Beispiel:
Adam hat gegen Stinnes vor dem Amtsgericht Bad Oldesloe den Klageantrag gestellt, den Beklagten zu verurteilen, 4 400,00 EUR nebst 5% Zinsen über dem Basiszinssatz seit dem 15. März ... an den Kläger zu zahlen. Seine Klage ist abgewiesen worden.
*Wenige Tage vor Ablauf der einmonatigen Berufungsfrist geht er zu seinem Rechtsanwalt, der eine Berufung für aussichtsreich hält. Aus Zeitgründen begnügt sich der Anwalt vorerst mit einer **formellen Berufung,** um zunächst wenigstens die Rechtskraft des Urteils zu verhindern. Für die Begründung hat er länger Zeit, nämlich zwei Monate.*
*In seiner formellen Berufung(sschrift) erklärt er lediglich: „lege ich gegen das Endurteil des Amtsgerichts Bad Oldesloe vom 18. Mai ..., Aktenzeichen ..., zugestellt am 22. Mai ..., **Berufung ein.** gez. Rechtsanwalt"*

Die **Berufungsbegründungsschrift** muss enthalten

- die *Berufungsanträge,*
- die eigentliche *Begründung*
  (= insbesondere Rechtsverletzung, Zweifel an den Tatsachenfeststellungen, neue Angriffs- und Verteidigungsmittel; Einzelheiten in § 520 III, IV).
Zum Aufbau der Berufungsbegründungsschrift, insbesondere den Anträgen, lies den nachfolgenden Schriftsatz (S. 191).

---

[1] Ggf. mit zeitlicher Begrenzung für Berufungen (und Beschwerden) bis zum 31. Dezember 2007. Der Bundestag soll aufgrund noch ausstehender Erfahrungen über eine eventuelle entsprechende Änderung einheitlichen Bundesrechts entscheiden. Bis dahin besteht allerdings die Gefahr der Rechtszersplitterung innerhalb Deutschlands mit seinen 16 Bundesländern. .Diese merkwürdige Regelung ist ein politischer Kompromiss im Ringen um die endgültige (neue?) Ausgestaltung des Instanzenzuges. Zu Einzelheiten lies § 119 III–VI GVG.

Die **Berufungsbegründungsschrift** hat etwa folgenden Wortlaut:

```
An das Landgericht                    Lübeck, den 1. Juli ...
23568 Lübeck

         Berufungsbegründung

         In Sachen

   des   Kaufmanns Werner Adam,
         Hansestraße 22, 23568 Lübeck

                 Klägers und Berufungsklägers

   Prozessbevollmächtigter:

         Rechtsanwalt Dr. Walter Schröder,
         Mittelstraße 30, 23558 Lübeck

                 gegen

   den   Architekten Dieter Stinnes,
         Pappelallee 10, 23843 Bad Oldesloe

                 Beklagten und Berufungsbeklagten

   Prozessbevollmächtigter:

         Rechtsanwalt Hans Stolte,
         Hafenstraße 4, 23568 Lübeck

         Aktenzeichen: ...

werde ich beantragen,

1. das angefochtene Urteil aufzuheben,
2. den Beklagten zu verurteilen, an den Kläger 4400,00 EUR
   nebst 5 % Zinsen über dem Basiszinssatz seit dem 15. März
   ... zu zahlen.

Begründung: ...

Rechtsanwalt
```

Berufungsschrift und Begründungsschrift müssen grundsätzlich vom Prozessbevollmächtigten *eigenhändig unterschrieben* werden. Bei der Übermittlung durch einen Telefaxdienst (= Telekopie) muss die Kopie die Wiedergabe der Unterschrift enthalten. (Hierzu und auch zu der neuerdings vorgesehenen Übermittlung von E-Mails siehe oben unter Schriftsatz 6.1.3.2, S. 85.)

Die Berufungsschrift und die Berufungsbegründung werden der Gegenpartei zugestellt (§ 521). Deshalb empfiehlt sich die Einreichung zugleich der erforderlichen Anzahl von beglaubigten Abschriften, um die Kosten für die sonst notwendige Herstellung durch das Gericht zu sparen.

▶ *Fristen*

Die **Berufungsfrist**, d.h. die Frist zur Einlegung der Berufung, beträgt **einen Monat**. Sie ist eine *Notfrist* und beginnt mit der Amtszustellung des in vollständiger Form abgefassten Urteils. Ohne wirksame Zustellung beginnt sie spätestens mit dem Ablauf von fünf Monaten nach der Verkündung (§ 517).

> *Beispiel:*
> *Ein Endurteil des Amtsgerichts, das am 5. März 2003 verkündet worden ist, wird dem unterlegenen Beklagten am 25. März 2003*
> *a) in vollständiger Form,*
> *b) versehentlich nur in abgekürzter Form (oder gar nicht)*
> *zugestellt.*
> *Ablauf der Berufungsfrist bei*
> *c) am 25. April 2003, 24:00 Uhr,*
> *d) am 5. September 2003, 24:00 Uhr. (Dabei Beginn der Berufungsfrist hier erst nach dem 5. August 2003, 24:00 Uhr, also am 6. August 2003, 00:00 Uhr.)*

Die Berufung gegen das verkündete Urteil kann auch schon vor Zustellung des Urteils eingelegt werden.

Die **Berufungsbegründungsfrist** beginnt wie die Berufungsfrist (siehe dort). Sie beträgt **zwei Monate** und kann auf Antrag vom Vorsitzenden verlängert werden. Er ist frei in der Bemessung der Verlängerungsdauer, wenn der Gegner einwilligt. Ohne Einwilligung ist die Verlängerung auf bis zu 1 Monat begrenzt und es darf der Rechtsstreit dadurch nicht verzögert werden oder es müssen vom Antragsteller erhebliche Gründe genannt werden (§ 520 II 2, 3). Die Verlängerung ist zulässig, weil die Begründungsfrist keine Notfrist ist (vgl. dazu S. 215 f.).

12.2.3 Berufungsverfahren

Vor dem Berufungsgericht gelten grundsätzlich die vor dem Landgericht in erster Instanz anzuwendenden Verfahrensvorschriften. Allerdings ist in der Berufungsinstanz *keine Güteverhandlung* vorgeschrieben (§ 525).

Die Berufung 193

Das Berufungsgericht *kann* den Rechtsstreit einem Mitglied als *Einzelrichter* zur Vorbereitung (§ 527) und zur Entscheidung (§ 526) *übertragen*. Den von Gesetzes wegen vorgeschriebenen originären Einzelrichter erster Instanz gibt es hier nicht (vgl. dazu S. 18).

Die *Aufgabe der Berufungsinstanz* hat sich gewandelt. Im *Vordergrund* stehen soll die Prüfung, ob eine *Rechtsverletzung* vorliegt (= ähnlich der Revision). *Eingeschränkt* worden ist die Möglichkeit, die zugrundeliegenden *Tatsachen zu überprüfen* und neue Tatsachen vorzutragen. Die Berufungsinstanz ist deshalb keine volle Tatsacheninstanz mehr (§ 513 I).

Das Berufungsgericht *ist neuerdings grundsätzlich* an *die Tatsachenfeststellungen im* erstinstanzlichen *Urteil (= an den* Tatbestand) *gebunden.*

Eine Ausnahme *besteht nur, wenn konkrete Anhaltspunkte Zweifel an der Richtigkeit und an der Vollständigkeit der Tatsachenfeststellungen begründen. Dann kann es insoweit zu einer (erneuten) Beweisaufnahme kommen (§ 529 I).*

Auch neue Angriffs- und Verteidigungsmittel *sind* nur *noch* ausnahmsweise *und unter erschwerten Voraussetzungen* zuzulassen *(lies § 531), so u.a. wenn sie ohne Verschulden bisher nicht vorgebracht wurden.*

Um eine neue Tatsachenüberprüfung durch Beweisaufnahme zu erreichen, bedarf es einer guten Begründung.

> **Beispiel:**
> *Bälam und Kunze sind beide durch Urteil des Amtsgerichts zur Zahlung verurteilt worden. Beide legen Berufung ein (durch ihren Rechtsanwalt) und beide begründen diese mit fehlerhafter Tatsachenfeststellung erster Instanz, weshalb sie beide eine Beweisaufnahme in zweiter Instanz beantragen.*
> *a) Bälam rügt, das Amtsgericht habe Zeugenaussagen falsch gewürdigt und verlangt lediglich Wiederholung. Damit wird er nicht durchdringen.*
> *b) Kunze bemängelt, dass ein von ihm gestellter Beweisantrag ignoriert worden sei. Stattdessen habe sich das Gericht mit Vermutungen begnügt, lückenhafte Erwägungen angestellt und dabei sogar gegen allgemeine Erfahrungssätze verstoßen. Kunze trägt dazu konkrete Tatsachen vor, welche hier Zweifel an der Richtigkeit der amtsgerichtlichen Tatsachenfeststellung begründen.*
> *Kunze dürfte damit eine neue Beweisaufnahme erreichen (§ 529 I).*

Nicht zugelassen werden vom Berufungsgericht *Angriffs- und Verteidigungsmittel*, die *verspätet* vorgebracht werden (Hinweise in § 530) oder die schon in erster Instanz zu Recht zurückgewiesen worden sind (§ 531 I).

Klageänderung, Aufrechnungserklärung und *Widerklage* sind in der Berufungsinstanz nur zulässig (§ 533), wenn der Gegner einwilligt oder das Gericht sie für sachdienlich hält und überdies nur dann, wenn ihnen Tatsachen zugrunde liegen, die das Berufungsgericht sowieso gem. § 529 zu berücksichtigen hat (vgl. die Einschränkungen oben).

Die *Zurücknahme* der eingelegten Berufung ist bis zur Verkündung des Berufungsurteils möglich. Sie erfolgt gegenüber dem Gericht in der mündlichen Verhandlung oder durch Einreichung eines Schriftsatzes. Das eingelegte Rechtsmittel wird dadurch wirkungslos, kann aber innerhalb der Berufungsfrist wiederholt werden. Die durch die zurückgenommene Berufung entstandenen Kosten trägt der Berufungskläger.

Anders wirkt der *Verzicht* auf die Berufung. Hier geht das Rechtsmittel verloren; die Berufung wird unzulässig. Der Rechtsmittelverzicht kann auch auf einen selbstständigen Teil des Urteils beschränkt werden. Ein Verzicht macht das Urteil insoweit rechtskräftig (= unanfechtbar). Dies gilt auch für die anderen Rechtsmittel.

Auch im Berufungsverfahren ist bei Säumnis einer Partei eine *Entscheidung durch Versäumnisurteil* möglich, so wie in erster Instanz (§ 539). Jedoch muss vom Gericht zuvor die Zulässigkeit der Berufung geprüft werden; bei Unzulässigkeit würde diese von vornherein durch ein sog. „unechtes Versäumnisurteil" (= Endurteil) verworfen werden.[1]

Ist bei zulässiger Berufung
- der *Berufungskläger säumig*, wird die *Berufung* auf Antrag durch Versäumnisurteil *zurückgewiesen,*
- der *Berufungsbeklagte säumig*, so ist das zulässige tatsächliche Vorbringen des Berufungsklägers als zugestanden anzusehen. Soweit es den Berufungsantrag rechtfertigt, wird (im Erfolgsfalle) das *angefochtene Urteil aufgehoben* oder abgeändert.

12.2.4 Anschlussberufung

Durch das Urteil der ersten Instanz können beide Parteien beschwert sein.

> *Beispiel:*
> *Mahlmann klagt gegen Scheuer auf Zahlung von 4 000,00 EUR. Scheuer wird zur Zahlung von 1 800,00 EUR verurteilt und die Klage im Übrigen abgewiesen.*
> *Mahlmann ist in Höhe von 2 200,00 EUR beschwert, Scheuer in Höhe von 1 800,00 EUR.*

In dem Falle können beide Parteien selbstständig Berufung einlegen. Beide müssen dann, jeder für sich, alle Zulässigkeitsvoraussetzungen erfüllen.

> *Beispiel:*
> *Im vorhergehenden Beispiel wird dem Scheuer und dem Mahlmann das Urteil am 20. April zugestellt (= Ablauf der Berufungsfrist am 20. Mai).*
> *a) Mahlmann legt am 30. April Berufung ein, Scheuer am 20. Mai. Beide haben die Berufungsfrist gewahrt.*
> *Jeder kann **selbstständig Berufung** einlegen.*
> *b) Scheuer will die Berufung nach dem 20. Mai einlegen, d.h. nach Ablauf der Berufungsfrist. Seine Berufung ist in diesem Falle nur noch als **unselbstständige Anschlussberufung** durchführbar.*

Eine *Anschlussberufung* ist auch dann zulässig, wenn die Berufungsfrist bereits abgelaufen ist. Sie ist aber *abhängig von* der Durchführung der *Berufung des Gegners*. Das heißt sie ver-

---

[1] Zu prüfen ist bei zulässiger Berufung danach auch noch die Zulässigkeit der Klage; siehe dazu im einzelnen unter 7.1, S. 133 f.

liert ihre Wirkung, wenn die (selbstständige) Berufung zurückgenommen, verworfen oder zurückgewiesen wird (§ 524).

> *Beispiel:*
> *Im vorhergehenden Beispiel hat Scheuer am 28. Mai Anschlussberufung eingelegt. Mahlmann nimmt seine zulässige Berufung am 15. Juni zurück. Damit verliert auch die (unselbstständige) Anschlussberufung Scheuers ihre Wirkung.*

Die Anschlussberufung ist auch zulässig, wenn der Berufungsbeklagte (= Anschlussberufungskläger) nur im Kostenpunkt beschwert ist (in Abweichung vom Grundsatz des § 99 I; vgl. oben S. 156). Sie ist auch zulässig, wenn die Berufungssumme von über 600,00 EUR nicht erreicht wird und wenn keine Zulassung ausgesprochen wurde.

> *Beispiel:*
> *Wagner klagt gegen Faust auf Zahlung von 4 000,00 EUR. Faust wird zur Zahlung von 3 600,00 EUR verurteilt und die Klage im Übrigen abgewiesen.*
> *Wenn Faust Berufung einlegt, kann Wagner das Urteil mit der Anschlussberufung anfechten, obwohl er nur in Höhe von 400,00 EUR beschwert ist.*

Die Anschlussberufung muss durch eine **Berufungsanschlussschrift** mit *Begründung* dem Berufungsgericht eingereicht werden. Sie ist *bis zum Ablauf der Berufungserwiderungsfrist* zulässig, die das Gericht dem Berufungsbeklagten (und evtl. Anschlussberufungskläger) gesetzt hat (§§ 524 II 2, 521 II).

12.2.5 Die Entscheidung in der Berufungsinstanz

Bei der eingelegten Berufung muss das Rechtsmittelgericht von Amts wegen zunächst deren **Zulässigkeit** prüfen, d.h. ob sie *statthaft* ist, ob eine *Beschwer* vorliegt und ob *Form und Frist* gewahrt sind. Nur wenn dies alles zu bejahen ist, prüft das Gericht die **Begründetheit** der Berufung, d.h. ob sie *in der Sache* Erfolg haben kann. Diese Unterscheidung von Zulässigkeit und Begründetheit gilt für alle Rechtsmittel.

Wenn das Berufungsgericht zum Ergebnis kommt, dass *eine Zulässigkeitsvoraussetzung fehlt*, so muss es die **Berufung als unzulässig verwerfen**. Das kann nach mündlicher Verhandlung durch *Urteil* oder sonst durch *Beschluss* geschehen (§ 522 I 2, 3).

> *Beispiel:*
> *Abromeit legt gegen zwei Urteile des Amtsgerichts Berufung ein,*
> *a) gegen das Urteil in der Sache gegen Bornemann, ihm zugestellt am 16. April, Berufungseinlegung am 21. Mai (= Frist nicht gewahrt),*
> *b) gegen das Urteil in der Sache gegen Callmann, das seine Klage über 500,00 EUR abweist, Berufungszulassung wird nicht ausgesprochen (= weder Berufungssumme noch Zulassung).*
> *In beiden Fällen wird das Berufungsgericht die Berufung als unzulässig verwerfen.*

Wenn die Berufung zulässig ist, so kann die darauf erfolgende *Prüfung der Begründetheit* grundsätzlich zu dem Ergebnis führen, dass die *Berufung*

– entweder *in der Sache erfolglos* ist, dann wird die **Berufung zurückgewiesen,**
– oder in der Sache *Erfolg hat,* dann wird das angefochtene **Urteil** insoweit **aufgehoben.**

Konkret unterscheidet das Gesetz noch danach, inwieweit und in welcher Form das Berufungsgericht selbst entscheidet.

1. Die *zulässige, aber* in der Sache erfolglose (= **unbegründete**) **Berufung:**

 Eine *aussichtslose* Berufung wird durch einstimmigen **Beschluss** unverzüglich *zurückgewiesen.* (Es darf sich dabei aber nicht um eine Rechtssache handeln, die die Zulassung der Revision rechtfertigen würde.) Der dann ergehende Beschluss ist *unanfechtbar* (§ 522 II, III).

 Im Übrigen entscheidet das Berufungsgericht nach mündlicher Verhandlung unter Zurückweisung der Berufung durch **Urteil.**

2. Die *zulässige und* in der Sache erfolgreiche (= **begründete**) **Berufung:**

 Wenn sich das angefochtene Urteil als unrichtig erweist, wird das Berufungsgericht in der Regel
 a) das *angefochtene Urteil aufheben*
 b) und selbst eine *neue Entscheidung* erlassen (§ 538 I).

 Das Berufungsgericht darf nach Aufhebung des unrichtigen Urteils die Sache stattdessen *ausnahmsweise* an das Gericht *erster Instanz zurückverweisen.* Das aber muss im Regelfall beantragt werden und ist nur unter bestimmten gesetzlichen Voraussetzungen zulässig (genauer in § 538 II).

> *Beispiel:*
> Gegen Singer ist vor dem Amtsgericht ein sog. „zweites Versäumnisurteil" ergangen (vgl. dazu 7.2, S. 135), weil er nach Einspruch gegen ein ihn zur Zahlung verurteilendes Versäumnisurteil im anschließenden Termin nicht anwesend war (§ 345). Er hat die hier ausnahmsweise (!) zulässige Berufung (gem. § 514 II) eingelegt, und zwar mit der Begründung, dass sein Fehlen entschuldigt und er damit nicht säumig gewesen sei. Das Berufungsgericht folgt Singer und hebt das angefochtene „zweite Versäumnisurteil" auf. *Die Sache wird hier zur weiteren Verhandlung an die erste Instanz zurückverwiesen (§§ 538 II Nr. 6, 514 II).*

Das **Berufungsurteil** unterscheidet sich dadurch vom Urteil erster Instanz, dass es in der Regel *weder Tatbestand noch Entscheidungsgründe* enthält. Der Tatbestand kann ersetzt werden durch eine entsprechende Bezugnahme auf die Tatsachenfeststellungen im erstinstanzlichen Urteil und die Entscheidungsgründe durch Wiedergabe einer Kurzbegründung. Bei einem Urteil sofort im Anschluss an die mündliche Verhandlung (= sog. „Stuhlurteil") können die genannte Bezugnahme und die Kurzbegründung *in das Sitzungsprotokoll* aufgenommen werden; dann *entfällt* eine gesonderte *Urteilsausfertigung* (§ 540).

Die Regelung für die **Kostenentscheidung** in den §§ 91 ff. wird hier ergänzt durch den § 97 (lies diesen und vgl. dazu oben 9.2, S. 154 ff.).

12.3 Die Revision

12.3.1 Voraussetzungen

Statthaftigkeit. Die Revision ist *statthaft gegen* die in der *Berufungsinstanz* erlassenen *Endurteile* (§ 542 I), d.h. gegen Urteile des Landgerichts und des Oberlandesgerichts. *Revisionsgericht* ist der *Bundesgerichtshof* (§ 133 GVG).

Zulassung. Hinzukommen muss als Zulässigkeitsvoraussetzung die gerichtliche Zulassung der Revision.[1] Diese wird von Amts wegen *im Urteil des Berufungsgerichts ausgesprochen*. Daran ist der Bundesgerichtshof gebunden. Im Falle der Nichtzulassung durch das Berufungsgericht kann jedoch *auf* eine entsprechende *Beschwerde* hin (siehe dazu unten 12.3.2, S. 197 f.) die Zulassung stattdessen *durch Beschluss des Bundesgerichtshofes* erfolgen (§ 543 I).

Bei Vorliegen der (materiellrechtlichen) **Zulassungsgründe** muss die Revision zugelassen werden. Das ist der Fall, wenn

– die *Rechtssache grundsätzliche Bedeutung* hat oder
– die *Fortbildung des Rechts* oder die *Sicherung einer einheitlichen Rechtsprechung*
eine Entscheidung des Revisionsgerichts (= BGH) erfordert (§ 543 II 1).

Die genannten Zulassungsgründe bedürfen der Konkretisierung.

Eine Rechtssache hat z.B. dann **grundsätzliche Bedeutung,** *wenn es sich um eine klärungsbedürftige Rechtsfrage handelt, die in eine unbestimmte Vielzahl von Fällen hineinwirkt, und bei denen auch Musterprozesse anfallen.*

Die **Rechtseinheit** *erfordert z.B. dann eine BGH-Entscheidung, wenn vermieden werden soll, dass schwer erträgliche Unterschiede in der Rechtsprechung entstehen oder fortbestehen usw. Im Einzelnen siehe in einen Kommentar.*

Frist und Form der Revision als weitere Zulässigkeitsvoraussetzungen folgen unten unter Einlegung und Begründung (12.3.3, S. 198 f.).

12.3.2 Die Nichtzulassungsbeschwerde

Bei Nichtzulassung der Revision durch das Berufungsgericht ist die Nichtzulassungsbeschwerde *zum Bundesgerichtshof statthaft* (§§ 544 ZPO, 7 II EGZPO). Das ist deshalb wichtig, weil die Zulassung nach neuem Recht den einzigen Zugang zum Bundesgerichtshof eröffnet.[2]

Ein *Beschwerdewert* ist grundsätzlich nicht vorgesehen. Für eine *Übergangszeit* bis zum 31. Dezember 2006 ist die Nichtzulassungsbeschwerde jedoch nur zulässig, wenn die Mindestbeschwer der beabsichtigten Revision *20 000,00 EUR* übersteigt (§ 26 Nr. 8 EGZPO);

---

[1] Die bisher daneben geltende **Wertrevision** (= Zulässigkeit der Revision bei Erreichen der Revisionssumme, zuletzt über 60 000,00 DM), ist seit dem 1. Januar 2002 entfallen.
[2] Die Nichtzulassungsbeschwerde ist eine Neuerung des ZPO-RG seit dem 1. Januar 2002. – Sie ist jedoch nicht vorgesehen bei Nichtzulassung der Rechtsbeschwerde zum BGH (vgl. unten S. 204) und sie ist vor dem 1. Januar 2007 nicht statthaft für Familiensachen, § 26 Nr. 9 EG ZPO, ausgenommen bei Verwerfung der Berufung durch das Berufungsgericht; (vgl. unten S. 237 f.).

diese Einschränkung gilt aber nicht bei Verwerfung der Berufung durch das Berufungsgericht.

Die Nichtzulassungsbeschwerde ist beim Bundesgerichtshof mit einer *Beschwerdeschrift* innerhalb einer *Notfrist* von *einem Monat einzulegen* und innerhalb von *zwei Monaten* zu *begründen*. Beide Fristen werden wie bei der Revision berechnet (vgl. unten 12.3.3, S. 199).

Mit der Beschwerdeschrift soll zugleich eine Ausfertigung oder eine beglaubigte Abschrift des anzufechtenden *Berufungsurteils* eingereicht werden (§ 544 I 3). Es wird der Antrag auf Zulassung der Revision gestellt und es müssen in der *Beschwerdebegründung* Zulassungsgründe für eine Revision (§ 543 II) dargelegt werden (§ 544 II 3). Der Gegner erhält Gelegenheit zur Stellungnahme. Einzuschalten ist schon hier ein *beim Bundesgerichtshof zugelassener Rechtsanwalt.*

Die *Entscheidung* des Bundesgerichtshofs kann ergehen als

– *Ablehnung* der Beschwerde;
  dann wird das Berufungsurteil rechtskräftig (§ 544 V 2).
– *Stattgeben;*
  dann wird das Beschwerdeverfahren als Revisionsverfahren fortgesetzt (§ 544 VI 1). Zum Fortgang siehe unten das Revisionsverfahren (12.3.4, S. 200).

> *Beispiel:*
>
> *Kretzschmar hat beim OLG Dresden Berufung eingelegt gegen ein klageabweisendes Urteil des LG Chemnitz (= Klagesumme 25 000,00 EUR). Das OLG hat die Berufung zurückgewiesen, in seinem Berufungsurteil aber keine Revisionszulassung ausgesprochen.*
> *In diesem Falle kann Kretzschmar über einen BGH-Anwalt eine hier zulässige Nichtzulassungsbeschwerde beim Bundesgerichtshof einlegen lassen und versuchen, die Revisionszulassung doch noch zu erreichen. Bei Erfolg würde sich das (Nichtzulassungs-) Beschwerdeverfahren dann als Revisionsverfahren fortsetzen.*

Abweichend davon verläuft das Verfahren, wenn eine entscheidungserhebliche Verletzung des Anspruchs auf rechtliches Gehör (vgl. dazu § 321 a; oben S. 119 f.) durch das Berufungsgericht mit der Nichtzulassungsbeschwerde geltend gemacht und vom Revisionsgericht festgestellt wird. In diesem Falle kann der BGH das insoweit angefochtene Urteil aufheben und die Sache zur neuen Verhandlung und Entscheidung an das Berufungsgericht zurückverweisen (§ 544 VII).

12.3.3 Einlegung und Begründung der Revision

Revisionsschrift. Die Revision wird durch Einreichung einer Revisionsschrift beim *Bundesgerichtshof* als *Revisionsgericht* eingelegt (§ 549 I 1). Die Revisionsschrift muss die Erklärung enthalten, dass und gegen welches Urteil Revision eingelegt wird (§ 549 I 2). Bei einer Revision aufgrund einer vorangegangenen Nichtzulassungsbeschwerde gilt bereits die frist- und formgerecht eingelegte Beschwerde als Einlegung der Revision (§ 544 VI 2).

Revisionsfrist. Die Frist zur Einlegung der Revision beträgt **einen Monat**. Sie ist eine *Notfrist* und beginnt mit der Amtszustellung des in vollständiger Form abgefassten Berufungsurteils. Wird das Urteil nicht zugestellt, beginnt die Revisionsfrist mit Ablauf von fünf Monaten nach Verkündung des Urteils (§ 548).

Revisionsbegründungsschrift. Die Revisionsbegründung kann in der Revisionsschrift oder in einer besonderen Begründungsschrift erfolgen (§ 551 II 1). Diese muss die *Revisionsanträge* enthalten und die *Revisionsgründe* angeben, auf die sich die Revision stützt (§ 551 III). Die *Revisionsgründe* (§§ 545, 547) dürfen nicht mit den oben angesprochenen Zulassungsgründen für eine Revision (§ 543 II) verwechselt werden. Als Revisionsgrund muss vorgetragen werden können, das angefochtene *Berufungsurteil beruhe auf einer Rechtsverletzung*, in der Regel eine Verletzung von Bundesrecht (genauer § 545 I); d.h. das Urteil hätte bei richtiger Gesetzesanwendung anders gelautet. Eine Rechtsverletzung liegt dann vor, wenn eine Rechtsnorm nicht oder nicht richtig angewendet worden ist (§ 546). Bei den sog. *absoluten Revisionsgründen* wird sogar unwiderlegbar vermutet, dass das Berufungsurteil auf der Gesetzesverletzung beruhe, auch wenn das die Entscheidung im Einzelfall gar nicht beeinflusst hat. (Lies dazu § 547; hier liegen nur schwere Verfahrensverstöße vor.)

> *Beispiel:*
> a) *Das Berufungsgericht hat eine Verjährungsfrist falsch berechnet. Der Berufung hätte stattgegeben werden müssen, anstatt sie zurückzuweisen. Möglicher Grund: (1) es hat die zutreffende Rechtsnorm missverstanden (= nicht richtig angewendet), (2) es hat eine unzutreffende Rechtsnorm zugrundegelegt (= Rechtsnorm nicht angewendet). Hier hat die Rechtsverletzung zu einer abweichenden Entscheidung geführt (= Revisionsgrund).*
> b) *Das Berufungsgericht hat in einem Saal verhandeln lassen, vor dessen Tür, vom Gericht nicht erkannt, das Schild „Nichtöffentliche Sitzung" hing. Das ist ein* **absoluter Revisionsgrund** *gem. § 547 Nr. 5.*
> *Die Revision ist begründet, obwohl die Entscheidung dadurch inhaltlich gar nicht beeinflusst wurde.*

Revisionsbegründungsfrist. Sie beträgt **zwei Monate** und beginnt so wie die oben erwähnte Revisionsfrist (nämlich ab Zustellung oder spätestens fünf Monate nach Verkündung des Urteils). Wenn die Zulassung der Revision aufgrund einer Nichtzulassungsbeschwerde erfolgt ist, beginnt die Revisionsbegründungsfrist mit der Zustellung des (stattgebenden) Zulassungsbeschlusses des Bundesgerichtshofes (§§ 551 II 2-4, 544 VI 3). Sie kann auf Antrag verlängert werden, weil sie keine Notfrist ist (genauer in § 551 II 5, 6).

Anschlussrevision. Der Revisionsbeklagte kann sich der Revision durch Einreichung einer Revisionsanschlussschrift anschließen, und zwar bis zum Ablauf eines Monats nach Zustellung der Revisionsbegründung des Gegners (§ 554). Sie ist nur noch als unselbstständige Anschlussrevision möglich. (Vgl. die Anschlussberufung, S. 194 f.; dort jedoch abweichende Frist.)

12.3.4 Revisionsverfahren

Für die Revisionsinstanz gelten die Vorschriften des erstinstanzlichen Verfahrens beim Landgericht entsprechend (§ 555 I 1). Es sind aber Abweichungen zu beachten, die sich aus der Zielsetzung der Revision ergeben. So führt die Revision *nicht* zur *Nachprüfung* der bereits *festgestellten Tatsachen* (genauer § 559), *sondern* dient der *Entscheidung der Rechtsfragen*. Das hat zur Folge, dass neue Tatsachen und Beweismittel hier unzulässig sind und dass sich die Nachprüfung des Bundesgerichtshofes auf die Feststellung beschränkt, ob das angefochtene Urteil auf einer Rechtsverletzung beruht (§ 545 I).

Einzelrichterentscheidung und Güteverhandlung entfallen in der Revisionsinstanz (§ 555 I 2, II). Die Parteien müssen für das Verfahren vor dem Bundesgerichtshof hier zugelassene BGH-Anwälte beauftragen (§ 78 I 4).

12.3.5 Die Sprungrevision

Gegen erstinstanzliche Urteile, nämlich des Amtsgerichts und des Landgerichts, ist *an Stelle der Berufung* die Sprungrevision (§ 566) möglich. Diese Bezeichnung erklärt sich daraus, dass das Berufungsgericht (= das Landgericht oder das Oberlandesgericht) übersprungen wird und dass unmittelbar die Zulassung beim Bundesgerichtshof beantragt und bei Erfolg das Revisionsverfahren durchgeführt wird.

Voraussetzung für die Sprungrevision ist:

1. Gegen das anzufechtende erstinstanzliche Endurteil muss die Berufung ohne gerichtliche Zulassung möglich sein (= Wert der Beschwer über 600,00 EUR, § 511 II Nr. 1).
2. Der Revisionskläger muss die Verletzung materiellen Rechts rügen; die Sprungrevision kann nicht auf die Verletzung von Prozessrecht gestützt werden (§ 566 IV 2).
3. Der Gegner muss in die Übergehung der Berufungsinstanz einwilligen.
4. Der Bundesgerichtshof muss die Sprungrevision zulassen. (Vgl. dazu die Zulassungsgründe, § 566 IV 1).

Die Sprungrevision dient der beschleunigten Herbeiführung einer höchstrichterlichen Entscheidung (= des BGH), wenn der *Sachverhalt unstrittig* ist und *nur in einer Rechtsfrage gestritten* wird. Dabei ist zu beachten, dass der Antrag auf Zulassung der Sprungrevision und die Einwilligungserklärung zugleich auch als *Verzicht auf* die (durchaus mögliche) *Berufung* gelten (§ 566 I 2).

12.3.6 Die Entscheidung in der Revisionsinstanz

Der Bundesgerichtshof erkennt auf

1. *Verwerfung der Revision,* wenn sie unzulässig ist,[1]
2. *Zurückweisung der Revision,* wenn sie unbegründet ist,[1]

---

[1] Vgl. hierzu die Entsprechungen bei der Berufung, 12.2.5, S. 195 f.

3. *Aufhebung des angefochtenen Urteils,* wenn sie begründet ist.

In diesem Fall wird
a) entweder die Sache *an das Berufungsgericht zurückverwiesen*
b) oder das *Revisionsgericht entscheidet* in der Sache *selbst.*

Wenn der Bundesgerichtshof die Sache zur erneuten Verhandlung zurückverweist, kann das auch an einen anderen Spruchkörper des Berufungsgerichts sein. Dieses ist bei seiner erneuten Entscheidung an die der Urteilsaufhebung zugrunde liegende rechtliche Beurteilung durch den Bundesgerichtshof gebunden (§ 563 I, II).

Der Bundesgerichtshof wird jedoch gleich selbst entscheiden, wenn die Sache bereits spruchreif ist (§ 563 III).

Zu Einzelheiten bei den Entscheidungen siehe §§ 552, 552a, 561–563.

12.4 Die Beschwerde

12.4.1 Allgemeines

Die ZPO kennt die *sofortige Beschwerde* (§§ 567 ff.), die *Rechtsbeschwerde* (§§ 574 ff.), die *Nichtzulassungsbeschwerde* (§ 544), die den Zugang zum Bundesgerichtshof öffnen soll, und die *befristete Beschwerde* (§ 621 e) im Familienverfahren, von der Praxis auch Berufungsbeschwerde genannt. Beschwerden sind nach ZPO-Recht jetzt generell befristet.

Durch das Zivilprozessreformgesetz vom 27. Juli 2001 wurden mit Wirkung zum 1. Januar 2002 die bisherige **einfache** *(= unbefristete)* **Beschwerde** *und die* **weitere Beschwerde** *in der ZPO aufgehoben.*

Es gibt sie aber noch in anderen Gesetzen, so in den Kostengesetzen, wie in dem RVG (§§ 33 III, VI; 56 II), dem GKG (§ 66 II, IV), der KostO (§ 14 III, V), aber auch in Verfahrensgesetzen wie z.B. dem FGG (§§ 19, 27) und der GBO (§§ 71, 78).

In diesem Kapitel werden nur die sofortige Beschwerde und die Rechtsbeschwerde als die regelmäßigen Beschwerdearten dargestellt. (Zur Nichtzulassungsbeschwerde siehe oben 12.3.2, S. 197 f.; zur sog. „Berufungsbeschwerde" siehe unten 17.3, S. 238.)

12.4.2 Die sofortige Beschwerde

Die ZPO spricht bei der sofortigen Beschwerde durchgängig nur von der Beschwerde.

12.4.2.1 Voraussetzungen

Statthaftigkeit. Die sofortige Beschwerde richtet sich **gegen** *erstinstanzliche Entscheidungen* des *Amtsgerichts* und des *Landgerichts,* die dort als **Beschlüsse** oder als Verfügungen **eines Richters** ergehen. Über § 11 I RPflG kommt sie aber *auch gegen Rechtspfleger-Entscheidungen* zur Anwendung (vgl. dazu unten 12.4.4, S. 206).

*Ein **Beschluss** ist eine* Entscheidung, *die* ohne mündliche Verhandlung *ergehen kann. Eine **Verfügung** ist eine Anordnung des Vorsitzenden oder des Einzelrichters, die der* Prozessleitung *dient.*

Entgegen dem genannten Grundsatz (§ 567 I) bestimmt das Gesetz in wenigen Fällen, dass die sofortige Beschwerde abweichend auch statthaft ist gegen die Kostenentscheidung eines Anerkenntnisurteils (§ 99 II 1) und gegen einige Zwischenurteile (§§ 71 II, 135 III, 387 III).

Nach der Gesetzessystematik ist die sofortige Beschwerde dann statthaft,
- wenn dies *im Gesetz ausdrücklich bestimmt* ist (§ 567 I Nr. 1) oder
- wenn *ein das Verfahren betreffendes Gesuch zurückgewiesen* worden ist, ohne dass für die Entscheidung eine mündliche Verhandlung erforderlich war (§ 567 I Nr. 2).

Beispiele für die sofortige Beschwerde kraft gesetzlicher Regelung: §§ 91 a II, 104 III, 107 III, 127 II, III, 319 III, 336 I 1, 380 III, 390 III, 409 II, 620 c, 793; im Übrigen siehe Hinweise in einem Kommentar.

Beschwerdewert. Ein solcher ist grundsätzlich *nicht* vorgesehen. *Ausnahmen* gibt es für *Kostenentscheidungen* (§ 567 II). Hier beträgt der *Beschwerdewert über 200,00 EUR*[1], auch Wert des Beschwerdegegenstandes oder Beschwerdesumme genannt (vgl. die Berufungssumme, oben S. 188 f.).

Hier kommt in bestimmten Fällen als *weitere Wertgrenze* hinzu, dass auch der Streitwert der Hauptsache den Betrag von 600,00 EUR (= Höhe der Berufungssumme gem. § 511 II Nr. 1) übersteigen muss; so gemäß §§ 91 a II 2, 99 II 2, 127 II 2 und 269 V 1.

Beispiel:
*a) Abromeit will einen gegen ihn ergangenen **Kostenfestsetzungsbeschluss** mit einer Kosten(Vergütungs-)summe von 269,70 EUR anfechten. Der Beschwerdewert von über 200,00 EUR ist erreicht. Die sofortige Beschwerde (§ 104 III) ist also zulässig. (Bei einer Beschwer nicht über 200,00 EUR wäre abweichend die befristete Erinnerung gem. § 11 II RPflG gegeben; siehe dazu das entsprechende Beispiel auf S. 159.)*
*b) Böhmer hat seine Klage über 580,00 EUR zurückgenommen. Der Beklagte Senker hat daraufhin für seinen Kostenerstattungsanspruch (§ 269 III 2) eine **Kostengrundentscheidung** erwirkt (= Grundlage für einen erst noch zu beantragenden Kostenfestsetzungsbeschluss wegen der Kosten des Senker über 218,66 EUR). Böhmer will den Kostenbeschluss gem. § 269 V anfechten.*
Hier ist zwar der Kostenbeschwerdewert von über 200,00 EUR (§ 567 II) erreicht; aber der Streitwert der Hauptsache bleibt unter 600,00 EUR. Die sofortige Beschwerde ist damit gem. 269 V 1 unzulässig.

12.4.2.2 Einlegung und Begründung

Zuständigkeit. Zuständig für die *Einlegung* (§ 569 I 1) der sofortigen Beschwerde ist *sowohl* das Gericht der *ersten Instanz* (= Amtsgericht oder Landgericht), dessen Entscheidung angefochten wird, *als auch das Beschwerdegericht* (= Landgericht oder Oberlandesgericht) als das Gericht der zweiten Instanz.

---

[1] Entfallen ist der unterschiedliche Beschwerdewert von Kostengrundentscheidung und Kostenfestsetzungsbeschluss.

Beschwerdeschrift. Die sofortige Beschwerde wird durch eine Beschwerdeschrift **eingelegt** (§ 569 II 1). *Ausnahmsweise* ist auch die Erklärung *zu Protokoll* der Geschäftsstelle zulässig, nämlich u.a. dann, wenn (1) der Rechtsstreit im ersten Rechtszug kein Anwaltsprozess war, (2) eine Prozesskostenhilfeentscheidung angefochten wird (§ 569 III).

Frist. Wenn vom Gesetz keine andere Frist bestimmt ist,[1] muss die sofortige Beschwerde innerhalb einer *Notfrist* von **zwei Wochen** eingelegt werden. Diese beginnt mit der Zustellung von Amts wegen (§§ 329 III, 166 II), spätestens aber mit dem Ablauf von fünf Monaten nach Verkündung der Entscheidung (§ 569 I 1, 2).

Begründung. Die sofortige Beschwerde „soll" begründet werden (§ 571 I). Dabei können *neue Angriffs- und Verteidigungsmittel* vorgebracht werden (§ 571 II); damit ist die Beschwerdeinstanz eine zweite Tatsacheninstanz. Das Gesetz sieht dafür *keine Frist* vor. Der Vorsitzende oder das Beschwerdegericht können jedoch eine Frist setzen (§ 571 III 1), deren Nichtbeachtung zur Zurückweisung der Beschwerde als unbegründet führen kann.

Anschlussbeschwerde. Der Beschwerdegegner kann eine Anschlussbeschwerde einlegen, aber nur als unselbstständige (§ 567 III); vgl. dazu oben die Anschlussberufung 12.2.4, S. 194 f.

Rechtsanwalt. Der Beschwerdeführer kann sich im gesamten Beschwerdeverfahren, also auch vor dem Oberlandesgericht, durch *jeden* bei irgendeinem Amtsgericht oder Landgericht zugelassenen *Rechtsanwalt* vertreten lassen (§ 571 IV 1). Kein Anwaltszwang besteht für die Einlegung der sofortigen Beschwerde, soweit sie durch Erklärung zu Protokoll der Geschäftsstelle zugelassen ist (§ 569 III); das gilt z.B. bei Prozesskostenhilfebeschlüssen.

12.4.2.3 Entscheidungen im Beschwerdeverfahren

Vorläufige Maßnahmen. Die sofortige Beschwerde hat *keine aufschiebende Wirkung* (Ausnahme bei Anfechtung von Ordnungs- und Zwangsmittelbeschlüssen). Das Gericht der ersten Instanz und das Beschwerdegericht können jedoch, auch von Amts wegen, die Vollziehung der angefochtenen Entscheidung aussetzen; das Beschwerdegericht kann darüber hinaus geeignete sichernde einstweilige Anordnungen treffen (§ 570).

Abhilfebefugnis. Das *Gericht* **der ersten Instanz** hat neuerdings die Abhilfebefugnis. Entsprechend ist es jetzt sogar *verpflichtet abzuhelfen* (= stattzugeben), *wenn* die sofortige Beschwerde nach Anhörung des Gegners für *begründet* erachtet wird. *Im anderen Falle* erfolgt unverzüglich die **Vorlage** beim Beschwerdegericht, also der nächsten Instanz (§ 572 I). Wenn die sofortige Beschwerde sofort beim Beschwerdegericht eingelegt wurde, ist sie im Regelfall zunächst der ersten Instanz zur Durchführung des Abhilfeverfahrens zuzuleiten. Die Abhilfe erfolgt durch die für die angefochtene Entscheidung *zuständige Gerichtsperson,* d.h. gegebenenfalls durch den Vorsitzenden oder den Einzelrichter oder den Rechtspfleger. Hat in erster Instanz der Einzelrichter oder der Rechtspfleger entschieden, so ist beim Beschwerdegericht der originäre Einzelrichter zuständig, anderenfalls das Kollegium. (Vgl. dazu § 568 und oben 1.3, S. 17 f.)

---

[1] Abweichend beträgt die Frist einen Monat nach §§ 127 II 3, III 3; 1077 III 3.

Das Beschwerdegericht entscheidet, auch bei zugelassener mündlicher Verhandlung, durch **Beschluss** (§ 572 IV), indem es
- bei *Erfolglosigkeit*
  a) entweder *die Beschwerde als unzulässig verwirft,* nämlich wenn sie nicht statthaft ist oder nicht form- und fristgerecht eingelegt wurde (§ 572 II),
  b) oder die *Beschwerde zurückweist,* wenn sie (in der Sache) unbegründet ist;
- bei *Erfolg*
  c) die *angefochtene Entscheidung ändert* oder *aufhebt* und eine *ersetzende Entscheidung* trifft.

Dabei kann das Beschwerdegericht dem unteren Gericht eine erforderliche Anordnung oder eine Maßnahme übertragen (§ 572 III). Das ist aus praktischen Gründen z.B. zweckmäßig beim Kostenfestsetzungsbeschluss.

12.4.3 Die Rechtsbeschwerde

Die *revisionsähnlich* ausgestaltete Rechtsbeschwerde ersetzt in der ZPO seit dem 1. Januar 2002 die in manchem abweichende bisherige weitere Beschwerde.[1] Sie eröffnet den Weg zum Bundesgerichtshof.

12.4.3.1 Voraussetzungen

Statthaftigkeit. Die Rechtsbeschwerde ist statthaft *gegen Beschlüsse des Beschwerdegerichts* und *des Berufungsgerichts* (= also des Landgerichts oder des Oberlandesgerichts) sowie des Oberlandesgerichts in erster Instanz[2], *wenn*

a) dies *im Gesetz* ausdrücklich *bestimmt* ist[3] oder
b) die genannten Gerichte sie in ihrem *Beschluss zugelassen* haben.

Die Rechtsbeschwerde ist als revisionsähnliches Rechtsmittel aber in beiden Fällen *nur dann zulässig, wenn* die Entscheidung des Bundesgerichtshofes erforderlich ist
– wegen der *grundsätzlichen Bedeutung* der Rechtssache oder
– zur *Fortbildung des Rechts* oder zur Sicherung der *Einheitlichkeit der Rechtsprechung*.

An die Zulassungsentscheidung (Fall b) ist der Bundesgerichtshof gebunden (§ 574 II, III), im Übrigen (Fall a) muss er diese Voraussetzungen selbst noch überprüfen.

Eine Nichtzulassungsbeschwerde – wie bei der Revision (§ 544) – ist bei einer verweigerten Zulassung der Rechtsbeschwerde (§ 574 I Nr. 2) nicht vorgesehen. Hier soll der Bundesgerichtshof entlastet werden.

Beschwerdewert. Ein solcher ist für die *Rechtsbeschwerde nicht vorgesehen,* sodass grundsätzlich auch Kostensachen mit geringem Wert rechtsbeschwerdefähig sind.

---

[1] Zum Fortbestand der weiteren Beschwerde in anderen Gesetzen lies oben 12.4.1, S. 201.
[2] Eine erstinstanzliche Zuständigkeit des OLG u.a. z.B. in § 36 II ZPO.
[3] Beispiele: §§ 522 I 4, 1065 I 1 ZPO, 15 AVAG.

12.4.3.2 Einlegung und Begründung

Zuständigkeit. Eine Abhilfe durch die Vorinstanz scheidet hier aus. Zuständig ist allein der **Bundesgerichtshof** als *Rechtsbeschwerdegericht* (§ 133 GVG). Hier ist deshalb die Vertretung durch einen beim Bundesgerichtshof zugelassenen Rechtsanwalt erforderlich (§ 78 I).

Beispiel:
Das Landgericht Cottbus als Berufungsgericht hat die Berufung des Bahnsen gegen ein Urteil des Amtsgerichts Cottbus durch Beschluss als unzulässig verworfen, weil Bahnsen seine Berufung nicht fristgerecht eingelegt habe. Gegen diesen Beschluss kann Bahnsen die Rechtsbeschwerde (§ 522 I 3, 4) zum Bundesgerichtshof einlegen.

Rechtsbeschwerdeschrift. Die Rechtsbeschwerde eröffnet eine *Rechtsinstanz,* keine Tatsacheninstanz. Die dazu erforderliche Rechtsbeschwerdeschrift muss in ihrer *Begründung* deshalb (wie die Revision) vor allem darlegen, woraus sich die Rechtsverletzung oder eine Verfahrens(rechts)verletzung ergibt (§§ 575 III, 576). Bei möglicher gesonderter Begründung ist jedoch auf die gesonderte Begründungsfrist zu achten.

Frist. Die Rechtsbeschwerde muss innerhalb einer *Notfrist* von **einem Monat eingelegt** werden (§ 575 I 1) und sie ist außerdem innerhalb einer gleichzeitig laufenden Frist von **einem Monat** (= keine Notfrist) zu **begründen** (§ 575 II 1). Es sind zwei Fristen; obwohl *beide* Fristen *mit der Zustellung* des anzufechtenden Beschlusses *beginnen*, kann (allein!) die Begründungsfrist verlängert werden (§§ 575 II 3, 551 II 5, 6) und dadurch evtl. später ablaufen.

Eine unselbstständige **Anschlussrechtsbeschwerde** (§ 574 IV) ist möglich wie bei der Revision (vgl. S. 199).

12.4.3.3 Entscheidungen in der Rechtsbeschwerdeinstanz

Vorläufige Maßnahmen. Wegen der fehlenden aufschiebenden Wirkung der Rechtsbeschwerde kann der Bundesgerichtshof die *Vollziehung* der angefochtenen Entscheidung *aussetzen* oder eine sichernde einstweilige Anordnung erlassen (§§ 575 V, 570 I, III).

Entscheidungen. Der Bundesgerichtshof kann folgendermaßen entscheiden:

Bei *Erfolglosigkeit*

1. die *Rechtsbeschwerde verwerfen,* wenn sie unzulässig ist (§ 577 I 2),
2. die *Rechtsbeschwerde zurückweisen,* wenn die angefochtene Entscheidung richtig ist (§ 577 III).

Bei *Erfolg*

3. die *angefochtene Entscheidung aufheben* und die Sache
   a) entweder zur erneuten Entscheidung an die Vorinstanz *zurückverweisen* (§ 577 IV 1), (die rechtliche Beurteilung des Bundesgerichtshofes ist dann bindend),
   b) oder *selbst entscheiden,* nämlich wenn die Sache zur Endentscheidung spruchreif ist (§ 577 V 1).[1]

---

[1] Vgl. dazu die Revisionsentscheidungen 12.3.6, S. 200 f.

12.4.4 Anfechtung nichtrichterlicher Entscheidungen

1. **Der Rechtspfleger**
   a) **Sofortige Beschwerde.** Gegen die Entscheidungen des Rechtspflegers ist das *Rechtsmittel* gegeben, das *nach den allgemeinen Verfahrensvorschriften* vorgesehen ist (§ 11 I RPflG). Das ist (bei Richterentscheidungen durch Beschluss[1]) die *sofortige Beschwerde* (§§ 567 ff.). Der Rechtspfleger *muss* der sofortigen Beschwerde *abhelfen*, wenn er sie für begründet erachtet. *Anderenfalls* hat er sie selbst unverzüglich dem *Beschwerdegericht* zur Entscheidung *vorzulegen* (§ 572 I 1).

   > *Beispiel:*
   > *Der Rechtspfleger beim Amtsgericht Mühlhausen hat gegen Münzer einen Kostenfestsetzungsbeschluss (KFB) erlassen. Münzer hält den Ansatz der Terminsgebühr für nicht berechtigt und legt deshalb sofortige Beschwerde ein (§ 104 III 1).*
   > *a) Der Rechtspfleger kommt nach Anhörung des Gegners zu dem Ergebnis, dass die Beschwerde begründet ist. Er muss abhelfen, d.h. den KFB ohne die Terminsgebühr erlassen.*
   > *b) Der Rechtspfleger kann keinen Rechtsfehler bei seiner KFB-Entscheidung erkennen. Jetzt muss er die sofortige Beschwerde unverzüglich dem Landgericht Mühlhausen als Beschwerdegericht zur Entscheidung vorlegen.*

   b) **Befristete Erinnerung.** *Wenn* jedoch nach den allgemeinen Verfahrensvorschriften *kein Rechtsmittel* gegeben ist, dann ist die Entscheidung des Rechtspflegers mit der *befristeten Erinnerung* (§ 11 II RPflG) innerhalb von *zwei Wochen* anfechtbar. Das ist dann der Fall, wenn kein Rechtsmittel gegen eine Richterentscheidung statthaft wäre (z.B. wegen Unanfechtbarkeit, so bei §§ 813 b V 4, 915 c) oder wenn die sofortige Beschwerde an sich zwar gegeben ist, diese aber dennoch unzulässig wäre (z.B. weil der Beschwerdewert in Kostensachen nach § 567 II nicht erreicht wurde; das ist der Hauptanwendungsfall.) Vergleiche dazu das Beispiel auf S. 159.
   Auch hier *kann*[2] der Rechtspfleger *abhelfen* (§ 11 II 2 RPflG). *Sonst* müsste er die Erinnerung in diesem Fall seinem (gemäß § 28 RPflG) zuständigen *Richter vorlegen,* der dann durch unanfechtbaren Beschluss entscheidet (so z.B. statt des Rechtspflegers der Richter des Amtsgerichts).[3]

2. **Der Urkundsbeamte**
   Gegen die Entscheidungen des Urkundsbeamten ist gemäß § 573 I die **Erinnerung** statthaft, d.h. es kann die Entscheidung des Gerichts beantragt werden. Die Erinnerung muss innerhalb einer *Notfrist* von *zwei Wochen* schriftlich oder zu Protokoll der Geschäftsstelle eingelegt werden. Der Urkundsbeamte ist zur *Abhilfe* befugt. Im Übrigen lies § 573; (diese Bestimmung ist jedoch nicht anwendbar bei einem Mahn- und Vollstreckungsbescheid des Urkundsbeamten; vgl. § 36 b I 1 Nr. 2; III RPflG; siehe auch oben S. 25.)

---

[1] So die Regel; Ausnahmen z.B. Zwischenurteile gem. §§ 135 III, 387 III.
[2] Zum Teil wird auch die Verpflichtung dazu angenommen.
[3] Zur Abgrenzung von Entscheidungen und (Vollstreckungs-)Maßnahmen des Rechtspflegers lies Rechtslehre Teil II = Die Zwangsvollstreckung 1.5.4, S. 29 f.

12.5 Rechtsmittel in Zivilsachen (Übersicht)

	Berufung	Revision	Nichtzulassungsbeschwerde	Sofortige Beschwerde	Rechtsbeschwerde
Statthaft:	Gegen Endurteile erster Instanz = des AG oder LG	Gegen Endurteile der Berufungsinstanz[3] = des LG oder OLG	Gegen Endurteile der Berufungsinstanz = des LG oder OLG	Gegen Beschlüsse erster Instanz = des AG oder LG	Gegen Beschlüsse zweiter Instanz (Beschwerde- oder Berufungsgericht) = des LG oder OLG
Nächste Instanz:[1]	Berufungsgericht = das LG[2] (nach dem AG) das OLG (nach dem LG)	Revisionsgericht = der BGH	Revisionsgericht = der BGH	Beschwerdegericht = das LG oder OLG (wenn nicht Abhilfe in erster Instanz)	Rechtsbeschwerdegericht = der BGH
Besondere Zulässigkeitsvoraussetzungen:	1. über 600,00 EUR (Berufungssumme) 2. oder Zulassung	nur Zulassung	bis 31.12.2006 Mindestbeschwer über 20 000,00 EUR	Beschwerdewert nur in Kostensachen a) über 200,00 EUR[4]	1. wenn im Gesetz vorgesehen 2. oder Zulassung

[1] Zu den Instanzenzügen vgl. 1.3, S. 17
[2] In Familiensachen das OLG (nach AG)
[3] Gegen Endurteile erster Instanz bei der Sprungrevision
[4] Zusätzlicher „Mindeststreitwert" von über 600,00 EUR vorgesehen bei §§ 91 a II 2, 269 V 1 (vgl. S. 124 f.).

Aufgaben

1 Stoss hat Engel beim Amtsgericht auf Zahlung von 500,00 EUR verklagt. Der Klage ist stattgegeben worden.
Ist gegen das Urteil des Amtsgerichts die Berufung zulässig? (Bitte begründen!)

2 Ulrich hat Diemel beim Landgericht auf Zahlung von 16 000,00 EUR verklagt. Der Beklagte ist zur Zahlung von 15 400,00 EUR verurteilt und die Klage im Übrigen abgewiesen worden.
Für welche Partei(en) ist die Berufung zulässig? (Bitte begründen!)

3 Steffens hat Bollmann auf Zahlung eines Schadensersatzes in Höhe von 26 500,00 EUR verklagt. Das Landgericht erlässt ein Urteil, in dem es den Klageanspruch „dem Grunde nach für gerechtfertigt" erklärt.
Kann Bollmann gegen das Urteil Berufung einlegen? (Bitte begründen!)

4 Albrecht hat Niemann beim Landgericht auf Zahlung von 38 000,00 EUR verklagt. Die Klage wird abgewiesen.
a) Inwieweit sind für Albrecht die Berufungsvoraussetzungen gegeben? (Bitte begründen!)
b) Welches Gericht ist für die Berufung sachlich zuständig?
c) Innerhalb welcher Frist muss Berufung eingelegt werden und wann beginnt die Frist?
d) Kann die Berufung auch schon vor Zustellung des Urteils eingelegt werden?
e) Welche Formvorschriften müssen bei Einlegung der Berufung beachtet werden?
f) Wann und wie erfolgt die Berufungsbegründung?
g) Wie etwa lauten die Berufungsanträge?

5 Martens hat Behrens beim Amtsgericht Kiel auf Zahlung von 4 850,00 EUR verklagt. Der Klage ist stattgegeben worden. Das Urteil wird beiden Parteien am 3. März ... zugestellt. Behrens will Berufung einlegen.
a) Entwerfen Sie die formelle Berufungsschrift!
b) Innerhalb welcher Frist muss die Berufung eingelegt werden und wann beginnt die Frist?
c) Innerhalb welcher Frist muss die Berufung begründet werden und wann beginnt die Frist?
d) Stellen Sie fest, welche der beiden Fristen b), c) verlängert werden kann. (Bitte begründen!)

6 In dem Rechtsstreit Hartwig gegen Walter hat das Amtsgericht die Klage abgewiesen. Das Urteil ist am 20. Januar verkündet, aber nicht zugestellt worden.
a) Wann beginnt die Berufungsfrist?
b) Welche Auswirkung hat die fehlende Urteilszustellung auf den Beginn der Berufungsbegründungsfrist?

7 In dem Rechtsstreit Kohl gegen Sonntag vor dem Landgericht ist der Beklagte zur Zahlung von 6 000,00 EUR verurteilt worden. Sonntag legt gegen das Urteil Berufung ein.
a) Das Oberlandesgericht stellt fest, dass die Berufungsfrist bereits abgelaufen ist. Wie lautet die Entscheidung?
b) Das Oberlandesgericht stellt fest, dass die Berufung zwar zulässig ist, dass sie aber in der Sache unbegründet ist. Wie lautet die Entscheidung?

c) Das Oberlandesgericht kommt zu dem Ergebnis, dass die Berufung zulässig und begründet ist (also Erfolg hat).
Wie (etwa) lautet die Entscheidung?
Wiederzugeben ist jeweils der Urteilstenor in der Hauptsache.

8 Stubbe hat als Kläger einen Prozess beim Amtsgericht verloren. Er fragt jetzt seinen Rechtsanwalt für die Berufungsinstanz,
a) ob der Rechtsstreit in der Berufungsinstanz in vollem Umfang neu verhandelt werden könne, ob insbesondere alle bisherigen Zeugen noch einmal vernommen werden würden,
b) ob in der Berufungsinstanz neue Angriffs- und Verteidigungsmittel vorgebracht werden dürfen, insbesondere ob er als Berufungskläger noch einen neuen Zeugen benennen dürfe, den er in erster Instanz vergessen habe.
Welche Auskunft wird sein Anwalt ihm geben?

9 In dem Rechtsstreit Abel gegen Lange ist der Beklagte zur Zahlung verurteilt worden. Er legt Berufung beim Landgericht ein. Im ersten Verhandlungstermin wird streitig verhandelt. Im zweiten Verhandlungstermin will Lange die Berufung zurücknehmen.
a) Wie kann eine Berufung überhaupt zurückgenommen werden?
b) Welche rechtlichen Folgen hat die Zurücknahme der Berufung?

10 Urban hat Sprott beim Amtsgericht auf Zahlung von 3 850,00 EUR verklagt. Der Beklagte ist zur Zahlung von 3 000,00 EUR verurteilt und die Klage im Übrigen abgewiesen worden. Dem Beklagten und dem Kläger ist das Urteil am 4. Januar zugestellt worden, der Beklagte Sprott hat am 18. Januar Berufung eingelegt.
Kann auch Urban am 16. Februar noch ein Berufungsverfahren durchführen? (Bitte begründen!)

11 Specht hat Weller auf Zahlung von 2 000,00 EUR verklagt. Der Beklagte ist zur Zahlung von 1 860,00 EUR verurteilt und die Klage im Übrigen abgewiesen worden. Weller legt Berufung ein.
Kann Specht wegen 140,00 EUR Anschlussberufung einlegen? (Bitte begründen!)

12 Weiss verklagt Studt auf Zahlung von 2 600,00 EUR. Der Beklagte wird zur Zahlung von 500,00 EUR verurteilt und die Klage im Übrigen abgewiesen. Das Urteil wird dem Kläger und dem Beklagten am 18. Oktober zugestellt. Weiss legt am 1. November Berufung, Studt am 20. November Anschlussberufung ein. Am 30. November nimmt Weiss seine Berufung zurück.
Welche rechtliche Wirkung hat die Zurücknahme der Berufung auf die Anschlussberufung?

13 Rechtsanwalt Docht hat im Auftrage seines Mandanten Werfel gegen das Urteil des Amtsgerichts Berufung beim Landgericht eingelegt. Vor dem ersten Verhandlungstermin legt Rechtsanwalt Docht sein Mandat nieder. Werfel erscheint im ersten Verhandlungstermin ohne Prozessbevollmächtigten. Der gegnerische Rechtsanwalt beantragt, die Berufung durch Versäumnisurteil zurückzuweisen.
Stellen Sie fest, ob im Berufungsverfahren ein Versäumnisurteil erlassen werden darf!

14 Der Scheidungsantrag der Frau Anders ist vom Amtsgericht Kiel abgewiesen worden. Die Berufung wird vom Oberlandesgericht Schleswig zurückgewiesen.

Stellen Sie fest, ob für Frau Anders die Revision gegen das Urteil des Oberlandesgerichts statthaft ist!

15 Boll legt gegen ein Urteil des Landgerichts Schwerin wegen 28 000,00 EUR Berufung beim Oberlandesgericht Rostock ein. Das Oberlandesgericht weist die Berufung als unbegründet zurück.

a) Die an sich noch statthafte Revision ist nur dann zulässig, wenn das Berufungsgericht sie in seinem Urteil zugelassen hat. Aus welchen Gründen wird eine solche Zulassung ausgesprochen?
b) Nehmen sie an, diese Zulassung wurde nicht ausgesprochen. Welches Rechtsmittel ist dagegen statthaft?
c) Wo ist dieses Rechtsmittel einzulegen?
d) Welche Fristen sind dann für die Einlegung und für die Begründung zu beachten (Dauer)?

16 Schwertfeger beabsichtigt, gegen ein Urteil des Oberlandesgerichts Celle Revision einzulegen, das seinem Rechtsanwalt am 15. Mai ... zugestellt worden ist.

a) Welches Gericht ist für die Revision zuständig?
b) Bis wann muss die Revision eingelegt werden?
c) Bis wann muss die Revision begründet werden?
d) Wann würden die beiden Fristen b), c) auch ohne Urteilszustellung beginnen?
e) Was kann als Revisionsgrund in einer Revisionsbegründung vorgetragen werden?
f) Stellen Sie fest, ob der beim Oberlandesgericht Celle zugelassene Rechtsanwalt Dr. Brause, der Schwertfeger schon in der Berufungsinstanz vertreten hat, jetzt auch die Revision einlegen kann?

17 Frau Dolling hat beim Landgericht auf Zahlung von 6 500,00 EUR geklagt. Die Klage ist abgewiesen worden. Ihr Rechtsanwalt erwägt die Einlegung einer Sprungrevision.

a) Wo ist diese einzulegen?
b) Wodurch könnte der Gegner eine Sprungrevision blockieren?
c) Stellen sie fest, ob eine Sprungrevision auch dann in Betracht kommen kann, wenn Frau Dolling mit einer Klage über 650,00 EUR beim Amtsgericht unterlegen wäre! (Bitte begründen!)

18 Weber hat seine Klage auf Zahlung von 1 500,00 EUR zurückgenommen. Auf Antrag des Beklagten werden Weber daraufhin die Kosten des Verfahrens auferlegt. Die Kosten des Beklagten betragen 256,36 EUR. Weber will den genannten Beschluss des Prozessgerichts (= die Kostengrundentscheidung!) mit der sofortigen Beschwerde anfechten.

a) Wo kann er die sofortige Beschwerde einlegen?
b) Welche Frist muss er dabei beachten?
c) Welche beiden Werte müssen hier beachtet werden und werden sie hier erreicht?
d) In welcher Form kann die sofortige Beschwerde hier eingelegt werden?
e) Wann entscheidet die erste Instanz und wann das Beschwerdegericht?
f) In welcher Form wird über die sofortige Beschwerde entschieden?

19 Das Landgericht als Berufungsgericht hat die Berufung des Zager durch Beschluss als unzulässig verworfen. Zagers beim Landgericht zugelassener Rechtsanwalt Dr. Rothe rät Zager, dagegen die Rechtsbeschwerde einzulegen.
  a) Wo muss die Rechtsbeschwerde eingelegt werden?
  b) Innerhalb welcher Frist muss das geschehen?
  c) Womit kann die Rechtsbeschwerde begründet werden?
  d) Stellen Sie fest, ob Dr. Rothe selbst die Rechtsbeschwerde in zulässiger Weise einlegen kann?

20 Fischer ist am 2. Juli ein vom Rechtspfleger beim Amtsgericht Dresden erlassener Kostenfestsetzungsbeschluss mit einem Kostenbetrag i.H. v. 33,35 EUR zugestellt worden. Er will den Kostenfestsetzungsbeschluss anfechten.
  a) Die regelmäßig dafür vorgesehene sofortige Beschwerde ist hier aber nicht zulässig. Welche Beschwer hätte erreicht werden müssen?

  Als Rechtsbehelf kommt hier deshalb ersatzweise die befristete Erinnerung in Betracht.
  b) Wo und bis wann ist sie einzulegen?
  c) Welches Gericht trifft hier die letzte Entscheidung, wenn der Rechtspfleger nicht abhelfen sollte?

21 Unseld beantragt beim Amtsgericht
  1) die Erteilung einer Urteilsausfertigung,
  2) die Erteilung einer Vollstreckungsklausel für das Urteil.

  Der Urkundsbeamte weigert sich aus Rechtsgründen.
  a) Welchen Rechtsbehelf kann Unseld dagegen einlegen?
  b) Wo und innerhalb welcher Frist muss das geschehen?

13 Wiederaufnahme des Verfahrens

Die Berufung, Revision und Beschwerde richten sich gegen gerichtliche Entscheidungen, die noch nicht rechtskräftig sind. Mit der **Wiederaufnahme des Verfahrens** (§§ 578 ff.) besteht die Möglichkeit, *ein rechtskräftiges Urteil anzufechten.*

Voraussetzung der Wiederaufnahme ist, dass entweder das angefochtene Urteil auf einem **besonders schweren Verfahrensmangel** beruht oder dass **besondere Gründe** eine erneute Nachprüfung rechtfertigen.

Die Wiederaufnahme kann nur durch Erhebung einer der folgenden Klagen herbeigeführt werden:

1. Die **Nichtigkeitsklage** ist zulässig bei besonders schweren Prozessverstößen (§ 579), z.b. wenn das Prozessgericht nicht vorschriftsmäßig besetzt gewesen ist.
2. Die **Restitutionsklage** ist zulässig, wenn das angefochtene Urteil durch eine strafbare Handlung herbeigeführt worden ist oder wenn bestimmte neue Tatsachen vorgebracht werden (§ 580), z.B.:
   a) Das Urteil ist durch den Meineid eines Zeugen, durch den Prozessbetrug einer Partei oder durch eine Urkundenfälschung beeinflusst worden. Die Restitutionsklage ist nur zulässig, wenn wegen der strafbaren Handlung eine rechtskräftige Verurteilung ergangen ist.
   b) Die Partei findet eine Urkunde, die eine für sie günstigere Entscheidung herbeigeführt haben würde.

> *Beispiel:*
> *Breuer verklagt Bott auf Rückzahlung eines Darlehens von 2 800,00 EUR. Bott hat das Darlehen bereits zurückgezahlt, kann dies aber nicht beweisen, da ihm die Quittung gestohlen worden ist. Er wird deshalb zur Zahlung verurteilt. Das Urteil wird rechtskräftig. Einige Monate später erhält Bott die Quittung zurück. Bott kann jetzt die Restitutionsklage erheben.*

Für beide Klagen und das Verfahren gelten grundsätzlich die allgemeinen Vorschriften. Folgende Sondervorschriften sind aber zu beachten:

1. Ausschließlich zuständig ist das Gericht, vor dem der Prozess geführt worden ist, und zwar grundsätzlich das Gericht der ersten Instanz (vgl. § 584).
2. Beide Klagen müssen binnen einer **Notfrist von einem Monat,** beginnend mit Kenntnis des Anfechtungsgrundes, erhoben werden. Vor Rechtskraft des Urteils und fünf Jahre danach sind die Klagen unzulässig.

Beispiel:
In dem Prozess Abel gegen Kunze ist am 2. April 2003 ein Urteil gegen Kunze verkündet und am 8. April 2003 zugestellt worden. Das Urteil stützt sich auf eine Aussage des vom Kläger benannten Zeugen Willem.
Am 2. Dezember 2003 wird ein gegen Willem ergangenes Strafurteil wegen Meineides rechtskräftig, wovon Kunze am 16. Dezember 2003 erfährt. Kunze kann die Restitutionsklage bis zum 16. Januar 2004 erheben.
Erfährt Kunze erst am 27. Dezember 2008 von dem rechtskräftigen Strafurteil gegen Willem, so kann Kunze das Zivilurteil nicht mehr mit der Restitutionsklage anfechten, da die Frist von fünf Jahren seit Rechtskraft dieses Urteils verstrichen ist.

3. Die Klagen müssen das angefochtene Urteil und die Klageart angeben.

Aufgaben

1 In dem Rechtsstreit Ramm gegen Wehrmann ist der Beklagte vom Landgericht Mannheim zur Zahlung von 14 000,00 EUR verurteilt worden. Das Urteil wurde dem Beklagten am 4. April zugestellt. Am 10. Oktober trifft Wehrmann seinen Freund Wacker, der sich längere Zeit im Ausland aufgehalten hat. Wacker kann bezeugen, dass der von Ramm im landgerichtlichen Verfahren vorgelegte Schuldschein gefälscht war.
 a) Was kann Wehrmann jetzt noch gegen das rechtskräftige Urteil unternehmen?
 b) Was würde sich ändern, wenn Wehrmann (abweichend von a)) erfahren sollte, dass das Gericht unvorschriftsmäßig besetzt war?

2 In dem Rechtsstreit Hansen gegen Bauer ist der Beklagte vom Amtsgericht zur Zahlung von 2 850,00 EUR verurteilt worden. Das Urteil ist am 22. Februar 2002 zugestellt worden. Am 28. November 2003 wird der in dem Verfahren vor dem Amtsgericht vom Kläger als Zeuge benannte Tamm wegen einer uneidlichen Falschaussage (im genannten Verfahren) vom Strafrichter zu drei Monaten Freiheitsstrafe verurteilt. Das Strafurteil wird, weil Tamm auf Rechtsmittel verzichtet, sofort rechtskräftig.
Bauer erfährt erst viel später davon. Er beabsichtigt jetzt, die Wiederaufnahme des Verfahrens zu beantragen.
 a) Welche Klage kommt für die Wiederaufnahme des Verfahrens in Betracht?
 b) Welches Gericht ist für die Klage zuständig?
 c) Ab wann ist die Wiederaufnahme des Verfahrens wegen Fristablaufs nicht mehr zulässig?

14 Fristen und Fristberechnung

14.1 Die Arten der Frist

14.1.1 Allgemeines

Ein Prozess soll zwar ordentlich und gründlich geführt, er soll aber auch im Interesse aller Beteiligten möglichst schnell verhandelt und beendet werden. Zu diesem Zweck setzt das Gesetz für viele Prozesshandlungen **Fristen,** die jede Partei einhalten muss, wenn sie keine Rechtsnachteile erleiden will.

Bei den Fristen unterscheidet man:
1. **eigentliche** Fristen.
2. **uneigentliche** Fristen, das sind im Wesentlichen die Fristen, welche die Dauer eines Monats übersteigen, z.b.
   a) die Jahresfristen für die Wiedereinsetzung in den vorigen Stand (§ 234 III) und für die Wiederaufnahme des Verfahrens (§ 586 II);
   b) die 6-Monats-Frist, binnen welcher der Vollstreckungsbescheid beantragt werden muss, wenn kein Widerspruch erhoben worden ist (§ 701).

   Für die Praxis sind die uneigentlichen Fristen nicht so wichtig wie die eigentlichen Fristen. Für sie gelten auch nicht die für die Fristen bestimmten Vorschriften (mit Ausnahme der Fristberechnungsvorschrift des § 222). In diesem Abschnitt werden deshalb die uneigentlichen Fristen nicht weiter behandelt.

Bei den eigentlichen Fristen unterscheidet man:
1. **gesetzliche** und **richterliche** *Fristen,* je nachdem, ob die Dauer der Frist durch das Gesetz oder durch richterliche Anordnung bestimmt ist:
   a) gesetzliche Fristen sind z.B. die Einspruchs-, Berufungs-, Revisions- und Widerspruchsfrist:
   b) richterliche Fristen sind z.B. die Frist zur Erklärung auf eine Behauptung des Gegners, die Rücktrittsfrist bei einem Prozessvergleich.

   Der Unterschied zwischen beiden Fristen beschränkt sich darauf, dass richterliche Fristen verlängert oder verkürzt werden können, wenn eine Partei erhebliche Gründe glaubhaft macht, gesetzliche Fristen dagegen nur in den besonders bestimmten Fällen (§ 224 II). Besonders bestimmte Fälle sehen z.B. die §§ 134 II, 188, 226, 520 II, 551 II vor.
2. **Zwischenfristen** und **Handlungsfristen:**
   a) **Zwischenfristen** sollen einer Partei Gelegenheit zur Vorbereitung, insbesondere auf einen Termin, geben. Die wichtigsten Zwischenfristen sind die *Einlassungsfrist* und die *Ladungsfrist.*

- Die **Einlassungsfrist** muss zwischen der Zustellung der Klage und dem *ersten (!) Verhandlungstermin* gewahrt sein; sie beträgt mindestens **zwei Wochen** (§ 274 III 1).[1]
- Die **Ladungsfrist** muss *während (!) eines Prozesses* zwischen der Zustellung der Ladung und dem Terminstag gewahrt sein; sie beträgt bei Prozessen mit *Anwaltszwang* mindestens **eine Woche,** sonst mindestens **drei Tage** (= die Regel beim Amtsgericht), § 217.[2]
  (Bei gleichzeitiger Zustellung der Klageschrift und der Ladung zum ersten Termin wirkt sich tatsächlich nur die längere Einlassungsfrist aus.)

Die Einlassungs- und Ladungsfristen können auf Antrag abgekürzt werden (§ 226 I). Der Antrag muss zwar begründet werden, die Tatsachen brauchen aber weder bewiesen noch glaubhaft gemacht zu werden.

Weitere Zwischenfristen sind z.B.:
a) die Frist von mindestens einer Woche vor dem Termin für die Zustellung eines vorbereitenden Schriftsatzes (vgl. S. 85), der neue Tatsachen enthält, sowie die Frist von mindestens drei Tagen vor dem Termin für die Zustellung eines vorbereitenden Schriftsatzes, der eine Gegenerklärung auf neues Vorbringen enthält (§ 132).

b) im Urkundenprozess die Frist für die Zustellung eines vorbereitenden Schriftsatzes, dem eine Urkunde in Urschrift oder Abschrift beigefügt wird (die Frist entspricht der Einlassungsfrist), § 593 II;

c) die 2-Wochen-Wartefrist nach § 798, die zwischen der Zustellung eines Kostenfestsetzungsbeschlusses oder einer vollstreckbaren Urkunde, einem Anwaltsvergleich oder einem Unterhaltsfestsetzungsbeschluss und der Zwangsvollstreckung liegen muss.

b) **Handlungsfristen** sind Zeiträume, innerhalb derer die Parteien handeln sollen. Ihre Missachtung bringt Rechtsnachteile für die Partei.
Zu den Handlungsfristen zählen die *Rechtsmittel-* und *Rechtsbehelfsfristen* (z.B. die Berufungs-, die Einspruchsfrist), sodann z.B. die Frist zur *Anzeige der Verteidigungsabsicht* (§ 276 I 1), zur Klageerwiderung (§§ 275 I 1, 276 I 2).
Wichtige Handlungsfristen sind oft *Notfristen.*

14.1.2 Notfristen

Notfristen sind nur diejenigen Fristen, die *im Gesetz ausdrücklich* als solche *bezeichnet* werden (§ 224 I 2). Für sie gelten folgende Besonderheiten:
1. Sie können *weder verkürzt noch verlängert* werden (§ 224);
2. bei Versäumung einer Notfrist besteht die Möglichkeit der *Wiedereinsetzung in den vorigen Stand* (§ 233; vgl. S. 221 ff.);

---

[1] Entsprechende Anwendung der Einlassungsfrist im Berufungs- und im Revisionsverfahren (§§ 523 II, 553 II).
[2] Besondere Regelung zur Ladungsfrist im Urkunden- und Wechselprozess, § 604 II, III (vgl. S. 230).

3. Notfristen laufen weiter, auch wenn das Gericht das Ruhen des Verfahrens angeordnet hat (§ 251 I 2).

Notfristen sind

1. *die Einspruchsfrist nach §§ 339 I, 700 I (zwei Wochen; beim Arbeitsgericht eine Woche, § 59 ArbGG),*
2. *die Berufungsfrist nach § 517 (ein Monat),*
3. *die Revisionsfrist nach § 548 (ein Monat),*
4. *die sofortige Beschwerdefrist nach § 569 I 1 (zwei Wochen), = der Regelfall,*
5. *die sofortige Beschwerdefrist im Prozesskostenhilfeverfahren nach § 127 II 3 (ein Monat), = Ausnahmeregelung,*
6. *die Rechtsbeschwerdefrist nach § 575 I 1 (ein Monat),*
7. *die Nichtzulassungsbeschwerdefrist nach § 544 I 2 (ein Monat),*
8. *die Erinnerungsfrist nach § 573 I 1 (zwei Wochen),*
9. *die Klagefrist im Wiederaufnahmeverfahren nach § 586 I (ein Monat),*
10. *die Frist zur Anzeige der Verteidigungsabsicht nach § 276 I 1 (zwei Wochen),*
11. *die Gehörsrügefrist nach § 321 a II 2 (zwei Wochen),*
12. *die Frist zum Widerspruch gegen die Erledigungserklärung des Klägers nach § 91 a I 2 (zwei Wochen),*
13. *die Widerspruchsfrist bei Klagerücknahme nach § 269 II 4 (zwei Wochen).*

Die **Begründungsfristen** sind *keine Notfristen;* sie können deshalb *verlängert* werden.

Begründungsfristen sind

die Berufungs-, die Revisions-, die Nichtzulassungsbeschwerde- und in Familiensachen die (Berufungs-)Beschwerdebegründungsfrist (vgl. S. 238); bei ihnen beträgt die Dauer zwei Monate (§§ 520 II, 551 II, 544 II, 621e III). Die Rechtsbeschwerdebegründungsfrist beträgt nur einen Monat (§ 575 II 1).

14.1.3 Fristbeginn

Die Fristen beginnen *regelmäßig* mit der *Amtszustellung* eines Schriftstückes.

So insbesondere des Urteils, des Beschlusses, des Mahn- und des Vollstreckungsbescheides,[1] der Klageschrift, der Ladung usw.

In einigen Fällen beginnt eine Frist auch *ohne Zustellung,* nämlich *spätestens fünf Monate nach Verkündung* einer anfechtbaren Entscheidung.

Des Urteils: so die Einlegungs- und die Begründungsfristen bei der Berufung, der Revision und der Nichtzulassungsbeschwerde.

Des Beschlusses: so u.a. die Einlegungsfrist bei der sofortigen Beschwerde.

---

[1] Beim Vollstreckungsbescheid Fristbeginn mit Amts- oder Parteizustellung.

14.2 Fristberechnung

Soll eine Frist berechnet werden, ist außer der Kenntnis ihrer Dauer und ihres Beginns erforderlich, dass der Bearbeiter mit folgenden Regeln vertraut ist, die für die Fristberechnung gelten. Sie ergeben sich teils aus der ZPO, teils aus dem BGB (§ 222 I ZPO).
1. *Der Tag der Zustellung wird nicht mitgerechnet* (§ 187 I BGB). Das hat zur Folge,
   a) dass **Tagesfristen** hinzuaddiert werden.

Beispiel:
Zustellung einer Ladung zum Amtsgericht am Montag, dem 12. Mai;
Ablauf der Ladungsfrist von drei Tagen am Donnerstag, dem 15. Mai., 24:00 Uhr.

b) dass **Wochenfristen** an demselben Wochentag der folgenden oder übernächsten Woche ablaufen.

Beispiel:
b) Zustellung des Kostenfestsetzungsbeschlusses am Dienstag, dem 11. März; Ablauf der sofortigen Beschwerdefrist von 2 Wochen am Dienstag, dem 25. März, 24:00 Uhr.
c) Zustellung der Ladung zum zweiten Termin vor dem Landgericht am Freitag, dem 2. Januar;
Ablauf der Ladungsfrist von 1 Woche am Freitag, dem 9. Januar, 24:00 Uhr.

c) dass **Monatsfristen** an demselben Tag des folgenden Monats ablaufen.

Beispiel:
Zustellung des Urteils am 15. Mai;
Ablauf der Berufungsfrist am 15. Juni, 24:00 Uhr.

Fehlt in dem folgenden Monat der für den Fristablauf maßgebende Tag, endet die Frist mit Ablauf des letzten Tages dieses Monats (§ 188 III BGB).

Beispiel:
Zustellung des Urteils am 31. Januar;
Ablauf der Berufungsfrist von 1 Monat am 28. Februar, 24:00 Uhr.
aber:
Zustellung des Urteils am 28. Februar;
Ablauf der Berufungsfrist am 28. März, 24:00 Uhr.

Ist der *Beginn des Tages* (00:00 Uhr) der für den *Anfang der Frist* maßgebende Zeitpunkt, so wird dieser Tag bei der Fristberechnung mitgerechnet (§ 187 II BGB). Entsprechend *endet die Frist* dann *einen Tag früher* (§ 188 II BGB).

> **Beispiel:**
> Ein Urteil, durch das der Beklagte zur Zahlung verurteilt worden ist, wird durch Ablauf der Berufungsfrist am 14. April 2003, 24:00 Uhr, rechtskräftig.
> Die Verjährungsfrist von 30 Jahren (§§ 197 I Nr. 3, 201, 1 BGB) beginnt am 15. April 2003, 00:00 Uhr; sie endet am 14. April 2033, 24:00 Uhr.

2. Fällt das Ende einer Frist auf einen Sonntag, einen Feiertag oder einen Sonnabend, endet die Frist mit Ablauf des nächsten Werktages (§ 222 I ZPO).

> **Beispiel:**
> c) Zustellung des Kostenfestsetzungsbeschlusses am 17. April;
> Ablauf der sofortigen Beschwerdefrist von 2 Wochen am Freitag, dem 2. Mai, 24:00 Uhr (Donnerstag, der 1. Mai ist gesetzlicher Feiertag).
> d) Zustellung der Ladung zum Amtsgericht am Donnerstag, dem 3. April, 11:00 Uhr; Ablauf der Ladungsfrist von drei Tagen am Montag, dem 7. April, 24:00 Uhr (statt am Sonntag, dem 6. April).

3. Für **Stundenfristen** gelten folgende Besonderheiten:
   a) *Sonntage, Feiertage und Sonnabende werden nie mitgerechnet* (§ 222 III ZPO);
   b) sie werden nicht, wie sonst, erst vom Beginn des folgenden Tages, *sondern vom Beginn der folgenden Stunde an gerechnet.*

> **Beispiel:**
> e) Zustellung der Klageschrift am Freitag, dem 4. Mai, 10:15 Uhr (Einlassungsfrist = abgekürzt auf dreimal 24 Stunden, auf Antrag gemäß § 226 I ZPO);
> Ablauf der Einlassungsfrist am Mittwoch, dem 9. Mai, 11:00 Uhr;
> f) Zustellung der Klage am Montag, dem 30. November, 09:15 Uhr (Einlassungsfrist = abgekürzt auf dreimal 24 Stunden, auf Antrag);
> Ablauf der Einlassungsfrist am Donnerstag, dem 3. Dezember, 10:00 Uhr.

Aufgaben

1 a) Nennen Sie alle Ihnen bekannten Notfristen!
   b) Woran erkennen Sie die Notfristen?
   c) Welche Besonderheiten der Notfristen sind Ihnen bekannt?

2 Welche Fristberechnungsregeln kennen Sie
   a) für den Beginn der Frist,
   b) für den Ablauf der Frist,
   c) für die Berechnung von Stundenfristen?

Aufgaben

3 Die Klage nebst Ladung wurde dem Beklagten vom Amtsgericht am Donnerstag, dem 5. Juni, 10:15 Uhr, zugestellt.[1]
Wann kann frühestens Termin sein?

4 Wann kann frühestens Termin sein, wenn die Klage mit Abkürzung der Einlassungsfrist auf dreimal 24 Stunden
a) am Donnerstag, dem 8. Mai, 09:15 Uhr,
b) am Freitag, dem 7. Februar, 11:00 Uhr,
c) am Montag, dem 10. Oktober, 12:30 Uhr,
d) am Mittwoch, dem 22. Dezember, 12:00 Uhr,
e) am Freitag, dem 29. April, 13:45 Uhr,
zugestellt wurde?

5 Das Amtsgericht Weimar bestimmt einen frühen ersten Termin und stellt dem Beklagten Klage und Ladung am Montag, dem 3. April, zu, wobei es ihm die gesetzliche Mindestfrist zur Klageerwiderung setzt.
Wann läuft die Klageerwiderungsfrist ab?

6 In dem Rechtsstreit Neumann gegen Possel vor dem Amtsgericht Neustadt wird dem Beklagten die Ladung zum dritten Verhandlungstermin am Donnerstag, dem 13. Oktober 11:30 Uhr, zugestellt.
a) Wann kann frühestens Termin sein?
b) Wann könnte frühestens Termin sein, wenn der Rechtsstreit vor dem Landgericht Kassel geführt würde?

7 Wann kann frühestens Termin sein, wenn
a) der Rechtsstreit beim Amtsgericht Bremen geführt wird und die Klage dem Beklagten in Bremen am Freitag, dem 8. März, 10:00 Uhr, zugestellt wird,
b) der Rechtsstreit beim Landgericht München geführt wird und die Klage dem Beklagten in München am Montag, dem 11. Dezember, 13:00 Uhr, zugestellt wird?

8 Das Amtsgericht Torgau ordnet das schriftliche Vorverfahren an. Es stellt dem Beklagten die Klage am Sonnabend, dem 5. Mai zu, wobei es ihn einmal auf die Frist zur Anzeige der Verteidigungsabsicht hinweist und ihm zum anderen eine Frist zur Klageerwiderung von drei Wochen setzt.
a) Wann läuft die Frist zur Anzeige der Verteidigungsabsicht ab?
b) Wann läuft die Klageerwiderungsfrist ab?

9 Wann ist der letzte Tag der Berufungsfrist, wenn das am 3. Januar verkündete Urteil des Amtsgerichts Rathenow am
a) 31. Januar,
b) 10. Juli,
c) 28. Februar,
d) 25. November
zugestellt wird?

---

[1] Alle Zustellungen werden von Amts wegen betrieben, wenn nichts Gegenteiliges gesagt wird.

10 Es wurde das Urteil des Amtsgerichts Frankfurt (Main)
   a) am 31. Mai,
   b) am 2. Juli,
   c) am 23. Juli
   zugestellt.
   Wann läuft die Berufungsbegründungsfrist ab?

11 Das Urteil des Oberlandesgerichts Rostock wurde am 6. Februar verkündet und am
   a) 31. Mai,
   b) 31. August
   zugestellt.
   Wann läuft die Revisionsfrist ab?

12 Das Urteil des Oberlandesgerichts München wird zugestellt am
   a) 1. April,
   b) 3. September.
   Wann läuft die Revisionsbegründungsfrist ab?

13 Das Versäumnisurteil des Amtsgerichts Hamburg wurde dem Beklagten am Montag, dem 11. Dezember, zugestellt.
   a) Wann läuft die Einspruchsfrist ab?
   b) Wann liefe die Einspruchsfrist ab, wenn es sich um ein Versäumnisurteil des Arbeitsgerichts Hamburg handeln würde?

14 Ein Kostenfestsetzungsbeschluss des Amtsgerichts Minden wurde dem Antragsgegner am Dienstag, dem 5. März, 09:30 Uhr, zugestellt.
   a) Wann läuft die sofortige Beschwerdefrist ab?
   b) Wann kann frühestens die Zwangsvollstreckung beginnen?

15 Der vom Amtsgericht Weimar erlassene Mahnbescheid wurde dem Schuldner in Weimar am Donnerstag, dem 3. April, 09:45 Uhr, zugestellt.
   a) Wann läuft die Widerspruchsfrist ab?
   b) Ab wann kann ein Vollstreckungsbescheid beantragt werden?
   c) Bis wann kann der Antragsteller im Falle a) den Erlass eines Vollstreckungsbescheides beantragen, wenn kein Widerspruch erhoben wird?
   d) Der Vollstreckungsbescheid wird am Mittwoch, dem 30. April, 15:30 Uhr, zugestellt.
   Wann läuft die Einspruchsfrist ab?

15 Wiedereinsetzung in den vorigen Stand

Mit der Wiedereinsetzung in den vorigen Stand kann eine Partei den durch eine Fristversäumung entstandenen Rechtsnachteil beseitigen. Voraussetzung dafür ist, dass die Partei *ohne Verschulden* eine **Notfrist,** die **Frist zur Begründung** der Berufung, der Revision, der Nichtzulassungsbeschwerde, der Rechtsbeschwerde, der befristeten (Berufungs-)Beschwerde in Familiensachen oder die **Wiedereinsetzungsfrist** *versäumt* hat (§ 233).

Beispiel:
a) *Dem vor dem Amtsgericht ohne Rechtsanwalt unterlegenen Kläger Kraft wird ein Kostenfestsetzungsbeschluss (KFB) zugestellt. Durch eine plötzliche schwere Krankheit wird er an der rechtzeitigen Einlegung der sofortigen Beschwerde gegen den KFB gehindert.*
b) *Die zuverlässige, erfahrene und von ihrem Chef durch Stichproben überwachte Rechtsanwaltsfachangestellte Schubert berechnet die Berufungsfrist unrichtig. Rechtsanwalt Fox legt aus diesem Grunde verspätet Berufung ein.*
c) *Der vor dem Amtsgericht ohne Rechtsanwalt unterlegene Kläger Niemeier beantragt vor Ablauf der Berufungsfrist die Bewilligung der Prozesskostenhilfe für die Berufungsinstanz. Die Prozesskostenhilfe wird einige Tage nach Ablauf der Berufungsfrist bewilligt.*

Die Wiedereinsetzung muss binnen einer **zweiwöchigen Frist** beantragt werden. Die Frist beginnt mit dem Tage, an dem das Hindernis beseitigt ist (§ 234 I 1).

Beispiel:
Dem Antragsgegner Stein wird am 10. August ein Vollstreckungsbescheid zugestellt. Am 22. August, vor Einlegung des Einspruchs, wird Stein bei einem Unfall schwer verletzt. Am 4. Oktober ist Stein wieder soweit genesen, dass er einen Rechtsanwalt beauftragen kann.
Die Antragsfrist für die Wiedereinsetzung läuft am 18. Oktober ab.

Wird die Antragsfrist schuldlos nicht eingehalten, hat der Antragsteller ebenfalls die Möglichkeit der Wiedereinsetzung.

Die Wiedereinsetzungsfrist beträgt abweichend **einen Monat**, wenn die Partei verhindert war, die *Begründungsfrist* bei der Berufung, der Revision, der Nichtzulassungsbeschwerde, der Rechtsbeschwerde oder der (Berufungs-)Beschwerde in Familiensachen (§§ 621 e, 629 a II) einzuhalten (§ 234 I 2). Bei Gewährung der *Prozesskostenhilfe* (PKH) für ein Rechtsmittelverfahren beginnt die Monatsfrist erst mit der (Bekanntgabe, zweckmäßigerweise durch) Zustellung des PKH-Bewilligungsbeschlusses (= Fortfall des Hindernisses gem. § 234 II).[1]

Nach Ablauf **eines Jahres** seit dem Ende der versäumten Frist ist die Wiedereinsetzung in den vorigen Stand *unzulässig*.

Beispiel:
Im vorhergehenden Beispiel ist Stein erst am 20. September des folgenden Jahres genesen. Eine Wiedereinsetzung ist nicht zulässig, da seit dem Ende der versäumten Frist (24. August) des Vorjahres länger als ein Jahr verstrichen ist.

Zuständig für den Wiedereinsetzungsantrag ist *das Gericht, dem die Entscheidung über die nachgeholte Prozesshandlung zusteht,* also z.B. bei Versäumung der Berufungsfrist das Landgericht oder Oberlandesgericht (§ 237).

Die Form des Antrages richtet sich nach den Vorschriften, die für die versäumte Prozesshandlung gelten. Der Antrag muss gem. § 236 II alle die Wiedereinsetzung begründenden Tatsachen enthalten. Diese Tatsachen müssen im Antrag oder später im Verfahren *glaubhaft* gemacht werden.

Die versäumte Prozesshandlung, z.B. die Einlegung der Berufung, muss *innerhalb der zweiwöchigen Antragsfrist* nachgeholt werden. Sodann verbindet das Gericht das Wiedereinsetzungsverfahren mit dem Verfahren über die nachgeholte Prozesshandlung, z.B. dem Berufungsverfahren. Das Gericht kann sich aber auch zunächst nur auf das Wiedereinsetzungsverfahren beschränken (§ 238 I).

Die Wiedereinsetzung ist *unanfechtbar* (§ 238 III).

---

[1] Im konkreten Fall siehe dazu in einen Kommentar, da im Einzelnen erhebliche Probleme seit der Neuregelung bei den Rechtsmittelfristen durch die Zivilprozessreformgesetzgebung entstanden sind.

Der Antrag auf Wiedereinsetzung hat danach etwa folgenden Wortlaut:

```
An das Oberlandesgericht                    Traunstein, 28. März ..
80335 München
                          In Sachen
                   des Schneidermeisters Egon Schnelle
                      Waldweg 8, 83278 Traunstein
                      Klägers und Berufungsbeklagten
              Prozessbevollmächtigter:
                      Rechtsanwalt Dr. Otto Stich
                      Sauerbruchstraße 10, 81377 München
                              gegen
                   den Kaufmann Georg Hamm
                      Kreuzstraße 24, 83278 Traunstein
                      Beklagten und Berufungskläger
              Prozessbevollmächtigter:
                      Rechtsanwalt Dr. Kurt Stein
                      Kleiststraße 78, 81543 München
beantrage ich namens des Beklagten,
              dem Beklagten wegen Versäumung der Berufungsfrist
              gegen das Urteil des Landgerichts Traunstein
              vom 8. Februar .., zugestellt am 12. Februar ..,
                      Aktenzeichen: .........
                      Wiedereinsetzung in den vorigen Stand
zu gewähren.
Gleichzeitig lege ich gegen das vorbezeichnete Urteil
                              Berufung
ein.
Begründung: .........
Rechtsanwalt
```

Aufgaben

1 In dem Rechtsstreit Brandt gegen Bosse vor dem Amtsgericht Hof ist der Beklagte zur Zahlung von 2 660,00 EUR verurteilt worden. Das Urteil ist Bosse am 2. Oktober zugestellt worden. Am 20. Oktober beantragt Bosse, der noch keinen Rechtsanwalt beauftragt hat, beim Landgericht für die Berufungsinstanz die Bewilligung der Prozesskostenhilfe. Dem Antrag wird erst am 6. November stattgegeben; Bosse erfährt davon noch am selben Tag.

    a) Wann ist die Berufungsfrist abgelaufen?
    b) Kann Bosse mit Aussicht auf Erfolg Wiedereinsetzung in den vorigen Stand beantragen (Bitte begründen!) und bis wann?

2 In dem Rechtsstreit Danner gegen Ewald vor dem Amtsgericht Köln, den Danner ohne Rechtsanwalt geführt hat, ist die Klage abgewiesen worden. Dem Kläger ist das Urteil am 10. Februar zugestellt worden. Ob Danner Berufung einlegen wird, will er erst nach seiner am 6. März vorgesehenen Rückkehr aus dem Urlaub entscheiden. Danner wird bei einem Lawinensturz am Urlaubsort schwer verletzt. Er ist erst am 11. März wieder imstande, sich um seine Prozesssache zu kümmern.

a) Kann Danner mit Aussicht auf Erfolg Wiedereinsetzung in den vorigen Stand beantragen? (Bitte begründen!)
b) Bis wann kann Danner den Antrag stellen?
c) Welches Gericht ist für den Antrag zuständig?
d) Muss Danner den Wiedereinsetzungsgrund beweisen oder genügt die Glaubhaftmachung?
e) Entwerfen Sie den Wiedereinsetzungsantrag!

3 Jurgeleit wird am 8. Juli ein Vollstreckungsbescheid des Amtsgerichts Leipzig zugestellt, den er anfechten will. Am 21. Juli erkrankt er plötzlich schwer. Er ist deshalb bis zum 24. Juli außerstande, dafür zu sorgen, dass Einspruch eingelegt wird.

a) Wann ist die Einspruchsfrist abgelaufen?

Nehmen Sie Stellung zu der Frage,

b) ob eine Wiedereinsetzung in den vorigen Stand möglich ist (Bitte begründen!)
c) und wie das gegebenenfalls zu geschehen hat.

Als Jurgeleit bald darauf von einem Bekannten erfährt, dass man in seiner Sache noch etwas unternehmen könne, will er den Rechtsanwalt Dr. Kluge mit der Angelegenheit beauftragen. Auf dem Weg dorthin wird er am 5. August schuldlos von einem Pkw angefahren. Er liegt danach – bis zum 10. August bewusstlos – im Krankenhaus.

d) Welche Verschlechterung der Rechtslage ist durch den unfallbedingten Zeitverlust eingetreten?
e) Prüfen Sie, ob und wie der Rechtsanwalt Dr. Kluge jetzt noch durch Wiedereinsetzungsantrag helfen kann!

16 Der Urkunden- und Wechselprozess

16.1 Allgemeines

Der Urkundenprozess sowie der Wechsel- und Scheckprozess[1] geben dem Gläubiger die Möglichkeit, schneller ein vollstreckbares Urteil zu erhalten, als dies im ordentlichen Verfahren zu erreichen ist. Die besondere Schnelligkeit bewirkt das Gesetz durch einige einschränkende Regelungen, die eine schnellere Entscheidung erleichtern, so insbesondere dadurch, dass es als Beweismittel lediglich den Urkundenbeweis und in Ausnahmefällen die Parteivernehmung zulässt, den zeitraubenden Zeugen- und Sachverständigenbeweis sowie die Augenscheinseinnahme dagegen ausschließt.

Das führt zwar zu prozessualen Einschränkungen, vor allem zu Lasten des Beklagten. Zum Ausgleich hat dieser deshalb aber die Möglichkeit, noch nach seiner Verurteilung den Prozess vor demselben Gericht im Nachverfahren ohne diese Beschränkungen fortzusetzen.

Weitere Verfahrenserleichterungen bietet das Urkunden-, Wechsel- und Scheckmahnverfahren, das eine eigenartige Kombination aus Elementen des Urkunden- und des Mahnverfahrens darstellt.

16.2 Urkundenprozess

16.2.1 Voraussetzungen

Der Urkundenprozess ist *nur statthaft* (§ 592):
1. wenn der geltend gemachte *Anspruch auf Zahlung einer bestimmten Geldsumme* oder auf Leistung einer bestimmten Menge vertretbarer Sachen[2] oder Wertpapiere gerichtet ist. Als Zahlungsanspruch gilt auch der Anspruch aus einer Hypothek-, Grund- oder Rentenschuld;[3]
2. und wenn der Kläger alle zur Begründung seines Anspruches erforderlichen Tatsachen *durch Urkunden beweisen kann.*

---

[1] Der Scheckprozess gehört dazu, obwohl in der Gesetzesüberschrift nicht erwähnt (§ 605 a).
[2] **Sachen** sind **vertretbar,** wenn sie im täglichen Leben nach Maß, Zahl oder Gewicht bestimmt werden. Dazu gehören im Wesentlichen alle Sachen, die in großen, gleichartigen Mengen vorhanden sind oder die serienmäßig hergestellt werden, z.B. Kohlen, Kartoffeln, Getreide, Bücher, aber auch Konfektionskleidung, nicht dagegen ein Modellkleid (vgl. § 91 BGB).
[3] **Unstatthafte Klagen** im Urkundenprozess = solche auf eine individuelle Leistung, auf Vornahme einer Handlung, auf Unterlassung, sowie Gestaltungs- und Feststellungsklagen.

> **Beispiel:**
> Graf verklagt Tiemann auf Zahlung von 2 000,00 EUR.
> Graf kann seinen Anspruch durch eine Urkunde (Schuldschein) beweisen.
> Der Urkundenprozess ist statthaft.

Über den Begriff der „Urkunde" vgl. die Ausführungen zum Urkundenbeweis (S. 107).

Für die Klage und *das Verfahren* gelten die allgemeinen Vorschriften; es sind aber folgende *Besonderheiten* zu beachten (§ 593):

1. Die Klage muss die Erklärung enthalten, dass im Urkundenprozess geklagt wird, z.B. durch die Überschrift:
   „Klage im Urkundenprozess".
2. Die *Urkunden müssen* in Urschrift oder Abschrift *der Klage* oder einem vorbereitenden Schriftsatz *beigefügt werden.* Im letzteren Fall muss der Schriftsatz dem Beklagten so früh zugestellt werden, dass auch hier eine der Einlassungsfrist entsprechende Frist gewahrt ist.

> **Beispiel:**
> Runge klagt gegen Schliemann beim Landgericht Gera im Urkundenprozess auf Zahlung von 28 000,00 EUR. Die Klage wird dem Beklagten am 20. Januar zugestellt. Zum Beweis seiner Forderung fügt Runge den Schuldschein einem vorbereitenden Schriftsatz bei, der dem Beklagten am 2. Februar zugestellt wird.
> Der Verhandlungstermin kann frühestens auf den 17. Februar anberaumt werden (die Einlassungsfrist beträgt zwei Wochen).

3. Während zum Beweis der klagebegründenden Tatsachen lediglich Urkunden zugelassen sind, gestattet das Gesetz zum Beweis für die Echtheit bzw. Unechtheit einer Urkunde auch die *Parteivernehmung.* Gleiches gilt für andere als die klagebegründenden Tatsachen, insbesondere also für alle Einreden des Beklagten, z.B. er sei geschäftsunfähig, er habe bereits erfüllt, die Forderung sei verjährt.

> **Beispiel:**
> Toller klagt gegen Martens im Urkundenprozess auf Zahlung von 5 200,00 EUR. Zum Beweis seines Anspruches legt Toller den Schuldschein vor. Martens bestreitet, den Schuldschein unterschrieben zu haben.
> Toller kann, um die Echtheit der Urkunde zu beweisen, den Antrag auf Parteivernehmung stellen.

4. Widerklagen sind unstatthaft (§ 595 I).

16.2.2 Entscheidungen im Urkundenprozess

1. **Die Klage wird abgewiesen**
   a) *als unzulässig,* wenn eine allgemeine Prozessvoraussetzung fehlt (z.B. der Kläger ist nicht prozessfähig) = Endurteil als Prozessurteil (vgl. S. 90).
   b) *als unbegründet,* wenn diese Klage zwar zulässig ist, sie in der Sache aber keinen Erfolg haben kann (z.B. die Klage ist nicht schlüssig; der Kläger trägt nicht genug vor) = Endurteil als Sachurteil (vgl. S. 115).
   c) *„als in der gewählten Prozessart unstatthaft"* (§ 597 II), wenn zwar kein Klageabweisungsgrund nach a) oder b) vorliegt, wenn aber eine besondere Prozessvoraussetzung für den Urkundenprozess fehlt (z.B. eingeklagt wird ein im Urkundenprozess nicht zugelassener Anspruch; oder es ist kein Urkundenbeweis möglich).

Beispiel:
Meier klagt gegen Beermann auf Herausgabe eines Ölgemäldes. Dabei handelt es sich um eine auf eine nicht vertretbare Sache gerichtete Leistung. Der Herausgabeanspruch kann deshalb nicht im Urkundenprozess geltend gemacht werden.
Gleiches gilt, wenn der Kläger seine klagebegründenden Tatsachen statt mit Urkunden nur mit Zeugen beweisen kann.

Der Kläger kann aber, um diese Klageabweisung (als im Urkundenprozess unstatthaft) zu vermeiden, bis zum Schluss der mündlichen Verhandlung *vom Urkundenprozess Abstand nehmen* und dadurch den Prozess *in das ordentliche Verfahren überleiten.* Hier entfallen die Einschränkungen des Urkundenprozesses. Eine Einwilligung des Beklagten ist dazu nicht erforderlich. Die Erklärung des Klägers erfolgt grundsätzlich in der mündlichen Verhandlung, sonst durch Schriftsatz (§ 596).

Beispiel:
Wie oben. Als Meier bemerkt, dass seiner (aussichtsreichen) Klage auf Herausgabe des Bildes nach den Regeln des Urkundenprozesses die Abweisung droht, erklärt er noch im Termin die Abstandnahme vom Urkundenprozess.
Das Gericht lässt nach den Regeln des ordentlichen Verfahrens weiterverhandeln. Das kann (je nach Prozesslage) sofort oder in einem späteren Termin geschehen. Meier erreicht auf diese Weise doch noch die Verurteilung des Beklagten Beermann zur Herausgabe, und zwar durch dasselbe Gericht.

2. **Der Beklagte wird verurteilt,**
   wenn die (zulässige und im Urkundenprozess statthafte) *Klage begründet* ist. Hierbei muss aber unterschieden werden:
   a) Wenn der *Beklagte nicht widersprochen* hat (z.B. weil er anerkennt), so ergeht ein *reguläres Endurteil,* gegen das nur noch ein Rechtsmittel (z.B. die Berufung) statthaft ist.

b) Wenn *der Beklagte* dem geltend gemachten Anspruch jedoch *widersprochen* hat (und dennoch verurteilt wird, z.b. weil er ein im Urkundenprozess unzulässiges Beweismittel angeboten hat), so ergeht hier ein sog. **Vorbehaltsurteil.**
Der Kläger hat damit ein Urteil erlangt, das wie ein Endurteil als Titel vollstreckbar ist und das mit Rechtsmitteln (z.b. der Berufung) angefochten werden kann (§ 599 III).[1]
In dem verurteilenden Tenor heißt es zusätzlich: *„Dem Beklagten wird die Ausführung seiner Rechte im Nachverfahren vorbehalten."*
Enthält das Urteil keinen Vorbehalt, kann der Beklagte die Ergänzung nach § 321 (vgl. S. 119) beantragen oder ein Rechtsmittel, wie die Berufung, einlegen.

16.2.3 Nachverfahren

Mit dem Vorbehalt im Urteilstenor gleicht das Gesetz die Einschränkungen aus, die der (vom Kläger gewählte) Urkundenprozess für den Beklagten mit sich bringt. Das hat zur Folge, dass der Prozess nach Urteilsverkündung schon von Gesetzes wegen im sog. **Nachverfahren** *(= ordentliches Verfahren!)* vor *demselben Gericht anhängig bleibt.* Hier kann der Beklagte, endlich zu seinen Gunsten unbeschränkt alle Beweismittel einbringen (§ 600 I).

Beispiel:
Bremer verklagt Wohlers im Urkundenprozess auf Zahlung von 3 000,00 EUR. Er legt zum Beweis seines Anspruches einen Schuldschein des Beklagten vor. Wohlers behauptet, die 3 000,00 EUR bereits gezahlt zu haben, und beruft sich zum Beweis auf das Zeugnis des Kraft. Der Zeuge Kraft wird hier im Urkundenprozess nicht gehört. Wohlers wird deshalb durch Vorbehaltsurteil zur Zahlung verurteilt.
Im Nachverfahren kann Wohlers dann seinen Zeugen Kraft vernehmen lassen.

Jede Partei kann einen Antrag auf Termin im Nachverfahren stellen; hier sind, je nach Verfahrensverlauf, grundsätzlich folgende *Entscheidungen* möglich:
1. Das *Vorbehaltsurteil wird bestätigt. Der Vorbehalt entfällt.*[2] So wird entschieden, wenn der Beklagte auch im Nachverfahren unterliegt.
2. Das *Vorbehaltsurteil wird aufgehoben. Die Klage wird abgewiesen.*[2] In diesem Falle hat der Beklagte obsiegt.

Beispiel:
Im vorangegangenen Beispiel bekundet der Zeuge Kraft, dass der Beklagte die 3 000,00 EUR bereits gezahlt habe. Wenn das Gericht dem Zeugen Glauben schenkt, hebt es sein eigenes Vorbehaltsurteil auf und weist die Klage jetzt ab.

---

[1] Das Vorbehaltsurteil wird auch als auflösend bedingtes Endurteil charakterisiert.
[2] Die Nebenentscheidungen (u.a. wegen der Kosten) bleiben hier zur Vereinfachung unerwähnt.

Beide Urteile als *Endurteile* derselben (regelmäßig der ersten) Instanz können in der nächsten Instanz mit einem Rechtsmittel (so der Berufung) angefochten werden.

Zusammenfassung zum Vorgehen gegen das Vorbehaltsurteil.

Der Beklagte kann es zweifach angreifen:
1) Im **Nachverfahren** (= Terminsantrag); Vorteile:
– ordentliches Verfahren mit allen Beweismitteln,
– die Instanz (= dieselbe) bleibt erhalten,
– notfalls ist auch noch Berufung gegen das ergehende Endurteil möglich.

2) Im **Berufungsverfahren** (= Berufung einlegen); Nachteile:
– eine Instanz (= die untere) nicht ausgenutzt,
– die nächste Instanz bleibt hier im Urkundenprozess(!).

16.3 Wechsel- und Scheckprozess

Der Wechselprozess (§§ 602–605) ist für Zahlungsansprüche aus Wechseln, der Scheckprozess für Zahlungsansprüche aus Schecks statthaft. Für den Scheckprozess gelten die Vorschriften des Wechselprozesses (§ 605 a).

Materiellrechtlich ist der Wechsel im Wechselgesetz, der Scheck im Scheckgesetz geregelt. Gemeinsam ist dem Wechsel und Scheck, dass beide als Zahlungsmittel verwendet werden. Während aber die Ausstellung eines Schecks grundsätzlich voraussetzt, dass der Aussteller ein gedecktes Konto bei einem Kreditinstitut hat, wird der Wechsel regelmäßig ausgestellt, weil der Schuldner zurzeit nicht über genügend Zahlungsmittel verfügt. Der Wechsel wird deswegen auch häufig als Kreditmittel bezeichnet.

Ein weiterer Unterschied liegt darin, dass der Scheck innerhalb von acht Tagen vorgelegt werden muss (Art. 29 ScheckG). Der Wechsel hat dagegen regelmäßig eine längere Laufzeit (vgl. Art. 33, 70 WG).

> *Beispiel:*
> *Kaufmann Vielgut in Kassel kauft vom Kaufmann Ahrens in Hamburg am 10. Mai eine Partie Baumwolle zum Preis von 8 000,00 EUR. Da Vielgut den Kaufpreis nicht sofort bezahlen kann, stellt Ahrens einen Wechsel aus, den er von Vielgut annehmen lässt (die Annahme, auch Akzept genannt, erfolgt dadurch, dass Vielgut seine Unterschrift auf der dafür vorgesehenen Stelle des Wechsels „quer schreibt"). Ahrens beabsichtigt, den Wechsel an seinen Gläubiger, den Kaufmann Klein in Kiel, zum Ausgleich einer Verbindlichkeit weiterzugeben.*
> *Mit dem Akzept hat sich Vielgut verpflichtet, den Wechsel nach Fälligkeit einzulösen. Vielgut, auch Bezogener genannt, hat das Akzept in der Erwartung erteilt, dass er die Baumwolle bis zum Fälligkeitstag weiterverkauft hat und so in der Lage ist, den Wechsel einzulösen.*[1]

---

[1] In der Handelspraxis wird abweichend auch der hier vorliegende **gezogene Wechsel** selbst als Akzept bezeichnet.

Der Wechsel hätte etwa folgenden Wortlaut:[1]

```
                   Hamburg, 10. Mai ..        Hamburg              10. August ..
                                              Zahlungsort          Verfalltag
Angenommen
Vielgut            Gegen diesen Wechsel zahlen Sie am 10. August ..
                   an Herrn Wilhelm Klein in Kiel 8 000,00 EUR
                   (i. W.: Achttausend).

                   Herrn Walter Vielgut                    Hurcaro
                       Kassel
```

Ist am Fälligkeitstag keine Zahlung des Wechsels zu erlangen, hat der Wechselgläubiger **Protest mangels Zahlung** erheben zu lassen, z.b. durch einen Notar. Anschließend kann der Wechselgläubiger „*Klage im Wechselprozess*" gegen den Aussteller und alle weiteren Wechselverpflichteten erheben.

Der Wechselprozess ist eine Unterart des Urkundenprozesses; es sind jedoch folgende Besonderheiten zu beachten:

1. Zuständig ist gemäß § 603 wahlweise
   a) das Gericht, bei dem der Beklagte seinen *allgemeinen Gerichtsstand* hat;
   b) das *Gericht des Zahlungsortes;*
   c) bei mehreren verklagten Wechselverpflichteten daneben der allgemeine Gerichtsstand jedes Beklagten.
2. Um den Wechselprozess besonders zu beschleunigen, ist die Ladungsfrist abgekürzt (§ 604). Sie beträgt:
   a) mindestens *24 Stunden,* wenn die Klage an dem Ort, der Sitz des Prozessgerichts ist, zugestellt wird;
   b) mindestens *3 Tage* in Anwaltsprozessen, wenn die Ladung an einem anderen Ort zugestellt wird, der im Bezirk des Prozessgerichts liegt.
   Wegen der Ladungsfrist in den höheren Instanzen vgl. § 604 III.
3. Bezüglich der Beweismittel ist § 605 zu beachten. Danach genügt es, dass Nebenforderungen (z.B. Zinsen, Kosten, Provisionen) glaubhaft gemacht werden.

16.4 Urkunden-, Wechsel- und Scheckmahnverfahren

Für Ansprüche, die im Urkunden-, im Wechsel- und Scheckprozess geltend gemacht werden können, sieht das Gesetz eine besondere Art des Mahnverfahrens vor. Danach wird ein **Urkunden-**, ein **Wechsel-** oder **Scheckmahnbescheid** (§ 703 a) erlassen, wenn der Antragsteller dies ausdrücklich beantragt. Dazu wird der übliche Vordrucksatz (vgl. S. 45, 57 f.) benutzt. Über der Überschrift „Mahnbescheid" ist in das freie Feld „Urkunden-", „Wechsel-" oder

---

[1] In der Praxis sind **Vordrucke** üblich. Hier wurde eine leicht vereinfachte Form gewählt.

„Scheck-" einzutragen.[1] Bei Ziffer 5 des Formulares erfolgt der Hinweis auf die Urkunde bzw. den Wechsel oder den Scheck. Bei Abgabe der Sache nach Widerspruch an das Streitgericht wird die Urkunde bzw. der Wechsel oder der Scheck dann der Anspruchsbegründungsschrift beigefügt.

Die wichtigste Besonderheit dieses Urkunden-, Wechsel- oder Scheckmahnbescheides besteht darin, dass neben dem normalen Widerspruch ein so genannter **beschränkter Widerspruch** zulässig ist.

1. Der normale (unbeschränkte) Widerspruch hat dieselbe Wirkung wie der Widerspruch im normalen Mahnverfahren. Die Streitsache geht aber in den Urkunden-, den Wechsel- oder Scheckprozess über (vgl. oben S. 225 ff.). Es kommt dann zu einem Urteil im Urkunden-, im Wechsel- oder Scheckprozess.

2. Wird dagegen der beschränkte Widerspruch erhoben, ergeht auf Antrag des Antragstellers *ein Vollstreckungsbescheid, in welchem dem Antragsgegner die Ausführung seiner Rechte im Nachverfahren vorbehalten wird* (entsprechend dem Vorbehaltsurteil). Dieser Vollstreckungsbescheid ist ebenso wie das Vorbehaltsurteil ein Vollstreckungstitel. Die Sache bleibt aber im Nachverfahren anhängig, in dem sämtliche Beweismittel zulässig sind.

Der Antragsgegner wird gegen einen Urkunden-, Wechsel- oder Scheckmahnbescheid dann den beschränkten Widerspruch erheben, wenn er z.b. nur den Zeugenbeweis antreten kann, denn dieser Beweis ist nur im Nachverfahren zulässig. Dieser Weg führt schneller und kostengünstiger in das Nachverfahren. Der Antragsgegner nimmt dabei zwar zunächst den Vorbehalts-Vollstreckungsbescheid als Titel in Kauf, der dann nach erfolgreichem Zeugenbeweis im Termin aber wieder aufgehoben wird.

Kann der Antragsgegner dagegen den Zahlungsnachweis durch eine Urkunde erbringen, empfiehlt sich der normale (unbeschränkte) Widerspruch. Dann wird die Sache zwar im Urkunden-, Wechsel- oder Scheckprozess weitergeführt. Aber der Zahlungsnachweis durch eine Urkunde führt im Termin zur sofortigen Klageabweisung. Dadurch werden ein Titel gegen den Antragsgegner und die Vollstreckungsgefahr von vornherein vermieden. Dies wäre dann der bessere Weg.

---

[1] Im maschinellen Mahnverfahren wird in den Vordruck „Antrag auf Erlass eines Mahnbescheids" bei Zeilen-Nr. 32 die Katalog-Nr. 30 (aus dem Hauptforderungskatalog der Ausfüllhinweise) und zusätzlich bei Zeilen-Nr. 36 die Angabe „Wechselmahnverfahren" (oder „Scheckmahnverfahren") eingetragen. (Siehe die Informationsschrift der Koordinierungsstelle für das automatisierte Mahnverfahren, S. 75 f.; – vgl. auch oben S. 50, Fußnote 1).

Der beschränkte Widerspruch hat etwa folgenden Wortlaut:

```
An das Amtsgericht                    Münster, 4. April ..
48149 Münster

                    In Sachen

         Haberland  gegen  Neuhaus

           Aktenzeichen: ..........
erhebe ich hiermit namens des Antragsgegners gegen den
Wechselmahnbescheid des Amtsgerichts Münster vom
1. April ..
                Widerspruch
und beantrage,
         dem Beklagten die Ausführung seiner Rechte im Nachverfah-
         ren vorzubehalten.

Rechtsanwalt
```

Aufgaben

1 Frau Wegener beabsichtigt, einen Scheidungsantrag zu stellen. Da sie glaubt, den Scheidungsgrund durch Vorlage eines Briefes beweisen zu können, bittet sie ihren Rechtsanwalt zwecks Beschleunigung des Verfahrens die Scheidungssache im Urkundenprozess anhängig zu machen.
Was halten Sie von dem Wunsch der Frau Wegener? (Bitte begründen!)

2 Rechtsanwalt Dr. Hansen diktiert seiner Sekretärin, Fräulein Kleist, eine Klage. Am Schluss des Diktates erklärt Dr. Hansen seiner Sekretärin, dass das Verfahren als Urkundenprozess geführt werden soll. Fräulein Kleist schreibt die „Klage" und fügt die Urkunde in Abschrift bei.
 a) Was hat die Sekretärin falsch gemacht?
 b) Welche Folgen wird das haben?

3 In dem Urkundenprozess Prinz gegen Kloss bestreitet der Beklagte die Echtheit des von dem Kläger als Beweis vorgelegten Schuldscheines.
Wie kann der Kläger die Echtheit der Urkunde beweisen?

4 Bussmann ist im Urkundenprozess auf Zahlung von 2 000,00 EUR verklagt worden. Er hat gegen den Kläger eine Gegenforderung in Höhe von 1 200,00 EUR. Beide Parteien wohnen in Dortmund.
Kann Bussmann Widerklage erheben?

5 In dem Urkundenprozess Müller gegen Eilers legt der Kläger zum Beweis der klagebegründenden Tatsachen einen schriftlichen Kaufvertrag vor. Das Gericht lässt im ersten Verhandlungstermin erkennen, dass es diese Urkunde noch nicht als ausreichendes Beweismittel ansieht.

Wie wird das Gericht entscheiden, wenn der Kläger im Urkundenprozess weiterprozessiert?

6 Lange ist im Urkundenprozess auf Zahlung von 1 500,00 EUR verklagt worden.
   a) Er weist durch Vorlegung einer Quittung nach, dass die eingeklagten 1 500,00 EUR bereits bezahlt sind.
   b) Er hat dem Klageantrag widersprochen, kann den Gegenbeweis aber nicht durch Vorlage einer Urkunde erbringen.

Wie wird in den Fällen a) und b) entschieden und durch welche Urteilsart?

7 In dem Urkundenprozess Ebert gegen Preuß ist gegen den Beklagten ein Vorbehaltsurteil ergangen.
   a) Wodurch unterscheidet sich der Tenor des Vorbehaltsurteils von dem eines Endurteils?
   b) Könnte auch gegen den Kläger ein Vorbehaltsurteil ergehen, wenn der Klageanspruch unbegründet ist?
   c) Womit kann der Beklagte das Vorbehaltsurteil anfechten?
   d) Was kann der Beklagte stattdessen unternehmen, wenn er in der Lage ist, den Gegenbeweis durch einen Zeugen zu erbringen?

8 Der im Urkundenprozess verklagte Felbert ist durch Vorbehaltsurteil zur Zahlung von 3 780,00 EUR verurteilt worden. Im Nachverfahren wird der von Felbert benannte Zeuge Schoof vernommen. Schoof kann zur Sache nichts aussagen.
   a) Wie wird das Gericht entscheiden?
   b) Welches Rechtsmittel hat Felbert gegen die Entscheidung des Gerichts?

9 In dem Wechselprozess Löffler gegen Mohns ist der Beklagte, obwohl er dem Klageantrag widersprochen hat, zur Zahlung von 10 000,00 EUR verurteilt worden. Das Urteil enthält keinen Vorbehalt.

Was kann Mohns unternehmen und innerhalb welcher Frist?

10 Der Mandant Britt legt seinem Rechtsanwalt einen mangels Zahlung zu Protest gegangenen Wechsel über 5 000,00 EUR vor, der am 10. Februar in Braunschweig, dem Wohnsitz des Bezogenen, ausgestellt worden ist. Zahlungsort ist Hamburg.

Welche Gerichte sind sachlich und örtlich für eine Wechselklage zuständig?

11 Der Mandant Liebermann erscheint im Büro und teilt mit, dass ihm gestern ein Wechselmahnbescheid des Amtsgerichts Essen zugestellt worden ist. Er erklärt den geltend gemachten Anspruch als unbegründet. Was kann der Rechtsanwalt unternehmen, wenn der Mandant seinen Gegenbeweis
   a) durch eine Urkunde,
   b) durch eine Zeugenaussage erbringen kann?
   c) Entwerfen Sie den beschränkten und den unbeschränkten Widerspruch!

17 Verfahren in Familiensachen

17.1 Allgemeines

Ehe und Familie genießen nach unserer Verfassung (Art. 6 GG) den besonderen Schutz der staatlichen Ordnung. Wenn sich heute daneben auch andere Formen des Zusammenlebens herausgebildet haben, so bleiben sie doch wichtige, schutzwürdige Grundlagen des Gemeinschaftslebens. Gesetzliche Anerkennung hat inzwischen auch die gleichgeschlechtliche Lebenspartnerschaft (= als Eingetragene Lebenspartnerschaft) gefunden. (Weiteres siehe unter 17.5, S. 241 f.) Wegen des besonderen öffentlichen Interesses und zum Schutze Betroffener wirkt das Gericht stärker auf das Familienverfahren ein als bei den anderen bisher dargestellten Zivilverfahren. Geregelt ist das Verfahren in Familiensachen in den §§ 606 ff.

Familiensachen sind gemäß § 23 b GVG u.a.:

1. *Ehesachen,*
2. Verfahren betreffend die *elterliche Sorge* für ein Kind,
3. Verfahren über die Regelung des *Umgangs mit* einem *Kind,*
4. Verfahren über die *Herausgabe eines Kindes,* für das die elterliche Sorge besteht,
5. Streitigkeiten über eine durch *Verwandtschaft* begründete *gesetzliche Unterhaltspflicht,* z.B. zum Kindesunterhalt,
6. Streitigkeiten über eine durch *Ehe* begründete *gesetzliche Unterhaltspflicht,*
7. Verfahren, die den *Versorgungsausgleich* betreffen,
8. Verfahren über die Regelung der Rechtsverhältnisse an der *Ehewohnung* und am *Hausrat,*
9. Streitigkeiten über *Ansprüche* aus dem *ehelichen Güterrecht,*
10. *Kindschaftssachen,*
11. Streitigkeiten über Ansprüche u.a. wegen *Unterhalts der nichtehelichen Mutter* vor und nach der Geburt des Kindes *und* wegen *Entbindungskosten,*
12. Verfahren nach dem *Gewaltschutzgesetz* bei gemeinsamem Haushalt,
13. bestimmte Verfahren nach dem Internationalen Familienrechtsverfahrensgesetz,[1]
14. *Lebenspartnerschaftssachen.*[2]

---

[1] Das deutsche Internationale Familienrechtsverfahrensgesetz **(IntFamRVG)** vom 26. Januar 2005 enthält u.a. die deutschen Durchführungsbestimmungen zur Verordnung (EG) Nr. 2201/2003 des Rates über die Zuständigkeit und die Anerkennung und Vollstreckung von Entscheidungen in Ehesachen und in Verfahren betreffend die elterliche Verantwortung; diese **EuEheVO** ist nachzulesen u.a. in Schönfelder, Deutsche Gesetze, Ergänzungsband, Nr. 103 b – Familiensachen gem. § 23 b I 2 Nr. 11 GVG sind dabei die Verfahren der §§ 10 bis 12, 47 IntFamRVG. Zum Europäischen Gemeinschaftsrecht siehe im Übrigen unten S. 249 ff.

[2] Siehe unten 17.5, S. 241 f.

Der Kreis *der Familiensachen ist ausgedehnt worden. So u.a. dadurch, dass das Kindschaftsrecht die rechtliche Unterscheidung zwischen ehelichen und nichtehelichen Kindern beseitigt hat; die Sorgerechts- und Umgangssachen sind in vollem Umfange den Familiensachen zugewiesen. Weitere Sachen sind hinzugekommen. So befinden sich jetzt Angelegenheiten unter den Familiensachen, die nicht in Verbindung mit Ehesachen zur Entscheidung kommen, sondern die früher vom Vormundschaftsgericht und vom allgemeinen Prozessgericht wahrgenommen wurden. Zuletzt sind hier die unter Nr. 12–14 genannten Sachen hinzugefügt worden, wie u.a. Gewaltschutz- und Lebenspartnerschaftssachen.*

17.2 Ehesachen

Ehesachen sind nach § 606 I 1:

1. das Verfahren auf **Scheidung** und auf Aufhebung einer Ehe,
2. das Verfahren auf Feststellung des Bestehens oder Nichtbestehens einer Ehe,
3. das Verfahren auf Herstellung des ehelichen Lebens.

Für das Verfahren in **Ehesachen** gelten im ersten Rechtszug die Vorschriften über das Verfahren vor den Landgerichten. Wegen der besonderen Eigenart des Eheverfahrens enthält die Zivilprozessordnung aber **folgende Sondervorschriften:**

1. **Zuständigkeit:**[1] Bei den Amtsgerichten sind sachlich und örtlich *ausschließlich*[2] zuständig **Familiengerichte** eingerichtet (§§ 23 b I 1 GVG, 606 ZPO) und mit Familienrichtern besetzt (§ 23 b III 1 GVG). In zweiter Instanz sind die Oberlandesgerichte (§ 119 I Nr. 1 a, 2 GVG) und in dritter Instanz ist der Bundesgerichtshof (§ 133 GVG) zuständig.

    Für die *örtliche Zuständigkeit* des Amtsgerichts sind in zwingender Reihenfolge sechs Gerichtsstände maßgebend.

    a) *Örtlich zuständig* ist ausschließlich das **Familiengericht,** in dessen Bezirk die Ehegatten ihren gemeinsamen, gewöhnlichen *Aufenthalt* haben.
    b) Ist der unter a) genannte Aufenthalt nicht gegeben, ist das Familiengericht zuständig, in dessen Bezirk ein Ehegatte mit den gemeinsamen minderjährigen Kindern seinen Aufenthalt hat.
    c) Ist die Zuständigkeit weder nach a) noch nach b) gegeben, ist das Familiengericht zuständig, in dessen Bezirk die Ehegatten ihren letzten gemeinsamen, gewöhnlichen Aufenthalt hatten, wenn ein Ehegatte dort noch wohnt.
    (Wegen der weiteren Regelung vgl. § 606 II.)

---

[1] Wenn eine Partei nicht deutsche(r) Staatsangehörige(r) ist, muss das Familiengericht von Amts wegen in einer Ehesache auch die **internationale Zuständigkeit** prüfen (genauer in § 606 a ZPO; vgl. auch § 661 III ZPO).
In Scheidungs- und Sorgerechtssachen kann die in den Mitgliedstaaten der EU (mit Ausnahme Dänemarks) geltende **EuEheVO** zu einer von der ZPO abweichenden Bestimmung der internationalen Zuständigkeit führen. Sie gilt seit dem 1. März 2001, in neuer Fassung (Nr. 2201/2003) seit dem 1. März 2005. (Vgl. hierzu S. 234 Fußnote 1.)

[2] Die deutsche internationale Zuständigkeit ist nicht ausschließlich (§ 606 a I 2 ZPO).

2. a) Ein **beschränkt geschäftsfähiger** Ehegatte ist in Ehesachen **prozessfähig** (§ 607 1):

> *Beispiel:*
> *Die 17-jährige Ehefrau Schröder ist für ein Scheidungsverfahren prozessfähig, obwohl sie nur beschränkt geschäftsfähig ist.*

b) Ist ein Ehegatte **geschäftsunfähig**, wird der Eheprozess grundsätzlich durch den gesetzlichen Vertreter geführt, § 607 II (zu beachten sind aber bestimmte Einschränkungen).

> *Beispiel:*
> *Der wegen Geisteskrankheit (§ 104 Nr. 2 BGB) geschäftsunfähige Ehemann Braun beabsichtigt, seine Ehe scheiden zu lassen.*
> *Braun ist nicht prozessfähig (§§ 105 I BGB, 52 ZPO). Er kann den Prozess nur durch seinen gesetzlichen Vertreter (= Betreuer, § 1902 BGB) führen lassen, der dazu der Genehmigung des Vormundschaftsgerichts bedarf (§ 607 II ZPO).*

3. In Ehe- und Folgesachen *müssen* sich die Ehegatten vor dem Familiengericht durch einen bei einem Amts- oder Landgericht zugelassenen **Rechtsanwalt** vertreten lassen (§ 78 II). Der Prozessbevollmächtigte bedarf einer *besonderen Vollmacht,* die für die Ehesache, im Regelfall ein Scheidungsprozess, erteilt ist (§ 609). Diese erstreckt sich dann auch auf die Folgesachen (§ 624 I) und auf das Anordnungsverfahren.

4. Das Gericht kann auch *von Amts wegen Beweisaufnahmen* anordnen und nach Anhörung der Ehegatten auch solche Tatsachen berücksichtigen, die von ihnen nicht vorgebracht sind. Damit gilt in Ehesachen weitgehend der *Untersuchungsgrundsatz* (§§ 613, 616).

5. Ein *Versäumnisurteil gegen den Antragsgegner* (Beklagten) ist *unzulässig* (§ 612 IV). Es könnte sonst z.B. eine Ehe geschieden werden, ohne dass das tatsächliche Vorliegen eines Scheidungsgrundes festgestellt worden ist. Ist der Antragsgegner säumig, verhandelt das Gericht so, als ob er dem Scheidungsantrag und dem Klagvorbringen widersprochen hätte (sog. einseitige streitige Verhandlung).

Ein *Versäumnisurteil gegen* den *Antragsteller* (Kläger) ist dagegen *zulässig.* So kann z.B. ein Scheidungsantrag abgewiesen werden. Bei einer Feststellungsklage dagegen wird ausgesprochen, dass die Klage als zurückgenommen gilt (§ 632 IV).

6. Stirbt ein Ehegatte vor Rechtskraft des Urteils, ist die *Hauptsache als erledigt* anzusehen (§ 619). Über die Kosten wird dann nach § 91 a[1] entschieden (vgl. S. 124).

7. Wird auf Scheidung der Ehe erkannt, so sind die Kosten der Scheidungssache und der Folgesachen *gegeneinander aufzuheben.* Abweichende Kostenentscheidungen sind jedoch möglich (§ 93 a).

8. Die *Urteile* in Ehesachen sind *von Amts wegen zuzustellen* (§ 166 II).

9. Scheidung und Aufhebung zielen zwar beide auf *Beendigung der Ehe,* unterscheiden sich aber

---

[1] Umstritten, z.T. wird § 93 a angewendet.

a) nach Begründung:
   Scheidung kann erfolgen, wenn die *Ehe gescheitert* (zerrüttet) ist. Das wird unwiderlegbar vermutet, und zwar nach *einem Jahr Trennung,* wenn beide Ehegatten die Scheidung beantragen oder einer zustimmt, sonst nach *dreijähriger Trennung* (Einzelheiten in §§ 1565 bis 1568 BGB).
   Aufhebung ist möglich, wenn *bestimmte Aufhebungsgründe* vorliegen (§ 1314 BGB), so z.b. Doppelehe, Scheinehe;
b) nach Verfahren:
   Auf das *Aufhebungsverfahren* kommen zwar auch die allgemeinen Vorschriften über das *Eheverfahren* zur Anwendung; abweichend vom Scheidungsverfahren findet aber kein Verbundverfahren statt. Im Aufhebungsverfahren ist darüber hinaus die zuständige Verwaltungsbehörde mit eigenen Verfahrensrechten ausgestattet (vgl. § 631 III bis V).

10. Die **Verfahren** auf Scheidung und auf Aufhebung sowie auf Herstellung des ehelichen Lebens können miteinander **verbunden** werden (§ 610 I). Da Scheidungs- und Aufhebungsantrag einerseits und Herstellungsklage andererseits sich widersprechende Ziele haben, sind sie jedoch nur in einem Eventualverhältnis möglich.
    Wenn Scheidungs- und Aufhebungsantrag beide begründet sind, hat das Gericht auf Aufhebung zu erkennen (§ 631 II 3).

17.3 Scheidungs- und Folgesachen

Wenn für den Fall der Scheidung auch über eine andere Familiensache *als Folgesache* eine Entscheidung getroffen werden muss, so wird hierüber **auf Antrag** gleichzeitig verhandelt und, falls die Ehe geschieden wird, einheitlich durch Verbundurteil entschieden (**= Verbund von Scheidungs- und Folgesachen, § 623**). Der Antrag ist beim Versorgungsausgleich entbehrlich, § 623 I 3 (hier zwingender Verbund).

Wegen der *Verbindung* von *Urteilsachen* (nach der ZPO) und *Beschlusssachen* (nach dem FGG) *in* einem einzigen *Verbundurteil* ist die Regelung zur **Urteilsanfechtung** hier unübersichtlich.

1. Bei *Anfechtung* des *gesamten Verbundurteils* ist die **Berufung** zum Oberlandesgericht (§ 119 I Nr. 1 a GVG) mit anschließender **Revision** zum Bundesgerichtshof (§ 133 GVG) vorgesehen.
2. Bei einer *Teilanfechtung,* d.h. nur einzelner Entscheidungen des Verbundurteils, *muss unterschieden werden.*
   a) Bei der Anfechtung nur des *Scheidungsausspruchs* oder der Entscheidung(en) in einer *Unterhalts-* oder einer *prozessualen* (= ZPO) *Güterrechtssache* (§ 621 I Nr. 4, 5, 8)[1] ist stets die **Berufung** statthaft mit anschließender **Revision**.[2] Das gilt auch

---

[1] Entspricht den Familiensachen Nr. 5, 6 und 9 auf Seite 234.
[2] Wegen einer evtl. möglichen Nichtzulassungsbeschwerde siehe oben S. 197, Fußnote 2.

dann, wenn das Urteil dabei zusätzlich wegen einer Entscheidung in einer Folgesache angefochten wird, die zur freiwilligen Gerichtsbarkeit gehört (vgl. § 629 a II 2).

b) *Beschränkt* sich die *Teilanfechtung* des Urteils dagegen *auf* Entscheidungen in *Folgesachen,* die *der freiwilligen Gerichtsbarkeit*[1] zuzuordnen sind, so ist in diesem Fall (nur hier!) die **befristete Beschwerde** gegeben (§§ 621 e I, 629 a II 1).

Es handelt sich dabei um die Familiensachen gemäß § 621 Nr. 1–3, 6 und 7.[2]

Die *befristete Beschwerde*[3] ist (wie die Berufung) innerhalb einer Notfrist von 1 Monat seit Zustellung des Urteils einzulegen; auch die Begründungsfrist entspricht der der Berufung (§§ 621 e III, 517, 520 II). Wegen der Verfahrensübereinstimmung mit der Berufung nennt man diese Beschwerde in der Praxis auch *„Berufungsbeschwerde".* Sie wird gegen die Entscheidung des Familiengerichts wie die Berufung beim *Oberlandesgericht* eingelegt (§ 119 I Nr. 1 a GVG).

Gegen die darauf ergehende Entscheidung des Oberlandesgerichts ist die der *Revision entsprechende* **Rechtsbeschwerde** innerhalb einer Notfrist von 1 Monat zum *Bundesgerichtshof* vorgesehen (§ 621 e II, III 2, 548).[4]

Darüber hinaus gelten folgende *Sondervorschriften:*

1. Das Scheidungsverfahren (wie auch das Aufhebungsverfahren) wird durch Einreichung einer **Antragsschrift** (§§ 622 I, 631 II 1) anhängig, die der Klageschrift entspricht (§ 622 II 2). Demgemäß werden die Parteien nicht als „Kläger" und „Beklagter", sondern als **„Antragsteller"** und **„Antragsgegner"** bezeichnet.

   Die Antragsschrift muss in Scheidungssachen gemäß § 622 II Angaben darüber enthalten, ob
   a) gemeinschaftliche minderjährige Kinder vorhanden sind,
   b) bestimmte sonstige Familiensachen anderweitig anhängig sind.

   Bei einverständlicher Scheidung muss die Antragsschrift noch weitere Angaben enthalten, vgl. dazu 630 I.

2. Die *Vollmacht* für die Scheidungssache erstreckt sich auch auf die Folgesachen (§ 624 I). Bezüglich des Umfangs einer *Beiordnung* des Rechtsanwaltes in einer Ehesache lies § 48 III 1 RVG.

3. *Vor Rechtskraft* des Scheidungsausspruches werden die Entscheidungen in Folgesachen nicht wirksam (§ 629 d).

4. Grundsätzlich gibt das Gericht dem Scheidungsbegehren erst dann statt, wenn auch die Folgesachen entscheidungsreif sind (*Entscheidungskonzentration* im Verbund). Bezüglich möglicher Ausnahmen vgl. § 628.

---

[1] Diese sog. FGG-Sachen unterliegen im Übrigen dem „Gesetz über die Angelegenheiten der freiwilligen Gerichtsbarkeit" (FGG) und der „Verordnung über die Behandlung der Ehewohnung und des Hausrats" (HausratsVO).
[2] Entspricht den Familiensachen Nr. 2–4, 7 und 8 auf Seite 234.
[3] *Nicht* verwechseln mit der *sofortigen Beschwerde!*
[4] Zur Rechtsbeschwerde siehe oben 12.4.3, S. 204 f.

17.4 Einstweilige Anordnungen

In vielen Eheprozessen besteht ein Bedürfnis danach, dass für die Dauer des Rechtsstreits bestimmte Rechtsverhältnisse durch eine gerichtliche Entscheidung geklärt werden. Auf **Antrag** einer Partei kann *das Gericht* deshalb gemäß §§ 620 bis 620 g Folgendes im Wege der **einstweiligen Anordnung** *regeln*:

1. die *elterliche Sorge* für ein gemeinschaftliches Kind. Sie umfasst die Personensorge, die Vermögenssorge und die Vertretung des Kindes (§§ 1626 I, 1629 I 1 BGB).
2. den *persönlichen Umgang* eines Elternteils mit dem Kind.

> **Beispiel:**
> *Auf Antrag gestattet das Gericht dem Vater, seinen achtjährigen Sohn, der sonst bei der sorgeberechtigten Mutter wohnt, einmal monatlich über das Wochenende bei sich zu haben.*

3. die *Herausgabe des Kindes* an den anderen Elternteil.
4. die *Unterhaltspflicht gegenüber einem minderjährigen Kind.*

> **Beispiel:**
> *Ehefrau Sieber hat Scheidung ihrer Ehe beantragt. Gleichzeitig hat sie beantragt, durch einstweilige Anordnung zu entscheiden, dass der Antragsgegner für die 10-jährige gemeinsame Tochter einen monatlichen Unterhalt von 300,00 EUR zu zahlen habe.*

5. den *Unterhalt eines Ehegatten.*

> **Beispiel:**
> *In dem vorgenannten Beispiel kann Frau Sieber beantragen, durch einstweilige Anordnung zu entscheiden, dass der Antragsgegner auch an sie einen monatlichen Unterhalt, und zwar von 600,00 EUR, zu zahlen habe.*

6. das *Getrenntleben* der Ehegatten.
7. die *Benutzung der Ehewohnung* und *des Hausrates.*

> **Beispiel:**
> *Frau Sieber beantragt, ihr die alleinige Benutzung der Ehewohnung und des Hausrates zu gestatten (die Eigentumsverhältnisse und die Mietrechtsbeziehungen zum Vermieter werden davon nicht berührt).*

8. Die *Herausgabe oder Benutzung der zum persönlichen Gebrauch* eines Ehegatten oder eines Kindes bestimmten Sachen.
9. Die Verpflichtung zur Leistung eines *Kostenvorschusses* für die *Ehesache* und die Folgesachen.

> **Beispiel:**
> Frau Sieber beantragt, ihren Ehemann als Antragsgegner zur Zahlung eines Kostenvorschusses in Höhe der erforderlichen Rechtsanwalts- und Gerichtsgebühren und gegebenenfalls der Auslagen zu verpflichten (zur Höhe vgl. oben S. 164 f.).

10. **Maßnahmen** nach den §§ 1 und 2 *des Gewaltschutzgesetzes* bei gemeinsamem Haushalt.

Vor einer Anordnung nach Ziff. 1–3 soll neben dem Kind das Jugendamt angehört werden und, wenn dies wegen der Eilbedürftigkeit nicht möglich war, unverzüglich nach der Anordnung (§ 620 a III).

Für den Antrag auf Erlass einer einstweiligen Anordnung ist das Familiengericht **zuständig,** *bei dem der Eheprozess anhängig ist,* in der Berufungsinstanz das Berufungsgericht, also das Oberlandesgericht (§ 620 a IV 1).

Der *Antrag ist zulässig,* sobald die Ehesache anhängig oder ein Antrag auf Bewilligung der Prozesskostenhilfe eingereicht ist (§ 620 a II 1).

Das Gericht kann über den Antrag *ohne oder nach mündlicher Verhandlung* entscheiden; es kann auch Beweis erheben oder sich mit einer Glaubhaftmachung begnügen (§ 620 a I, II 3, 616 I).

Die Entscheidung ergeht durch **Beschluss,** der nach mündlicher Verhandlung zu verkünden ist. Sonst wird er von Amts wegen formlos mitgeteilt, im Falle der Anfechtbarkeit und der Vollstreckbarkeit muss er jedoch zugestellt werden (§ 329). Beschlüsse, die die elterliche Sorge, die Herausgabe des Kindes, die Zuweisung der Ehewohnung oder einen Antrag nach §§ 1, 2 des Gewaltschutzgesetzes betreffen, können mit der *sofortigen Beschwerde* angefochten werden, wenn sie aufgrund mündlicher Verhandlung ergangen sind. Alle anderen einstweiligen Anordnungen sind in der Regel unanfechtbar (§ 620 c).

Die einstweilige Anordnung tritt **außer Kraft** (§§ 620 f.):

1. wenn eine andere Regelung wirksam wird (z.B. Erhöhung des Unterhaltes in einem nachfolgenden Unterhaltsprozess);
2. wenn der Scheidungsantrag oder der Aufhebungsantrag zurückgenommen oder rechtskräftig abgewiesen wird.

> **Beispiel:**
> Ehefrau Schäfer hat Scheidung ihrer Ehe beantragt. Durch einstweilige Anordnung ist ihr die alleinige Benutzung der Ehewohnung und des Hausrates zugestanden worden. Der Scheidungsantrag wird rechtskräftig abgewiesen. Damit ist auch die einstweilige Anordnung außer Kraft getreten.

3. wenn das Eheverfahren vor Rechtskraft des Urteils durch Tod eines Ehegatten erledigt ist.

Das Gericht, welches die einstweilige Anordnung erlassen hat, muss *auf Antrag durch Beschluss aussprechen,* dass diese außer Kraft getreten ist. Ein solches Vorgehen ist zweckmäßig, weil die Vollstreckungsorgane das nicht überprüfen können. Gegen den Beschluss ist die sofortige Beschwerde gegeben (§ 620 f. I 2, 3, II).

17.5 Lebenspartnerschaftssachen

Neu eingefügt in das Verfahren in Familiensachen sind die Lebenspartnerschaftssachen.[1]

▶ Lebenspartnerschaft

Abweichend von der Ehe ist die *Lebenspartnerschaft* im Sinne des Lebenspartnerschaftsgesetzes (§ 1 I 1 LPartG) eine gesetzlich anerkannte Verbindung auf Lebenszeit zwischen *zwei Personen gleichen Geschlechts*.

Zur Begründung der Lebenspartnerschaft sind erforderlich:
– die Erklärung, eine Partnerschaft auf Lebenszeit begründen zu wollen,
– eine Erklärung über den Vermögensstand gem. § 6 I LPartG (= vergleichbar, aber nicht identisch dem Güterstand unter Eheleuten. Zum Vermögensstand siehe §§ 6 f. LPartG, zum ehelichen Güterstand §§ 1363 ff., 1408 ff. BGB.)

Welches die dafür zuständige Behörde ist, wird landesrechtlich unterschiedlich geregelt; es muss nicht der Standesbeamte sein. (Zum Vergleich: Die Eingehung einer Ehe, Voraussetzungen und Verfahren sind abweichend geregelt in den §§ 1303–1312 BGB, 1–12 PStG.) Landesrechtlich zu regeln sind auch die Vorschriften des Registrierungsverfahrens.

▶ Verfahren in Lebenspartnerschaftssachen

In der ZPO sind die *Lebenspartnerschaftssachen* nicht in einem selbstständigen Verfahren geregelt, sondern sie sind den *Familiensachen zugeordnet* worden.

Die **Lebenspartnerschaftssachen** sind in § 661 I aufgeführt:

1. *Aufhebung* der Lebenspartnerschaft (§ 15 LPartG),
2. *Feststellung* des Bestehens oder Nichtbestehens einer Lebenspartnerschaft,
3. Verpflichtung zur *Fürsorge* und *Unterstützung* (§ 2 LPartG),
4. elterliche Sorge, Umgangsregelung, Herausgabe und gesetzliche Unterhaltspflicht im Hinblick auf ein *gemeinschaftliches Kind* (genauer in § 661 I Nr. 3a–3d ZPO),
5. gesetzliche *Unterhaltspflicht* unter *Lebenspartnern* (§ 5 LPartG),
6. *Versorgungsausgleich* der Lebenspartner (§ 20 LPartG),
7. Regelungen zu *Wohnung* und *Hausrat* (§§ 13 f., 17–19 LPartG),
8. Ansprüche aus *lebenspartnerschaftlichem Güterrecht* (§§ 6 II, III, 7 LPartG).

Erfasst werden auch ausländische Lebenspartnerschaften, *andere Formen von Partnerschaften* dagegen *nicht*.
Zuständig ist das Amtsgericht als *Familiengericht* (§§ 23 a Nr. 6, 23 b I 2 Nr. 15 GVG).

---

[1] Im Einzelfall ist ein Blick in einen Kommentar ratsam.

Beim **Verfahren** finden weitgehend die Vorschriften für *Familiensachen entsprechende* Anwendung (vgl. § 661 II, III).

> *Beispiel:*
> *Die Lebenspartner Nowak haben sich so weit entfremdet, dass sie beide die Lebenspartnerschaft beenden wollen.*
> *Das ist z.B. gem. § 15 II Nr. 1, IV LPartG möglich, wenn sie das in einer öffentlichen Urkunde erklären und wenn seitdem 12 Monate vergangen sind. Dazu ist dann allerdings noch ein auf Antrag ergehendes rechtsgestaltendes Aufhebungsurteil des Familiengerichts erforderlich (§ 15 I LPartG). Wegen weiterer Aufhebungsgründe lies § 15 II Nr. 2 und 3 LPartG.*

Aufgaben

1 Frau Olfers beauftragt ihren Rechtsanwalt Dr. Schneider, die Scheidung ihrer Ehe zu beantragen. Die Eheleute Olfers haben im ersten Jahr ihrer Ehe in Krefeld gewohnt. Seitdem leben sie getrennt, und zwar Frau Olfers in Aachen, ihr Ehemann in Trier.
Welches Gericht ist sachlich und örtlich für das Scheidungsverfahren zuständig?

2 In dem Ehescheidungsprozess Müller gegen Müller erscheint der Antragsgegner im ersten Verhandlungstermin ohne Rechtsanwalt.
a) Kann gegen den Antragsgegner (= Beklagten) Herrn Müller eine Ehescheidung durch Versäumnisurteil ausgesprochen werden?
b) Könnte der Scheidungsantrag der Frau Müller durch Versäumnisurteil abgewiesen werden, wenn ihr Rechtsanwalt das Mandat niederlegen und sie ohne Anwalt im Termin erscheinen würde?

3 Rechtsanwalt Dr. Schnell ist beauftragt, für die 17-jährige Ehefrau Unger Scheidung ihrer Ehe zu beantragen. Das Ehepaar Unger hat einen sechs Monate alten Sohn.
a) Wer unterzeichnet die Vollmacht für Dr. Schnell?
b) Worauf ist bei der Vollmacht besonders zu achten?
c) Wer betreibt die Zustellung des Scheidungsurteils?
d) Wie müsste Frage a) beantwortet werden, wenn Frau Unger 60 Jahre alt und wegen Geisteskrankheit geschäftsunfähig ist?

4 Frau Wendland hat Scheidung ihrer Ehe beantragt und für das Scheidungsverfahren Prozesskostenhilfe erhalten. Sie hat gleichzeitig beantragt,
a) ihren Ehemann zu verpflichten, den noch bei ihm wohnenden minderjährigen Sohn Walter herauszugeben,
b) ihren Ehemann zur Zahlung von Unterhalt an den Sohn Walter zu verpflichten,
c) ihr die alleinige Benutzung der Ehewohnung zu gestatten.

Die Ehe wird geschieden und antragsgemäß wird in den Folgesachen entschieden. Beantworten Sie folgende Fragen:
a) Was kann Herr Wendland gegen das Scheidungsurteil unternehmen?
b) Was kann Herr Wendland gegen die Entscheidungen in den Folgesachen unternehmen,
   – wenn er sie alle gemeinsam anfechten will?
   – wenn er nur die Wohnungsentscheidung anfechten will? –
   – wenn er nur die Unterhaltsentscheidung anfechten will?
c) Welche Fristen sind bei a) und b) zu beachten?
d) Würden Sie Frau Wendland raten, auch für die Folgesachen Prozesskostenhilfe zu beantragen?

5 Frau Braun lebt in Scheidung und getrennt von ihrem Ehemann, bei dem auch der gemeinschaftliche 12-jährige Sohn Peter wohnt.

Frau Braun beantragt die folgenden Regelungen durch einstweilige Anordnung,
1) den Sohn Peter an sie herauszugeben,
2) ihr das Personensorgerecht zu übertragen,
3) ihren Ehemann zur Zahlung von Unterhalt an ihren Sohn
4) und zur Zahlung von Unterhalt an sie als Ehefrau zu verpflichten.

a) Wann konnte Frau Braun frühestens den Antrag auf Erlass der einstweiligen Anordnungen stellen?
b) Welches Gericht ist für den Antrag zuständig?
c) Bis zu welchem Zeitpunkt muss Herr Braun Unterhalt zahlen, wenn das Gericht dem Antrag stattgegeben hat?
d) Bis zu welchem Zeitpunkt bleibt die einstweilige Anordnung in Kraft, durch die der Frau Braun die elterliche Sorge übertragen worden ist?
e) Welche der vier einstweiligen Anordnungen kann Herr Braun anfechten und mit welchem Rechtsmittel?
f) Wie müsste Frage b) beantwortet werden, wenn sich das Ehescheidungsverfahren bereits in der Berufungsinstanz befindet?

6 Es haben sich entfremdet und es möchten sich endgültig trennen
1. die Eheleute Klein,
2. die Lebenspartner Lost.

a) Welchen Antrag müssen sie jeweils stellen?
b) Wie könnten die Anträge begründet werden?
c) Welches Gericht ist jeweils dafür zuständig?

18 Übersicht: Kosten und Vergütung

Da das Lehrbuch *praxisnah* sein muss, fließen häufig *kostenrechtliche Gesichtspunkte* mit ein.

In einem auf den Zivilprozess ausgerichteten Lehrbuch kann Kostenrecht allerdings nur insoweit angesprochen werden, *als* das jeweilige Verfahren *dazu Anlass* gibt. Außerdem gebietet der vorgegebene begrenzte Rahmen auch hier eine Beschränkung auf das unbedingt Notwendige.

Weil kostenrechtliche Überlegungen in der Darstellung des Zivilprozesses nur aus konkretem Anlass und verstreut angestellt werden konnten, soll zum besseren Verständnis hier ein *kurzer Überblick* gegeben werden. Dieser orientiert sich an dem, was im Lehrbuch bereits angesprochen worden ist.

18.1 Rechtsgrundlagen

1. *Gesetzesgrundlage* für
   - die anwaltliche Vergütung ist das **Rechtsanwaltsvergütungsgesetz** (RVG),
   - die Gerichtskosten das **Gerichtskostengesetz** (GKG) und in Angelegenheiten der Freiwilligen Gerichtsbarkeit die **Kostenordnung** (KostO),
   - die Gerichtsvollzieherkosten das **Gerichtsvollzieherkostengesetz** (GVKostG).[1]
2. Für die *Gebühren und Auslagen*, um die es dabei geht, werden unterschiedliche Begriffe verwandt.
   - Sie heißen **Kosten** im gerichtlichen und im Gerichtsvollzieherkostenrecht (§§ 1 GKG, 1 KostO, 1 I GvKostG).
   - Sie werden im entsprechenden Anwaltsrecht **Vergütung** genannt (§ 1 I 1 RVG). Hier kommt überdies noch die auf die genannte Vergütung entfallende Mehrwertsteuer (MwSt) hinzu.

18.2 Rechtsanwaltsvergütung

▶ *Gebühren*

Die *Gebühren* entstehen *für anwaltliche Tätigkeit*. Sie sind so genannte Pauschgebühren für einen Verfahrensabschnitt.

---

[1] Zum Gerichtsvollzieher siehe die Kostenhinweise in Rechtslehre Teil II = Die Zwangsvollstreckung, S. 50, 66, 129.

Nach neuer Rechtslage sind u.a. die bisherige Prozess-, Verhandlungs-, Erörterungs-, Beweis- und Vergleichsgebühr der BRAGO entfallen. An ihre Stelle treten die nachfolgenden Gebühren.

a) **Gerichtliche Verfahren**
– **Bei einem Klageauftrag** kann der Rechtsanwalt regelmäßig folgende Gebühren verdienen. Erwähnt wird dabei jeweils, wann die Gebühr entstanden ist (= nur beispielhaft):

1,3 *Verfahrensgebühr*	Nr. 3100 VV[1]	= mit Klageeinreichung;
1,2 *Terminsgebühr*	Nr. 3104 VV	= bei Wahrnehmung eines gerichtlichen Termins, bei Mitwirkung an außergerichtlicher Besprechung zur Vermeidung oder Erledigung des Verfahrens.

Diese Aufzählung ist nur beispielhaft. *Weitere Gebührentatbestände* und auch Abweichungen sind möglich. So u.a. eine 1,0 Einigungsgebühr bei einer im ersten Rechtszug anhängigen Sache (Nr. 1003 VV).

- Die *Gebühren erhöhen* sich in der Regel im Rechtsmittelverfahren, wie z.B. die Verfahrensgebühr bei Berufung und Revision auf 1,6 (Nr. 3200, 3206 VV), für einen BGH-Anwalt sogar auf 2,3 (Nr. 3208 VV), die Terminsgebühr bei Revision auf 1,5 (Nr. 3210 VV), die Einigungsgebühr bei Berufung und Revision auf 1,3 (Nr. 1004 VV).
- Die *Gebühren ermäßigen* sich auch, so z.B. die Verfahrensgebühr bei vorzeitiger Beendigung des Auftrags (Nr. 3101, 3201, 3207 VV) oder z.B. die Terminsgebühr bei Beantragung lediglich eines Versäumnisurteils (Nr. 3105, 3203, 3211 VV). Zum jeweiligen Gebührensatz vgl. das hier zitierte VV.[2]

– Im **Mahnverfahren** erwachsen dem Rechtsanwalt eine

1,0 *Verfahrensgebühr*	Nr. 3305 VV	= für den Mahnbescheidsantrag,
0,5 *Verfahrensgebühr*	Nr. 3307 VV	= für den Widerspruch gegen den Mahnbescheid,
0,5 *Verfahrensgebühr*	Nr. 3308 VV	= für den Vollstreckungsbescheidsantrag.

---

[1] Die neue Gesetzessystematik des RVG (= **Paragrafenteil** mit **Vergütungsverzeichnis** (VV) und Gebührentabelle) kann zu sehr platzraubenden Gesetzeszitaten führen. Deshalb wird hier im fortlaufenden Text nur **verkürzt zitiert**. Vollständige Gesetzeszitate erscheinen stattdessen in der Vergütungsberechnung. In der Literatur noch uneinheitlich gehandhabt.
[2] Ein Beispiel für die ermäßigte 0,8 Verfahrensgebühr (Nr. 3101 VV) bei anwaltlicher Mahnung mit Klageauftrag oben, S. 38.

- In der **Zwangsvollstreckung**[1] können für den Rechtsanwalt u.a. entstehen eine

    0,3 *Verfahrensgebühr*   Nr. 3309 VV   = soweit keine besondere Gebühr bestimmt ist,

    0,3 *Terminsgebühr*   Nr. 3310 VV   = für Gerichts- und e.v.-Termin.

b) **Außergerichtliche Tätigkeiten**[2]

   Hier fallen häufig Rahmengebühren an, so u.a.
   - die 0,5 bis 2,5 *Geschäftsgebühr* (Nr. 2300 VV).
   - Bei der Bestimmung einer *Rahmengebühr* ist § 14 RVG zu beachten. Meistens wird eine *Mittelgebühr* anzusetzen sein.[3]
   - Bei der **Geschäftsgebühr** ergibt sich dabei ein Gebührensatz von 1,5[3]; die Schwelle von **1,3** darf hier jedoch nur mit besonderer Begründung (= umfangreiche oder schwierige Tätigkeit) überschritten werden; damit gilt hier für durchschnittliche Fälle ein Regelgebührensatz von 1,3.

▶ *Auslagen*

An Auslagen fallen stets die früher so genannten *Postauslagen* an, heute als *Entgelte für Post- und Telekommunikationsdienstleistungen* bezeichnet. Sie werden in der Regel als Pauschale (gem. Nr. 7002 VV) angesetzt, d.h. in Höhe von 20% der Anwaltsgebühren, höchstens jedoch mit 20,00 EUR. Sie können in jeder Instanz erneut gefordert werden.

Ferner kann eine sog. *Dokumentenpauschale* hinzukommen. (= insbesondere für Ablichtungen und Ausdrucke[4] gem. Nr. 7000 Ziffer 1 VV. Die ersten notwendigen 100 Seiten werden in der Regel noch durch die Gebühren abgegolten. Wegen möglicher Abweichungen nachlesen.)

Verlangt werden kann auch die Erstattung von *Geschäftsreisekosten* (= nämlich Fahrtkosten gem. Nr. 7003, 7004 VV sowie Tage- und Abwesenheitsgeld gem. Nr. 7005 VV).

▶ *Mehrwertsteuer*

Die Vergütung (= Gebühren und Auslagen) des Rechtsanwaltes ist der **Umsatzsteuer** nach dem System der *Mehrwertsteuer* (= MwSt.) unterworfen, zurzeit 19 Prozent.[5] In der Praxis gängig ist die Bezeichnung Mehrwertsteuer, üblich aber auch die der Umsatzsteuer. Diese darf der Rechtsanwalt gem. Nr. 7008 VV RVG von seinem Mandanten in voller Höhe ersetzt verlangen. (Siehe dazu auch S. 38, Fußnote 3.)

---

[1] Zu Einzelheiten siehe Lehrbuch Teil II, Sachwortverzeichnis (= Gebühren).
[2] Für eine außergerichtliche **Beratung** enthält das RVG seit dem 01.07.2006 keine Gebührenregelung mehr. Der Rechtsanwalt wird stattdessen auf eine Gebührenvereinbarung verwiesen. Wegen Einzelheiten siehe insbesondere §§ 4, 34 RVG. Offen ist zz. noch die konkrete Ausgestaltung in der Praxis.
[3] Berechnungsmuster (z.B. zu Nr. 2300 VV) = $\frac{0,5 + 2,5}{2} = 1,5$
[4] Zum Ausdruck von einem elektronischen Dokument siehe oben S. 257. Zur abweichenden Berechnung für die Überlassung von elektronisch gespeicherten Dateien lies Nr. 7000 Ziffer 2 VV.
[5] Die Mehrwertsteuer (von bisher 16%) seit 01.01.2007 auf 19% erhöht.

▶ Höhe der Gebühr

Die Höhe der Gebühr ergibt sich *aus* dem schon erwähnten *Gebührensatz* (z.B. 0,3; 0,5; 1,2; 1,3; 2,3; siehe oben) in Verbindung *mit* der *Gebührentabelle* als Anlage 2 zu § 13 I RVG (bzw. § 34 GKG), die sich am Gegenstandswert (= RVG) bzw. am Streitwert (= GKG) orientiert. Die konkrete Gebühr erhält man dadurch, dass man die für den jeweiligen Gegenstands- (bzw. Streit-)wert in der *Tabelle* enthaltene *Gebühr mit dem Gebührensatz* (= Dezimalzahl) *des VV* zum RVG (bzw. des KV zum GKG) *multipliziert*. So bei den regelmäßigen **Wertgebühren**. Zu den so errechneten Gebühren gibt es in der Praxis als Erleichterung Übersichtstabellen. (Wegen der entsprechenden *(Gebührensatz-)Rahmengebühren* siehe oben 18.2, b.)[1]

Der *Mindestbetrag* einer Anwaltsgebühr ist 10,00 EUR (§ 13 II RVG).

▶ Vergütungsberechnung

Die dem Auftraggeber (= Mandanten) vom Rechtsanwalt erteilte Rechnung muss gem. § 10 RVG neben den geforderten EUR-Beträgen zu den Gebühren und Auslagen auch eine kurze Bezeichnung des jeweiligen Gebührentatbestandes und der Auslagen sowie die angewandten Nummern des Vergütungsverzeichnisses (VV) enthalten. Der Gegenstandswert ist anzugeben, wenn die Gebühren nach ihm berechnet werden, wie beim Regelfall der Wertgebühren und bei den Satzrahmengebühren.

§ 2 RVG gibt in der Vergütungsberechnung den Hinweis auf das Vergütungsverzeichnis in Anlage 1, § 13 RVG den Hinweis auf die Gebührentabelle (bei Wertgebühren) in der Anlage 2. § 49 RVG enthält eine von § 13 RVG abweichende Tabelle für Wertgebühren aus der Staatskasse (vgl. oben S. 171).

Beispiel:[2]
Gegenstandswert: 4 000,00 EUR

1,3 Verfahrensgebühr	§§ 2, 13 RVG i.V.m. Nr. 3100 VV RVG	318,50 EUR
1,2 Terminsgebühr	§§ 2, 13 RVG i.V.m. Nr. 3104 VV RVG	294,00 EUR
Auslagenpauschale[3]	Nr. 7002 VV RVG	20,00 EUR
19% Mehrwertsteuer[4]	Nr. 7008 VV RVG	120,18 EUR
		752,68 EUR

---

[1] Unerwähnt geblieben ist hier die **Festgebühr** (= fester EUR-Betrag); diese gibt es z.B. bei der Beratungshilfe (vgl. Nr. 2600 bis 2608 VV RVG). Entsprechend kennt das RVG auch *(Betrags-)Rahmengebühren*; siehe im VV die Gebühren des Wahlanwalts in Strafsachen (nicht die des Pflichtverteidigers).

[2] Aus praktischen Gründen könnten die hier gewählten (und in der Literatur oft benutzten) **Gesetzeszitate** noch **vereinfacht** werden. Entscheiden müssen letztendlich die sich erst bildenden Praxisgewohnheiten. Abkürzungen sind auch empfehlenswert bei ständigen Übungen in der Schule.
Weil die Gesetzesregelung neu ist und sie verständlich sein soll, wird hier aus Gründen der Zuordnungsklarheit zunächst noch dem längeren Zitat der Vorzug gegeben.

[3] Die Wiedergabe als „Pauschale für Entgelte für Post- und Telekommunikationsdienstleistungen" verbietet sich aus praktischen Gründen. Die notwendigen *Abkürzungen* sind *uneinheitlich*; die wohl kürzeste = PTE.

[4] Üblich auch **Umsatzsteuer** (siehe dazu oben unter Mehrwertsteuer). Zur Höhe vgl. Fußnote 5 auf S. 246.

18.3 Gerichtskosten

Die Gerichtskosten für das Streitverfahren ergeben sich aus dem Gerichtskostengesetz (GKG).

▶ **Gebühren**

a) Im **Klageverfahren** fallen u.a. an:
   - in *erster Instanz* eine dreifache (= 3,0) Verfahrensgebühr (Kostenverzeichnis (KV) Nr. 1210 GKG),
   - in *der Berufungsinstanz*
     - bei einem Endurteil *mit Begründung* eine vierfache (= 4,0) Verfahrensgebühr (KV Nr. 1220 GKG),
     - bei einem Endurteil *ohne Begründung*, nach Verzicht der Parteien gem. § 313a I 2 ZPO, eine ermäßigte (= 3,0) Verfahrensgebühr (KV Nr. 1223 GKG).

b) Im **Mahnverfahren** wird nur eine halbe (= 0,5) Verfahrensgebühr erhoben, mindestens aber 18,00 EUR (KV Nr. 1100 GKG).

c) In der **Zwangsvollstreckung** fallen Gebühren gem. KV Teil 2 (= Nr. 2110 ff.) zum GKG an. Hier wird im Einzelnen auf die einschlägigen Angaben in Rechtslehre Teil II = Die Zwangsvollstreckung verwiesen; siehe dort im Sachwortverzeichnis (= Gebühren, Kosten).

d) Zu den **Gerichtsvollzieherkosten** (= keine Gerichtskosten) siehe
   - das Gerichtsvollzieherkostengesetz (GvKostG) mit Kostenverzeichnis (KV),
   - die einschlägigen Hinweise in Rechtslehre Teil II = Die Zwangsvollstreckung, S. 27, 50, 66, 129.

▶ **Höhe der Gebühr**

Sie ergibt sich bei den Gerichtsgebühren

a) für *Wertgebühren* (= z.B. mit Gebührensatz 0,5; 4,0; siehe oben) aus dem Kostenverzeichnis (KV) zum GKG (= Anlage 1) in Verbindung mit der Gebührentabelle (= Anlage 2) zum GKG. (Multiplikation wie oben bei der Anwaltsgebühr; siehe dort.)

b) für *Festgebühren* (= z.B. 15,00 EUR gem. Nr. 2110) unmittelbar aus dem KV zum GKG.

▶ **Kopien**

Bei Kopien (= Ablichtungen und Ausdrucke)[1] werden für die ersten 50 Seiten 0,50 EUR je Seite als Dokumentenpauschale berechnet; darüber hinaus 0,15 EUR je Seite. (Weiteres im KV Nr. 9000 GKG.)

---

[1] Zum Ausdruck von elektronischen Dokumenten siehe oben S. 257.

19 Übersicht: Europäisches Gemeinschaftsrecht, Ausland

Rechtsstreitigkeiten über die Staatsgrenzen hinweg bis ins Ausland (oder im Inland mit Ausländern) sind nicht neu. In der **ZPO**[1] waren hierfür als *nationales Recht* immer schon notwendige Sonderregeln enthalten.

Beispielhaft werden hier besonders die Regelungen zur Zustellung (§ 183; vgl. oben S. 149 f.)[2]*, zur Beweisaufnahme (§ 363 vgl. oben S. 110) und zur Zwangsvollstreckung (§§ 328, 722 f.; vgl. Band II, Die Zwangsvollstreckung, S. 21 f.) hervorgehoben.*

In neuerer Zeit macht sich, auch in diesem Lehrbuch, immer mehr Recht für grenzüberschreitende Verfahren, insbesondere EG-(EU-)Recht bemerkbar. Zum besseren Verständnis soll dieses bisher verstreute Recht hier in einer Übersicht systematisiert werden.

19.1 Internationales Recht außerhalb der Europäischen Gemeinschaft

Seit vielen Jahrzehnten nimmt die Bedeutung **internationaler Verträge** für *grenzüberschreitende Rechtspflege* zu. Dabei handelt es sich entweder um *Kollektivverträge* (= multilaterale) zwischen mehreren Staaten oder um *Einzelverträge* (= bilaterale) zwischen zwei Staaten. Gemeint sind dabei an dieser Stelle die in großer Zahl vorhandenen Verträge außerhalb des Rahmens der Europäischen Gemeinschaft (siehe unten, S. 250 f.).

Dabei geht es vor allem um Vereinbarungen zum Zivilprozess, zur Beweisaufnahme (vgl. oben S. 110), zur Zustellung (vgl. oben S. 149 f.), zur Anerkennung und Vollstreckung gerichtlicher Entscheidungen in Zivil- und Handelssachen usw. (vgl. Band II, Die Zwangsvollstreckung, S. 21 f.)[3]

19.2 Europäisches Gemeinschaftsrecht

Besonderes Gewicht gewinnt zunehmend die Einbindung Deutschlands in die voranschreitende Entwicklung des Europäischen Gemeinschaftsrechts. Das führt zu einer wachsenden Verflechtung und Überlagerung nationalen (= hier deutschen) Rechts durch EG-(EU-)

---

[1] Auch andere Gesetze kennen einschlägige Regelungen, so insbesondere das EG BGB, Art. 3 ff. (= Internationales Privatrecht).
[2] Vor dem Zustellungsreformgesetz vom 25.06.2001 waren es abweichend die §§ 199 ff.
[3] Wegen der Vielzahl dieser Verträge siehe in einen Kommentar zu § 183 ZPO (= Zustellung), § 328 ZPO (= Anerkennung ausländischer Urteile), § 363 ZPO (= Beweisaufnahme), u.U. nebst Anhang. Siehe evtl. auch §§ 156 ff. GVG, nebst Anhang nach § 168 GVG (= Rechtshilfe).

Recht[1]. Aus der anwachsenden Flut der EG-(EU-)Rechtsmasse interessiert uns nur der begrenzte Teil des hier einschlägigen Zivil-, insbesondere des Zivilprozessrechts.

Der *Begriff* des **Europarechts** wäre hier *zu weit* gefasst.

> *Er umschließt z.B. auch das Recht des Europarates[2] und das anderer europäischer Organisationen. Das aber ist nicht Gegenstand dieses Überblickes.*

Der *Begriff* **Europäisches Gemeinschaftsrecht** *ist* demgegenüber *enger*.

> *Die Entstehung dieses Rechts begann 1951/52 mit der Gründung der Europäischen Gemeinschaft für Kohle und Stahl (**EGKS** oder Montanunion) durch sechs europäische Staaten. 1958 kamen die Europäische Wirtschaftsgemeinschaft (**EWG**) und die Europäische Atomgemeinschaft (**EAG** oder EURATOM) hinzu. 1967 wurden die Organe der im Übrigen fortbestehenden Gemeinschaften fusioniert. Die jetzige Europäische Gemeinschaft (**EG**) ging 1992/93 aus der EWG hervor. 2002 endete der EGKS-Vertrag. Heute ist die EG für die gesamtwirtschaftliche Integration zuständig, ausgenommen für die Kernenergienutzung. 1993 wurden die bereits bestehenden Gemeinschaften durch die alles überwölbende Klammer einer Europäischen Union (**EU**) ergänzt. Die Zahl der Mitgliedstaaten beträgt zurzeit 25 (Stand 1. Mai 2004). Das Recht dieser genannten Gemeinschaften ist das Europäische Gemeinschaftsrecht.*

19.2.1 Europäische Gemeinschaft und Europäische Union

> *Für diese beiden Staatenverbindungen, die in besonderer Weise die Integration ihrer Mitgliedstaaten anstreben, sind heute die beiden Kürzel EG und EU geläufig. Dahinter verbirgt sich jeweils ein ganz neuartiger „Staatenverbund" (so das BVerfG), der sich nicht ohne weiteres in das rechtliche Schema der sonst bekannten völkerrechtlichen und staatsrechtlichen Staatenverbindungen einfügt. Da für diese in dynamischer Fortentwicklung begriffenen Rechtsgebilde das Endergebnis noch gar nicht abzusehen ist, macht auch die genaue rechtliche Einordnung ihrer Erscheinungsformen bisweilen Probleme.*

▶ *Die Europäische Gemeinschaft (EG)*

Die EG ist im Unterschied zu den herkömmlichen internationalen Organisationen eine *supranationale staatsähnliche* Sonderform, nämlich eines *Staatenverbundes* in engerer Integration als sonst bei Staatenverbindungen üblich. Die EG ist sozusagen eine Art Zwischenstufe zwischen internationaler Organisation und Bundesstaat, *aber* **kein Staat**.

Die EG ist **juristische Person**. Sie besitzt völkerrechtlich und innerstaatlich eigene Rechtspersönlichkeit. Sie ist rechtsfähig, haftungsfähig, parteifähig und handlungsfähig durch eigene Organe (vgl. oben S. 27 ff.). Die privatrechtliche Vertretung erfolgt durch die Kommission.

---

[1] Im Sprachgebrauch werden EG-Recht und EU-Recht oft undifferenziert verwendet; **EG-Recht** wäre genauer. (Siehe dazu unten unter EG und EU.)

[2] Der 1949 gegründete **Europarat** mit Sitz in Straßburg ist eine gesamteuropäische Organisation mit einem wesentlich größeren Kreis europäischer Mitgliedstaaten (nämlich 45, Stand 2003) als die EG/EU (diese nur 25 Staaten) und das in einer weniger engen Staatenverbindung als die EG/EU. Der Europarat hat sich u.a. den Menschenrechtsschutz zur Aufgabe gemacht.

Die EG hat, soweit eine solche Ermächtigung vorliegt, u.a. die **Befugnis** zur **Rechtssetzung** und zum gerichtlichen **Rechtsschutz**. Diese Rechtsetzungsbefugnis ist die Quelle des im Folgenden noch kurz zu skizzierenden Europäischen Gemeinschaftsrechts.

*Der EG sind hier von den Mitgliedstaaten **Hoheitsrechte** übertragen worden (vgl. dazu Art. 23 I GG). Dabei gilt nach dem EG-Vertrag der Grundsatz der beschränkten Einzelermächtigung. Die Kompetenz-Kompetenz, d.h. das Recht neue Gemeinschaftsbefugnisse zu begründen, bleibt bei den Mitgliedstaaten. In der Praxis wird das Einzelermächtigungsprinzip jedoch durch Vertragsauslegung und -ergänzung seitens der EG-Organe vielfach zugunsten der EG durchbrochen.*

▶ *Die Europäische Union (EU)*

Die EU ist rechtlich ebenfalls ein Staatenverbund, und zwar mit beschränkten, von der EG abweichenden Kompetenzen. Sie bildet vor allem den *institutionellen Rahmen, in dem die beteiligten Staaten* einmal zu einer (nicht eindeutig definierten) politischen Union *zusammenwachsen sollen*.[1] Die EU ist sozusagen das *„Dach" für die EG*, für *die EAG*[2] und für weitere gemeinsame *Einrichtungen der* rechtlichen und politischen *Zusammenarbeit*.[3] Die *EG* ist dabei der eigentliche *Kern der EU*.

Die EU hat, anders als die EG (und die EAG), zurzeit noch keine Rechtspersönlichkeit und u.a. auch noch keine eigene Rechtsetzungsbefugnis. Sie ist hier auf die Organe der EG angewiesen (= sog. Organleihe), solange beide noch nicht fusioniert sind.[4]

19.2.2 Verordnungen (EG) und Richtlinien (EG)

Bei dem nun folgenden Europäischen Gemeinschaftsrecht handelt es sich nur um solches **Recht**, das **von den** dafür zuständigen **Organen**[5] der EG gesetzt worden ist, nämlich im Zusammenwirken von *Kommission* (= Initiativzuständigkeit), *Rat und Parlament* (= Beratung und Entscheidung).

Man spricht hier von sekundärem Gemeinschaftsrecht. – Demgegenüber handelt es sich um sog. primäres Gemeinschaftsrecht vor allem bei den Gründungs- und Ergänzungsverträgen von EU, EG und EAG, sozusagen dem Verfassungsrecht der Gemeinschaften als der höchsten Rechtsquelle.

In der Rechtsetzungssystematik der EG taucht der uns im deutschen Recht so vertraute Ausdruck „Gesetz" nicht auf. Stattdessen finden wir für die **allgemein gültigen Rechtsnormen**

---

[1] Zuletzt definiert als „Union der Völker Europas".
[2] Europäische Atomgemeinschaft (auch EURATOM); sie ist, wie die EG, ein selbstständiges rechtsfähiges Völkerrechtssubjekt, mit denselben (= fusionierten) Organen wie die EG.
[3] Hinzukommen hier die GASP (= Gemeinsame Außen- und Sicherheitspolitik) und die PJZS (= Polizeiliche und justizielle Zusammenarbeit in Strafsachen) als die zweite und die dritte „Säule" neben der EG, EAG als der ersten „Säule" (= Drei-Säulen-Modell der EU).
[4] Es gibt auch die Bewertung als gemeinsamer Organe von EG und EU.
[5] Wegen Einzelheiten zu den Organen mit ihrer Zusammensetzung und den Kompetenzen und zum Rechtsetzungsverfahren siehe in ein Europarechts-, in ein Politiklehrbuch oder ein Rechtswörterbuch.

hier die Begriffe *Verordnung* und *Richtlinie*. (Das Spektrum unterschiedlichen Gemeinschaftsrechts ist im Übrigen noch umfangreicher; doch kann hier nicht näher darauf eingegangen werden.

Verordnungen der Europäischen Gemeinschaft (= **VO(EG)**) *gelten* (= wie ein nationales Gesetz) *unmittelbar in den Mitgliedstaaten*, d.h. sie *richten sich* (außer an die Mitgliedstaaten zugleich auch) *direkt an die Bürger* und die Unternehmer. Diese können sich auch vor einem nationalen (= hier deutschen) Gericht auf eine VO(EG) berufen.

Richtlinien der Europäischen Gemeinschaft (= **RL(EG)**) *wenden sich* demgegenüber *nur an die Mitgliedstaaten*, sind also grundsätzlich[1] ohne unmittelbare innerstaatliche Geltung. Die Mitgliedstaaten sind jedoch *verpflichtet*, ihr *nationales Recht* der Richtlinie inhaltlich *anzugleichen* (= Umsetzung in innerstaatliches Recht). Die Ziele der Richtlinie sind verbindlich; bei der Umsetzung haben die Mitgliedstaaten aber einen gewissen Spielraum.

Die im Rechtsetzungsverfahren wirksam gewordenen Rechtsakte werden anschließend im **Amtsblatt** der Europäischen Gemeinschaften, **Reihe L** (für leges = lateinisch Gesetze) in allen Amtssprachen veröffentlicht. (Beispiel: ABl. EG L 26, S. 41 oder ABl. EU L 32, S. 15.)

Das Europäische Gemeinschaftsrecht beansprucht im Konfliktsfalle grundsätzlich den **Vorrang vor nationalem Recht**; dieses bleibt im Übrigen jedoch wirksam. Die Vorrangstellung ist eine elementar wichtige Klammer für die Funktion der *EG als Rechtsgemeinschaft*.

Konflikte zwischen EG-Recht und nationalem Recht sind im Einzelfall nicht auszuschließen. Dabei können u.a. Fragen der EG-Kompetenzen oder der Vereinbarkeit eines EG-Rechtsaktes mit dem Grundgesetz eine Rolle spielen.

19.2.3 EG-Rechtsangleichung im Zivilprozessrecht und Privatrecht

Durch den immer enger werdenden Personen- und vor allem Warenverkehr im Europäischen Binnenmarkt steigt das Bedürfnis nach einer Rechtsangleichung im Europäischen Verfahrensrecht (= Prozess- und Vollstreckungsrecht) und Privatrecht (= vor allem im Schuldvertragsrecht). Beim Zivilverfahren hat die *EG* 1997 die *Harmonisierungskompetenz* für die grenzüberschreitende **justizielle Zusammenarbeit in Zivilsachen** erhalten. Das hat bis heute zu einer Vielzahl einschlägiger Rechtsakte der EG geführt sowie im Anschluss daran auch zu entsprechenden deutschen Gesetzen.

Die in diesem Zusammenhang ergangenen *Verordnungen* und *Richtlinien* der *EG* haben sich immer wieder in diesem Lehrbuch niedergeschlagen.

Vgl. zum Anwaltsrecht S. 22 f.; zum Verbraucherrecht S. 29; zum Verzug S. 36; zur Beweisaufnahme S. 111 f.; zur Zustellung S. 150 f.; zur Prozesskostenhilfe S. 173 ff.; zum Verfahren in Familiensachen S. 234 f.; zur Zwangsvollstreckung Band II, S. 22, 24 und §§ 1079–1086 ZPO.

---

[1] Ausnahme in bestimmten Fällen möglich.

Besonders deutliche Auswirkungen hatte diese Harmonisierungsrechtsetzung (über *deutsche Durchführungs-* und *Umsetzungsgesetze*) in der ZPO. Sie führte hier zur Aufnahme eines 11. Buches „Justizielle Zusammenarbeit in der Europäischen Union" mit bisher 4 Abschnitten und den §§ 1067–1086 ZPO (vgl. hier S. 111 f., 150 f., 173 ff.).

19.3 Europäischer Gerichtshof

Der Europäische Gerichtshof (= **EuGH**) ist als *gemeinsames Rechtsprechungsorgan der Europäischen Gemeinschaften* zuständig für Streitigkeiten und Fragen, die sich auf Europäisches Gemeinschaftsrecht beziehen.[1]

Der **Europäische Gerichtshof** (EuGH) ist einmal *Verfassungsgericht* für Streitigkeiten zwischen EG-Organen wie auch zwischen einem EG-Organ und einem Mitgliedstaat. Er ist aber auch *Rechtsschutzgericht für Individualklagen* von Bürgern und Unternehme(r)n. Er ist überdies zuständig für *Vorlagen eines nationalen Gerichts* wegen der Auslegung von Gemeinschaftsrecht in einem nationalstaatlichen (= z.b. deutschen) Gerichtsverfahren. Der EuGH übt zugleich die Funktion eines Zivil-, Arbeits-, Verwaltungs-, Sozial- und Finanzgerichts aus.

Ein **Europäisches Gericht erster Instanz** (EuG) ist 1989 zur Entlastung des übermäßig beanspruchten EuGH für einen bestimmten begrenzten Kreis von Klagen eingerichtet worden. Seit 2001 besteht die Möglichkeit, auch zur Entlastung des EuG **Gerichtliche Kammern** einzurichten. Gegen die Entscheidungen beider Spruchkörper gibt es eine Revisionsinstanz (= nur Überprüfung auf Rechtsfehler) zum EuGH.

---

[1] Ein Europäisches Gericht, aber kein Gericht der EG, ist u.a. der **Europäische Gerichtshof für Menschenrechte** (EGMR) in Straßburg; er ist eine Einrichtung des Europarates (vgl. oben S. 250).

20 Übersicht: Elektronischer Rechtsverkehr

20.1 Allgemeines

Einrichtungen der *elektronischen Datenverarbeitung* (= **EDV**) haben seit langem Eingang in den *Justizalltag* gefunden. Sie dienten zunächst vor allem der *Arbeitserleichterung* in Geschäftsstellen (und Kanzleien).[1]

Neu ist, dass seit einigen Jahren Regelungen des elektronischen Rechtsverkehrs, nämlich zum sog. **„E-Prozessrecht"**,[2] in der ZPO zu finden sind (und in anderen Verfahrensordnungen).[3]

Die Öffnung der Justiz für den elektronischen Rechtsverkehr begann schrittweise mit einer Vielzahl von Einzelgesetzen. Wichtige Gesetze ergingen dabei im Jahre 2001.[4]

Das Justizkommunikationsgesetz (JKomG), in Kraft seit dem 01.04.2005, soll jetzt die noch vorhandene Lücke schließen, nämlich das gerichtsinterne Verfahren regeln, welches abläuft zwischen dem elektronischen Eingang von „Schriftsätzen" (als elektronisches Dokument) bei Gericht (vgl. § 130a ZPO und oben S. 85) und dem elektronischen Ausgang gerichtlicher Entscheidungen vom Gericht (vgl. § 174 III, IV ZPO und oben S. 139, 141, 149).[5]

20.2 E-Prozessrecht

Konsequent durchgeführt könnte der Prozess von der Klageerhebung über die umfassende Aktenbearbeitung bei Gericht bis hin zur Urteilszustellung weitgehend elektronisch stattfinden. Kennzeichnend für dieses Verfahren sind

- die *elektronische Kommunikation mit dem Gericht,*
- die *gerichtliche elektronische Akte,*
- die *Bildschirmarbeit* statt des Aktenstudiums.

---

[1] Geschäftsverkehr und Verwaltung sind der Justiz im Allgemeinen jedoch voraus.
[2] Mit diesem „E-Prozessrecht", das z.T. absolutes Neuland ist, kommt eine *Entwicklung* auf den Zivilprozess zu, deren Ergebnisse *noch gar nicht abzusehen* sind. Die *Auswirkungen* sind u.U. so *gravierend*, dass schon jetzt eine wenigstens allgemeine Orientierung unumgänglich erscheint.
[3] Betroffen sind neben den ordentlichen Gerichten auch die Gerichte der Arbeits-, Verwaltungs-, Sozial- und Finanzgerichtsbarkeit. Im Vollstreckungsverfahren sind die Auswirkungen bisher nur gering (z.B. in §§ 758a VI; 760, 2; 813 II 2; 829 IV ZPO). – Auch im Bereich der Freiwilligen Gerichtsbarkeit sind oder werden die bislang papiergeführten Register von den Bundesländern auf eine elektronische Registerführung umgestellt, mit der grundsätzlichen Möglichkeit einer Online-Einsichtnahme (dies jedoch vorerst noch abhängig vom jeweiligen technischen Einrichtungsstand). – Auswirkungen zeigt auch das Kostenrecht (vgl. oben S. 246, 248). Erwähnt sei überdies das Vorhandensein eines elektronischen Bundesanzeigers (= eBAnz).
[4] Signaturgesetz vom 16.05.2001; Zustellungsreformgesetz vom 25.06.2001; Formvorschriftenanpassungsgesetz vom 13.07.2001; Zivilprozessreformgesetz vom 27.07.2001.
[5] Zum Überblick über die bisherigen kommunikationstechnischen Neuerungen in der ZPO siehe im Übrigen im Sachwortverzeichnis unter Elektronisch-, dort u.a. Daten, Dokument, EDV, E-Mail, Internet, Online, Signatur, Videotermin.

Der Gesetzgeber verbindet damit *Erwartungen* der Rationalisierung, der Zeit- und Kostenersparnis, der Stärkung der Funktionsfähigkeit der Justiz.[1] Der Einstieg in den (gerichtlichen) elektronischen Rechtsverkehr ist von der **Zulassung** durch **Rechtsverordnungen** des Bundes und der Länder, jeweils für ihren Zuständigkeitsbereich, abhängig. Diese legen den *Zeitpunkt* für den Beginn sowie genaue *kommunikationstechnische Vorgaben* fest, um funktionsfähige und miteinander vereinbare Systeme sicherzustellen (vgl. dazu §§ 130a II, 298a I und unten S. 256). Die Zulassung *kann auf* einzelne *Gerichte* oder *Verfahren beschränkt werden.* Bisher sind solche Rechtsverordnungen für oberste Bundesgerichte und für eine zunehmende Anzahl von Ländergerichten erlassen worden.[2]

Die Regelungen des JKomG schaffen zwar den rechtlichen Rahmen für eine elektronische Aktenführung bei Gericht. Diese müsste sich in vollem Umfang aber in Zukunft erst noch durchsetzen. Tatsächlich herrschen zurzeit noch die auf herkömmliche Papierdokumente (= Akten) abgestellten Verfahren vor. Es sind weiterhin die papiergebundene **Schriftform** *und die mündliche Form, so wie bisher, zulässig. Dieses (rechtlich noch zulässige)* **Nebeneinander** *mit* **elektronischen Dokumenten** *macht eine Reihe praktischer Lösungen erforderlich. Das ist vor allem auch deshalb nötig, um nicht* Verfahrensbeteiligte *zu benachteiligen, die keinen elektronischen Zugang zum Gericht haben. – Im Übrigen können auch die Parteien selbst am elektronischen Rechtsverkehr teilnehmen, ohne Anwalt.*

Grundsätzliche Neuerungen des E-Prozesses:[3]

▶ Schriftsatz als elektronisches Dokument

Bei *Schriftsätzen und Anlagen* ist statt der Papierform auch die Aufzeichnung als elektronisches Dokument zugelassen (seit 2001). Das ermöglicht deren elektronische **Übermittlung** *aus der Anwaltskanzlei* vom PC aus *unmittelbar zum Gericht.* Die sonst übliche Übersendung ausgedruckter Schriftsätze in einem Briefumschlag über die Post oder dessen Einwurf in den Gerichtsbriefkasten usw. entfällt in diesem Falle. Hier erfolgt stattdessen die Übermittlung **per E-Mail** (in Verbindung mit oder ohne Dateianhang).

Das elektronische Dokument muss *für* die Bearbeitung durch *das Gericht geeignet* sein. Dazu muss es einem der bei dem Gericht *zugelassenen Formate* (Dateiformate) entsprechen, damit es dort gelesen und weiterbearbeitet werden kann.

Die das Dokument verantwortende Person soll dieses mit einer **qualifizierten elektronischen Signatur** (nach dem Signaturgesetz) versehen (§ 130a I). Mit Hilfe einer solchen

---

[1] Die Frage, ob, wann und in welchem Umfang diese Erwartungen im Einzelnen schließlich zu realisieren sind, ist in der Praxisliteratur sehr umstritten. Hier gibt es noch erhebliche finanzielle und praktische Umsetzungsfragen und auch Akzeptanzprobleme. Der Gesetzgeber beginnt in Ansätzen und in Einzelfällen, eine *berufsrechtliche Verpflichtung zur Vorhaltung von Einrichtungen* für den elektronischen Rechtsverkehr zu begründen (vgl. dazu § 15 III BNotO) sowie die *Pflicht zur Teilnahme* daran (so in dem Entwurf eines Gesetzes über elektronische Handelsregister und Genossenschaftsregister sowie das Unternehmensregister = EHUG).

[2] So insbesondere: BGH in Zivilsachen (2001), BFH und BVerwG (2004), BArbG (2006) sowie BSG (voraussichtlich Ende 2006). Sodann Finanzgericht Hamburg (2002); in Brandenburg Finanzgericht Cottbus (2003); in Rheinland-Pfalz: OVG (2004), die Verwaltungsgerichte (2005), LSG (2005), die Sozialgerichte (2006). Im Einzelnen kommen weitere Gerichte auch der ordentlichen Gerichtsbarkeit hinzu.

[3] Wegen weiterer Einzelheiten zum Verfahren siehe in Fachzeitschriften und ins Internet; zu weiteren Details der elektronischen Kommunikationstechnik siehe auch unten, S. 258.

Signatur kann (anhand des Signaturzertifikates) die *Identität des Absenders* und die *Integrität des* übermittelten *Dokumentes* (= nicht verändert) überprüft und nachgewiesen werden. Die dazu erforderliche *Signaturkarte* ist bei zugelassenen Zertifizierungsdiensteanbietern erhältlich; als solche haben sich neben einigen großen Trustcentern auch bereits einige Rechtsanwaltskammern akkreditieren lassen. Als so genannte **„elektronische Unterschrift"** ist die qualifizierte elektronische Signatur der (sonst auf dem Papierdokument erforderlichen) handschriftlichen Unterschrift weitgehend gleichgestellt.

Der zum Schutz vor Manipulation in der Regel (aber nicht zwingend) *verschlüsselte Inhalt* wird dabei in ein so genanntes **elektronisches Gerichtspostfach** (auch elektronischer Gerichtsbriefkasten genannt) übertragen. Dort wird das elektronische Dokument von der für den Empfang bestimmten Einrichtung des Gerichts **aufgezeichnet** und sofort (in der Regel *automatisch*) eine *Eingangsbestätigung* erzeugt sowie diese sogleich per E-Mail übermittelt.

Das elektronische Dokument ist dann rechtswirksam **bei Gericht eingegangen,** wenn es dort aufgezeichnet wurde (§ 130a III) und es zur Bearbeitung durch das Gericht geeignet ist. Bei mangelnder Eignung muss der Absender unverzüglich benachrichtigt werden (§ 130a I 3), damit dieser nachbessern und die Übermittlung seines Dokuments fristgerecht wiederholen kann.

Der hier nur skizzierte hochtechnisierte Vorgang erklärt, warum dieses Verfahren erst nach entsprechender Vorbereitung zugelassen werden kann (§ 130a II; zur bisher nur begrenzten **Zulassung** durch *Rechtsverordnung* siehe oben S. 255).

▶ Elektronische Aktenführung bei Gericht

Die ZPO ermöglicht seit dem 01.04.2005 die *elektronische Aktenführung* (§ 298a I 1) bei Gericht. Im Zusammenhang damit steht die Regelung zum gerichtlichen elektronischen Dokument, § 130b. (Es entspricht im Grunde dem oben erwähnten Schriftsatz als elektronisches Dokument.)

An die Stelle einer von der ZPO vorgesehenen *handschriftlichen Unterzeichnung* z.B. eines Urteils, eines Beschlusses oder eines Protokolls in Papierform durch den Richter, Rechtspfleger, Urkundsbeamten oder Gerichtsvollzieher tritt hier bei einer Aufzeichnung als elektronisches Dokument am Ende der *Name* (der verantwortenden Person) *und* die *qualifizierte elektronische Signatur* des *Unterzeichners.*

Der **Zusammenhalt** einer gerichtlichen elektronischen Akte wird durch Programme innerhalb eines dafür eingesetzten **Justiz-Fachsystems** bewirkt, die nicht einheitlich sind. Einzelheiten der organisatorisch-technischen Rahmenbedingungen für die Bildung, Führung und Aufbewahrung der elektronischen Akten müssen durch Rechtsverordnung bestimmt werden (§ 298a I 2). Zur notwendigen und evtl. nur eingeschränkten **Zulassung** durch *Rechtsverordnung* siehe oben S. 255.

▶ Dokumenten- oder Medientransfer

Hier geht es um die **Übertragung** eines Dokuments **in** eine **andere Medienform.** Die rechtliche und technische Möglichkeit, ein *Papierdokument in ein elektronisches Dokument* zu übertragen und umgekehrt, ist nötig, um beide Formen in einem Verfahren verwenden zu können.

Die Übertragung von in *Papierform* bei Gericht eingereichten *Schriftstücken* und sonstigen papierenen Unterlagen in ein **elektronisches Dokument** (§ 298a II 1), d.h. in die digitale Form, erfolgt technisch *über* das *Einscannen*. Dadurch erst wird die elektronische Speicherung und Bearbeitung möglich.

Dem Gericht kann dabei die u.U. aufwändige *Aufbewahrungspflicht* für die Papierdokumente mindestens bis zum rechtskräftigen Abschluss des Verfahrens (§ 298a II 2) erwachsen.

Umgekehrt kann *von einem elektronischen Dokument* (§§ 130a, 130b) ein **papierener Aktenausdruck** gefertigt werden. Das betrifft sowohl Ausdrucke für die Akte (so § 298 I) als auch Ausdrucke aus den Akten für eine Übermittlung in Papierform an Prozessbeteiligte ohne elektronischen Zugang.

In diesem Falle ergibt sich für das Gericht die *Pflicht*, das elektronische Dokument mindestens bis zum rechtskräftigen Abschluss des Verfahrens *zu speichern* (§ 298 III).

▶ *Ausfertigungen, Auszüge und Abschriften eines Urteils*

Liegt das *Urteil als gerichtliches elektronisches Dokument* vor, so können Ausfertigungen, Auszüge und Abschriften von einem Urteilsausdruck in Papierform (vgl. § 298) erteilt werden (§ 317 III), so für Parteien, die nicht elektronisch kommunizieren.

Liegt das *Urteil bei Gericht in Papierform* vor, so können Ausfertigungen, Auszüge und Abschriften darüber hinaus durch Telekopie oder als gerichtliches elektronisches Dokument erteilt werden. (Zur Unterschrift oder Signatur lies § 317 V).

▶ *Akteneinsicht*

Einsicht in die elektronisch geführten Prozessakten kann gewährt werden durch
- Erteilung eines *Aktenausdrucks*,
- Wiedergabe auf einem *Bildschirm*,
- Übermittlung von *elektronischen Dokumenten*,
- elektronischen Zugriff auf den Inhalt der Akten (= *Online-Zugriff*) durch einen bevollmächtigten Rechtsanwalt von seiner Kanzlei aus; diesen Zugriff muss der Richter vor der Freischaltung gestattet haben (§ 299 III).

▶ *Weitere elektronische Verfahrensregelungen*

An anderer Stelle des Lehrbuches sind weitere Besonderheiten des elektronischen Rechtsverkehrs aufgeführt worden.
1. **Videotermine.** Die rechtlich zulässige Verhandlung im Wege der Bild- und Tonübertragung (§ 128a) und entsprechend die Zeugen-, Sachverständigen- und Parteivernehmung sind von der Erfüllung der technischen Voraussetzungen abhängig, siehe oben S. 91 f., 101.
2. **Beweisverfahren.** Es erscheint das *elektronische Dokument* als Gegenstand des Beweises (§ 371 I 2). Zu seiner Beweiskraft (§ 371a) und zu der des Ausdruckes eines öffentlichen elektronischen Dokuments (§ 416a) siehe oben S. 102 f.

3. **Entscheidungen.** Zum Verkündungs- oder Zustellungsvermerk beim *Urteil* (§ 315 III 2, 3), zu Berichtigungsbeschlüssen beim Urteil (§§ 319 II 2, 3; 320 IV 6, 7) siehe oben S. 118 f. Zur vereinfachten *Kostenfestsetzung* (§ 105 I 2, 3) siehe oben S. 159.

4. **Zustellung.** Das *Gericht kann* seine Urteile, Beschlüsse, Verfügungen und Ladungen den Prozessbeteiligten *elektronisch, per E-Mail zustellen.* Wegen der Möglichkeit des Dokumententransfers (§ 298a II 1) ist das sogar bei herkömmlicher Aktenführung rechtlich zulässig (vgl. auch oben S. 141). – Neuerungen zeigen sich auch bei der öffentlichen Zustellung mit *„elektronischer Gerichtstafel"* und mit *Bekanntmachung im Internet,* § 186 II, siehe oben S. 145.

5. **Maschinelles Mahnverfahren.** Dieses ist seit Jahren weitgehend auf elektronischen Rechtsverkehr umgestellt, vgl. oben S. 50 ff., z.T. bis zur Onlineabwicklung.

▶ *Zur elektronischen Kommunikationstechnik*

Zu den oben beim E-Prozess nicht näher dargestellten technischen Einzelheiten gehören u.a.

- die Art des **E-Mail-Zugangs** des elektronischen Dokuments bei Gericht (unmittelbar oder als Dateianhang),
- das Vorgehen bei der **qualifizierten Signatur** mit einem speziellen Verschlüsselungs- und Prüfverfahren,
- die **Verschlüsselung** der zu übermittelnden **Daten**,
- das Verfahren bei der **Akteneinsicht** und auch bei der **Verfahrensstandabfrage**,
- Näheres zu den zulässigen **Formaten** für die Eignung des elektronischen Dokuments bei Gericht, zu den zugelassenen **Zertifizierungsdiensteanbietern**, zur **Software** u.a. für Signatur- und Verschlüsselungsprogramme,
- der Vorgang des **Scannens**,
- die zur Teilnahme am elektronischen Rechtsverkehr im Einzelnen erforderlichen **Einrichtungen** und **Geräte**.

*Hierzu und zu weiteren Fragen müssen ggf. noch **Informationen** eingeholt werden. Wegen nicht völlig einheitlicher technischer Umsetzung muss mit leichten Unterschieden im Detail gerechnet werden. Deshalb empfehlen sich im konkreten Fall zusätzliche Informationen, nämlich über die Internetseiten des am elektronischen Rechtsverkehr beteiligten Gerichts oder über eine Auskunft beim Gericht (z.B. schriftliches Informationsmaterial), aber auch über den Zertifizierungsdiensteanbieter, über den Hersteller der eingesetzten Software usw.*

20.3 Fachausdrücke

Eine teilweise neue oder ergänzende Terminologie ist unvermeidbar (siehe oben). Da eine umfassende elektronische Aktenbearbeitung innerhalb der Gerichtsorganisation ermöglicht werden soll, werden auch geläufige *Fachausdrücke in der ZPO*[1] sprachlich jetzt bereits so *angepasst,* dass sie *sowohl Akten in* herkömmlicher *Papierform* als *auch* als *elektronisches Do-*

---

[1] Terminologische Anpassungen u.a. auch beim GVG und bei den Kostengesetzen.

kument erfassen. So wird aus dem *Vordruck* ein *Formular*, aus dem *Schriftstück* ein *Dokument*, aus der *Übergabe und Übersendung* die *Übermittlung*. In der Sache hat sich damit aber für das bisher herrschende herkömmliche papiergebundene Verfahren nichts geändert. Deshalb wird vorerst davon Abstand genommen, die Terminologie hier durchgängig umzustellen.

Registerzeichen der Zivilgerichtsbarkeit

Die bewusst kurz gefasste Übersicht soll eine *erste Orientierung* und zugleich eine *Merkhilfe* sein für einige Registerzeichen, die dem Auszubildenden in der Praxis häufig begegnen werden.

Bei den römischen Zahlen handelt es sich um Registerzeichen der **Freiwilligen Gerichtsbarkeit.** Dazu zählen auch die Zeichen GnR, GR, HRA, HRB und VR.

Mit DR wurde auch ein Zeichen des **Gerichtsvollziehers** aufgenommen, der mit der Zivilgerichtsbarkeit eng verbunden ist.

In den übrigen Fällen handelt es sich um Registerzeichen **streitiger gerichtlicher Verfahren** und solcher, die in das streitige Verfahren übergehen können, d.h. um das Mahn-, Prozess- und das Zwangsvollstreckungsverfahren. Wegen der nahen Beziehungen zur Zivilprozessordnung wurden auch einige Registerzeichen der Arbeitsgerichtsbarkeit mit aufgenommen.

I	Beurkundungen (AG)
IV	Verfügungen von Todes wegen (AG)
VI	Sonstige Nachlasssachen (AG)
VII	Vormundschaften (AG)
B	Mahnsachen (AG)
Ba	Mahnsachen (ArbG)
C	Allgemeine Zivilsachen (AG)
Ca	Allgemeine Zivilsachen (ArbG)
DR	Dienstregisternummer des Gerichtsvollziehers
F	Familiensachen (AG)
GnR	Genossenschaftsregister (AG)
GR	Güterrechtsregister (AG)
HRA	Handelsregister = Einzelkaufleute, Personengesellschaften (AG)
HRB	Handelsregister = Kapitalgesellschaften (AG)
M	Allgemeine Zwangsvollstrekkungssachen (AG)
O	Allgemeine Zivilsachen (LG)
S	Berufungen in Zivilsachen (LG)
Sa	Berufungssachen (LArbG)
T	Beschwerden in Zivilsachen (LG)
U	Berufungen in Zivilsachen (OLG)
UF	Berufungen und Beschwerden in Familiensachen (OLG)
VR	Vereinsregister (AG)
W	Beschwerden in Zivilsachen (OLG)
ZR	Revisionen in Zivilsachen (BGH)

Hinweis:
*Erläuterndes Beispiel zur Bildung eines **Aktenzeichens** auf S. 87.*
*Erläuterung der **Geschäftsnummer** im maschinellen Mahnverfahren auf S. 52.*

Abkürzungsverzeichnis[1]

AG	Amtsgericht oder Aktiengesellschaft
AktG	Aktiengesetz
ArbG	Arbeitsgericht
ArbGG	Arbeitsgerichtsgesetz
Art	Artikel
AVAG	Gesetz zur Ausführung zwischenstaatlicher Verträge und zur Durchführung von Verordnungen der Europäischen Gemeinschaft auf dem Gebiet der Anerkennung und Vollstreckung in Zivil- und Handelssachen (Anerkennungs- und Vollstreckungsausführungsgesetz)
BAnz, eBAnz	Bundesanzeiger, elektronischer Bundesanzeiger
BArbG, BAG	Bundesarbeitsgericht
BerHG	Beratungshilfegesetz
BFH	Bundesfinanzhof
BGB	Bürgerliches Gesetzbuch
BGBl	Bundesgesetzblatt
BGH	Bundesgerichtshof
BNotO	Bundesnotanordnung
BORA	Berufsordnung für Rechtsanwälte
BRAO	Bundesrechtsanwaltsordnung
BRAGO/BRAGebO	Bundesgebührenordnung für Rechtsanwälte
BSG	Bundessozialgericht
BVerfG	Bundesverfassungsgericht
BVerfGG	Bundesverfassungsgerichtsgesetz
BVerwG	Bundesverwaltungsgericht
CCBE	Conseil des Barreaux De La Communauté Européenne = Rat der Anwaltschaften der Europäischen Gemeinschaft
DDR	Deutsche Demokratische Republik
DFÜ	Datenfernübertragung
DRiG	Deutsches Richtergesetz
EAG	Europäische Atomgemeinschaft, auch EURATOM
EDV	elektronische Datenverarbeitung
eG	eingetragene Genossenschaft
EG	Einführungsgesetz, auch Europäische Gemeinschaft(en)
EG BGB	Einführungsgesetz zum Bürgerlichen Gesetzbuch
EGKS	Europäische Gemeinschaft für Kohle und Stahl
EGMR	Europäischer Gerichtshof für Menschenrechte
EG PKHVV	EG-Prozesskostenhilfevordruckverordnung
EG StGB	Einführungsgesetz zum Strafgesetzbuch
EG ZPO	Einführungsgesetz zur Zivilprozessordnung
EMA	Einwohnermeldeamt

---

[1] Die Gesetzesbezeichnungen sind z.T. länger; siehe dazu Schönfelder, Deutsche Gesetze, sonst BGBl. I oder ZPO-Kommentar (dort Hinweise).

EU	Europäische Union
EuBVO	Verordnung (EG) Nr. 1206/2001 des Rates über die Zusammenarbeit zwischen den Gerichten der Mitgliedstaaten auf dem Gebiet der Beweisaufnahme in Zivil- oder Handelssachen
EuEheVO	Verordnung (EG) Nr. 2201/2003 des Rates über die Zuständigkeit und die Anerkennung und Vollstreckung von Entscheidungen in Ehesachen und in Verfahren betreffend die elterliche Verantwortung
EuG	Europäisches Gericht (= erste Instanz, EG)
EuGH	Europäischer Gerichtshof (= EG)
EUR	Euro
EuRAG	Gesetz über die Tätigkeit europäischer Rechtsanwälte in Deutschland
EuZustellVO	Verordnung (EG) Nr. 1348/2000 des Rates über die Zustellung gerichtlicher und außergerichtlicher Schriftstücke in Zivil- oder Handelssachen in den Mitgliedstaaten
eV	eingetragener Verein
EWG	Europäische Wirtschaftsgemeinschaft
FAO	Fachanwaltsordnung
FG	Finanzgericht
FGG	Gesetz für die Angelegenheiten der freiwilligen Gerichtsbarkeit
GASP	Gemeinsame Außen- und Sicherheitspolitik (= EU)
GBO	Grundbuchordnung
GbR	Gesellschaft bürgerlichen Rechts (BGB-Gesellschaft)
GewSchG	Gesetz zum zivilrechtlichen Schutz vor Gewalttaten und Nachstellungen (Gewaltschutzgesetz)
GG	Grundgesetz
GKG	Gerichtskostengesetz
GmbH	Gesellschaft mit beschränkter Haftung
GVG	Gerichtsverfassungsgesetz
GvKostG	Gesetz über Kosten der Gerichtsvollzieher
GVO	Gerichtsvollzieherordnung
HausratsVO	Verordnung über die Behandlung der Ehewohnung und des Hausrats
HBÜ	Haager Übereinkommen über die Beweisaufnahme im Ausland in Zivil- oder Handelssachen
HGB	Handelsgesetzbuch
IntFamRVG	Internationales Familienrechtsverfahrensgesetz
JKomG	Justizkommunikationsgesetz
JVEG	Justizvergütungs- und -entschädigungsgesetz
KG	Kommanditgesellschaft
KostO	Gesetz über die Kosten in Angelegenheiten der freiwilligen Gerichtsbarkeit (Kostenordnung)
KostRMoG	Kostenrechtsmodernisierungsgesetz
KV	Kostenverzeichnis (Anlage zum GKG)
LArbG	Landesarbeitsgericht
LG	Landgericht

LPartG	Gesetz über die Eingetragene Lebenspartnerschaft (Lebenspartnerschaftsgesetz)
LSG	Landessozialgericht
oHG	offene Handelsgesellschaft
OLG	Oberlandesgericht
OVG	Oberverwaltungsgericht
OWiG	Gesetz über Ordnungswidrigkeiten
PartG	Partnerschaftsgesellschaft
PartGG	Gesetz über Partnerschaftsgesellschaften Angehöriger Freier Berufe (Partnerschaftsgesellschaftsgesetz)
PJZS	Polizeiliche und Justizielle Zusammenarbeit in Strafsachen (= EU)
PStG	Personenstandsgesetz
RAG	Rechtsanwaltsgesetz der DDR
RBerG	Rechtsberatungsgesetz
RDG	Rechtsdienstleistungsgesetz
ReNoPatAusbV	Verordnung über die Berufsausbildung zum Rechtsanwaltsgehilfen/ zur Rechtsanwaltsgehilfin zum Notargehilfen/zur Notargehilfin/zur Rechtsanwalts- und Notargehilfin zum Patentanwaltsgehilfen/zur Patentanwaltsgehilfin
RL	Richtlinie
RPflG[1]	Rechtspflegergesetz
RVG	Rechtsanwaltsvergütungsgesetz
SGB	Sozialgesetzbuch
SigG	Gesetz über Rahmenbedingungen für elektronische Signaturen (Signaturgesetz)
StGB	Strafgesetzbuch
StPO	Strafprozessordnung
VerbrKrG	Verbraucherkreditgesetz
VermBG	Gesetz zur Förderung der Vermögensbildung der Arbeitnehmer
VO	Verordnung
VV	Vergütungsverzeichnis (Anlage 1 zum RVG)
VwZG	Verwaltungszustellungsgesetz
WEG	Wohnungseigentumsgesetz
ZPO	Zivilprozessordnung
ZPO-RG	Gesetz zur Reform des Zivilprozesses (Zivilprozessreformgesetz)
ZRHO	Rechtshilfeordnung in Zivilsachen
ZSEG	Gesetz über die Entschädigung von Zeugen und Sachverständigen
ZustRG	Gesetz zur Reform des Verfahrens bei Zustellungen in gerichtlichen Verfahren (Zustellungsreformgesetz)
ZustVV	Verordnung zur Einführung von Vordrucken für die Zustellung in gerichtlichen Verfahren (Zustellungsvordruckverordnung)
ZVG	Gesetz über die Zwangsversteigerung und die Zwangsverwaltung

---

[1] Vor dem 1. Oktober 1998 noch RpflG.

Sachwortverzeichnis

A
Abänderungsklage 121 f.
Abhilfe
– Abhilfebefugnis 44, 49, 159, 203, 205 f.
– Abhilfeverfahren (nach Beschwerde) 203
– Abhilfeverfahren (nach Gehörsrüge) 3, 119 f., 189
Ablichtung, Fotokopie 86, 246, 248
Abschrift 85 f., 107, 147, 215, 226, 248, 257
– beglaubigte 25, 86, 139, 147 f., 190, 192
Abstammungsprozess 102
Akten
– Aktenausdruck, Ausdruck (im elektronischen Verfahren) 55, 246, 248, 257
– Aktenlage, Entscheidung nach 95
– aktenloses Verfahren 51, 55, 254 ff.
– Aktenvermerk 141, 145
– Aktenzeichen (s. auch Geschäftsnummer, Kennziffer, Registerzeichen) 87
Aktiengesellschaft 28, 32, 43, 82
Amtsgericht 16 f., 112, 150 f., 174, 200, 201 f., 207, 235, 241
– sachliche Zuständigkeit 41 f., 66 ff., 80, 189, 235
Amtssprache 112, 151, 174 f.
Anerkenntnis, Anerkennung 114, 184
– Anerkenntnisurteil 95, 114, 117, 155 f., 202
– Anerkenntnisteilurteil 114
Anfechtung (s. auch Rechtsbehelfe, Rechtsmittel)
– bei nichtrichterlichen Entscheidungen 46 f., 49 f., 55, 206
– bei richterlichen Entscheidungen 187 ff., 207, 237 f., 240
Anhängigkeit 87, 231
Anhörung 109
– Anhörungsrüge (s. Rügeverfahren)
Anordnung
– einstweilige in Ehesachen 239 ff.
– des persönlichen Erscheinens 92
– im Rechtsmittelverfahren 203, 205
– im Zustellungsverfahren 142
Anspruch 177 f.
– Anspruchsarten 43, 56, 89, 177 f., 180 f.
Antragsschrift 83, 167, 171, 238

Anwalt (s. auch Rechtsanwalt)
– ausländischer Anwalt 22 f.
– Anwaltsgericht 24
– Anwaltsgerichtshof 24
– Anwaltsgesellschaft 24
– Anwaltsnotar 25
– Anwaltsprozess 32, 88
– Senat für Anwaltssachen 24
– Anwaltssozietät 24
– anwaltliche Versicherung
  • Kostenfestsetzung 157
  • Vollmacht 43, 45
– Anwaltszwang 22 f., 32, 203, 215
Arbeitsgericht 4, 13 f., 16, 20 f., 44, 46, 260
– Berufungssumme 189
– Fristen 49, 134, 216
– Kosten 44, 87, 156
– Zuständigkeit 14, 41
Arrest 96, 169, 182, 188
Aufenthaltsort 72, 235
Auftraggeber (s. Mandant)
Augenscheinsbeweis 102 f., 107, 109, 225
Ausdruck (s. Aktenausdruck)
Ausfertigung 25, 54, 139, 159, 190, 196, 257
– abgekürzte 146
Auslagen
– des Gerichts 105 f., 154, 248
– der Partei 154
– des Rechtsanwalts
  • Dokumentenpauschale (Ablichtungen, Schreibauslagen) 246
  • Pauschale für Post- und Telekommunikation (= Postauslagen, Auslagenpauschale) 157, 246; s. dazu 38, 45, 48, 158, 164, 171, 247
  • Fahrtkosten 157, 246
  • sonstige Auslagen 43, 53, 157; vgl. 45, 48, 58 f.
  • Auslagen aus der Staatskasse 170
– Auslagenverzichtserklärung 100
Ausland 51, 149, 249
– ausländischer Anwalt 22 f.
– ausländischer Lebenspartner 241
– ausländisches Recht (s. auch EG-Recht) 99, 173, 190
– ausländische Urteile 249
– ausländische Währung 39
– grenzüberschreitendes Recht (s. auch EG-Recht und S. 249 ff.)
  • Beweisaufnahme im Ausland 110 ff., 249

Sachwortverzeichnis

- Prozesskostenhilfe, grenzüberschreitende 173 ff.
- Zustellung im Ausland 40, 46, 50, 134, 149 ff., 249

Aussageverweigerungsrecht 103 f.

B

Basiszinssatz 37, 40 f.; vgl. 45, 47 f., 58, 84, 117
Bayerisches Oberstes Landesgericht 16
Beglaubigungen (s. auch beglaubigte Abschrift) 25, 139, 147
Begründetheit 195 f.
Behörden, Anstalten, Körperschaften, juristische Personen des öffentlichen Rechts 15, 18, 20, 28, 38, 43, 73, 76, 89, 106, 110, 112, 138, 141 f., 150 f., 173, 237, 240 f.
Beratung 20, 22, 24
- Beratungsgeheimnis 20
- Beratungshilfe 24, 164 f., 247
- Beratungsstelle 24, 165

Berichtigung
- des Tatbestandes 118
- des Urteils 118

Berufung 187 ff.; auch 115, 120, 134 ff., 207, 227 ff., 237 f.
- Anschlussberufung 194 f.
- Berufungssumme 188 f.
- Einlegung und Begründung 189 ff., 222
- Entscheidungen 195 f.
- formelle Berufung 190
- Fristen 192, 216, 221 f.
- Gericht 17, 189, 207
- Verfahren 192 ff.
- Voraussetzungen 187 ff.
- Zulassung 188, 207

Beschluss 113, 202; vgl. 21, 44, 49, 69, 95, 103, 119, 124, 131 f., 134, 145, 167, 174, 195 f., 203 f., 206 f., 240 f., 258

Beschwer 188 f.
- Mindestbeschwer (Beschwerdewerte) 188, 197, 200, 202, 207

Beschwerde 201 ff., 207, 238
- Anschlussbeschwerde 203
- Berufungsbeschwerde (= befristete Beschwerde) 221, 238
- Beschwerdewert 124, 156, 158 f., 202, 204, 207

- einfache Beschwerde (= unbefristete Beschwerde) 3, 201
- Einlegung und Begründung 202 f.
- Entscheidungen 203 f.
- Frist 174, 203, 216
- Gericht 17, 44, 202, 207
- sofortige Beschwerde 201 ff.; dazu 21, 44, 49, 105 f., 113, 118, 123, 125, 132, 156, 158 f., 167, 170, 174, 206, 240 f.
- Verfahren 203 f.
- Voraussetzungen 201 f.
- weitere Beschwerde 172, 201

Betreuer 32, 236
- Betreuungssachen 14

Beweis
- Beeidigung (s. unter Eid)
- Beweisanordnung 100
- Beweisantritt 99, 107
- Beweisaufnahme 94, 100 f., 187, 193, 236
  • im Ausland 110
  • in der EU 111 f.
- Beweisbeschluss 100
- Beweiskraft 55, 95, 257
- Beweislast 99, 101, 107
- Beweismittel (s. auch Augenscheins-, Sachverständigen-, Urkunden-, Zeugenbeweis, elektronisches Dokument, Parteivernehmung) 101 ff.; s. auch 177, 225 f., 230, 257
- Beweisverfahren 99 f., 257
  • selbstständiges Beweisverfahren 68, 109 f., 169
- Beweiswürdigung 101

Briefkasten 143
Bundes-
- Bundesanzeiger 37, 145
- Bundesarbeitsgericht 16, 22
- Bundesbank 28, 37
- Bundesfinanzhof 17, 22, 43, 255
- Bundesgerichtshof 16 f., 22 f., 197 ff., 200 f., 204 f., 207, 235, 237 f., 255
- Bundesländer (s. auch Land) 13, 50 f., 52, 112, 190, 254
- Bundesministerium der Justiz 174
- Bundesrechtsanwaltskammer 22, 24
- Bundesregierung 85
- Bundesrepublik Deutschland, Deutschland, deutsch 13, 20, 50, 111 f., 149 ff., 173 ff., 190, 249

- Bundessozialgericht 16, 22
- Bundestag 190
- Bundesverfassungsgericht 14, 168
- Bundesverwaltungsgericht 16, 22, 255
Bürgerliche Rechtsstreitigkeit 14
Bürovorsteher/-in 149

D
Datei, Daten, Dokument, elektronisches (s. unter Elektronisch)
DDR 22, 25, 261, 263
Duldungspflicht 102

E
EDV (s. unter Elektronisch)
EG (s. unter Europa)
Ehe 234
- Eheaufhebung, Ehefeststellung, Eheherstellung 235
- Ehesachen 22, 31, 67, 88, 97, 114, 169, 235 ff.
- Ehescheidung 24, 82, 235 ff.
- Ehewohnung 234, 239
Eid
- Beeidigung 20, 104 f., 106, 108 f.
- Eidesformel, -norm 104 f.
- eidesgleiche Bekräftigung 105
- Eidesleistungspflicht 104, 106
- Eidesmündigkeit 104
- eidesstattliche Versicherung (s. auch Glaubhaftmachung) 98, 157, 167
- Nacheid 104
- prozessualer Eid 103 ff., 106, 108 f.
- Richtereid 20
- Voreid 106
Einlassungsfrist 88, 215
Einrede
- mangelnder Kostenerstattung 124
- der Verjährung 178
Einschreiben 142, 150 f.
Einspruch
- Einspruchsfrist 49, 134, 216
- Einspruchsschrift 49, 134
- gegen Versäumnisurteil 134 ff.
- gegen Vollstreckungsbescheid 49 f.; s. auch 46, 55, 62
einstweilige Verfügung 96, 169, 182

Einziehungsermächtigung 51, 55
Einzugsverfahren 51
Elektronisch-,
- Akten, elektronische
  • Aktenausdruck 55, 246, 248, 257
  • Akteneinsicht 257 f.
  • Aktenführung 118, 254, 256, 257 f.
  • Aktenübermittlung 55
- Bildschirm 91, 254, 257
- Datei 102 f., 246, 255, 258
  • Dateianhang 255, 258
  • Dateiformate 255
- Daten 258
  • Datenaufzeichnung 42
  • Datenbestand 103
  • Datenfernübertragung 42, 52
  • Datenspeicherung 51, 55, 246, 255, 257
  • Datenträger 42, 51 f.
  • Datenträgeraustausch 52
- Dokument, elektronisches 83, 85, 102 f., 107, 118, 139, 141, 149, 159, 246, 248, 255 f., 257 f.
  • Beweisaufnahme 102 f., 257
  • Eingang und Ausgang bei Gericht 87, 254, 256
  • Transfer 256 f.
- EDV 254
  • Anlage 42, 52
  • Massengeschäft 52
  • Programm (s. auch Software) 53
- E-Mail 5, 83, 85, 102, 139, 141, 149, 192, 255 f., 258
- E-Prozess(recht) 80, 254 f., 258
- Gericht
  • Gerichtseingang, Gerichtspostfach (-briefkasten), elektronisch 255 f.
  • Gerichtstafel, elektronische 145, 258
- Homepage 37
- Information
  • Informationssystem 145
  • Informationsterminal 145
- Internet 37, 111 f., 145, 173, 258
- Kommunikation, elektronische (s. auch elektronischer Rechtsverkehr) 254 ff.
  • Kommunikationsmittel (s. auch E-Mail, Internet, Medien, Telekommunikation) 85, 91 f., 102 f., 118, 141, 145, 149, 154 ff.
- Medien (Rundfunk, Fernsehen) 97
- Online 50, 254, 257 f.
- Rechenzentrum 52

Sachwortverzeichnis

- Rechtsverkehr, elektronischer 5, 50, 80, 85, 103, 254 ff.
- Scannen 257 f.
- Signatur, elektronische 85, 103, 141, 255 f., 257 f.
  • Signaturkarte 256
  • Signaturzertifikat 256
- Software, Programme 102, 255 f., 258
- Speicherung (s. Datenspeicherung)
- Telekommunikation (s. Telefax, Telefon, Telegramm, Telekonferenz, Telekopie; vgl. auch elektronischer Rechtsverkehr, S. 254 ff.)
- Übermittlung 259; s. dazu 55, 83, 85, 255 f.
- Unterschrift, elektronische 256
- Verschlüsselung 258
- Videotermin (Live-Übertragung) 91 f., 101, 111, 257
- Zertifizierungsdiensteanbieter 256, 258
- Zustellung, elektronische 258

Endurteil 113, 117, 133, 136, 187, 197, 207, 228
Entschädigung (Zeugen), Vergütung (Sachverständige) 105, 106 f.
Entscheidungsgründe 113 f., 116, 117 f., 146, 196
Erfahrungssätze 99, 105
Erinnerung
- befristete 44, 158 f., 206
- im Kostenfestsetzungsverfahren 158 f.
- im Mahnverfahren 44
- im Prozesskostenhilfeverfahren 172
- gegen Rechtspflegerentscheidungen 206
- gegen Urkundsbeamtenentscheidungen 206
Erledigung der Hauptsache 124 f., 236
Ermächtigung
- gesetzliche 42
- rechtsgeschäftliche 32, 51
Ersuchen 101, 110 f., 150, 174

Europa (s. nachfolgend EG, EU, Europäisch-)
EG (= Europäische Gemeinschaft) 250 f.
- Amtsblatt (EG, EU) 252
- EG-Organe 111, 173, 250 f.
- EG-Recht (Europäisches Gemeinschaftsrecht) 251 f.; s. auch 4, 22 f., 29, 40, 111, 150 f., 173, 234 f.
  • Beweisaufnahme 111 f.
  • Ehe-, Familienverfahren 234 f.
  • Prozesskostenhilfe 173 ff.
  • Übersicht 249 ff.

• Zustellung 150 f.
- EG-Rechtsangleichung 252 f.
- EG-Rechtsetzung 251
- Richtlinien (EG) 252; s. auch 4 f., 173 f., 251 f.
- Verordnungen (EG) 252
- Zuständigkeiten 251
EU (vgl. EG) 251; s. auch 111 f., 150 f., 173 f., 234 f.
- EU-Ausland 111 f., 149 ff., 173 ff.
- Justizielle Zusammenarbeit in der EU
  • in Strafsachen 251
  • in Zivilsachen 252
- EU-Recht (s. EG-Recht)
Europäisch-, Europa
- Europäische Gemeinschaften, sonstige (außer EG, EU) 250
- Europäischer Gerichtsatlas für Zivilsachen 111, 173
- Europäischer(s) Gerichtshof, Gericht (EG) 14, 253
- Europäischer Gerichtshof für Menschenrechte 253
- Europäisches Gemeinschaftsrecht (s. EG-Recht)
- Europäische Union (s. EU)
- Europarat 250, 253
- Europarecht 250

Expertimentierklausel (Oberlandesgericht) 190

F

Fälligkeit 36, 39, 80 f., 161
Familie 234
- Familiengericht 22, 189, 235 f., 238, 240 f.
- Familiensachen 67, 96, 181, 189, 197, 216, 234 ff., 242
- Familienverfahren 234 ff.
Fax (s. Telefax)
Feststellung
- Feststellungsinteresse 81
- Feststellungsklage 80 ff., 90, 235
- Feststellungsurteil 115
Fiktionen 123 f., 133, 143 f., 145, 150, 175
Finanzgericht(sbarkeit) 4, 13, 15, 16, 43, 255
Firma 83
Fiskus (s. auch Staatskasse) 73
Folgesachen (s. auch Ehesachen) 236, 237 f.
Formulare (s. Vordrucke) 259

Freie Berufe 22, 28 f.
Freiwillige Gerichtsbarkeit (s. Gerichte)
Fristen, prozessuale (s. Fristen auch in Verbindung mit und unter anderen Sachwörtern) 214 ff.
– Arten 214 ff.
– Berechnung 216 ff.
– Übersicht 44, 46 f., 49, 88, 94, 113, 118 f., 123, 132, 134, 145, 149, 150 f., 159 f., 167, 169, 174, 178 ff., 194 f., 203, 205 f., 212, 221 f., 230, 238

G

Gebühren (s. auch Auslagen, Kosten, Vergütung) 244 ff.
– Gegenstandswert (s. auch Streitwert) 247
– geminderte Gebühren 169 ff.
– Gebührenhöhe 247
– Gebührensatz 245 ff.
– Gebührenstempler 51, 87
– Gebührentabelle 247 f.
– Gebührentatbestand 245 f.
– Gerichtsgebühren (s. auch Gerichtskosten) 248
  • im Klageverfahren 87, 164 f., 248
  • im Mahnverfahren 44 f., 48, 53 f., 55, 248
  • in der Zwangsvollstreckung 248
– Rechtsanwaltsgebühren (s. auch Vergütung) 170 ff., 244 ff.
  • Differenzgebühr 171
  • Einigungsgebühr 245
  • Festgebühr 247
  • Geschäftsgebühr 38, 246
  • Mittelgebühr 246
  • Pauschgebühr 244
  • Rahmengebühr 246 f.
  • als Betragsrahmengebühr 247
  • als Satzrahmengebühr 247
  • Terminsgebühr(en)
    – im Klageverfahren 245; vgl. 158, 164, 171, 247
    – in der Zwangsvollstreckung 246
  • Verfahrensgebühr(en)
    – im Klageverfahren 245; vgl. 38, 158, 164, 171, 247
    – im Mahnverfahren 245; vgl. 45
    – in der Zwangsvollstreckung 246
  • Wertgebühr 247

Gehörsrüge, Anhörungsrüge (s. auch rechtliches Gehör, Rügeverfahren) 119 f., 187, 189
Genossenschaft (s. auch Gesellschaft) 28, 32, 43
Gericht (s. jeweiliges Sachwort, insbesondere unter Arbeits-, Familien-, Finanz-, Sozial-, Verwaltungs-, Zivilgericht oder -gerichtsbarkeit, zentrales Gericht)
– Gerichtsbarkeit 13 ff.
  • freiwillige 13 f., 237 f., 254, 260
  • ordentliche 4, 13 f., 16 f., 65
  • streitige 14
– Gerichtseinrichtungen
  • Abholfach bei Gericht 149
  • Annahmestelle 86
  • Eingangsstelle 87
  • Empfangsstelle (EU) 151, 173 f.
  • Gerichtsbriefkasten, Gerichtspostfach 256
  • Gerichtskasse 51, 87
  • Gerichtstafel, Informationsterminal 145, 258
  • Geschäftsstelle (s. dort)
  • Übermittlungsstelle (EU) 150, 173 ff.
  • Verteilungsstelle (s. Gerichtsvollzieher)
– Gerichtskosten (s. auch unter Gebühren, Auslagen) 154
– Gerichtskostenmarken 51, 87
– Gerichtskostenrechnung 51, 53
– Gerichtskostenvorschuss 44, 47, 49 f., 53 ff., 87 f.
– Gerichtsort, Gerichtsgebäude, -saal 91 f.
– Gerichtspersonen (vgl. Justizbeamte, Personen der Gerichtsbarkeit; s. auch Richter, Rechtspfleger, Urkundsbeamter, Gerichtsvollzieher, Gerichtswachtmeister)
– Gerichtsstand 72 ff.
  • allgemeiner 41, 72 f., 230
  • ausschließlicher 41, 75, 77, 235
  • des Beschäftigungsortes 73
  • besonderer 73 ff.
  • für Ehesachen 235
  • des Erfüllungsortes 74
  • des Hauptprozesses 74
  • für Kostenklagen 74
  • für Miet- und Pachtverhältnisse 75
  • der unerlaubten Handlungen 74
  • des Vermögens 74
  • des Wohnungseigentums 75
  • des Zahlungsortes 230
  • der Zuweisung 75

- Gerichtsvollzieher 25 f., 65, 139, 141 f., 146 ff., 244, 256, 260
  - Verteilungsstelle für Gerichtsvollzieheraufträge 26, 146 f.
  - Gerichtsvollzieherkosten 244, 248
- Gerichtswachtmeister 65, 142
- Geschäfts-
  - Geschäftsfähigkeit 30 f., 183, 236
  - Geschäftsnummer (s. auch Aktenzeichen, Geschäftszeichen, Kennziffer, Registerzeichen) 52
  - Geschäftsräume 143
  - Geschäftsstelle 47, 86, 88, 139, 141 f., 146 f., 157, 160, 203, 206
  - Geschäftsverteilungsplan 18
  - Geschäftszeichen 87
- Gesellschaft (s. auch AG, KG, OHG, PartG; dazu Genossenschaft, Verein)
- Gesellschaft bürgerlichen Rechts (GbR) 24, 28 f.
- Gesellschaft mit beschränkter Haftung (GmbH) 24, 28, 32, 43
- Gesetze (s. auch Rechtsverordnungen; Verordnungen und Richtlinien EG))
- bürgerliches Recht (BGB) 27 ff., 36 f., 177 ff., 237, 241
- Kostenrecht 26, 201, 244
- Verfahrens- und Gerichtsverfassungsrecht 4, 13 ff., 16 ff., 20 ff., 24 ff., 66
- Verfassungsrecht, Grundgesetz (vgl. auch Verfassungsbeschwerde) 13 f., 20, 98, 131, 164, 234
- Geständnis 114, 133
- Gewalt, höhere 183
- Glaube, öffentlicher 107; vgl. 141
- Glaubhaftmachung 98; vgl. 21, 96, 106, 157, 166, 222, 230, 240
- Grundbuch-(Grundstücks-)sachen 14, 25, 75, 161, 177, 225
- Grundsatz
  - der freien Beweiswürdigung 101
  - der Gewaltenteilung 13
  - der Mündlichkeit 97
  - der Öffentlichkeit 97
  - des rechtlichen Gehörs 98, 119 f., 131, 161
  - der Unmittelbarkeit 97, 101
  - Untersuchungsgrundsatz 97, 236
  - Verhandlungsgrundsatz 97
- Grundurteil 115, 187

Gutachten 106
Gutachterpflicht 106
Güterrecht 234, 237, 241
Güte-
- Gütestelle (außergerichtliche) 88 f., 92 f.
- Gütetermin 3, 92 f., 200
- Güteverfahren (außergerichtlich) 3, 87, 88 f., 90, 92
- Gütevergleich 93
- Güteverhandlung 92 f., 192

H

Handels-
- Handelsgesellschaft 28, 82
- Handelskammer 106
- Handelsregister 14
- Handelssachen 69, 110, 173, 249
Handlungsfrist 214 f.
Handwerkskammer 106
Hanseatisches Oberlandesgericht 16
Hauptforderung 35, 43, 56, 70, 119, 178
Herausgabe
- des Kindes 234, 239
- von Sachen 70, 181
- von Urkunden 108

I

Information (s. unter Elektronisch)
Instanzenzüge 16 f., 65 f., 187, 189, 207
Internationale(r,s) (s. auch EG, EU, Europäisch)
- Abkommen, Verträge 110 f., 149, 249
- Gerichtsbarkeit vgl. S. 253
- Privatrecht 249
- Rechtsstreitigkeiten 249
- Rechtsverkehr 111
- Vertretung, diplomatische, konsularische 110, 150 f.
Internet (s. unter Elektronisch)

J

Juristisch
- juristische Ausbildung 20
- juristische Person (s. unter Personen)
Justiz (s. auch Gerichtsbarkeit) 13 ff., 187, 254 f.
- Justizbeamte (s. auch Gerichtspersonen) 21, 25 f., 65, 142

- Justizverwaltung, Landesjustizverwaltung, -behörde 18, 23, 42, 88, 112, 174
- Justizielle Zusammenarbeit in der EU
  - in Strafsachen 251
  - in Zivilsachen 253; dazu 111 f., 150 f., 173 ff., 234 f.

K

Kammer für Handelssachen 17, 20, 69, 83
Kammergericht 16
Kassation 187
Kennziffer (s. auch Aktenzeichen, Geschäftsnummer und -zeichen, Registerzeichen) 51
Kindschaftssachen 67, 97, 234
Klage (vgl. Streitigkeiten) 80 ff.
- Klageänderung 90, 193
- Klageantrag 83 f.
- Klagearten 80 ff., 225 f., 229 f.
- Klagebegründung 83
- Klageeinreichung 83, 86 f., 256
- Klageerhebung 36, 90, 122, 182
- Klageerweiterung 68
- Klageerwiderung 94
- Klagenhäufung 85 f.
- Klagerücknahme 113, 122 ff.
- Klageschrift 80, 83 ff., 86 ff., 166
- Klageverfahren 39, 80 ff., 245, 248
- Klagezustellung 88, 90, 94

Kleinverfahren 97
Kollegialgericht 17 f.
Koordinierungsstelle für das automatisierte Mahnverfahren 6, 50 ff., 56, 231
Kommanditgesellschaft 28, 32, 43
- auf Aktien 32

Kopien (s. Abschriften, Ablichtungen; vgl. auch Telekopie)
Kosten (s. auch Auslagen, Gebühren, Vergütung)
- Kosten als
  - außergerichtliche Kosten 154; vgl. 45, 48
  - Begriff 154, 244
  - Gerichtskosten (s. dort)
  - Rechtsanwaltskosten (s. dort)
  - Übersicht 244 ff.
- Kostenausgleich 160
- Kostenerstattung 154, 156, 161
  - bei Prozesskostenhilfe 168
- Kostenfestsetzung 156 ff.
  - Antrag 157

- Kostenfestsetzungsbeschluss 145, 156 ff., 202, 215
  - gegen den Gegner 156 ff.
  - gegen den Mandanten 161 f.
  - gegen die Staatskasse 170 ff.
  - Rückfestsetzung 156
  - Übersicht 172
  - vereinfachte Kostenfestsetzung 159 f.
  - Kostenfestsetzungsverfahren 154, 156 ff.
- Kostengesetze 26, 244
- Kostengrundentscheidung (Kostenentscheidung) 154 ff., 202
  - beim Anerkenntnisurteil 155 f.
  - in der Berufungsinstanz 196
  - im selbstständigen Beweisverfahren 110
  - im Eheverfahren 236
  - bei Erledigung der Hauptsache 124
  - Kosten gegeneinander aufgehoben 122, 155, 236
  - bei Klagerücknahme 123 f.
  - beim Prozessvergleich 122
  - bei Verquotung 155, 160
  - im Versäumnisverfahren 134, 136
- Kostenklagen 74, 162
- Kostenrechnung
  - des Gegners 157, 160
  - des Gerichts 51, 53
  - des Rechtsanwalts (Vergütungsberechnung) 245 f., 247
- Kostentragungspflicht 110, 122, 123 f., 154 f., 156 f., 168, 170, 172
- Kostenverzeichnis des GKG 248; vgl. 44, 55, 87
- Kostenvorschuss (s. Gerichtskostenvorschuss, Vergütungsvorschuss)

L

Ladung 25, 88, 100, 108, 131, 145
Ladungsfrist 88, 215, 230
Landgericht 16, 17 f., 22 f., 68 f., 80, 189, 197, 200 ff., 204, 207, 222
- sachliche Zuständigkeit 68 f.

Landes- (= Bundesland) 13, 16, 20, 50 f., 190, 254
- Landesarbeitsgericht 16, 22
- Landesgesetzgeber, Landesrecht 21, 42, 50 f., 85, 88 f., 92, 190, 241, 254

Sachwortverzeichnis

- Landesjustizverwaltung, -behörde (s. Justizverwaltung)
- Landeskasse (s. Staatskasse)
- Landesregierung 21, 42, 85, 112, 151, 174
- Landessozialgericht 16
Lebenspartnerschaft, eingetragene 234, 241
- Lebenspartnerschaftssachen 169, 234 f., 241
- Lebenspartnerschaftsverfahren 241 f.
Leistung 80, 225
- Leistungen, wiederkehrende 71, 81, 121
- Leistungsklage 80 f., 225
- Leistungsurteil 115
- Leistungsverweigerungsrecht 183
Lokalisation, Lokalisierung (Rechtsanwalt) 23

M
Mahn-
- Mahnbescheid 44 ff., 52 f., 54, 57 ff., 62, 182, 230 f., 245
- Mahngericht 41, 68
  • zentrales Mahngericht 41 f., 51
- Mahnschreiben, Mahnung 35 ff., 38 f., 245
- Mahnverfahren 21, 39 ff., 50 ff., 68, 89, 245
  • Ausland 40 f.
  • maschinelles, automatisiertes 50 ff.
  • nichtmaschinelles 41 ff.
  • Voraussetzungen 39 ff.
  • Übersicht 62
Mandant 32, 38, 43, 161, 168 f., 170, 172
Mediation 93 f.
Mehrwertsteuer (Umsatzsteuer) 36, 38, 43, 157, 158 f., 162, 164, 170 f., 244, 246 f.; vgl. 45, 48, 58
Mitteilungen, formlose 139, 240
Mitwirkungspflicht 88
Monierung(sschreiben) 53

N
Nachlasssachen 14, 181, 183
Nachverfahren 116, 228 f., 231
Nebenforderungen 35 ff., 70, 119, 178, 230
Nichtigkeitsklage 212
Nichtzulassungsbeschwerde 3, 197 f., 204
- Beschwerdewert 197 f., 204, 207
- Einlegung, Begründung, Entscheidungen 198
- Fristen 198, 216, 221

- Gericht 197, 207
Nichtzustellungsnachricht 54
Notar 24 f., 29, 104, 107, 141, 230
Notfrist 49, 94 f., 119, 123 f., 134, 140, 151, 159, 167, 192, 198 f., 203, 205 f., 212, 215 f., 221, 238
Nutzungen, wiederkehrende 71

O
Oberlandesgericht 16 f., 22 f., 24, 75, 172, 189, 197, 200, 202 ff., 207, 222, 235, 237 f., 240
Oberverwaltungsgericht 16
Offene Handelsgesellschaft (OHG) 28, 32, 43, 82
Öffentliche Rechtsauskunfts-, Beratungsstelle 24, 165
Öffentlich-rechtliche Streitigkeit 14
Online (s. unter Elektronisch)
Ordentliche Gerichtsbarkeit (s. Gerichtsbarkeit)
Ordnungsmittel (-geld, -haft)
- gegen Dritte 108
- gegen Partei 92
- gegen Zeugen, Sachverständige 105 f.
Original (s. Urschrift)

P
Partei (Prozesspartei) 14, 27, 32
- Parteianhörung 109
- Parteianschrift im Rubrum 83, 116; vgl. 84, 117, 191
- Parteifähigkeit 27, 29, 90
- Parteivernehmung 102, 108 f., 225 f.
Partnerschaft 24
- Partnerschaftsgesellschaft 24, 28
- Partnerschaftsregister 24
Pauschale (s. unter Auslagen)
Personen
- der Gerichtsbarkeit 20 ff.; s. auch Justizbeamte, Gerichtspersonen
- juristische 28 f., 32, 43, 73, 138, 250
- natürliche 27, 29
- Personengesellschaft 27 f., 32, 43
- Personengesellschaft, rechtsfähige 29
- Personensorge (s. Sorgerecht) 234, 239
- Personenstandssachen 14, 241
Postulationsfähigkeit 23
Post 138, 142, 144, 146, 148, 150 f., 255

Protokollierung
- vor der Geschäftsstelle 83, 203, 206
- vor dem Richter 25, 92 f., 95, 110, 118, 122, 166, 196

Prozess
- als Anwaltsprozess (s. Anwaltszwang) 32, 88
- als E-Prozess 254 ff.
- als Parteiprozess 32
- Prozessbevollmächtigter 21, 27, 42 f., 51, 83, 86, 88, 116, 138, 236; vgl. 84, 117, 167, 191
- Prozessfähigkeit 32, 90, 236
- Prozesshindernis 91, 124
- Prozesskosten (s. auch Gerichts- und Rechtsanwaltskosten, insbesondere Gebühren) 116, 154 ff., 164 f.
- Prozesskostenhilfe 87, 122, 164 ff., 182, 240
  • in der EU 173 ff.
- Prozesskostenvorschuss in Ehesachen 239
- Prozessregister 87
- Prozessurteil 90, 115, 133, 227
- Prozessvergleich (s. auch Vergleich) 113, 122, 214
  • außerhalb Termins 93
  • im Termin 122
- Prozessvollmacht 32 f., 90, 168, 236, 238
- Prozessvoraussetzungen 90, 114, 133 f., 227
- Prozesszinsen 90

R

Rechnung (s. auch Kostenrechnung) 29, 36
Recht (s. unter Gesetze)
- rechtliches Gehör 98, 118 f., 131, 161
- Rechtsanwalt (s. auch Anwalt) 22 ff., 29, 42 f., 104, 139, 141, 147 f., 150, 157, 161 f., 165, 168, 170 ff., 198, 203, 205, 236, 238, 244 ff., 257
  • ausländischer 22 f.
  • Beiordnung 24, 168 f., 170 ff., 238
  • Fachanwalt 22 f.
  • Kosten (s. unter Auslagen, Gebühren des Rechtsanwalts, Vergütung)
  • niedergelassener europäischer Rechtsanwalt 23
  • Pflichtverteidiger 24, 247
  • Rechtsanwaltsgesellschaft 24
  • Rechtsanwaltskammer 24
  • Verteidigung, notwendige 22
  • Wahlanwalt in Strafsachen 247
  • Zulassung 22 f.

- Rechtsbehelfe (s. auch Einspruch, Erinnerung, Gehörsrüge, Widerspruch) 118 f., 120, 187
- Rechtsbeschwerde 204 f., 207, 238
  • Einlegung, Begründung 205
  • Entscheidungen 205
  • Fristen 205, 216, 221
  • Gericht 205, 207
  • Voraussetzungen 204
  • Zulassung 204, 207
- Rechtseinheit (einheitliche Rechtsprechung) 188, 190, 197, 204
- Rechtsfähigkeit 27 ff.
- Rechtsgestaltungsklage 80, 82
- Rechtsgestaltungsurteil 115
- Rechtshängigkeit 47, 89 f., 123
- Rechtshilfe (-recht, -verfahren) 110 ff., 149, 249
- Rechtshilfegericht 101, 111 f.
- Rechtskraft 115, 120 f., 181, 187, 212, 236, 238, 240, 257
- Rechtsmittel (s. auch Berufung, Revision, Beschwerde, Nichtzulassungsbeschwerde, Rechtsbeschwerde) 4, 120, 187 ff.
  • Übersicht 207
- Rechtspflege, vorsorgende 24
- Rechtspfleger 21, 42, 44, 47, 65, 113, 122, 141, 145, 154, 156, 158 f., 160 f., 166, 174, 201, 203, 206, 256
- Rechtsstaat 13, 98, 164
- Rechtsverfolgung 182 f.
  • notwendige Kosten 154
- Rechtsverordnung (s. auch Hinweise unter Gesetze) 16, 21, 42, 51, 85, 148, 255 f.
- Rechtswege (s. auch Gerichte) 13 ff.

Register
- elektronisch geführte 254
- Handelsregister 14
- Partnerschaftsregister 24
- Prozessregister 87
- Registerzeichen (s. auch Aktenzeichen, Geschäftsnummer und -zeichen, Kennziffer) 50, 87, 260

Restitutionsklage 212
Revision 197 ff., 207, 237
- Anschlussrevision 199
- Einlegung, Begründung 198 f.
- Entscheidungen 200 f.
- Fristen 199, 214, 216, 221
- Gericht 17, 197, 207

Sachwortverzeichnis

- Sprungrevision 200, 207
- Verfahren 200
- Voraussetzungen 197
- Zulassung 197, 200, 207

Richter 20 f.
- Amtsbezeichnungen 18
- beauftragter Richter 100 f.
- Berufsrichter 17, 20
- ehrenamtlicher Richter 20 f.
- Einzelrichter 17 f., 193, 200, 202
- ersuchter Richter 101

Rubrum 116 f.
Rüge
- Rügeverfahren (s. auch Gehörsrüge) 3, 119 f., 189
- Zuständigkeit, rügelose Einlassung 76

Ruhen des Verfahrens 95, 216

S

Sachen, vertretbare 225
Sachurteil 90, 115
Sachverständigenbeweis 105 f., 109, 111, 225
Schaden(sersatz) 36 f., 67, 74, 110, 179, 180 f.
Scheck 229
- Scheckmahnverfahren 230 f.
- Scheckprozess 225, 229 ff.
- Schecksachen 96

Scheidung (s. Ehescheidung)
Schiedsgerichtsklausel 91
Schlüssigkeit 133
Schlussurteil 113
Schöffe 21
- Schöffengericht 17

Schreibprogramm 42
Schrift
- Abschrift (s. dort)
- Antragsschrift (s. dort)
- Schriftsatz 84 f.
- Schriftstück 139, 259
- schriftliches Verfahren 97, 113
- schriftliches Vorverfahren 88, 94, 131
- Unterschrift (s. dort)
- Urschrift (s. dort)

Schuldnerverzug (s. auch Verzug) 36 ff.
Schutzfristen 88, 93
Senat 18
- Senat für Anwaltssachen 24
- Großer Senat 18

- Vereinigter Großer Senat 18
- Zivil-, Strafsenat 18

Signatur, elektronische (s. auch E-Mail) (s. unter Elektronisch)
Sitzungsprotokoll 95, 118, 186
Sorgerecht 234 f., 239 f.
Sozialgericht 4, 13, 15, 255
Sozietät 24
Spruchkörper 17 f.
Staat (s. auch Rechtsstaat) 15, 28
- Staatenverbindungen 250 f.
- Staatsanwalt 25
- Staatskasse 167, 169 f., 171 f.

Statthaftigkeit 187
Strafgerichte, Strafgerichtsbarkeit 14, 17 f., 21 f., 65, 247
Streit
- Streitgenossen 85 f.
- Streitigkeiten (s. auch Ansprüche, Klagen)
  • in Familiensachen 67, 234 f., 239 f., 241
  • Reisestreitigkeiten 67
  • wegen gesetzlicher Unterhaltsansprüche 67, 121 f., 234, 239
  • vermögensrechtliche 66 ff.
  • nichtvermögensrechtliche 66, 69
  • wegen Wildschadens 67
  • wegen Wohnungen 67
- Streitschlichtung, außergerichtliche (s. auch Güteverfahren, Mediation) 93 f.
- Streitwert 66 ff., 247
  • als Mindestbeschwer (vgl. Beschwer) 124 f., 156, 158, 202
  • Streitwertänderung 160
  • Streitwertberechnung 69 ff.

Stuhlurteil 118

T

Tatbestand des Urteils 116 f., 118 f., 146, 193, 196
Tatsachen 83, 98 f., 103, 105, 132, 193, 200, 203, 225
Teilurteil 113 f.
Tele-
- Telefax 5, 43, 52, 83, 85, 139, 141, 149, 154, 192, 257
- Telefon 43, 52, 101, 154
- Telegramm, Telegraphie 84 f.

– Telekommunikation (s. hier = Telefax, Telefon, Telegramm; s. auch unter Elektronisch = dort insbesondere Dokument, E-Mail, Internet, Online)
– Telekommunikationsdienstleistungen, Kosten 43, 154, 157, 246
– Telekonferenz (s. auch Videotermin) 111
– Telekopie (s. Telefax)
Tenor 116 f.
Termin 91 ff.
– Beweistermin 92, 94, 100 f.
– Einspruchstermin 135
– früher erster Termin 88, 92, 94
– Gütetermin 3, 92 f., 200
– Haupttermin 92, 94 f.
– Lokaltermin 91
– Terminsänderungen 95 f.
– Terminsbestimmung 88, 92 f., 94 ff.
– Terminsort 91 f.
– Terminsvertagung 96, 131
– Terminszeit 92
– Verhandlungstermin 92 ff., 215 f.
– Verkündungstermin 95
– Videotermin 91 f., 101, 111, 257
Tonträger 95

U

Umsatzsteuer (s. auch Mehrwertsteuer) 246 f.
Unterhalt
– Unterhaltsanspruch
  • gesetzlicher 32, 67, 121 f., 237, 239, 241
  • vertraglicher 71
– Unterhaltssachen 239, 241
– Unterhaltstitel 122
Unternehmer 29, 37, 40, 43, 252
Unterschrift 54, 83, 85, 107, 116, 141, 149, 192, 256
Urkunden 107
– öffentliche 107
– private 107
– vollstreckbare 122
– Urkundenbeweis 102, 107 f., 212, 225 f.
– Urkundenmahnverfahren 230 ff.
– Urkundenprozess 116, 215, 225 ff.
  • Abstandnahme vom Urkundenprozess 227
– Urkundsbeamter 21, 25, 42, 65, 87 f., 95, 113, 118, 141 f., 145, 150, 177, 187, 206, 256
Urschrift (Original) 86, 139, 148, 215, 226

Urteil 95, 113 ff., 120 f.
– Abänderung 118 ff.
– Anfechtung (s. Rechtsmittel)
– Arten (s. auch Anerkenntnis-, End-, Feststellungs-, Grund-, Leistungs-, Prozess-, Rechtsgestaltungs-, Sach-, Schluss-, Stuhl-, Teil-, Versäumnis-, Voll-, Vorbehalts-, Zwischenurteil) 113 ff.
– Ausfertigung 25, 147, 159, 190, 196
– Bestandteile (s. auch Tenor, Tatbestand, Entscheidungsgründe) 116 f.
– Urteilsformel (s. Tenor)
– Verkündung 95, 97

V

Verbraucher 29, 36 f., 40, 43
Verbundverfahren 237 f.
Verein (s. auch Gesellschaft)
– eingetragener 28 f., 32, 43
– nicht rechtsfähiger 27 ff.
Verfassungsbeschwerde (s. auch Gesetze = Verfassungsrecht) 14, 98
Verfügung 88, 201, 258
Vergleich (s. auch Gütevergleich, Prozessvergleich)
– im selbstständigen Beweisverfahren 110
– im Verfahren über die Prozesskostenhilfe 166
Vergütung (= Kosten) des Rechtsanwalts (s. auch Auslagen, Gebühren) 36, 38, 43, 53, 154, 161, 164, 168 f., 170 ff., 244 ff.
– Begriff 154, 244
– Vergütungsberechnung (Kostenrechnung) 247; vgl. 38, 158, 164
– Vergütungsfestsetzung
  • gegen den Mandanten 161
  • gegen die Staatskasse 170 ff.
– Vergütungsklage gegen den Mandanten 162
– Vergütungsverzeichnis (VV-RVG) 247
– Vergütungsvorschuss 169
– Übersicht 172
Verhandlung, mündliche (s. auch Termin) 91 ff.
Verjährung 177 ff.
– Beginn 178 f., 180 f.
– Einrede der Verjährung 178
– Fristen
  • Regelverjährungsfrist 178
  • Verjährungshöchstfristen 179 f.
  • besondere Verjährungsfristen 180 f.

- Hemmung der Verjährung 89, 182 f.
- Neubeginn der Verjährung 184
- Wechsel der Person 184
- Wirkung der Verjährung 178

Verkehrswert 70

Vermögen
- Vermögensschaden (s. auch Schaden[sersatz]) 179 f.
- Vermögenssorge (vgl. Sorgerecht) 239
- Vermögensstand (Lebenspartner) 241

Verordnung (EG) (s. auch EG-Recht) 251 f.; s. dazu 111 f., 150 f., 234 f.

Verquotung 155, 160

Versäumnis, Säumnis 131
- Versäumnisurteil
  • echtes 94 f., 115, 117, 131 f., 133 f., 135, 178, 194, 236
  • unechtes 133, 194
  • zweites 135, 187
- Versäumnisverfahren 131 ff.
  • Einspruch 134 ff.

Versorgungsausgleich 234

Vertagung 96, 131 f.

Verteidigungsabsicht, Anzeige und Frist 94, 131, 216

Vertreter, Vertretung
- gesetzlicher 27, 30 f., 32, 42, 138, 236
- konsularische, diplomatische 110, 150 f.
- kraft Prozessvollmacht 32

Verwaltungsgericht(sbarkeit) 4, 13, 15, 255

Verzicht 114, 136, 194, 200
- Verzichtsurteil 114, 117

Verzug 36 ff.
- Verzugsschaden 36 f.
- Verzugszinsen, -zinssatz 37, 90

Vollmacht
- Einzelvollmacht 32
- Generalvollmacht 32
- Prozessvollmacht (s. dort)

Vollstreckung, Zwangsvollstreckung 62
- Vollstreckungsauftrag 147 f.
- Vollstreckungsbescheid 42, 46 f., 48 ff., 53 ff., 60, 62, 214, 231, 245
- einstweilige Einstellung der Vollstreckung 49, 62
- Vollstreckungsgericht 161, 166, 174
- Vollstreckungsklausel 25, 159
- Vollstreckungskosten 161
- Vollstreckungsorgane 25, 241

- Prozesskostenhilfe in der Vollstreckung 166 f.
- Vollstreckungstitel 39, 49, 62, 81, 83, 113, 116, 122, 146 f., 156, 159, 161, 166
- Vollstreckungszustellung 48, 141, 146
- vorläufige Vollstreckbarkeit 49, 84, 116 f.

Vollurteil 113

Vorbehaltsurteil 116, 188, 228 f.

Vordrucke s. dazu 259
- Benutzungszwang 42, 47, 50 f., 52 f., 54, 112, 166, 174
- Formulare 33, 45, 48, 57 ff., 167, 174, 231
- weitere Hinweise 6, 32, 46, 49, 50 ff., 55, 142, 148 f., 166

Vormund 32
- Vormundschaftsgericht 31, 235
- Vormundschaftssachen 14

Vorverfahren, schriftliches 88, 94, 131

W

Währung
- ausländische 39
- Umstellung 3

Warefrist 159, 215

Wechsel 219
- Wechselmahnverfahren 230 ff.
- Wechselprotest 230
- Wechselprozess 116, 229 f.

Widerklage 68, 70, 82, 193, 226

Widerspruch
- Frist 46 f., 214, 216
- bei Klagerücknahme 123
- im Mahnverfahren 46 f., 55, 61 f., 204, 231 f., 245

Wiederaufnahme des Verfahrens 212 f., 214, 216

Wiedereinsetzung in den vorigen Stand 214 f., 221 ff.

Wohn-
- Wohnsitz 72
- Wohnungseigentum 75
- Wohnungsmietstreitigkeiten 67

Z

Zahlungsvordruck 51, 55

zentrales Gericht 18, 51

Zentralstelle (EU) 112

Zeugen

- Zeugenbeweis 103 ff., 109, 225
- Zeugenentschädigung 105
- Zeugenpflichten 103 ff.
Zinsen (s. auch Basiszinssatz, Verzugszinsen) 37, 40 f., 43, 70, 90, 157, 178, 230; vgl. 45, 48, 58, 84, 117, 158
Zivil-
- Zivilgerichtsbarkeit 4, 14, 17 f., 260
- Zivilkammer 17 f., 68
- Zivilsachen 17, 65 ff., 110 f., 149, 173, 255
Zulässigkeit
- Einspruch 49 f., 134 f.
- Klage 90 f.
- Mahnbescheid 39 f.
- Rechtsmittel 187 ff., 194 ff., 197 ff., 201 ff., 204 f., 206
- Versäumnisurteil 131 f., 133 f.
- Vollstreckungsbescheid 47
Zuständigkeit
- ausschließliche 41, 65, 67, 75, 77, 235
- funktionelle 65
- örtliche (s. auch Gerichtsstand) 41 f., 65, 72 ff., 230, 235
- Rechtswege (s. auch Gerichte) 13 ff.
- sachliche 41, 65, 66 ff., 235
- Zuständigkeitsvereinbarung 74, 76 f., 82
Zustellung 138 ff.
- Ausland 40, 88
• außerhalb der EU 149 f.
• innerhalb der EU 150 f.
- Ort 141 ff.
- Personen, beteiligte 138
- Wirkungszeitpunkt 140, 143 f., 149
- Zustellungsarten
• Amts- oder Parteibetrieb 46, 49, 53 f., 59, 141 ff., 146 ff.
• Anwalt zu Anwalt 149
• elektronische Zustellung 258
• Ersatzzustellung 142 ff.
• Geschäftsstellenzustellung 141 f.
• Gerichtsvollzieher (s. auch Gerichtsvollzieher unter Gericht) 142, 146 ff.
• öffentliche Zustellung 144 f.
• Postzustellung (s. auch Post) 142, 144, 148
- Zustellungsnachweise
• Akten-, Aushändigungs-, Zustellungsvermerk, Zustellungsbescheinigung 141, 145, 147, 150
• Empfangsbekenntnis 138 f., 141, 149
• Rückschein 142, 150
• Zeugnis der ersuchten Behörde 150
• Zustellungsurkunde 138, 142 ff., 147 f.
• Zustellungsvermerk als Urteilsverkündungsersatz 118
Zwischen-
- Zwischenfeststellungsklage 68
- Zwischenfristen 214 f.
- Zwischenurteil 114 f., 202